Friedrich Gerstäcker (1816-1872)
Romane und Erzählungen

Dr. LaVern J. Rippley
Editor SGAS Newsletter
St. Olaf College - German Dept.
Northfield, MN   55057-1098

NARRATIO

Arbeiten zur Geschichte und Theorie der Erzählkunst

Herausgegeben von
Rolf Tarot

Bd. 15

PETER LANG
Bern · Berlin · Frankfurt am Main · New York · Paris · Wien

Anton Zangerl

Friedrich Gerstäcker (1816-1872) Romane und Erzählungen

Struktur und Gehalt

PETER LANG

Bern · Berlin · Frankfurt am Main · New York · Paris · Wien

Die Deutsche Bibliothek – CIP-Einheitsaufnahme

Zangerl, Anton:
Friedrich Gerstäcker (1816 - 1872) – Romane und Erzählungen : Struktur und
Gehalt / Anton Zangerl. – Bern ; Berlin ; Frankfurt am Main ; New York ; Paris ;
Wien : Lang, 1999
(Narratio ; Bd. 15)
Zugl.: Zürich, Univ., Diss., 1998
ISBN 3-906762-76-9

Die vorliegende Arbeit wurde von der Philosophischen Fakultät I
der Universität Zürich im Sommersemester 1998 auf Antrag von
Prof. Dr. Rolf Tarot als Dissertation angenommen.

© Peter Lang AG, Europäischer Verlag der Wissenschaften, Bern 1999

Printed in Germany

Meiner liebsten Luzina
und meinen Eltern
für ihre Langmut und
all die selbstlose Unterstützung
in grosser Dankbarkeit
gewidmet

Vorwort

Die vorliegende Doktorarbeit ist im Rahmen eines grossen Forschungsprojekts über die *Genese der Erzählkunst vom Ausgang des 17. Jahrhunderts bis zum Beginn des 20. Jahrhunderts* entstanden. Untersuchungsgegenstand bilden zahlreiche literarische und erzähltheoretische Texte, die als verschiedenartige Mosaiksteine zu einem umfangreichen Gesamtbild beitragen.

Ganz speziell danken möchte ich dem Leiter und Initiator des gesamten Projekts, meinem Doktorvater Professor Rolf Tarot. Durch seine „textnahe Leseerziehung", die stets grösster Sorgfalt und Präzision verpflichtet ist, hat er meinen Umgang mit Literatur entscheidend geprägt; zudem hat sich mein akademischer Lehrer für diese Dissertation in einem Masse eingesetzt, das insbesondere auf universitärer Ebene *einzigartig* ist.

Für ihre Unterstützung schulde ich zwei meiner allerbesten Freunde ebenfalls aufrichtigen Dank: Herrn Aldo Beorchia für wertvolle wissenschaftliche Anregungen sowie für die musterhafte Durchsicht des gesamten Manuskripts; sodann Herrn Cyrill Zimmermann für die in jeder Hinsicht professionelle, filigrane und enorm zeitaufwendige Gestaltung aller Graphiken und Tabellen.

Zürich, Mai 1999   Anton Zangerl

1. Einleitung, Forschungshinweise und biographischer Abriss

Friedrich Gerstäcker gehört zu jenen wenigen Abenteuer-Schriftstellern des 19. Jahrhunderts, die auch heute noch bekannt sind. Immer wieder erschienen seine vielgelesenen Romane „Die Flußpiraten des Mississippi", „Die Regulatoren in Arkansas" und „Gold!" in Neuauflagen. Trotz der anhaltenden Bekanntheit dieses Schriftstellers entdeckte ihn die literaturwissenschaftliche Forschung noch nicht richtig, die bisher erschienenen Arbeiten über Gerstäcker stammen zum größten Teil von Ethnologen und Historikern. Dem Forschungsinteresse dieser Fächer entsprechend ist so das Bild von Gerstäcker ziemlich einseitig geprägt, so daß er kaum als Autor von Abenteuerromanen Berücksichtigung findet. Er erscheint für die Sekundärliteratur fast ausschließlich als „social chronicler".[1]

Der Auffassung von Bernd Steinbrink über den Bekanntheitsgrad von Gerstäcker ist zuzustimmen; ergänzend sei erwähnt, dass es *fast vollumfänglich* die eben aufgeführten Texte sind, denen der Schriftsteller sein „Überleben" zu verdanken hat. Abgesehen von diesen Romanen (bei den „Regulatoren" und den „Flußpiraten" handelt es sich um Frühwerke) sind aber seine Schriften heute einer breiteren literarisch interessierten Öffentlichkeit kein Begriff mehr. Dies wird auch von anderer Seite bekräftigt: [Akzentuierungen in *Kursivschrift*]

Doch sei es wegen der plastischen Abschilderung der (*vom Autor zum Teil miterlebten*) Vorgänge oder seiner maßvollen Kritik daran – Gerstäckers Debüt im Genre des Abenteuerromans wurde sogleich ein Erfolg und ist es bis heute geblieben. Die 1846 erstmals erschienenen „Regulatoren" sorgen gemeinsam mit ihrer Quasi-Fortsetzung, den „Flußpiraten des Mississippi", dafür, daß Gerstäckers Name zumindest jungen Lesern ein Begriff bleibt. Viel ist das allerdings nicht, bedenkt man, daß die erste Sammel-Edition seiner Werke einmal 44 Bände umfaßte, daß die meisten heutigen Buchausgaben nur mehr oder minder sorglos bearbeitete Versionen „für die Jugend" enthalten, daß er sein größtes Talent nicht einmal als Romancier, sondern weit mehr als Verfasser ethnographischer Reiseskizzen entfaltete. *Friedrich Gerstäcker, populär bis weit ins 20. Jahrhundert hinein, verfällt allmählich dem Vergessenwerden, reduziert sich*

---

[1] Steinbrink, Bernd: Abenteuerliteratur des 19. Jahrhunderts in Deutschland – Studien zu einer vernachlässigten Gattung. Tübingen 1983, S. 131f.

dem gegenwärtigen Publikum auf die Erinnerung an spannende, doch längst zu-
rückliegende Kindheitslektüre. [2]

Zutreffend ist auch die Feststellung, dass Friedrich Gerstäcker von der *Literaturwissenschaft* – insbesondere als Abenteuer-Romancier – bislang eher stiefmütterlich behandelt worden ist (sieht man einmal ab von einigen *Forschungsbeiträgen* in der ersten Hälfte dieses Jahrhunderts; vgl. Verzeichnis der Sekundärliteratur am Schluss der Arbeit). Zwar sind v.a. in den letzten Jahren immer wieder Aufsätze erschienen. Die Durchsicht dieser Sekundärliteratur macht aber etwas deutlich: Wenn literarische Betrachtungen angestellt werden, dann beschäftigen sie sich fast ausnahmslos mit (stark) eingegrenzten Fragestellungen im *inhaltlichen* Bereich. Zudem basieren solche Analysen fast immer auf einem schmalen und damit *gesamthaft* gesehen wenig aussagekräftigen Textkorpus. Das soll der Qualität dieser Ausführungen keinen Abbruch tun; Tatsache bleibt jedoch, dass *punktuelle* Betrachtungen vorherrschen. Übergreifende, breit angelegte und v.a. durch Textbeispiele abgestützte Aussagen zum Werk dieses Autors, Abhandlungen, die Ähnlichkeiten und Parallelen zwischen mehreren Einzelwerken bündeln und somit auf allgemeingültige Aussagen hinzielen, sind Mangelware.

Was zudem fast gänzlich fehlt, sind eingehende Untersuchungen zur *Form* von Gerstäckers fiktionalem (*und* nichtfiktionalem) Schaffen. So sind z.B. die Dissertationen von Jacobstroer, Mahrer, Seyfarth und Wössner *in dieser Hinsicht* unzureichend und können der Differenziertheit heutiger Analysekriterien – verständlicherweise – nur noch in beschränktem Masse standhalten. Eine Ausnahme bildet die Lizentiatsarbeit des Zürcher Germanisten Andres Mattle über die Struktur der späten Erzählungen Friedrich Gerstäckers (vgl. *Kapitel 5: Bibliographie*).

Die vorliegende Arbeit beabsichtigt deshalb eine Akzentverschiebung: Das auf *Einleitung, Forschungshinweise* und *biographischen Abriss* folgende *Kapitel 2* dient dazu, der bisher vernachlässigten *formal-erzähltheoretischen Seite* Konturen zu verleihen: Welche Gestaltungsmittel sind repräsentativ, und welche sind weniger charakteristisch? Untersuchungsgegenstand sind dabei in erster Linie 24 Romane (bzw. als

---

[2] Postma, Heiko: Freiheit fand er nur in der Fremde. Der Schriftsteller Friedrich Gerstäcker gerät zu Unrecht immer mehr in Vergessenheit. In: die horen, 31. Jahrgang, Band 2/1986, Ausgabe 142, S. 85.

– 10 –

Erzählungen apostrophierte Texte) von jeweils mehreren hundert Seiten Umfang. Daneben werden aber auch strukturelle Merkmale kürzerer Textkorpora in die Analyse miteinbezogen – z.B. von sog. Skizzen, Erzählungen, Märchen sowie von ausgeschmückten Reiseerlebnissen und Reiseberichten. Gelegentlich sollen auch Vergleiche mit Gerstäckers nicht-fiktionalem Schaffen Kontraste und Parallelen zwischen Texten mit fingierter bzw. echter Wirklichkeitsaussage aufzeigen.

Bei einer so umfangreichen Untersuchung ist es durchaus möglich, dass die Lektüre einzelner Texte bzw. Textauszüge die übergreifend erarbeiteten Befunde relativiert oder auch einmal nicht bestätigt. Dies ist jedoch kein Beweis für das Versagen der ganzen Strukturanalyse – es zeigt indessen, dass sich bei einem *Gesamtkorpus von mehreren tausend Seiten* niemals sämtliche Phänomene völlig angemessen beschreiben lassen.

Nach der formalen Analyse sollen im *3. Kapitel* auch sehr unterschiedliche *inhaltliche Aspekte* zur Sprache kommen: Welche Intentionen liegen den Werken zugrunde? Welche Lebensbereiche bilden den Nährboden der Handlungen und Verflechtungen, und welche Themen, Stoffe und Ideen prägen Gerstäckers Schaffen?

Wie sich Schriftsteller gegenseitig beurteilen, soll der *Exkurs* im *4. Kapitel* vor Augen führen; im Mittelpunkt der Betrachtungen stehen einige (kommentierte) Äusserungen Robert Walsers zu Friedrich Gerstäcker.

Der in *Kapitel 5* aufgeführte *bibliographische Teil* enthält neben den erforderlichen Angaben zur zitierten Primär- und Sekundärliteratur das ganze Verzeichnis der bei Costenoble erschienenen „Gesammelten Werke"; auch die Hinweise auf weiterführende Literatur zu Friedrich Gerstäcker finden sich in diesem Abschnitt.

Abgeschlossen wird die Untersuchung vom *Anhang* in *Kapitel 6*. In *Anhang 6.1* wird die im Einleitungsteil präsentierte biographische Thematik durch weitere Anmerkungen und Zitate ergänzt und vertieft. *Anhang 6.2* schliesslich beinhaltet das gesamte Zahlen- und Datenmaterial, das den Graphiken im erzähltheoretischen Teil zugrunde liegt.

Der formalen und inhaltlichen Analyse vorangehen soll jedoch zunächst ein kürzerer *biographischer Teil*. Seine Plazierung an den Anfang der Arbeit rechtfertigt der auffallend enge und zwingende Bezug zwischen Gerstäckers Leben und seinem gesamten Schreiben. Solches Verschränktsein mit der Lebenswelt gilt auch in hohem Masse für die fiktionalen Werke – fast überall scheint Biographisches durch. Die Kenntnis der Persönlichkeit und des Werdegangs Gerstäckers liefert substantielle Aufschlüsse und erhellt das Verständnis seiner Fiktion erheblich. Ein Nichteingehen auf biographische Zusammenhänge wäre im Falle *dieses Autors* eine Unterlassungssünde und liesse sich nicht glaubhaft begründen. Somit ist der Abschnitt entschieden mehr als eine Fleissarbeit bzw. ein Auflisten von (Haupt-)Stationen auf Gerstäckers Lebensweg – in vielem ist er eine Spiegelung der inhaltlichen Analyse der (fiktionalen) Erzeugnisse – z.b. hinsichtlich Stoffwahl, Textintentionen, Weltsicht und Menschenbild. Steinbrink zu diesem Sachverhalt:

> Auch Gerstäckers Schriften wird oft ein Wert beigemessen, der sich an der genuinen Nachzeichnung der Realität orientiert, ohne dabei literarische Aspekte in Anwendung gelangen zu lassen. Ebenfalls ist bei einer literarischen Untersuchung die Person Gerstäckers stärker zu beachten, leider gibt es bislang aber keine dafür geeignete grundlegende wissenschaftliche Biographie.[3]

Die Abhandlung soll neben der wissenschaftlichen Analyse noch ein weiteres Ziel verfolgen: Sie möchte einen sprechenden Eindruck vom Schreiben sowie von der Erlebnis- und Fantasiewelt Gerstäckers vermitteln. Aus diesem Grund sind viele Zitate *absichtlich* ausführlich gehalten. Zur Erleichterung der Lektüre werden die fürs Verständnis wichtigeren Stellen in *Kursivschrift* präsentiert. (Wörter und Phrasen hingegen, die in den Texten bereits g e s p e r r t gedruckt vorliegen, sind nicht mehr weiter verändert worden.)

N.B.: Im Rahmen des hier vorliegenden Projekts kann es selbstverständlich nicht Ziel sein, die von Steinbrink beklagte Lücke in der biographischen Forschung zu schliessen. (Auch die im *Anhang* unter *6.1* aufgeführten *ergänzenden Ausführungen zur Biographie* erheben keinerlei Anspruch auf Vollständigkeit.)

Friedrich Wilhelm Christian Gerstäcker wird am 10. Mai 1816 in Hamburg geboren. Beide Eltern sind Künstler. Sein Vater ist ein bekannter Operntenor, seine Mutter Opernsängerin. Infolge der beruflichen Verpflichtungen der Eltern in verschiedenen deutschen Städten ist Friedrich schon sehr früh andauernd unterwegs. Bereits 1825 stirbt der Vater an Tuberkulose und lässt seine Frau mit den drei Kindern zurück. Trotz teilweise rüpelhaften Benehmens in der Schule beendet Friedrich die

---

[3] Steinbrink, S. 132f.

Obersekunda mit der mittleren Reife. Er soll nun eine kaufmännische Lehre beginnen. Da der junge Gerstäcker bereits zu jenem Zeitpunkt Auswanderungspläne hegt, bricht er kurzerhand seine Lehre ab und lässt sich zwischen 1835 und 1837 zum Landwirt ausbilden. Seine Wander- und Reiselust sowie seine tiefe Liebe zu Amerika haben auch eine literarische Triebfeder: Romane wie Coopers „Lederstrumpf" oder Defoes „Robinson Crusoe" werden von ihm regelrecht verschlungen. In seiner Autobiographie bekennt der Schriftsteller:

> Was mich so in die Welt hinausgetrieben? – Will ich aufrichtig sein, so war der, der den ersten Anstoß dazu gab, ein alter Bekannter von uns Allen, und zwar niemand Anders als Robinson Crusoe. Mit meinem achten Jahr schon faßte ich den Entschluß, ebenfalls eine unbewohnte Insel aufzusuchen, und wenn ich auch, herangewachsen, von der letzteren absah, blieb doch für mich, wie für tausend Andere, das Wort „Amerika" eine gewisse Zauberformel, die mir die fremden Schätze des Erdballs erschließen sollte.
> („Kleine Erzählungen und Nachgelassene Schriften", Band 1, S. 1f.)

Von abenteuerlichen Reiseromanen ermuntert, der politischen Zustände überdrüssig und von einer misslichen Wirtschaftslage genötigt, verlässt Gerstäcker wie viele seiner Landsleute Deutschland, um in der Neuen Welt sein Glück zu versuchen. Die Zeit zwischen Mai 1837 und September 1843 verbringt der junge Mann in Nordamerika, wo er ein zwar äusserst ärmliches, aber ereignisreiches Leben führt. Er selbst bemerkt zu diesem Lebensabschnitt:

> Ich (...) führte nun dort drüben in den westlichen Staaten, nachdem mich freundliche Landsleute im Osten erst vorsichtig um Alles betrogen, was ich mitgebracht, ein allerdings genügend wildes und abenteuerliches Leben. Ich durchzog zuerst die ganzen Vereinigten Staaten quer durch von Kanada bis Texas zu Fuß, arbeitete unterwegs, wo mir das Geld ausging, und blieb endlich in Arkansas, wo ich ganz und allein von der Jagd lebte, bis ich dort halb verwilderte. Ich weiß mich noch recht gut der Zeit zu erinnern, wo meine sämmtliche Wäsche in einem einzigen baumwollenen Hemd bestand, das ich mir selber wusch, und bis zu deßen Trockenwerden ich s o herumlief; nur dann und wann trieb mich die Sehnsucht wieder einmal in civilisirte Staaten zurück, aber auch nur auf so lange, bis ich mir mit schwerer Arbeit wieder etwas Geld verdient hatte, um dann, mit einer neuen Ausrüstung, mein altes Leben von Frischem zu beginnen.
> („Kleine Erzählungen und Nachgelassene Schriften", Band 1, S. 2)

Als Resultat dieser Amerikareise erscheint 1844 bei der Arnoldschen Buchhandlung in Dresden sein erstes Buch – „Streif- und Jagdzüge durch die Vereinigten Staaten Nordamerikas". Wie es – angeblich – zur Veröffentlichung dieses (nichtfiktionalen) Erstlingswerks kam, beschreibt Gerstäcker so:

Geschrieben hatte ich in Amerika natürlich nichts, als Briefe an meine Mutter, und um diese in einem regelmäßigen Gange zu halten, eine Art von Tagebuch geführt. Wie ich mir nun erst in Louisiana das Geld zu meiner Heimreise verdient, nahm ich in New-Orleans Passage auf einem deutschen Schiff, erreichte Bremen und blieb nur einen Tag in Braunschweig, um dort, wo ich den größten Theil meiner Knabenjahre verlebt, alte Freunde zu besuchen. Dort wurde ich gefragt, ob ich d e r Gerstäcker sei, der seine Reise in den damals von Robert Heller redigirten „Rosen" veröffentlicht habe. Ich verneinte das natürlich mit gutem Gewißen, denn ich kam frisch aus dem Wald heraus und kannte weder „die Rosen" noch irgend eine andere der neueren deutschen Zeitungen; aber die Leute, die jene Artikel gelesen hatten, erzählten mir jetzt Scenen aus meinem eigenen Leben und setzten mich dadurch in nicht geringes Erstaunen, denn woher konnten sie das wissen? In Leipzig erst, wo ich meine Mutter wiederfand, wurde mir das Räthsel gelöst. Sie hatte mein Tagebuch an Robert Heller gegeben und dieser den größten Theil desselben in seinen „Rosen" aufgenommen. So hat mich denn Robert Heller eigentlich zum Schriftsteller gemacht und trägt die ganze Schuld, denn in Dresden wurde ich später veranlaßt, diese einzelnen Skizzen zusammen zu stellen und ein wirkliches – mein e r s t e s Buch – zu schreiben.
(„Kleine Erzählungen und Nachgelassene Schriften", Band 1, S. 3)

Nachhaltig beeindruckt hat Gerstäcker die *Andersartigkeit der Amerikaner*, das für Europäer *Ausser*gewöhnliche, *U*northodoxe, diese schon damals augenfällige *Ver*rücktheit im Vergleich mit durchschnittlichen Vertretern östlich des Atlantiks. Dies kommt bereits in den „Streif- und Jagdzügen" zum Ausdruck, in denen der junge Schriftsteller erstaunt bemerkt, wie stark ihn doch die amerikanische Lebensart zu beeinflussen vermag.

Schon so lange in Amerika, fing ich nun auch an mich zu amerikanisieren. Ich staunte z.B. nicht mehr, wenn ich eine dicke, fette Mulattin, mit der Pfeife im Munde, über die Straße gehen sah, oder wenn ich feingeputzte Damen, höchst geschmackvoll angezogen, ohne Strümpfe in den Schuhen bemerkte. Eben so wenig fiel es mir auf, einen anständig gekleideten Herrn in schwarzem Frack und schwarzen Beinkleidern, mit goldener Uhrkette u. mit einem Korbe am Arme zu Markte gehen zu sehen, und ich schaute mich kaum noch um, wenn vielleicht ein Yankee (...) in schlechtem Wetter, vom Markte kommend, gestreckten Galopps mit sehr kurzen Steigbügeln, am linken Arm einen Korb mit Gemüse, in der rechten Hand einen aufgespannten Regenschirm, durch die Straßen sprengte. Der Mensch gewöhnt sich an Alles.
(„Streif- und Jagdzüge durch die Vereinigten Staaten Nordamerikas", S. 55)

Im gleichen Jahr (1844) heiratet er in Dresden die Schauspielerin Anna Aurora Sauer. Kurz danach zieht das frisch vermählte Paar nach Leipzig. Dort werden Gerstäckers wohl bekannteste Romane, „Die Regulatoren in Arkansas" und „Die Flußpiraten des Mississippi" veröffentlicht; bald darauf folgen Übersetzungen ins Englische, Französische, Holländische und Russische.

Friedrich Gerstäcker versucht sich in der Folge auch als Dramatiker und Lyriker, dies allerdings mit geringerem Erfolg. 1848 schliesst sich der politisch interessierte und patriotische Schriftsteller während kurzer Zeit der Bewegung „Junges Deutschland" an.

Seine zweite grosse Erkundungsfahrt – März 1849 bis Frühjahr 1852 – führt den Autor nach Südamerika, Kalifornien, Tahiti und Australien, und sie ist so denkwürdig wie die erste. Die Eindrücke hält er in den 1853 bzw. 1854 erschienenen Bänden „Reisen" fest. In Kalifornien gerät auch er in den Sog des Goldrausches; als Goldgräber ist ihm zwar wenig Erfolg beschieden, doch lernt er die rauhen Sitten in den Goldgräbercamps kennen.

Als Kenner verschiedener Erdteile weiss der Schriftsteller seinem Lesepublikum Auskunft über die Verhältnisse und Zukunftsaussichten auf dem Fünften Kontinent zu geben; auch hier entpuppt er sich als kompetenter und abgeklärter Ratgeber. Seine Ausgewogenheit im Urteil über eine nur mit Engelsgeduld und Knochenarbeit zu erschliessende unbekannte Welt verlangt Anerkennung und Respekt.

In Australien fasst der Schriftsteller u.a. den waghalsigen Entschluss, *als erster Mensch* den River Murray auf einer Strecke von rund 2000 Meilen zu befahren. Als Produkt dieser Flussreise entsteht ein vielbeachteter Bericht über eine mögliche Schiffbarmachung des Gewässers.

Friedrich Gerstäcker obliegen auf seinen Reisen hauptsächlich zwei Aufgaben: Einerseits ist er damit betraut, für die Cotta'sche Buchhandlung Reiseberichte zu verfassen, anderseits soll er sich als Gesandter (und Lohnempfänger) des neuen Reichsministeriums um die Belange der Aussiedler aus Deutschland in der Neuen Welt kümmern.

Bei seinen wichtigen (Beratungs-)Aufgaben kommen Gerstäcker die starke Praxisbezogenheit, die Reiseerfahrung sowie sein gesunder Menschenverstand zugute. In diesem Zusammenhang sei auch auf seine *Sprachbegabung* sowie die *Gewandtheit im Umgang mit Literatur* hingewiesen: So kann er vor seinem Durchbruch als Schriftsteller den (recht bescheidenen) Lebensunterhalt mit *Übersetzungen*, die er in verschiedenen Zeitungen veröffentlicht, verdienen.

Wenn – wie zu jener Zeit – eine neue Welt entsteht, dann ist nichts so konstant wie die *Veränderung*. In den von Gerstäcker besonders aufmerksam verfolgten amerikanischen Gründerjahren schiessen Dörfer und Städte buchstäblich wie Pilze aus dem Boden, und das Erscheinungsbild solcher Ansiedlungen ist einem rasenden Wandel unterworfen. Der Textausschnitt aus den „Nachgelassenen Schriften" vermittelt einen generellen Eindruck von dieser Epoche mit ihrem geschäftigen und fieberhaften Treiben. [Akzentuierungen in *Kursivschrift*]

> *J e t z t brauchten die Leute Häuser, j e t z t war eine Aussicht auf raschen, unerwarteten Gewinn, und man muß es selber gesehen haben, wie bei solchen Gelegenheiten in Amerika Städte entstehen, um es nur für möglich zu halten.* Der Wald liefert Tausenden von Arbeitern seine Stämme; Bretter und Planken kommen in langen Bahnzügen mit Allem außerdem an, was nur irgend gebraucht werden kann, *und in einigen W o c h e n schon überrascht den Besucher, der vielleicht noch vor vierzehn Tagen an der nämlichen Stelle ein Rudel Hirsche gesehen, eine richtige reguläre Stadt mit Marktplatz, Rathaus, Restaurationen, Billard-Zimmern, Bank, Depots, Café chantants und sogar nicht selten auch mit einem Theater.* Es ist zwar Alles aus nicht einmal gehobelten oder angestrichenen Brettern aufgebaut, aber was thut das? Die Dächer bieten Schutz gegen Sonne und Regen, die Thüren können verschlossen werden. Licht kommt ebenfalls genügend durch die kleinen Fenster herein, und mehr wird eben nicht von einem Hause verlangt – wenigstens nicht unter solchen Verhältnissen.
> („Kleine Erzählungen und Nachgelassene Schriften", Band 1, S. 487)

Wegen Friedrich Gerstäckers erklärtem Anspruch, Mensch und Realität so zu schildern, wie sie wirklich sind, zeichnen sich einige seiner nichtfiktionalen *und* fiktionalen Texte dadurch aus, dass sie authentische Hinweise zu Geschichte und Geographie bestimmter Gebiete enthalten und so zu (kostbaren) Quellen für die Forschung geworden sind. So entdeckte Clarence Evans (Northeastern State College in Tahlequah, Oklahoma) mit der Hilfe des autobiographischen Werks „Streif- und Jagdzüge" das Grab eines Kollegen Gerstäckers, der bei der Bärenjagd sein Leben verloren hat. Die Gründerzeit ist in Arkansas quellenmässig spärlich belegt, und darum sind Gerstäckers Beschreibungen als originäre Dokumente umso bedeutender und von bleibendem historischen Wert. Als Dank für seinen wertvollen Beitrag zur Geschichte von Arkansas wurde der Autor 84 Jahre nach seinem Tode gar mit dem Ehrenbürgerrecht dieses Staats ausgezeichnet!

Nach seiner Rückkehr widmet sich der Weltenbummler wieder intensiv seiner literarischen Tätigkeit. Mittlerweile ist er zu einem der bekanntesten deutschen (Volks-)Schriftsteller geworden. Auch in gesellschaftlich höhergestellten Kreisen schätzt man ihn; er ist befreundet mit dem Herausgeber der „Gartenlaube" und der „Hamburger Nachrichten". Zu anderen wichtigen Herausgebern deutscher Zeitungen unterhält er ebenfalls ein freundschaftliches Verhältnis. Selbst Bismarck zeigt sein Interesse an Gerstäckers Werken in einem an ihn gerichteten Brief. Von der engen Freundschaft mit dem Herzog von Sachsen-Coburg-Gotha, Herzog Ernst II, zeugt die Erzählung „Eine Gemsjagd in Tyrol".

Im Mai 1860 bricht der Schriftsteller, inzwischen Vater von drei Kindern, wiederum nach Südamerika auf. Auch diese dritte Reise unternimmt er in öffentlichem Interesse: Er soll u.a. abklären, welche Güter sich lohnend nach Europa ausführen lassen.

Wie schon angesprochen, liegt dem Weitgereisten das Schicksal seiner Landsleute in der Neuen Welt sehr am Herzen, und er wird weder in Nichtfiktion noch Fiktion müde (vgl. Kapitel 3.4 – „Vermittlung realistisch-kritischer Weltsicht"), sie auf mögliche Schwierigkeiten in der unbekannten Umgebung aufmerksam zu machen; so warnt er wiederholt vor Gefahren und Missbräuchen bei Vertragsabschlüssen.

Auch von *Schicksalsschlägen* wird Gerstäcker nicht verschont. Als er im Spätsommer 1861 von seiner 18 Monate dauernden Erkundungstour in die Heimat zurückkehrt, erreicht ihn die Schreckensbotschaft, dass seine schon lange erkrankte erste Frau gestorben sei. Der Verlust seiner Partnerin löst bei Gerstäcker Depressionen aus. Als Produkt solcher Stimmungen entstehen „Heimliche und unheimliche Geschichten", die den Autor von einer völlig ungewohnten Seite zeigen: Nicht mehr Abenteuer und Reisen stehen in diesen Texten im Vordergrund, sondern schaurige Begebenheiten. Nachdem er 1862 auch Afrika bereist hat, heiratet der Schriftsteller ein Jahr später die über 25 Jahre jüngere Holländerin Marie Louise Fischer van Gaasbeek; mit ihr hat er zwei Töchter.

Die vierte (und letzte) grosse Reise in die Neue Welt 1867/68 – nach Nordamerika, Mexiko, zu den Westindischen Inseln und nach Venezuela – erfüllt Gerstäcker mit grosser Wehmut. Allzuviel hat sich in den dreissig Jahren seit seiner ersten Kontaktnahme verändert – ganz besonders in den Gebieten, wo sich die *Umweltzerstörung* bereits gnadenlos ausbreitet:

> Was für ein Leben jetzt in diesen wilden Bergen, in denen noch vor wenigen Jahren der Hirsch sein stilles, kaum gestörtes Lager hatte! Wie aber der Specht in einen alten Baum seine Löcher hineinschlägt und hämmert, um nach Würmern zu graben, so bohrt sich der Mensch hier in tausend Löchern in den alten dürren Boden hinein, um nach Oel zu suchen, und kennt dort deshalb auch gar

keinen andern Gedanken als das Oel. Das hämmert und klopft und wirtschaftet, das bohrt und qualmt und dampft, das rinnt und läuft unaufhaltsam, ununterbrochen Tag und Nacht, und der untergehende Mond wie die aufgehende Sonne scheinen auf gleiche Thätigkeit. Dazwischendurch keuchen die schwerbeladenen Bahnzüge, die das Oel unten im Thale den Raffinerien oder dem weiteren Transport entgegenführen, und Alles drängt und treibt, nur um Reichtum zu erjagen.
(„Neue Reisen durch die Vereinigten Staaten, Mexiko, Ecuador, Westindien und Venezuela, S. 36f.)

Im Jahre 1870 engagiert sich der überzeugte Patriot anlässlich des deutsch-französischen Krieges als Berichterstatter von der Front. Ganz im Stile der furchtlosen und „actionorientierten" Journalisten des ausgehenden 20. Jahrhunderts dringt er bis in die vordersten Linien vor, um für die „Gartenlaube" aktuelle *Reportagen* verfassen zu können. Der Drang nach Aktualität führt jedoch dazu, dass häufig irgendwelchen Nebensächlichkeiten (z.B. einem Warenlager für Soldaten im Felde oder den für die Beschreibung von Belagerungsarbeiten notwendigen Fachausdrücken) mehr Interesse und Platz eingeräumt wird als der eigentlichen Substanz, d.h. den politisch-historischen Zusammenhängen und Verwicklungen; hier bleibt der Autor im (oft mittelmässigen) Alltagsjournalismus stecken. Zudem nimmt sich Gerstäcker die Mühe nicht, zu einem ausgewogenen Urteil über die französischen Kriegsgegner zu kommen – sonst liessen sich tendenziöse und grobschlächtige Aussagen wie die folgenden kaum finden:

Es ist ein eigen Ding mit den Franzosen; es muß erst jeder Einzelne persönlich geprügelt werden, bis er es glauben will, daß die ganze Nation Schläge bekommen hat.
(„Kriegsbilder eines Nachzüglers aus dem deutsch-französischen Kriege", S. 389)

Im Grunde ist es ein leichtherziges, liebenswürdiges Volk und dabei gewandt und unübertroffen in äußeren Formen, nur ihr bodenloser Uebermuth, ihre Selbstüberschätzung machte sie unangenehm, und dieser Krieg wird ihnen hoffentlich eine gute Lehre sein. (...) Nun, sie müssen sich darein finden, hoffentlich trägt aber diese Lection wesentlich mit zu ihrer Besserung bei, und wenn sie etwas bescheidener geworden sind, bin ich auch überzeugt, daß es sich recht gut mit ihnen leben läßt und sie brave und ruhige Nachbarn werden. – Im andern Fall müssen wir die Dosis wiederholen.
(„Kriegsbilder eines Nachzüglers aus dem deutsch-französischen Kriege", S. 420)

Nachdem er aus Frankreich zurückgekehrt ist, macht sich bei dem sonst ausgeglichenen Manne eine gewisse Unruhe bemerkbar. Er vertieft sich noch intensiver in seine Arbeit und bereitet bereits eine neue Reise nach Indien, China und Japan vor. Doch sie ist ihm nicht mehr vergönnt – er stirbt in der Nacht vom 30. auf den 31. Mai 1872 an einem Hirnschlag. Sein früher Tod löst in Deutschland in weiten Kreisen der Bevölkerung grosse Anteilnahme aus. Bemerkenswerterweise erhält Friedrich Gerstäcker auch aus der Welt der Wissenschaft gebührende Anerkennung. So wird ihm eine Würdigung im 19. Band der *Mittheilungen aus Justus Perthes' Geographischer Anstalt (...) von Dr. A. Petermann* zuteil, was als Gütesiegel ersten Ranges zu werten ist. In ihrer sehr lesenswerten Darstellung des Briefwechsels mit Costenoble halten McClain und Kurth-Voigt fest, mit welch einflussreichen Zeitgenossen Gerstäcker im gleichen Atemzug genannt wird:

Dieser Nekrolog ist um so bedeutungsvoller, als von den im Jahre 1872 Verstorbenen nur fünfundzwanzig, ausnahmslos international bekannte Persönlichkeiten, darunter der englische General Rawdon Chesney, der canadische Geograph Alfred Waddington, der Schweizer Professor Arnold Escher von der Linth und der französische Astronom und Physiker Jacques Babinet, einen Nachruf in *Petermanns Mittheilungen* erhielten.[4]

---

[4] McClain, William, Kurth-Voigt, Lieselotte: Friedrich Gerstäckers Briefe an Hermann Costenoble (mit deutscher, englischer, russischer Zusammenfassung). In: Archiv für Geschichte des Buchwesens. Bd. 14. Frankfurt a.M. 1974, Sp. 1072.

2. Erzähltheoretische Analyse

2.1 Elemente der Mittelbarkeit

In Gerstäckers Werken nehmen Ausgestaltung und (kompetenzmässige) Ausstattung der auktorialen Erzählerinstanz einen hervorragenden Stellenwert ein. Sie beeinflussen die Rezeption der Texte in einem viel nachhaltigeren Ausmass, als bei flüchtigem Hinsehen angenommen werden könnte.

Zuerst soll aufgezeigt werden, dass sich der Leseeindruck – vornehmlich in traditionellen Texten – nicht nur über die Figuren-, sondern in hohem Masse auch durch die Erzählerebene konstituiert. Das folgende Zitat aus der Erzählpraxis untermalt diese Aussage:

> Es geht uns mehr darum zu betonen, daß in diegetischen Erzähltexten (echten wie fingierten Wirklichkeitsaussagen) die Fülle an Informationen nicht nur auf der erzählten Ebene (Handlungsebene) erfolgt, sondern wesentliche Einsichten auf der Erzählerebene vermittelt werden. Der quantitative Umfang, den die Erzählerebene in einem diegetisch-fiktionalen Text einnimmt, bestimmt das Rezeptionserlebnis des Lesers in beträchtlichem Umfang, bestimmt auch die Sicherheit seines Urteils über Personen und Handlung.[5]

Dem auktorialen Erzähler bieten sich diverse Möglichkeiten, in Erscheinung zu treten. Eine der beliebtesten und meistverwendeten Vorgehensweisen – nicht nur bei Friedrich Gerstäcker – stellt das „Sicheinschalten" über einen *Tempuswechsel* dar, der von der Figuren- auf die Erzählerebene führt. Dazu führt Rolf Tarot aus:

> Wenn der Erzähler sich nicht nur als (objektiv) berichtender Vermittler vergangenen Geschehens (Handeln, Sein usw.) betätigt, sondern dann und wann (oder auch häufig) das Bedürfnis verspürt, sich kommentierend oder mit Hinweisen an den Leser zu Wort zu melden, dann kann er das nur aus dem Hier-und-Jetzt seines Erzähl-/Sprechzeitpunkts tun, d.h. er muß für die Dauer seines

---

[5] Tarot, Rolf: „Narratio Viva" – Untersuchungen zur Entwicklungsgeschichte der Erzählkunst vom Ausgang des 17. Jahrhunderts bis zum Beginn des 20. Jahrhunderts. Band 1 – Theoretische Grundlagen. Bern, Frankfurt a. M. [u.a.] 1993, S. 62.

Einwurfs das Erzähltempus Präteritum zugunsten des Präsens außer Kurs setzen. Dieser *Tempuswechsel* vom Erzähltempus Präteritum zum Präsens der Erzählerebene ist die auffälligste Erscheinungsform des Aussagesubjekts im diegetisch-fiktionalen Kontext.[6]

Gerstäckers Erzählerfiguren verspüren das Bedürfnis, sich einzuschalten, nicht nur dann und wann, sondern *verblüffend* häufig. Diese Einmischungen des Aussagesubjekts sind typisch, bilden eine der ganz wesentlichen Konstanten in Gerstäckers Schreiben. Die Erzählerfiguren treten dabei als selbstsichere, aufmerksame und engagierte Begleiter und Kommentatoren des Handlungsverlaufs auf, und es ist folgerichtig, dass sich Aussagesubjekte mit solchen „Wesenszügen" berufen fühlen, nicht nur häufig aufzutreten, sondern sich auch entsprechend nachhaltig in Szene zu setzen.

Aussagesubjekte von Format, die im wahrsten Sinne des Wortes „etwas zu sagen haben" und die sich regelmässig in Erinnerung rufen, erregen nicht bloss Aufmerksamkeit, sondern zwingen auch zur Auseinandersetzung mit ihren Wertsetzungen und -systemen:

> Aus der Fülle der direkten und indirekten Erzählereinmischungen macht sich der Leser ein „Bild" des Erzählers, d.h. eine hypothetische Vorstellung von der „Persönlichkeitsstruktur" des berichtenden Aussagesubjekts.[7]

> Die Vorstellungen bezüglich des Erzählers werden vollständiger, „verkörpern" sich gewissermaßen, wenn der Erzähler in den Erzählereinmischungen auf sich selber, seine Einstellungen, Werte und Erfahrungen reflektiert.[8]

2.1.1 Allgemeingültige Wahrheiten

Wie erwähnt, leitet ein Tempuswechsel vom Präteritum der Handlungs- oder Figurenebene zum Präsens der *Erzählerebene* über. Auf dieser „Plattform" werden (vorwiegend) *Einsichten von bleibendem Wert* so-

---

[6] Tarot, 1993: 55

[7] Tarot, 1993: 63

[8] Tarot, 1993: 63

wie *generell gültige Wahrheiten*, die sich für den Erzähler aus dem Textzusammenhang der Figurenebene herauskristallisieren, formuliert.

Die ersten drei Beispiele mit den Themen „Schlafgewohnheiten von Indianern", „Oberflächlichkeit menschlichen Könnens" und „Sprachverhalten von (deutschen) Einwanderen" stehen stellvertretend für eine schier unübersehbare Zahl solcher Erzählereinsätze in den Romanen von Friedrich Gerstäcker.

[Tempuswechsel als Signal für allgemeine Wahrheiten in *Kursivschrift*]

Ruhig und ohne die geringste Störung verging die Nacht, denn die Natur verlangte ihr Recht, und selbst die gestählten Glieder dieser wilden Söhne der Pampas verlangten eine Ruhezeit für den mißhandelten Körper. Die Indianer *sind* jedoch keine Langschläfer. So lange es *dunkelt, rühren* sie sich – außer wenn draußen auf dem Marsch – allerdings nicht; kaum aber *verkündet* im Osten das erste Zeichen am Himmel den nahenden Tag, so *regt* sich das Leben unter den Zelten, und wie die Frauen ihren Geschäften *nachgehen, sehen* die Männer auch nach ihren Pferden und *rüsten* sich zur Jagd.[9]

Die Schwierigkeit war nur die, daß die meisten Deutschen noch nicht so recht mit der spanischen Sprache fertig werden konnten, wie das immer der Fall *ist*, wenn viele Einwanderer im Lande dicht zusammen *wohnen*, und dadurch weniger darauf angewiesen *werden*, sie zu erlernen. Was sie zu besprechen *haben*, *besprechen* sie am liebsten mit ihren Landsleuten, und es *vergehen* dann erst viele Jahre, ehe sie im Stande *sind*, sich nur nothdürftig richtig auszudrücken und verständlich zu machen. („Unter den Pehuenchen", S. 114)

Bald war der Thee allgemein und ebenso das Gespräch, denn der Thee *verschwemmt* eigentlich jede Gesellschaft, und eine ernsthafte oder geistreiche Unterhaltung *ist* bei häufigem Genuß von Thee kaum möglich. Er *schläfert* viel mehr ein, als daß er *aufweckt*, und daher sehr häufig die entsetzlichen Folgen, wenn bei Vorlesungen auch noch Thee herumgereicht *wird*. („Die Colonie", S. 356f.)

Das letzte Beispiel zu allgemeingültigen Wahrheiten und Einsichten des Aussagesubjekts bildet eine Textprobe, in der sich die Erzähleraussage (wiederum im *Präsens,* nach einem *Tempuswechsel*) mit dem aufkeimenden Unbehagen befasst, das den Diktator Franco beschleicht, wenn

---

[9] „Unter den Pehuenchen", S. 350; zitiert nach: Gerstäcker, Friedrich: Gesammelte Schriften. Volks- und Familien-Ausgabe. 43 Bände. 2. bis 7. Auflage. Verlagsbuchhandlung Hermann Costenoble. Jena. 1872 – 1879.

er an die Rechtmässigkeit eines von ihm zu billigenden Todesurteils denkt.

[Tempuswechsel als Signal für allgemeine Wahrheiten in *Kursivschrift*]

> Franco selber schien davon überzeugt, scheute sich aber heute wunderbarer Weise, ein Todesurtheil auszusprechen, denn er hatte in der letzten Nacht einen recht häßlichen Traum gehabt, den er selbst noch nicht abschütteln konnte. Kam vielleicht das dunkle Gefühl dazu, daß Gottes Hand in diesem Augenblick die Wage hielt, die über sein Geschick entscheiden sollte? denn der Verstockteste *hat* Zeiten, wo er die Macht *ahnt*, die über ihm *waltet*, so oft und gern er sie auch sonst *verspottet*. Genug, es war ihm unbehaglich zu Muthe – der kleine Tyrann empfand, daß es eine Grenze gäbe, worüber hinaus seine Macht nicht reiche, und daß er sich gerade jetzt an deren äußerstem Rand befinde.
> („General Franco", S. 255)

Das in den oben aufgeführten Beispielen gezeigte Muster trifft jedoch nicht immer in dieser Stringenz zu. *Handlung und allgemeine Bemerkungen* des auktorialen Erzählers sind nicht immer eng (und logisch) miteinander verschränkt, *korrespondieren nicht notwendigerweise*: Die nähere Charakterisierung einer besonderen Eigenheit des Spanischen – dies zeigt die nächste Passage – steht mit dem Handlungsverlauf oder Inhalt der Geschichte, der angemessenen Behandlung eines von Strapazen gezeichneten Pferdes, eher in loser Beziehung!

[Tempuswechsel als Signal für allgemeine Wahrheiten in *Kursivschrift*]

> Er hatte, während er sprach, die Uniform des Offiziers mißtrauisch betrachtet, und Fortunato entging nicht, daß er außerdem mit lallender Zunge sprach. Der Bursche schien über Tag wenig gegessen und viel getrunken zu haben, und als er jetzt aus dem Sattel stieg, taumelte er und mußte sich an dem zitternden Thiere festhalten, um nicht umzufallen. Aber er nahm sich sichtlich zusammen und schritt, ohne das Pferd weiter zu beachten oder anzuhängen – war er doch sicher, daß ihm das unglückliche Geschöpf nicht fortlief – dem Laden zu, in dem Jacinta jetzt, ihn erwartend, stand. Das Pferd aber fühlte sich kaum frei, als es sich mitten auf der Straße niederwarf und die todmatten Glieder ausstreckte. Wieder drehte sich der Bursche mit einem jener gemeinen Flüche um, an denen die spanische Sprache so reich *ist*, und wollte das halbtodte Thier mit einem Fußtritt vom Boden empor stoßen, damit es sich nicht auf den Sattel wälze, als Fortunato, durch die Rohheit empört, dazwischen sprang. Einen gerade dort liegenden Pfahl aufgreifend, rief er: „Caramba, Señor, jetzt reißt mir die Geduld – die Pest über Euch, seid Ihr ein Vieh oder ein Mensch, daß Ihr das arme, schon halbtodte Geschöpf so mißhandelt? Nehmt ihm den Sattel ab und bringt ihm Futter, oder, beim Himmel, ich thue, was mich gereut!" Der Halbindianer biß die Zähne ingrimmig aufeinander, aber er wagte nicht, der Uniform Trotz zu bieten. Knurrend gehorchte er, und während sich das Pferd lang am Boden ausstreckte, ging Fortunato selber in den Laden hinein, um ein

paar Maiskolben für das mißhandelte Geschöpf heraus zu holen. Gab ihm das doch auch gleich einen Vorwand, sich dem Mädchen wieder zu nahen. („General Franco", S. 97)

Eine weitere, oft erprobte Verfahrensweise in Gerstäckers Romanen und Erzählungen ist diese: Eine auf der Erzählerebene formulierte Regelhaftigkeit wird nicht (wie oben abgehandelt) mehr oder weniger folgerichtig aus dem Handlungszusammenhang der erzählten Ebene heraus entwickelt, sondern umgekehrt entsteht *zuerst* die allgemeine Wahrheit auf der Erzählerebene – erst dann wird sie auf bestimmte Figuren (oder den Handlungszusammenhang) übertragen. Dadurch erlangen diese bzw. ihre Handlungen und Einstellungen im Negativen wie im Positiven grösseres Gewicht. Die Charaktere bleiben nicht einfach in der flüchtigen Belanglosigkeit des Alltäglichen stecken, sondern unterstehen stabilen, „dauerhaften" Gesetzen. Immer wieder treten Figuren als „lebendige Beweise und Vertreter" für allgemeine (auf der Erzählerebene formulierte) Regelhaftigkeiten auf – im folgenden Ausschnitt fällt dem Herrn Oskar von Pick diese Aufgabe zu:
[Übertragung der Regelhaftigkeit in *Kursivschrift*]

Leider giebt es von dieser Menschenklasse in allen Colonien – mögen sie liegen, in welchem Erdtheile sie wollen – eine sehr große Anzahl von Individuen, die meist der sogenannten „gebildeten Klasse" angehören, und ihrer Erziehung oder Neigung nach sich nicht mit dem Gedanken vertraut machen können, ihre geistigen Fähigkeiten so weit herabzuwürdigen, um den Händen ihren Lebensunterhalt zu verdanken. Ich sage der s o g e n a n n t e n gebildeten Klasse; denn Tausende von ihnen haben wenig mehr als nur die oberflächlichste Schulbildung genossen, und selbst von dieser nur so viel profitiert, als sie eben nicht vermeiden konnten – in späterer Zeit aber nie wieder daran gedacht, ihrem Geist auch nur den hundertsten Theil der Pflege angedeihen zu lassen, die sie ihrem Körper widmeten. Aber in den bevorzugten Ständen geboren, waren sie von Jugend auf daran gewöhnt, auf die arbeitende als eine vollkommen untergeordnete Klasse herabzuschauen, und selbst bei einer späteren Auswanderung halten sie sich den Gedanken so lange als irgend möglich fern, durch diesen Schritt in eine Bahn hineingeworfen zu sein, in der sie m i t diesem bisher verachteten Stande einen vollkommen gleichen Start oder Auslaufpunkt haben. Erst wenn – im fremden Lande angekommen – das Rennen wirklich beginnt, finden sie gewöhnlich zu ihrem Erstaunen, daß sie keinesvegs mehr bloße Zuschauer dieses Lebens sind, die in einer bequemen Kalesche nebenher fahren können, sondern daß sie thätigen Antheil nehmen sollen und müssen, wenn sie nicht von ihren gewöhnlichsten Mitbewerbern weit zurückgelassen werden wollen. (...) In diese Klasse gehören die meisten Adeligen, Advocaten, junge unbemittelte Kaufleute, Künstler, Schriftsteller etc. etc., und ein ungeregeltes, abenteuerliches Leben, das sie eine Zeit lang führen, dient gewöhnlich nur dazu, ihnen eine Galgenfrist zu gestatten und sie eine kurze Weile länger über

Wasser zu halten. *Herr Oskar von Pick war einer von diesen, und zwar einer der Wenigen, die ihre Nachbarschaft länger über sich und ihre Verhältnisse zu täuschen wußten, als das den Meisten im gewöhnlichen Lauf der Dinge gelang.* Mit einem gewissen vornehmen, ungenirten Wesen und einem, wenn auch sehr unbedeutenden Capital hatte er seine Laufbahn in Südaustralien begonnen, und durch einige gewonnene Wetten und sonstige ziemlich geheim gehaltene glückliche, wenn auch unbedeutende Speculationen seine Landsleute wie auch englische Nachbarn insofern zu täuschen gewußt, daß sie glaubten, er habe in der alten Heimath ihm offen stehende Hülfsquellen.
(„Die beiden Sträflinge", S. 349ff.)

2.1.2 Leseradressierungen

Ein Erzähler, der sein Publikum direkt anspricht, mag heutzutage Aufsehen erregen oder gar befremdend wirken; nicht immer aber ist dies so gewesen:

> In der Geschichte der Erzählkunst (...) war es lange Zeit eine beliebte Verfahrensweise der Autoren, ihre Erzähler in Kontakt mit den Lesern treten zu lassen. [10]

Auch bei Friedrich Gerstäcker steht die *Leseradressierung* ganz weit oben in der „Beliebtheitsskala". Dieses Gestaltungsmittel ermöglicht es dem Aussagesubjekt, auf der *Erzählerebene* mit seinem Publikum in Kontakt zu treten. [Leseradressierungen in *Kursivschrift*]

> An einer der Säulen allein, den Kopf auf die Brust gesenkt, die Arme fest übereinander in die Falten der Zarape geschlagen, stand der alte Spanier, den *wir* vorhin bei seinem Spiel beobachtet haben. („Gold!", S. 84)

> Die Scene, die sich indessen vor Horacio's Arbeitstisch abwickelte, als Doña Rosaura die Gedichte „An sie" – „An die Entflohene" – noch viel genauer untersuchte, als vorher der Beamte, und das Manuscript sogar confiscirte, geht *uns* nichts an. Es sind das reine Familienangelegenheiten.
> („Die Blauen und Gelben", S. 329f.)

> Jetzt traten die Soldaten, die sich als besonders tapfer ausgezeichnet hatten, in den Ring, und unter ihnen stand auch *unser alter Freund Samuel Brown*, zeigte

---

[10] Tarot, 1993: 60

sich übrigens nicht im Geringsten befangen, sondern hatte beide Riesenhände, so weit das möglich war, in seine engen Hosentaschen gezwängt und machte ein ganz vergnügtes Gesicht. („Die Blauen und Gelben", S. 548)

Ich habe übrigens *einen unserer alten Bekannten* fast zu lange unbeachtet gelassen, und es wird Zeit, daß ich ihn dem *Leser* noch einmal vorführe. Allerdings trägt Feodor Strohwisch dabei selbst großentheils die Schuld, denn als all' die Bewohner der Residenz mit ihren langweiligen Kaffeeklatschen und Theevisiten vor den rauhen Nordstürmen zurück in die wärmeren Mauern der Städte gezogen waren, blieb Feodor – wie ein flügellahmer Kranich am fernen Gestade – einsam in Horneck zurück und „büffelte", wie er es selbst poetisch nannte, an einem Bande humoristischer Gedichte, die er bei seiner Rückkehr nach der Stadt „unterzubringen" dachte.[11]

2.1.3 Kurz- und Kürzesteinsätze

Neben den bislang vorgestellten deutlicheren und ausführlicheren Varianten des Sich-Bemerkbarmachens kann die Erzählerfigur mit *Kurz- und Kürzesteinsätzen* auch auf weniger auffallende Art und Weise ihre Präsenz (auf der Erzählerebene) dokumentieren. Diese Technik steht bei Gerstäckers Erzählern sehr hoch im Kurs, und sie könnte mit Hunderten von Beispielen dokumentiert werden.

Derartige Einsprengsel stellen keine Besonderheit dar, die nur Gerstäcker eigen wäre; auch bei andern Schriftstellern jener Zeit sind sie in der Beliebtheitsskala oben anzusiedeln; es ist deshalb sinnvoll, von eigentlichen *„Konventionen"* zu sprechen:

Für die Kommentare auf der Erzählerebene haben sich gewisse Konventionen („Erzählerfloskeln") herausgebildet, die immer wieder anzutreffen sind. Mit Wendungen wie „pflegen", „und so weiter", „kurz", „in der Tat", „es ist wahr" u.a. machen die Erzähler diegetisch-fiktionaler Texte auf der Erzählerebene den Leser auf ihre vermittelnde Informationsabsicht aufmerksam (...)[12]

---

[11] „Pfarre und Schule", Band 3, S. 180. Georg Wigand's Verlag. Leipzig 1849.

[12] Tarot, 1993: 61

Ein paar dieser „auktorialen Kurz- oder Kürzesteinsätze", die in erstaunlicher Vielfalt auftreten, sollen nun vorgestellt werden.
[Kurz- und Kürzesteinsätze in *Kursivschrift*]

Juan Ibarra bewegte sich vollkommen wie zu Hause, und wenn auch einige der Gäste, unter die er sich jetzt mischte, erstaunt waren, ihn h i e r zu sehen, wo seine politische Gesinnung so wenig wie in der Stadt selbst ein Geheimniß sein konnte, so zerbrach sich doch Niemand den Kopf darüber. Also auch d i e s e r Gegner des Franco'schen Regiments hatte sich, wie hundert Andere, den Verhältnissen gefügt und anerkannt, was er nicht hindern konnte – *mit einem Wort*, Ibarra war zu Franco's Fahne übergetreten. Man wunderte sich zuletzt nicht einmal mehr d a r ü b e r, sondern nur, daß er so lange damit gezögert. („General Franco", S. 130)

Da war erstlich ein Doctor – der Schiffsarzt zugleich, der unentgeltliche Passage erhalten hatte, um etwa unterwegs Erkrankende zu behandeln. Da waren drei oder vier junge Kaufleute – Alle mit der Hoffnung herübergekommen, daß sie, kaum den Fuß an Land gesetzt, schon die brillantesten Anerbietungen erhalten müßten. Da war ein junger Rechtsgelehrter, da war eine mecklenburgische Familie, Mann, Frau und drei kleine Kinder – *kurz*, eine Mischung von jedem Stand und Alter, und Alle in der Hoffnung ausgewandert, um reich – schnell reich zu werden – mit Ausnahme vielleicht des jungen Rechtsgelehrten Reiwald, der auch daheim ein nicht unbedeutendes Vermögen besaß und eigentlich die Reise nur einem guten Theil Romantik verdankte, das ihn hauptsächlich hier herüber getrieben. („Unter den Pehuenchen", S. 128f.)

Zwar konnte Johnson genau die Stelle bestimmen, wo er den Indianer treffen mußte, und er würde auch, hätte er die Büchse statt der Pfeile bei sich gehabt, keinen Augenblick länger gezögert haben, so aber stieg plötzlich die sonderbare Idee in ihm auf, die Wolle könne, wenn nicht den Pfeil aufhalten, doch falsch lenken oder gar dem Gift seine Kraft nehmen; *kurz*, er scheute sich, auf diese Art einen Schuß in's Ungewisse zu thun. („Die Regulatoren in Arkansas", S. 381)

Uebrigens war es indessen schon vollständig dunkel geworden und das „Entrée" der Hütte versprach nicht besonders viel. Es bestand nur aus ein paar aufrecht gestellten Brettern, *oder besser gesagt* roh behauenen breiten Pfosten, von denen, wenn man die Hütte betreten wollte, nur einer bei Seite gehoben und nachher wieder vorgestellt wurde. („Unter den Pehuenchen", S. 211)

Der Doctor sah hinüber und bemerkte jetzt ebenfalls ein paar junge braune Burschen, von denen der eine eine ziemlich große Holzschüssel trug. In dieser lag ein rother, geléeartiger Kuchen von runder Form, und er ging damit auf den Kaziken zu, vor welchem er ihn niedersetzte. Es mußte *jedenfalls* eine Delicatesse sein, denn es wurden dem Häuptling zugleich eine Anzahl kleiner Rindenstücke gebracht, die augenscheinlich als Teller dienen sollten. Tchaluak nahm dann sein neues Messer aus dem Gürtel, würdiger konnte er es nicht einweihen (*und beiläufig gesagt*, hatte der Doctor schon bemerkt, daß er der Einzige war, der bei diesem Chichatrinken ein Messer trug, da es die Anderen wahrscheinlich nicht bei sich führen durften, um Unglück zu verhüten), und schnitt den Kuchen in kleine Stücke, von denen er jedes auf einen Rindenstreifen legte und durch die Kinder zu den Personen sandte, denen er eine Ehre erweisen wollte. („Unter den Pehuenchen", S. 335)

Am zweiten Tag schon schlug er die Augen auf und erkannte seine Frau und Tochter, und der stille Jubel im Hause *läßt sich denken*, als ihnen der Arzt erklärte, er hoffe ihn jetzt, wenn nicht etwas ganz Besonderes vorfiele, durchzubringen. Aber in den ersten Stunden durfte man ihn natürlich nicht mit Fragen quälen, ja selbst die Erinnerung an das Erlebte mußte, soviel als irgend möglich, ferngehalten werden. („Der Erbe", S. 343)

Das abschliessende Beispiel aus dem Roman „Gold!" soll nicht nur eine der gängigsten „Erzählerfloskeln" vorführen, sondern zugleich auch kurzen Einblick in einen amerikanischen Spielsalon zu Gerstäckers Zeit geben: [Kurz- bzw. Kürzesteinsatz in *Kursivschrift*]

„Dem Kühnen lächelt das Glück, Freund!" rief der Amerikaner, den Kopf trotzig zurückwerfend, „ja, es giebt sogar Mittel, das Glück zu z w i n g e n, uns zu gehorchen, und hast Du Lust, so lehr' ich Dich vielleicht einmal die Kunst. Jetzt aber wollen wir unsere Zeit hier nicht nutzlos versäumen, sondern einmal einen Gang durch den Saal machen. Ich muß Dir doch Californien erst v o r s t e l l e n." Ohne auch weiter eine Antwort abzuwarten, zog er Hetson's Arm in den seinen und schlenderte mit ihm in einen der Gänge hinein, die zwischen den Tischen hinführten. Einzelne von diesen waren augenblicklich unbesetzt, *d.h.* es standen keine Fremden daran, denn zwei S p i e l e r saßen an jedem, und zwar einander gegenüber, während zwischen ihnen ein größerer oder kleinerer Haufen Silber-Dollar, Goldstücke und Goldstaub in kleinen Lederbeuteln oder einzelnen „Klumpen" aufgehäuft lag. Die m ü s s i g e n Spieler mischten dann gewöhnlich ihre Karten, hoben ab und p r o b i r t e n mögliche Erfolge, bis ein Vorbeikommender auf eine der Karten setzte und dann auch gewöhnlich Andere nach sich zog. An verschiedenen Tischen standen dagegen die Spieler und Zuschauer so dichtgedrängt, daß man kaum vorüberkommen konnte, und das war dann ein sicheres Zeichen, daß hohe Einsätze das Interesse der Leute erregt hatten. Kopf an Kopf drängte sich über- und nebeneinander, und sehr bedeutende Summen standen dort nicht selten auf dem Spiele. („Gold!", S.52)

Obgleich das Aussagesubjekt bei Gerstäcker eine tragende Rolle spielt, ist es in der Verwendung der *direkten Ich-Form* generell sehr zurückhaltend. Zwar ist seine Präsenz vielerorts unverkennbar – trotzdem aber besteht die Tendenz, dass sich die Vermittlungsinstanz nur an einigen wenigen Stellen *explizit* als *Ich*-Erzähler zu erkennen gibt. Im Roman „Gold!" beispielsweise tritt der Erzähler erst auf Seite 49 zum ersten Mal als „Ich" auf, und zwar im folgenden Zusammenhang: [Vermittlungsinstanz in *Kursivschrift*]

> Hetson ging indessen unten in den Spielsalon, wohin ihn Sistly beschieden hatte, und vergaß im ersten Augenblick, als er den wunderlichen Raum betrat, wirklich ganz, was ihn da hergebracht. Es war ein nicht sehr hoher, aber wohl fünfzig bis sechzig Schritt langer und vierzig Schritt breiter Saal; die Wände noch ziemlich kahl und nur hier und da mit schlechten Oelgemälden – schlecht sowohl was Ausführung als Vorwurf betraf – bedeckt, denn *ich* darf nicht sagen „geschmückt". Nicht dem Schönheitssinn der Besucher sollten sie aber auch genügen, sondern nur ihre Sinne reizen und sie eine Zeit lang fesseln, und das bezweckten sie denn allerdings. („Gold!", S. 49)

Erst in der Mitte des Romans weist der Erzähler wieder direkt auf sich selber hin, indem er sagt: [Vermittlungsinstanz in *Kursivschrift*]

> „Einmal hatte er auch wirklich große Lust es darauf ankommen zu lassen und den Platz von Neuem, trotz der darin gelassenen Schaufel, in Angriff zu nehmen; seine ihm – *ich* möchte fast sagen: angeborene – Scheu vor j e d e m Gesetz aber gewann doch die Oberhand. Er hatte den Platz aufgegeben; ein Anderer hatte nach ihm da wieder gegraben und ein Werkzeug als Zeichen der Besitznahme darin zurückgelassen, er selber durfte deshalb keine Hand daran legen, und eben nicht in bester Laune verließ er den Ort und stieg zurück, hinunter in das Thal, um dem Assessor unten beizustehen. („Gold!", S. 303)

Bis zum Ende des umfangreichen Texts äussert sich das Aussagesubjekt nur noch *dreimal* in der *Ich*-Form.

Im Kurzroman „Das alte Haus" ist ebenfalls eine ähnlich zurückhaltende Einsetzung der „Ich-Form" zu beobachten: Lediglich in den folgenden Passagen nimmt der Erzähler direkt auf sich selber Bezug: [Vermittlungsinstanz in *Kursivschrift*]

> Noch eine Person darf *ich* hier nicht unerwähnt lassen, die zu dem Hausstande, ja, eigentlich fast zur Familie des Doctors gehörte, wenn dieser auch den Mann mehr als Diener wie Freund, und manchmal gütig, meist aber hart und abstoßend, ja fast despotisch behandelte. Es war dies der Famulus des Doctor Hetzelhofer, der hier jedenfalls eine nähere Beschreibung verdient.
> („Das alte Haus", S. 42)

Der zweite und bereits letzte Auftritt des Aussagesubjekts als „Ich" findet sich etwa in der Mitte der Geschichte, wo es heisst:
[Vermittlungsinstanz in *Kursivschrift*]

> Doctor Hetzelhofer selber war eine eigenthümliche Persönlichkeit, die *ich* dem Leser jedenfalls mit ein paar Worten vorführen muß. („Das alte Haus", S. 96)

Der Aktionsradius des Aussagesubjekts bei Gerstäcker beschränkt sich aber nicht nur auf „seine" Ebene – d.h. die Erzählerebene. Die Autorität der Vermittlungsinstanz kommt ebenso stark auf der *Figurenebene* zum Tragen. Im folgenden sollen einige Methoden, die an diese Plattform gebunden sind, zur Sprache kommen.

2.1.4 Indirekter Redebericht

Die Vermittlungsform des indirekten Redeberichts ist auf der *erzählten Ebene* anzusiedeln. Obwohl der Grad der Mittelbarkeit bei Gerstäcker im allgemeinen hoch ist – so viel sei vorweggenommen – nimmt der *indirekte Redebericht* eine *quantitativ äusserst marginale Stellung* ein. Sequenzen wie die nachfolgende, in denen mehrere Sätze in indirekter Rede wiedergegeben werden, bilden die *Ausnahme*:
[indirekter Redebericht in *Kursivschrift*]

> Drei Tage waren nach den oben beschriebenen Vorgängen verflossen, als der Schlossermeister Baumann Morgens zu dem Staatsanwalt Witte kam und ihn dringend *bat*, die Scheidung mit seiner Frau *zu betreiben*, da er willens *sei*, Alburg zu verlassen, und nicht mit dem Gefühl fortgehen *möge*, noch eine Frau da zu haben. Er *hätte* mit seiner Frau, wie er sagte, gesprochen, und sie *füge* sich in Alles; nur an Einem Punkt *hänge* es, an dem jüngsten Kind, das noch nicht ganz sieben Jahre alt *sei* und das die Mutter nicht hergeben *wolle*. Mit dem siebenten Jahre, das *wisse* er wohl, *gehöre* es ihm; aber er *könne* und *wolle* nicht so lange warten, und *bäte* deshalb den Staatsanwalt, das zu vermitteln. („Der Erbe", S. 538f.)

2.1.5 Zitieren von Figurenäusserungen

Zu den öfters verwendeten Erzähltechniken des auktorialen Erzählers auf der *Figurenebene* gehört auch die Fähigkeit, Äusserungen von Figuren im genauen Wortlaut zu zitieren. Derartige Einblendungen betonen die *Mittelbarkeit* des Erzählens, weil sie eine Instanz voraussetzen, welche die Redeausschnitte von Drittpersonen in den Text einspeist. Selbst wenn solche Einfügungen mehrere Sätze umfassen, dürfen sie nicht mit Dialogpartien gleichgesetzt werden, handelt es sich bei ihnen doch nicht um zusammenhängende Redesequenzen, sondern allein um kürzere („unabhängige"), nicht an ein Gegenüber gerichtete Bruchstücke von Figurenrede, die das Aussagesubjekt ins Textganze einflicht. [zitierte Figurenäusserungen in *Kursivschrift*]

> Die Anklagen begannen jetzt; zuerst gegen Atkins und Westen als die Hehler, und gegen Jones als den Stehler oder Zuführer von geraubten Pferden. Da es aber an Zeugen für früher verübte Diebstähle fehlte, beschränkte man sich hier ganz allein auf den zuletzt vorgekommenen und entdeckten Fall. (...) Weston wurde dann vorgeführt, leugnete aber standhaft Alles, bis einer der Männer vom Petite-Jeanne darauf drang, ihn zum Geständnis zu zwingen und so lange zu peitschen, bis er bekenne. Hiergegen protestierte nun freilich Mr. Wharton vollkommen, und nannte das *„grausam"* und *„inquisitionsartig".*
> („Die Regulatoren in Arkansas", S. 476f.)

> Es läßt sich nicht leugnen, weder der hellblaue Frack mit den blanken Knöpfen, noch die weißen Hosen, noch die lichten, schon etwas schmutzigen Glacéhandschuhe waren je für ihn gemacht, und die beiden ersteren gerade um das zu weit, was die letzteren zu eng schienen. Aber er zeigte doch, wie der Pfarrer meinte, *„den guten Willen"*, und einen aufmerksameren und den Formen strenger genügenden Tanzmeister, wie ihn, gab es nicht auf der weiten Welt, viel weniger denn in Brasilien. („Die Colonie", S. 150)

> Der Assessor, denn es war in der That diese würdige Persönlichkeit, kam indessen langsam den Hügel heraufgestiegen, und schien sich unterwegs nur noch einige Male unschlüssig umzusehen, als *ein „Hallo, Assessor! h i e r h e r!"* das ihm Binderhof entgegenschrie, seine Schritte beschleunigte und direct dem Zelte zulenkte. („Gold!", S. 273)

Auch vereinzelte Stellen *kollektiven Zitierens* (*„die ganze Jugend...rief"*, *„die drei Amerikaner...sangen"*) lassen sich finden, u.a. diese: [kollektive Zitate in *Kursivschrift*]

> Hier aber fand er *die ganze Jugend* noch versammelt, die mit Fingern auf ihn deutete und unter einander flüsterte und *rief: „Da ist er – da kommt der Buschrähndscher – paßt auf!"* („Die beiden Sträflinge", S. 436)

> Nach jedem solchen Streit kehrte dann der Friedensrichter mit einem sehr dicken rothen Kopf in sein Zelt zurück, und *die drei Amerikaner sangen* mit

lauter Stimme hinter ihm drein: *„Oh Susannah – do'nt you cry for me, I go to California, with a washbowl on my knee!"* („Gold!", S. 247)

2.1.6 Polyglotte Übersetzer

Auf der *Figurenebene* setzen sich die Aussagesubjekte überaus häufig als *polyglotte Übersetzer* von (satzwertigen) Figurenäusserungen ins Szene. Sie verfügen über eine beeindruckende linguistische Kompetenz und übersetzen mühelos aus den verschiedensten Sprachen (ins Deutsche). Diese aussergewöhnliche sprachliche Fähigkeit der Erzählerfiguren unterstreicht ihre Stellung als versierte, auf der Höhe ihrer Aufgabe stehende Autoritäten und Vermittlungsinstanzen.
[Hinweis auf auktoriale Übersetzungen in *Kursivschrift*]

> „Es ist eine verwünschte Geschichte!" rief der junge Graf Könnern *in französischer Sprache* zu – „die Frau und die Kinder werden ein Jammergeschrei erheben, wenn wir ihn fassen. Sollen wir nicht lieber warten, bis wir ihn allein haben?" („Die Colonie", S. 447)

> „Habt I h r um Hülfe geschrieen?" fragte ihn dieser schon von Weitem *in portugiesischer Sprache.* „Was ist denn geschehen? Seid Ihr angefallen?" „Gerade das Gegentheil, Señor," erwiderte Könnern – „wir haben einen Verbrecher verfolgt und eingeholt, der von Santa Clara entflohen war und, wie es scheint, die Richtung nach Eurer Chagra genommen hat. („Die Colonie", S. 451)

> Unterwegs passirten sie einige größere indianische Gehöfte, hielten sich aber bei keinem derselben auf, und nur einmal, als sie einem Indianer begegneten, der ein paar Stück Vieh vor sich hertrieb, zügelte Cruzado sein Pferd ein und frug, *in der Sprache der Pehuenchen:* „Ha, Kamerad! Was machen die Indianer der Otra Banda?" („Unter den Pehuenchen", S. 195f.)

Zu einem sprachkompetenten Erzähler gehört aber nicht nur die Fähigkeit, ganze Wortverbände und Sätze, sondern auch *einzelne schwierige oder unbekannte Vokabeln* sinngerecht zu übertragen. Bemerkenswerterweise kommt es dabei nicht darauf an, wo und in welchem Zusammenhang im Text sie gerade erscheinen – entscheidend ist, dass sie fast ausnahmslos *postwendend* übersetzt werden.
[auktoriale Übersetzungen in *Kursivschrift*]

Die Hände in den Taschen, schlenderten indessen einige der Yankee-*„Store-keepers"* *oder Händler* die Straße hinab und dorthin zu, wo die beiden wilden Mädchen mit den Pferden hielten. Von der Sprache der Indianer hatten sie auch bis jetzt, Dank ihrer Auffassungsgabe, so viel gelernt, daß *„Walle Walle"* *(Freund - Freund)* den Gruß der Eingeborenen bedeute. („Gold!", S. 180)

Charley Pitt's Vater war als *Convict (Sträfling)* auf Lebenszeit nach Australien gesandt worden - ein sogenannter lifer, der daheim irgend ein schweres Verbrechen begangen hatte, und es nun hier in einer neuen Welt zu seinem, wie dem Nutzen des beleidigten Staates abbüßen sollte. Da er sich aber gut und fleißig betrug und seinen Aufsehern keinerlei Ursache zur Klage gab, bekam er mit der Zeit sein *ticket of leave, d.h.* *einen Erlaubnißschein oder Paß*, mit dem er sich in der Colonie selbstständig vermiethen konnte, und nur eine gewisse Summe abzugeben hatte und stets unter polizeilicher Aufsicht stand. („Im Busch", S. 29)

Das Bestreben, so oft wie möglich mit Übersetzungen ungewöhnlicher oder unbekannter Vokabeln aufzuwarten, führt mitunter dazu, dass das gleiche Wort an zwei kurz aufeinanderfolgenden Stellen erklärt wird. So findet sich auf Seite *10* des Romans „Sennor Aguila" die Übertragung: [auktoriale Übersetzung in *Kursivschrift*]

Das ganze Deck war schmutzig und unordentlich; die Segel bestanden eigentlich nur aus geflickten Fetzen, und in der *Cambüse oder Küche* sah es aus, daß jedem Andern als einem Südamerikaner der Appetit vergangen wäre (...) („Sennor Aguila", S. 10)

Bereits auf Seite *24* des Romans wird eben *diese* Übersetzung noch einmal geliefert.

Dem polyglotten Aussagesubjekt bietet sich auch die Möglichkeit, die Übersetzung nicht als Teil der *narrativen* Passagen zu präsentieren, sondern sie mittels Klammern *direkt* in den Verlauf von *Dialogpartien* einzublenden: [eingefügte Übersetzungen in *Kursivschrift*][13]

---

[13] In vereinzelten Fällen allerdings ist es nicht dem Aussagesubjekt vorbehalten, die Übersetzerdienste auf der *Figurenebene* selbst zu leisten; es steht dann in der Kompetenz der *Charaktere*, die erwünschten einzelnen Vokabeln (oder Sätze) zu übertragen! [Übersetzung der konversierenden Figur in *Kursivschrift*]

„Aber was gehen uns die Knöpfe an?" rief Harper wieder. „Viel - sehr viel!" nickte Bahrens bedeutungsvoll - „doch hört. Dieser junge Mann also geht eines

Am nächsten Morgen um zehn Uhr hielt ein Ulan vor seiner Thür und stieß mit der Lanzenspitze oben an sein Fenster. Als er es öffnete, fragte der Soldat: „Señor Aguila, vive aqui?" „Si, Señor." „Es Usted?" *(Sind Sie das?)* „Si, Señor." („Sennor Aguila", S. 421)

„Buenos dias, Señor," sagte der Fremde, als er das Zimmer betrat und einen Blick darin umherwarf. Er schien indessen weniger auf die Unordnung zu achten, sondern sich nur überzeugen zu wollen, ob noch jemand Anderes anwesend sei, „como està?" *(Wie geht's)* „Danke, leidlich," sagte Meier, erst jetzt bemerkend, daß seine Cigarre ausgegangen war, „was wünschen Sie?" „Quien sabe" *(wer weiß es),* sagte der Mann achselzuckend, in der wunderlichen Weise aller dieser Stämme. („Unter den Pehuenchen", S. 182)

Befund: Bisher haben Übersetzerdienste des auktorialen Erzählers im *fortlaufenden* Text im Zentrum des Interesses gestanden. Dabei werden die Übertragungen einerseits ergänzend im nicht dialogischen, *narrativen* Textteil geboten, andererseits schaltet sich das übersetzende Aussagesubjekt direkt in die *Figurenrede* ein. Nur in Ausnahmefällen, in denen die Übertragung den Figuren selbst vorbehalten ist, tritt das Aussagesubjekt als Übertragungsinstanz in den Hintergrund.

Das Tätigkeitsfeld des Erzählers in den Texten von Friedrich Gerstäcker beschränkt sich natürlich nicht auf Übersetzerdienste und Hilfestellungen allein im sprachlichen Bereich. Das Aussagesubjekt manifestiert sich auf der *Figuren- oder Handlungsebene* noch auf andere Weise.

Sonntags, eine große schwarz eingebundene Bibel unter dem Arm, nach einem Nachbar hinüber, wo eine dieser unausweichbaren Betversammlungen sein sollte, als er dicht neben dem schmalen Fußpfad, dem er folgte, einen der kleinen grünen *Peroquets oder Papageien* findet, der eben erst vom Zweige gefallen zu sein schien (...)" („Die Regulatoren in Arkansas", S. 260)

Die soeben vorgestellten „Figurenübersetzungen" bilden jedoch die Ausnahme. Grundsätzlich ist das *Aussagesubjekt* auch auf der Figurenebene Dreh- und Angelpunkt von sprachlichen Aufschlüssen bzw. von Übersetzertätigkeiten.

2.1.7 Zeitraffung

Die Technik der *Zeitraffung* ist ein nicht wegzudenkender Bestandteil von Gerstäckers erzählerischer Palette; das unermüdliche Bestreben, Zeit möglichst „echt" und „realitätsgetreu" zu gestalten, ist stets spürbar.

Mit dieser Vorliebe für Imitationen nichtfiktionaler Texte fügt sich der Schriftsteller nahtlos in die Tradition klassischen diegetischen Erzählens ein:

> Die Erzähler diegetisch-fiktionaler Texte erwecken immer wieder den Eindruck, als gebe es bei der zu erzählenden Handlung Zeitphasen, in denen sich nichts Erzählenswertes ereignet habe, d.h. die Analogie zu nichtfiktionalen diegetischen Texten wird einmal mehr bewußt gepflegt.[14]

Die drei nun folgenden Beispiele sollen stellvertretend für Hunderte von recht homogen verteilten Zeitraffungen in Gerstäckers erzählerischer Prosa stehen. [Zeitraffungen in *Kursivschrift*]

> *Wochen vergingen und Monate.* Die rauhen Herbststürme traten ein, Schnee fiel, und der Winter deckte die freundlichen Hügel und Gebirgszüge um Haßburg mit seiner weißen Decke und die Wasser mit Eis, und noch hatte die Monford'sche Familie mit keinem Menschen in der Stadt wieder verkehrt, (...) („Eine Mutter", S. 443)

> *Ein volles Jahr war vergangen,* aber Fritz, längst mit der Geliebten vereinigt und im Besitz alles dessen, was einen Menschen wirklich glücklich machen kann, hatte noch immer nichts von seinen Lieben in Amerika gehört und sehnte sich doch so nach einem Brief. („Der Erbe", S. 553)

> Aber der versprochene Brief kam nicht, *und Monat nach Monat verging,* so daß Fritz schon anfing sich zu sorgen. („Der Erbe", S. 554)

Die weitaus häufigste Form der Zeitraffung bei Gerstäcker ist – wie eben vorgestellt – *innerhalb* der einzelnen Kapitel zu beobachten; es kommt aber auch vor, dass *zwischen* den Kapiteln Zeit ausgespart wird. Das 37. Kapitel („Eine Scheidung") setzt mit einem Satz ein, der direkt

---

[14] Tarot, 1993: 87

auf Ereignisse Bezug nimmt, die sich im vorhergehenden Kapitel 36 abgespielt haben: [Zeitraffung in *Kursivschrift*]

> *Drei Tage waren nach den oben beschriebenen Vorgängen verflossen*, als der Schlossermeister Baumann Morgens zu dem Staatsanwalt Witte kam (...)
> („Der Erbe", S. 538)

Wie das nachstehende Exempel belegt, sehen sich die einleitenden Wendungen oft auffallend ähnlich: [Zeitraffung in *Kursivschrift*]

> *Drei Tage waren nach den im letzten Capitel beschriebenen Vorgängen verflossen*, als sich eines Morgens auf dem Theaterplatze vor dem Hotel der „Vier Jahreszeiten" eine ziemliche Menschenmenge sammelte (...)
> („Sennor Aguila", S. 114)

Erwähnenswert in diesem Kontext ist der Titel des 17. Kapitels im Roman „Die Missionäre" – er lautet: *„Zwei Jahre später"*.

2.1.8 Rückwendungen

Als weitere Präsentationstechnik haben die Erzähler Gerstäckers die Möglichkeit, sich als zeitüberschauende und -gestaltende Instanzen der *Rückwendung* zu bedienen. Sie erlaubt es, den temporalen Ablauf einer Geschichte zu unterbrechen. Dazu Tarot:

> Rückwendungen sind jene Erzählmittel, die es dem Erzähler erlauben, in die Vergangenheit der gerade erzählten Geschehnisse zurückzugehen, d.h. in die Vorvergangenheit der als vergangen erzählten Ereignisse. Anders als bei den bisher behandelten Erzählereinmischungen findet bei den Rückwendungen kein Wechsel von der erzählten Ebene (Handlungsebene) zur Erzählerebene statt. Der Wechsel vollzieht sich allein auf der Handlungsebene. Der Erzähler weist jeweils nur auf den in der Vergangenheit liegenden Zeitpunkt der in der Rückwendung zu berichtenden Geschehnisse hin, um dann in gleicher Weise – auf der erzählten Ebene – von diesen Begebenheiten als vergangen zu berichten.

(...) Die diegetischen Formen des Erzählens kommen meist nicht ohne das Mittel der Rückwendung aus. [15]

Das 6. Kapitel des australischen Romans „Im Busch" wird vom auktorialen Erzähler mit einer Rückwendung eröffnet, die zudem noch einen *expliziten* Publikumsbezug („...wie sich der Leser erinnern wird...") enthält. [Rückwendung in *Kursivschrift*]

> *Wir müssen noch einmal zu dem Abend zurückkehren, an dem die Royal Mail unweit des Gipfels des Razorbacks in den blauen Bergen überfallen und geplündert wurde. Der von dem Bushranger verwundete Passagier war damals, wie sich der Leser erinnern wird, durch vier Leute von der kleinen am Wege stehenden Schenke auf die nicht weit davon entfernte Station eines englischen Gentleman, eines Mr. Sutton, geschafft und dort auf das Herzlichste und Liebevollste behandelt worden.* („Im Busch", S. 53)

Kapitel 7 des Romans „Unter den Pehuenchen" wird vom Erzähler so eingeleitet: [Rückwendung in *Kursivschrift*]

> *Wir müssen für kurze Zeit zu den Indianern zurückkehren, die, von Jenkitruss geführt, die Hacienda des alten Don Enrique an jenem Morgen überfielen.* („Unter den Pehuenchen", S. 66)

Sowohl das 15. Kapitel des australischen Romans „Im Busch" – „Capitain Becker's Abenteuer" – als auch das „Alte Bekannte" betitelte 24. Kapitel des Romans „Gold!" setzen je mit einer Rückwendung ein. [Rückwendungen in *Kursivschrift*]

> *Es wird Zeit, daß wir uns selber einmal nach dem Capitain umsehen, den wir verließen, als er den Schiffsjungen oben bis auf den Rand des Hügelrückens gejagt hatte und dabei in allem Eifer natürlich weder auf Richtung noch „Landmarken" achtete.* („Im Busch", S. 175f.)

> *Einen alten Schiffsbekannten von uns haben wir lange aus den Augen gelassen: den Doctor Rascher, der schon vor Hetsons in die Berge gegangen war, um seinen botanischen Forschungen obzuliegen.* („Gold!", S. 440)

---

[15] Tarot, 1993: 75f.

2.1.9 Zukunftsverweise

Im weiteren kann ein glaubwürdiges, die Zeit überschauendes Aussagesubjekt auf der *Figurenebene* auf Zukünftiges und für die betroffenen Figuren Unbekanntes Bezug nehmen:
[Zukunftsverweise in *Kursivschrift*]

> Zu dem Ministerium wurde unter dem Präsidenten Lacunza und ganz nach Vorschlag des Padre Fischer, der sich dem Kaiser bald unentbehrlich zu machen wußte, ein neuer Staatsrath aus rein conservativen Elementen ernannt, und *der Kaiser erfreute sich indessen wenigstens seines Sommeraufenthalts in Guernavaca, aus dem er aber auch in trüber Weise aufgerüttelt werden sollte.*
> („In Mexiko", Band 2, S. 203)

> Ueber die Flucht des Stammes behauptete er aber nicht mehr zu wissen, als die Weißen auch. Die Burkas hätten die Sache bis zu ihrem Aufbruch geheim gehalten. Getrennt von ihrem Lager, konnte er ja überhaupt nicht hören, was sie mit einander verabredeten. *Ueber die wahrscheinliche Ursache derselben sollten die Weißen indessen nicht lange in Zweifel bleiben,* denn noch standen sie oben bei der einsamen Gunyo, (...) („Die beiden Sträflinge", S. 117)

> Und welch ein Unterschied lag zwischen jetzt und einem einzigen Jahre – *welch' riesenhaften Fortschritt sollten diesem Ort die nächsten zwölf Monate bringen!* („Gold!", S. 148)

> In Saaldorf nun, wie der kleine jetzt beschriebene Ort hieß, *wohnte unter Anderen, mit denen wir später noch näher bekannt werden,* der Blechschmied Lischke, (...) („Die beiden Sträflinge", S. 251)

Die Technik der *Vorausdeutung* ist in Gerstäckers Fiktion, im Gegensatz zu den weitverbreiteten traditionellen Mitteln diegetischen Erzählens – der Rückwendung bzw. des Simultanverweises – eine eher selten angewandte Verfahrensweise. Sie kann, dies zeigen die Ausführungen in der „Narratio Viva", der Erzeugung und Aufrechterhaltung von Spannung *abträglich* sein:

> In der Vorausdeutung kann der Erzähler vorwegnehmen, was er erst an späterer Stelle ausfürlicher zu erzählen gedenkt. Die Gründe dafür sind mannigfach, die Wirkung jeweils die gleiche. Mit der Vorausdeutung wird die Spannung auf das *Was* des Geschehens eliminiert. Für alle Weisen des Erzählens, die mit der Intention der Erzeugung von Spannung antreten, ein zweckwidriges Verfahren. Nun kann es gute erzählerische Gründe geben, die Spannung auf das *Was* durch die Spannung auf das *Wie* zu ersetzen. Dabei leisten Vorausdeutungen nützliche

Hilfe. Die verbreitete Annahme, die Spannung auf das *Was* sei die spezifische Spannung für die Gattung Drama oder den Kriminalroman, ist längst durch Beispiele widerlegt.[16]

2.1.10 Simultaneität

Da der berichtete Inhalt diegetisch-fiktionaler Texte als vergangen berichtet wird und der Erzähler das Gesamtgeschehen überblickt, kann er auch gleichzeitig verlaufende Begebenheiten erzählen. Das geht allerdings nur im Nacheinander des Erzählens, indem er durch Adverbien wie „inzwischen", „unterdes" u.a. auf die Gleichzeitigkeit hinweist.[17]

Für die mit wenig Zurückhaltung auftretenden Erzähler Gerstäckers ist es von grossem Wert, dass sie als Gestaltungsmittel auch die Simultaneität verschiedener Handlungsstränge einsetzen können. Diese Technik ist bei Friedrich Gerstäckers Aussagesubjekten recht beliebt und kommt entsprechend häufig zum Zug. [*Simultaneität* in Kursivschrift]

In der nämlichen Zeit, in welcher George Monford Rottacks besuchte, schritt Rebe an Jeremias' Seite Pfeffer's Wohnung zu, (...) („Eine Mutter", S. 363)

Im Heßberger'schen Hause ging es an dem Abend und *genau in der nämlichen Zeit*, in welcher die beiden Damen das Witte'sche Haus verließen, etwas unruhig zu, (...) („Der Erbe", S. 396)

In der nämlichen Zeit etwa, in der Herr Hufner mit zitternder Hand den verhängnißvollen Brief nach San Francisco schrieb, (...) lenkte ein Reiter sein müdes, abgetriebenes Pferd einen der schmalen Bergpfade hinab, (...) („Gold!", S. 277)

Besonders geeignet ist dieses Gestaltungsmittel in Handlungsverläufen, in denen das Erzeugen von *Spannung* im Vordergrund steht: Dann wird ein erster Handlungsstrang einem Spannungshoch zugeführt, aber just im Moment, in dem das Geschehen am interessantesten und fesselndsten wird, löst eine zweite Folge von Ereignissen die erste ab und wird nun

---

[16] Tarot, 1993: 81

[17] Tarot, 1993: 73

ihrerseits spannungsmässig immer stärker aufgeladen. Danach setzt wieder der erste Handlungsstrang ein und treibt einem weiteren Kulminationspunkt entgegen. Diese spannungssteigernde „Unterbrechungstechnik" kann je nach Verlauf des Geschehens auch mehrere Male wiederholt werden.

„Zeitraffungen", „Rückwendungen", „Zukunftsverweise" (mit quantitativen Einschränkungen) sowie „Simultanschaltungen" sind bei Gerstäcker weitverbreitet. Sie sind ein Gradmesser dafür, wie bedeutungsvoll eine saubere und jederzeit übersichtliche zeitliche Abstufung und Kontrastierung der Vorgänge und Handlungsstränge ist.

2.1.11 Weitere erzähltheoretische Aspekte

Das Anliegen eines möglichst glaubwürdig und wirklichkeitsnah aufgebauten temporalen Geflechts in Gerstäckers Prosa zeigt sich nicht zuletzt in Passagen, in denen der Aktionsradius der Vermittlungsinstanz nicht bei Aussagen endet, welche nur die reine Chronologie der zeitlichen Abläufe betreffen. Das Aussagesubjekt stellt auf der *Figurenebene* auch weiterführende, über den Horizont einzelner Geschichten hinausreichende Überlegungen an – beispielsweise zu *erzähltheoretischen Aspekten* wie dem Verhältnis von erzählter Zeit und Erzählzeit. In den folgenden zwei Beispielen wird festgehalten, dass die Erzählzeit – infolge grosser „Wahrheitstreue" im Erzählvorgang – länger ist als die erzählte Zeit: [erzähltheoretische Gedanken in *Kursivschrift*]

„Gentlemen," sagte der Regulatorenführer da nach kurzer athemloser Pause mit erhobener Stimme, „ich war gestern Abend in dem Hause unseres bisherigen Nachbars A t k i n s, und der Verräther ist e r." „Sonderbare Geschichte das", flüsterte Cook, seinen Arm vertraulich auf die Schulter von Jones lehnend, der ihm mit stierem Blick und aschfarbenen Wangen in's Auge sah – „sehr sonderbare Geschichte das!" Dieser fühlte, daß er verrathen war; fühlte, wie der Blick des Regulatorenführers auf ihm haftete, wenn er ihm auch nicht selbst in's Auge schaute. – Er wußte, daß für ihn jetzt keine andere Rettung als schnelle Flucht sei und er sich zu dieser den Weg bahnen müsse, wie er nur immer könne. Leise daher, aber schnell die rechte Hand unter die Weste bringend, ergriff er das dort verborgen gehaltene Bowiemesser, und warf noch einen Blick forschend hinüber zu der Negerin, die eben ihre Vorbereitungen beendet hatte. *Das Ganze, so lang hier im Erzählen, hatte in der Wirklichkeit nur wenige Secunden in Anspruch genommen*, während bei den letzten Worten Brown's ein Murmeln des Erstaunens und der Verwunderung die Versammlung durchlief.
(„Die Regulatoren in Arkansas", S. 351)

Es war aber auch nur ein Augenblick, denn gleich darauf tauchten wieder einzelne Spitzen aus der kochenden Stromfläche empor, und während das tolle Anschäumen der Wasser, gegen den breiten Bug des Flatboots, und das rasche Herumschwenken seines Sterns verrieth, wie es wirklich und glücklich von dem so keck befestigten Tau gehalten werde, kam auch das nasse, von langem braunen Haar umklebte Gesicht des Bootsmannes wieder zum Vorschein. Der aber öffnete die Augen nur eben weit genug, um den Ort zu erkennen, wo das Tau saß, ergriff dieses rasch, den angefangenen Knoten erst noch fester durch ein zweites Umschlagen zu schürzen, und arbeitete sich dann an dem straff gespannten Tau so schnell als möglich zum Boot zurück. Er fürchtete nämlich nicht mit Unrecht, durch den hier wirbelnden und reißenden Strom unter das Boot gezogen zu werden, wenn er es mit Schwimmen erreichen wollte, denn die Anziehungskraft solcher flachen „Bottoms" ist ungemein stark und äußerst gefährlich. Aller Arme streckten sich ihm hier entgegen, und während ihm noch ein Theil vollends heraushalf, bemühte sich der andere, das Tau auch an Bord ordentlich und sicher zu befestigen. *Das Ganze aber hatte kaum so viele Secunden gedauert, als ich hier Minuten Zeit zum Erzählen brauchte,* und noch standen die Männer über die Tollkühnheit des Kameraden plaudernd zusammen, als auch dieser schon wieder in trockenen Kleidern oben erschien und sich behaglich auf seine dort ausgebreitete Decke streckte.
(„Die Flußpiraten des Mississippi", S. 349f.)

2.1.12 Haltung bezüglich Zeit und Zeitgestaltung

Es sind *nicht allein* die eben vorgestellten *Techniken* auf der erzählten Ebene, die den ständigen Eindruck von grösster Präzision und Wachsamkeit in der Zeitgestaltung erwecken; ebenso stark ist es die gesamte *Haltung* der Aussagesubjekte den Faktoren „Zeit" und „Zeitgestaltung" gegenüber. Einige Zitate sollen den Stellenwert dieses umfassenden, filigran ausgebauten temporalen Verweissystems veranschaulichen. Darin ist jeder verflossene Augenblick relevant, scheint jeder kleinste Zeitabschnitt es wert, mittragend und mitformend Teil des Erzählten zu werden. Beim Lesen entsteht häufig das Bewusstsein, die Erzählinstanz sei mit einem *Chronometer* unterwegs, um der möglichst differenzierten und situationsadäquaten Darstellung des Faktors „Zeit" gerecht zu werden. [Zeitempfinden des Aussagesubjekts in *Kursivschrift*]

„Herr Lockhaart, ich – verachte Sie!" rief Heffken, der nicht gewillt war, mehr von solchen Beschuldigungen anzuhören. Dabei war er aber mit einem raschen Sprung vor der Thür, *und keine drei Secunden später* rasselte sein Bendi zum Thor hinaus." („Unter dem Aequator", S. 353f.)

Wie der Blitz fuhr er zur Thür hinaus und kam *nicht zwei Minuten später* mit den erstaunten Eheleuten in's Zimmer, wo Helene noch immer rathlos, keines Gedankens fähig, stand. („Die Colonie", S. 503)

Nicht zehn Minuten später war die Infanterie fertig zum Abmarsch gerüstet, und es blieb den Arrieros mit den Lastthieren überlassen, in aller Bequemlichkeit nachzurücken. („General Franco", S. 264)

„In der That?" sagte Wagner mit einem bitteren Lächeln, indem er *die vor kaum einer Stunde erhaltene Karte* aus der Brusttasche nahm. („Unter dem Aequator", S. 355)

Bemerkenswert an der nächsten Textstelle ist neben der auf Minuten und Sekunden genauen Zeitregistrierung auch das im Flüsterton gehaltene und somit noch *hörbare* kurze Selbstgespräch. [Zeitempfinden des Aussagesubjekts in *Kursivschrift*]

So mochte er *etwa eine Viertelstunde* regungslos, und dem geringsten Geräusch horchend, gestanden haben, als er plötzlich einen großen Vogel weiter drin im Dickicht und etwas mehr den Hang hinunter flattern und mit den Flügeln schlagen hörte. Er horchte hoch auf; *das dauerte aber kaum zehn oder zwölf Secunden*, dann war wieder Alles todtenstill. „Was nur mit den verdammten Vögeln heut Abend ist!" flüsterte Handor leise und ärgerlich vor sich hin; „m i c h" können sie doch wahrhaftig nicht gehört haben." („Eine Mutter", S. 145)

Weil der Befund so wesentlich ist, sei noch einmal mit Nachdruck darauf verwiesen: Die Beispiele belegen, dass Gerstäckers Texte von einer auffallend *präzisen Darstellung des zeitlichen Handlungsablaufs* geprägt sind. Die gesamte Gestaltung temporaler Vorgänge weist auf ein sorgfältig ausgebildetes, *flächendeckendes temporales Geflecht* hin. Welch hohe Bedeutung die Erfassung zeitlicher Abläufe hat, zeigt sich in Passagen, in denen das Aussagesubjekt theoretische Überlegungen zur Dauer von erzählter Zeit bzw. Erzählzeit anstellt.

Solche Behutsamkeit und Detailtreue erhärtet den Eindruck einer Erzähl(er)instanz, die mit Argusaugen die zeitliche Komponente der Handlungen verfolgt (ausgenommen sind selbstverständlich die Dialogpartien) und selbst geringfügigste Bewegungen auf der Zeitachse mit seismographischer Genauigkeit wahrnimmt.

Die Vorliebe dieses Autors für Genauigkeit in der Schilderung von zeitlichen Vorgängen spiegelt ein Streben nach bestmöglicher „Spiegelung der Wirklichkeit" *auch* in seinen fiktionalen Texten. Mit der Registrierung selbst belanglosester und unscheinbarster Zeitbezüge und

Zeitdifferenzen wird immer auch ein Hochhalten der „Realitätstreue" gepflegt. „Wahrheit" ist dadurch in hohem Masse an zeitliche Präzision gebunden, geht mit ihr Hand in Hand. Mit anderen Worten: Dieses minutiöse Zeitengeflecht hat nicht ausschliesslich temporale Unterscheidungsfunktion, sondern ist auch Träger und Vermittler des „Authentizitätsprinzips", dem in Gerstäckers Schreiben ein substanzieller Stellenwert zukommt.

2.1.13 Zeitdeixis „Mittelbarkeit"

Die Zeitdeiktika sind Parameter der *Figurenebene*. In der Verwendung dieser Zeitangaben lassen sich bei Gerstäcker prinzipiell drei Erscheinungsformen beobachten; die *erste Kategorie* soll unter „Elemente der Mittelbarkeit" eingeordnet werden. In ihr ist die auktoriale Erzählerinstanz Mittelpunkt und Orientierungszentrum; die zeitlichen Relationen werden (retrospektiv!) aus der Warte des Aussagesubjekts hergestellt; es gilt die „Damals-dort-Deixis".

Im Textbeleg – er ist der Beginn des Romans „In Mexiko" – blickt das Aussagesubjekt zurück auf einen ganz bestimmten, absoluten Zeitpunkt auf der historischen Zeitachse.
[zeitdeiktische Elemente der Mittelbarkeit in *Kursivschrift*]

> *Am 30. Mai des Jahres 1864* war die erste Etage des großen und schönen Hauses in Mexiko, das der General und frühere Präsident Miramon mit seiner jungen Frau bewohnte, festlich erleuchtet, und die geschäftige Dienerschaft noch in voller Arbeit, um die verschiedenen Säle für den Empfang der erwarteten Gäste in Stand zu setzen. (...) Es war auch in der That eine bewegte und lebendige Zeit in Mexiko – *dies Frühjahr von 1864*, denn es schien fast, als ob es Frühling im ganzen Lande werden, und Krieg und Blutvergießen, die ihre Schrecken seit langen Jahren über die schöne Erde gegossen, nun doch ein Ende nehmen sollten. („In Mexiko", Band 1, S. 1)

Von der sprachlichen Logik her gesehen sollte es an etwas späterer Stelle heissen: „So lange die *damalige* Generation lebte, hatte sie es (...) nie anders gesehen und gekannt (...) Ähnlich wie *zu jener Zeit* war es freilich schon oft im Land, s c h l i m m e r aber noch nie gewesen..."! In Tat und Wahrheit aber hat der Autor eine andere Fortsetzung gewählt. Doch dazu mehr im Kapitel „Elemente der Unmittelbarkeit".

Der Roman „Die Flusspitaten des Mississippi" beginnt nach dem exakt gleichen Strickmuster – auch darin wird zuerst die Handlung mit einer (mehr oder weniger genauen) Zeitbestimmung historisch situiert, bevor dann wenig später ein andersartiger Gebrauch der Zeitangaben einsetzt; vgl. Kapitel „Elemente der Unmittelbarkeit".

[zeitdeiktische Elemente der Mittelbarkeit in *Kursivschrift*]

Dort, wo der Wabasch die beiden Bruderstaaten Illinois und Indiana von einander scheidet, und seine klaren Fluthen dem Ohio zuführt, (...) da lagen *im Frühling des Jahres 184-,* die Büchsen neben sich in das schwellende Gras geworfen, zwei Männer auf einer dichtbewaldeten Anhöhe.
(„Die Flußpiraten des Mississippi", S. 7)

2.1.14 Raumdeixis „Mittelbarkeit"

Zunächst bleibt festzuhalten, dass die Durchsicht von Gerstäckers Prosa ein klares Verdikt zu Tage fördert: Die *Raumdeiktika* werden – rein quantitativ betrachtet – *sehr viel weniger häufig* verwendet als die Zeitdeiktika; während das temporale Geflecht im gesamten fiktionalen (und nichtfiktionalen) Werk Gerstäckers *die* grosse Konstante bildet, werden Ortsverweise verhältnismässig zurückhaltend eingesetzt – aber trotzdem nicht weniger präzis. Der Eindruck soll entstehen, dass selbst kleinste Winkel und Nischen es wert sind, voll ausgeleuchtet und ins Erzählganze miteinbezogen zu werden; auch das scheinbar unwichtigste Detail soll nicht ausgespart bleiben, soll sein Gewicht zuerkannt bekommen. Die Ausformung der drei räumlichen Dimensionen soll dem Leser mit schon fast naturalistischer Genauigkeit vor Augen geführt werden.

Die Raumdeiktika sind grundsätzlich auf der *erzählten Ebene* anzusiedeln. Die Deiktika, die hier unter „Elemente der Mittelbarkeit" aufgeführt sind, umfassen die konventionell eingesetzten Ortsverweise, die – unserem alltäglichen Gebrauch entsprechend – jeden Ort, der sich nicht in unmittelbarer Nähe des Aussagesubjekts (oder der agierenden Figuren) befindet, konsequent mit „dort" bezeichnen. Die Beispiele sollen vor Augen führen, wie diese Verwendungsweise in der Praxis aussieht: [raumdeiktische Elemente der Mittelbarkeit in *Kursivschrift*]

Bahrens war einer von den ächten Pionieren oder Squattern des Westens. Vor fünf Jahren etwa hatte er sich in Poinsett County, in den fürchterlichsten Sümpfen und zwanzig Meilen von jeder menschlichen Wohnung entfernt, niedergelassen. *Dort* hatte er auch eine Zeit lang höchst zufrieden von der Jagd gelebt. Dann aber war etwas vorgefallen, von dem er nicht gern sprach und das er „Familienverhältnisse" nannte, was ihn zwang, jene Gegend zu verlassen. („Die Regulatoren in Arkansas", S. 101)

Der Indianer lagerte dagegen noch neun Tage nach dem Tode des Methodisten neben dem Grabe seines Weibes, unterhielt *dort* ein Feuer, und brachte ihr nächtlich seine Spenden an Speise und Trank. Am Morgen des zehnten jedoch trat er, mit Decke und Büchse auf der Schulter, marschfertig gerüstet in Harper's Hütte, die, bis ihr eigenes Haus errichtet worden, von den jungen Eheleuten einstweilen bezogen war. *Dort* reichte er dem Freunde ernst und schweigend die Hand zum Abschied. („Die Regulatoren in Arkansas", S. 504)

Im nächsten Zitat ist von einer ganz bestimmten Stelle im Verlauf des Murray-Flusses die Rede (unterhalb des sog. „Nord-West-Bend"); sie bildet den Nullpunkt des Koordinatensystems, worauf die Vermittlungsinstanz in ihren Ausführungen Bezug nimmt. Das Hin- und Herschwenken des Erzählers zwischen nah und fern lässt eine höchst anschauliche Beschreibung der Szenerie entstehen, in welche die Handlung eingelassen ist. [raumdeiktische Elemente der Mittelbarkeit in *Kursivschrift*]

Die Ufer des Murray sind nämlich *hier* ganz eigenthümlicher Art, und tragen einen total verschiedenen Charakter schon von unterhalb des Bonin-See an sich. So flach und lehmig sie nämlich *dort oben* sind, so steil und schroff werden sie *hier*; hohe steile Kalksteinwände, nicht selten mit den merkwürdigsten Muschelversteinerungen durchwachsen, steigen oft mehrere hundert Fuß schroff aus dem Bett des Stromes empor und schließen durchgängig ein schmales, von vier- bis zwölfhundert Schritt breites Thal ein, in dessen Boden von grauem Lehm sich der oft bis zweihundert Schritt breite Strom herüber und hinüber schlängelt. Dieser Thalboden ist allerdings außerordentlich fruchtbar und könnte die herrlichsten Ernten tragen, wäre das g u t e Land nicht durchgängig, nur mit Ausnahme außerordentlich kleiner Strecken, den Ueberschwemmungen des Flusses ausgesetzt. Der Murray überfluthet aber, und zwar gerade in der Erntezeit, fast alle Jahre diese Ufer und benimmt dem Ackerbauer jede Möglichkeit, seine Frucht in Sicherheit zu bringen. Nur sehr wenige günstig gelegene Stellen sind hiervon ausgenommen, und an einer solchen hatte Mac Pherson auf vielleicht vier oder fünf Acker Landes mehr einen Garten, als ein Feld angelegt, auf dem er sich allerdings etwas Weizen und Kartoffeln, aber hauptsächlich einige Gemüse zog. („Die beiden Sträflinge", S. 226)

Die plastische Gestaltung des Raums wird auch in der folgenden Passage deutlich. Sie soll zeigen, wie die Fokussierung sorgsam und schrittweise vom Grösseren zum Kleineren geht: Zuerst richtet sich die Aufmerksamkeit auf das ganze Dorf, dann engt sich das Blickfeld ein, konzentriert sich auf das Äussere eines einzelnen Hauses, und zu guter

Letzt wird das Innere einer eingehenden und präzisen Betrachtung unterzogen. [raumdeiktische Elemente der Mittelbarkeit in *Kursivschrift*]

> *Nicht weit von Heilingen*, und selbst in Hörweite der Domglocke, in ziemlich bergigem, aber unendlich malerischem Land, *lag ein kleines armes Dorf*, dessen Bewohner sich kümmerlich, aber meist ehrlich mit verschiedenen Handwerken und Gewerben, mit Holzschnitzen, wie auch hier und da mit dem Webstuhl ernährten. (...) *Mitten im Dorf lag eins der besseren Häuser*; es war weiß getüncht, und hinter den sauber gehaltenen Fenstern hingen weiße, reinliche Gardinen. Vor dem Hause, über dessen Thür ein frommer Spruch mit rothen und grünen Buchstaben angeschrieben war, stand ein Brunnen- und Röhrtrog, und ein kleiner Koven an der Seite desselben zeigte in der nach außen befestigten Klappe des Futterkastens dann und wann den schmutzigen Rüssel eines seine Kartoffelschalen kauenden Schweines. Auch ein ordentlich gehaltenes Staket umgab das Haus wie den kleinen Hofraum, und die Wohnung stach sehr zu ihrem Vortheil gegen manche der Nachbarhäuser ab. *Im Innern selber* sah es ebenfalls sehr reinlich, aber nichtsdestoweniger sehr ärmlich aus. In der einen Ecke stand ein großer viereckiger, sauber gescheuerter Tisch aus Tannenholz, an zweien der Wände waren Bänke aus dem nämlichen Material befestigt, und um den großen viereckigen Kachelofen, der fast den achten Theil der Stube einnahm, hingen verschiedene Kochgeräthschaften, während auf darüber angebrachten Regalen die braunen Kaffeekannen und geblümten Tassen gewissermaßen mit als Zierrath zur Schau ausstanden. Die dritte Ecke füllte der Webstuhl des Mannes aus, und dem gegenüber stand eine riesengroße, braun angestrichene Commode mit Messinghenkeln und Griffen und fünf Schiebladen, die, mit wirklich rührender Eitelkeit als eine Art von Nipptisch benutzt, zwei mit bunten Blumen bemalte Henkelgläser, eine vergoldete Tasse mit der Aufschrift: „Der guten Mutter" – ein Geschenk aus früherer Zeit – und ein gelbirdenes, aber allerdings sehr wenig benutztes Dintenfaß trug, während dahinter, in zwei ordinären Stangengläsern, in dem einen Schilfblüthenbüschel und in dem andern große, stattliche Aehren von Roggen, Weizen, Gerste und Hafer standen, zur Erinnerung an eine frühere segensreiche Ernte.
> („Nach Amerika!", Band 1, S. 106f.)

2.1.15 Kommentierung/Qualifizierung

Die Erzählerfiguren Gerstäckers sind neben den bisher dargestellten Fähigkeiten mit weiteren Kompetenzen ausgestattet. Dazu gehört, dass sie Taten und Beweggründe der Figuren (wiederum auf der Figurenebene) *qualifizieren* und *kommentieren* können. Diese Bewertungen rücken nicht nur die betroffenen Figuren in ein bestimmtes Licht, sie gestatten auch Rückschlüsse auf das Charakterprofil und die Urteilsfähigkeit der Erzählerinstanzen, die sich gerne – wie in den aufgeführten Beispielen – als moralisch einwandfreie Autoritäten profilieren.

Schon die Aufregung im Lager machte sie aber stutzen, und als sie die Rüstungen bemerkten, drüben die Mexikaner mit der Fahne sahen, und dann noch von einem eben aus den Hügeln zurückkommenden Landsmann hörten, daß der Wald von bewaffneten Indianern schwärme, *beschlossen sie sehr vernünftiger Weise*, an diesem Tage lieber ruhig in ihrem Zelte zu bleiben und erst einmal abzuwarten, wie sich die Sache erledigen würde. („Gold!", S. 455)

Hetson übrigens, dessen scharfes Auge nirgends am ganzen Hang einen Menschen erkennen konnte, *schloß ziemlich richtig*, daß der ganze Schaden mehr durch einen muthwilligen Zufall, als wirklich durch die bösartige Absicht eines Einzelnen entstanden sei, und suchte jetzt dies dem Justizrath begreiflich zu machen (...) („Gold!", S. 460)

Es ist offensichtlich, dass diese wertenden Erzählerkommentare nicht nur narrative Passagen begleiten, sondern auch direkt an *Redesequenzen* der Figuren anknüpfen und darauf Bezug nehmen können.
[Kommentierungen/Wertungen in *Kursivschrift*]

„Wahrhaftig, dort liegt eine Hütte," sagte Könnern, der Richtung mit den Augen folgend – „wie hat sich denn nur ein Colonist dort hinunter in das enge Thal verloren? Aber hier biegen die Fährten wieder links ab, als ob er die Stelle hätte umgehen wollen." „Er wird nicht geradeaus gekonnt haben," sagte Rottack, „denn wir verdanken den Blick auf das Haus wahrscheinlich einem steilen, dazwischen liegenden Hange, den er umgehen mußte." *Dieses erwies sich in der That so.* Die Lehmwand, mit röthlichen Porphyrblöcken untermischt, fiel ein kleines Stück weiter vor so schräg ab, daß die Passage mit Lastthieren, wenn nicht gefährlich, doch sehr beschwerlich gewesen wäre, (...) („Die Colonie", S. 444)

2.1.16 Verhältnis Erzähler – Figuren

Der Eindruck einer psychisch gesunden, wachsamen und urteilssicheren Vermittlungsinstanz wird stark – im positiven wie im negativen – vom *Verhältnis* zwischen dem *Erzähler* und seinen *Figuren* bestimmt. Das Aussagesubjekt kann eine spürbare Sympathie oder Antipathie zu den Charakteren entwickeln, kann entweder einfühlsam und verständnisvoll an ihren Kümmernissen und Schicksalen teilhaben oder andererseits fassungslos und voller Abscheu ihren Verfehlungen und Irrungen gegenüberstehen. Das Verhältnis von Gerstäckers Aussagesubjekten zu

„ihren" Figuren ist also ambivalent und richtet sich in erster Linie nach ihrer moralischen Integrität.

So stösst man einerseits auf Textstellen, in denen das Aussagesubjekt den Charakteren eine Vorzugsbehandlung angedeihen lässt; zudem spricht es sie mit „Du" an:
[Sympathiekundgebung an die Figur in *Kursivschrift*]

> *Armer Indianer*, Du hattest Deine Hoffnung auf einen schwachen und morschen Anker, auf eine feige, entnervte Nation gestützt und kanntest die allmächtige Gewalt des G o l d e s nicht. Und was half es Dir, wenn selbst die Mexikaner sich ermannt und den übermüthigen Amerikanern die Spitze geboten hätten – etwas, wozu sie nicht einmal den Muth und die Kraft besaßen, als es galt, ihren eigenen Herd gegen den einbrechenden Feind zu vertheidigen. – Jene Berge, in denen Deine Heimath lag, bargen G o l d, und wer auch immer Sieger geblieben wäre, für Dich und die Deinen waren und blieben sie auf ewige Zeiten verloren. („Gold!", S. 180)

Im folgenden Zitat soll ein im Kern zwar guter, aber „wilder" und ungeschliffener Ehemann auf Anraten seiner besorgten Frau hin für seine Erkundigungen in der Wildnis lederne Schuhe und Socken anziehen. Er mag sich jedoch nicht so recht von der Güte dieses Ansinnens überzeugen: [Sympathiekundgebung an die Figur in *Kursivschrift*]

> *Gute Mrs. Lively* – wie Du in Deiner Unschuld da so freundliche Pläne auf rindslederne Schuhe und wollene Socken bautest! – Hättest Du Deinen Alten in demselben Augenblick, wo Du Dich Deines Sieges freutest, gesehen, Deine kühnen Hoffnungen würden sich nicht zu solcher Höhe hinauf geschwungen haben. („Die Flußpiraten des Mississippi", S. 240)

Der Vollständigkeit halber sei angemerkt, dass Sympathiekundgebungen und -bezeugungen des Erzählers nicht bloss Menschen vorbehalten sind – auch *Tiere* und *Pflanzen* werden als direktes Gegenüber angesprochen. Die Gefühlsäusserungen des Aussagesubjekts sind nicht an die Figurenebene gebunden – ebensogut können sie im auktorialen Präsens (bzw. Futur) auf der Erzählerebene erfolgen, wie die beiden Beispiele aus den „Regulatoren" bzw. den „Mississippi-Bildern" belegen:
[Sympathiekundgebungen an Natur und Tier sowie auktoriales Präsens bzw. Futur in *Kursivschrift*]

> (…) die Sonne stand noch über den maigrün schimmernden Wipfeln der herrlichen Baumgruppen, die sich an der Grenze des kleinen Feldes eng und dicht zusammendrängten, als ob sie jetzt fest entschlossen seien, dem weiteren Vor-

rücken der tolldreisten Menschenfaust kräftig und gemeinsam entgegentreten zu wollen. Recht ernstlich reichten sie sich die starken, gewaltigen Arme herüber und hinüber, und flochten mit den rankenden Schlingpflanzen die mächtigen Netze, die sie auf immer und ewig mit einander verbinden sollten. Dazu schüttelten sie im leichten Südwind altklug und schlau die buschigen Häupter, und kecke Eichhörnchen trugen spielend und scherzend die Botschaften hin und her. *Armer Wald* – du *wirst* der Axt nicht widerstehen, die sich langsam, aber sicher in deine Reihen *frißt*. Deine Stämme *werden* fallen, und *ranken* sich dann auch in enger, liebender Umarmung Liane und Weinrebe fest um Dich her und *lassen* nicht ab von dem Gestürzten, es *ist* umsonst, sie *können* mit ihm sterben, aber ihn nicht retten. („Die Regulatoren in Arkansas", S. 265)

Das war zu viel – alte wehmüthige Erinnerungen bestürmten das Herz des Hundes – er gedachte des früheren Herrn, wie lieb der ihn gehabt – wie schändlich er ihn betrogen, wie fürchterlich er dafür gebüßt hatte, und schnell entschlossen einem Leben ein Ende zu machen, das ihm qualvoll und unerträglich wurde, stürzte er sich in den hinter dem Hause vorbeifließenden Strom. Das Uebrige, zu schmerzlich, um es noch einmal zu wiederholen, ist ja jetzt durch alle Zeitungen bekannt geworden; nur sei noch dies hier bemerkt, daß er der gierigen Fluth, leider todt, wieder entrissen wurde und ein ehrliches Begräbniß erhielt. *Armer Poppy* – im fremden Lande *liegst* Du nun, in fremder Erde, und ein einziger Fehltritt war es, der Dich aus der Heimath trieb! („Mississippi-Bilder", S. 345f.)

Auf der anderen Seite lassen sich auch Stellen finden, aus denen der ganze Ekel, die flammende Abneigung spricht, mit dem die moralische Wertungsinstanz „Bösewichten" begegnet. Bezeichnenderweise wird bei der Darstellung so gearteter Figuren das „Du" vermieden – sie sind offensichtlich jeglicher persönlicher Zuwendung unwürdig. Im folgenden Beispiel wird die Distanznahme gegenüber der unmoralischen Figur durch den scharfen Gegensatz zwischen einer liebenswerten, wehrlosen Frau und einem brutalen Killer noch zusätzlich akzentuiert. [Sympathie- bzw. Antipathiekundgebung an Figuren in *Kursivschrift*]

Es war wieder ein Freitag, gerade vierzehn Tage nach jenem entsetzlichen Abend, an welchem die *arme Indianerin* dem *feigen Mörder* zum Opfer fiel; (...) („Die Regulatoren in Arkansas", S. 265)

Genauso verabscheuenswürdig und gemeingefährlich erscheint ein Verbrecher namens Sander im folgenden Zitat. Seine Vergangenheit liegt weitestgehend im dunkeln, und der Erzähler drückt unmissverständlich aus, wie der besagte „Böse" bzw. sein „soziales Umfeld" einzuschätzen sind. [Antipathiekundgebung an die Figur in *Kursivschrift*]

Auf der Insel hatte er sich als Eduard Sander eingeführt und der Bande durch seine Verstellungskunst und teuflische Bosheit schon unendlichen Nutzen gebracht. Ueber sein früheres Leben wußte aber Niemand etwas Genaueres, und da der größte Theil der Gesellschaft, der er nun angehörte, eben so wenig Ursache hatte, mit vergangenen Vorfällen zu prahlen, frug ihn Niemand danach. Er gab sich nur kurz für den Sohn eines georgischen Pflanzers aus und stellte damit seine Umgebung vollkommen zufrieden.
(„Die Flußpiraten des Mississippi", S. 113)

Die Missetäter entlarven und diskreditieren sich nicht bloss selbst durch ihre eigenen kriminellen Taten (und ihr Fehlverhalten), sondern sie werden zudem noch vom vermittelnden Aussagesubjekt belastet und gebrandmarkt. Sehr rasch wird aus den Wertungen des Erzählers jeweils ersichtlich, ob Figuren in seiner Gunst stehen oder nicht. Die „Guten" sind nicht bloss mit hoher moralischer Integrität gesegnet – ihnen ist als angenehme Beigabe noch die Zuneigung des Aussagesubjekts sicher. Die „Schlechten" haben neben ihren (grossen) Unzulänglichkeiten und moralischen Defiziten auch noch die Verachtung des Aussagesubjekts als weitere Bürde zu tragen.

Ergebnis: Gerstäckers Erzähler nehmen in der Figurenzeichnung im negativen wie im positiven eine eigentliche *„Verstärkerfunktion"* ein.

Die angesprochene Verstärkerfunktion ist auch in nichtfiktionalen Texten Gerstäckers zu beobachten: In einer bekannten Jagdgeschichte, der Erzählung „Eine Gemsjagd in Tyrol", lässt der Autor dem tüchtigen und rechtschaffenen Jackel eine Vorzugsbehandlung angedeihen: [Sympathiekundgebung in *Kursivschrift*]

Braver, ehrlicher Jackel, wie manche schwere, schwere Last hast Du auf Deiner „Kraxen" unermüdet, unverdrossen, immer willig, immer guter Laune hinauf zu Berg getragen, wie manche Gemse, und zwei und drei manchmal zu gleicher Zeit, hinunter in das Thal. *Aber Du verdienst auch eine nähere Beschreibung, und sie soll Dir werden.* („Eine Gemsjagd in Tyrol", S. 549)

2.1.17 Ausrichtung nach aussen

In Gerstäckers Prosa sind die meisten Abläufe so angelegt, dass sie von aussen mitverfolgt und aufgezeichnet werden können. Dadurch wird das Terrain für eine *Erzählerinstanz* geebnet – *sie* kann sich nun einbringen. Im Gegensatz zur Darstellung von „vermittlungsärmeren" inneren Vorgängen in der Form der (berichteten) erlebten Rede bzw. des (berichteten) inneren Monologs verlangen „Fassadenaufnahmen" der Welt nach einer entsprechenden *Vermittlung*, d.h. nach Gestaltungstechniken, die an einen *Erzähler* gebunden sind. (Dies gilt natürlich nur für diegetisch-fiktionale Texte mit ihrer Subjekt-Objekt Relation.)

Obwohl der Autor Friedrich Gerstäcker selber gerne träumt und phantasiert, steht das Interesse an solch „abgehobenen" Inhalten und Fragestellungen beim *Romancier und Erzähler* bemerkenswerterweise nur beschränkt im Mittelpunkt – trotz der zahlreichen „Happy-Ends" in seiner Fiktion. Diesen Befund begründet das *Aussagesubjekt* in der nachstehenden Passage damit – stellvertretend für die Reserviertheit in Gerstäckers fiktionalen Schriften psychischen und psychologischen Inhalten und deren Darstellung gegenüber –, dass der Stand des mensch-lichen Wissens (noch) zu wenig weit entwickelt sei, um in dieser heiklen Angelegenheit analytisch über das rein Spekulative hinaus-zukommen. Weshalb soll etwas in den Mittelpunkt des Interesses ge-rückt werden, was alles andere als gesichert ist und was sich in der schwer zugänglichen und begreifbaren Grauzone von Traum und Phan-tasie befindet?

Es ist viel darüber gestritten und mit Recht auch wohl bezweifelt worden, daß der Traum des Menschen mit seinem innern Leben in irgend einer Verbindung stehe. Viel wahrscheinlicher bleibt es, daß die Bilder desselben willkürlich und bunt durcheinander wechseln, und doch, wie oft finden wir, daß sonst geistig reichbegabte Menschen gerade einem solchen Traum großen Einfluß auf ihr ganzes Leben und Handeln gestatten und sich beunruhigt fühlen, wenn er ihnen Böses – glücklich, wenn er dagegen Gutes kündet. Inwieweit ein Ahnungs-vermögen selbst in den Traum hineinreicht, wissen wir allerdings nicht, wie uns denn überhaupt unser eigenes geistiges Leben noch ein Räthsel ist; aber wir sollten uns auch wohl hüten, einem solchen Spiel unserer Phantasie irgend wel-chen Werth beizulegen, denn selbst eine einfache Täuschung schmerzt uns spä-ter und verwischt sich schwer. Gefährlich wird aber ein solches Vertrauen, wenn sich religiöse Schwärmerei mit ihm mischt, denn es läßt sich dann nicht mehr berechnen, auf welche Bahnen es uns führen kann – zum Guten oder zum Bösen. („Die Missionäre", S. 65f.)

2.1.18 Hörbarkeit innerer Vorgänge

In Gerstäckers Fiktion äussern sich die Figuren *auffallend häufig* in Situationen, in denen sie problemlos *still* nachdenken könnten, *nach aussen hörbar* – sogar dann, wenn sie sich alleine und unbeobachtet fühlen und sehr persönliche Botschaften von sich geben. Diese (akustisch vermittelte) Anbindbarkeit innerer Vorgänge an die Aussenwelt *verhindert* eine mögliche „reine", unvermittelte Gestaltung innerer Vorgänge – dies ist ein weiteres Indiz für die *Tendenz zur Mittelbarkeit.*

2.1.19 Verben des Sagens

Den *Verben des Sagens* (und *nicht* den Verben des Denkens) ist es vorbehalten, das Gedankengut der Figuren vernehmlich zu machen und so zu zeigen, dass es sich nicht um (berichtete) innere Vorgänge, sondern um (hörbare und nach aussen offene) Selbst*gespräche* handelt.
[Hörbarkeit innerer Vorgänge – ausgedrückt durch Verben des Sagens – in *Kursivschrift*]

> Der rothe John blieb auf der Stelle, von der aus er geschossen, stehen und lud vor allen Dingen instinctartig sein Gewehr auf's Neue. „Da haben wir die Bescheerung," *murmelte er, nach seiner Gewohnheit, laut mit sich selbst zu reden, in den Bart.* („Die beiden Sträflinge", S. 191)

> Ein recht wehes, bitteres Lächeln zuckte um des Kaisers Lippen, als er die Worte las und den Zettel dabei fast unbewußt in lauter kleine Stückchen zerpflückte. „Alles Verräther," – *murmelte er endlich halblaut vor sich hin* – „alles Verräther – giebt es denn keinen ehrlichen Menschen mehr in Mexiko?" („In Mexiko", Band 2, S. 338)

> Was waren aber indessen die Gedanken des Priesters, der langsam und sinnend durch den schattigdunklen Wald dahinritt? Weit genug von dem Hause entfernt, daß er von dort aus nicht mehr gesehen oder beobachtet werden konnte, stieg er von seinem Pferde, nahm es am Zügel, und schritt ernst und in tiefen Gedanken versunken auf der schmalen Straße hin, die sich, allen Hindernissen, wie starken Bäumen und sumpfigen Stellen, ausweichend, durch den Wald schlängelte. Endlich blieb er stehen und *sagte halbleise und vor sich niederstarrend*: „Es wird mir fast zu heiß hier in Arkansas – der Teufel kann einmal sein Spiel haben und durch irgend einen Zufall – man hat da wunderbare Beispiele – Sachen an das Licht bringen, die meinem guten Rufe in dieser Gegend gerade nicht förderlich sein würden. Ich muß fort – und das sobald als möglich – Atkins mag sehen, wie er seine Farm verkauft, ich will mich nicht hier fesseln, daß ich nachher, wenn alle Anderen ihren Rücken gedeckt haben, allein der Rache jener kläffenden Hounds preisgegeben bin. Nein! – Zwar ist der Indianer verschwunden," fuhr er nach einer Weile fort – „und ohne den möcht' es ihnen doch schwer werden, irgend etwas – ich weiß wirklich nicht einmal, wie es mit d e s s e n Hülfe möglich ist – das Federmesser –" („Die Regulatoren in Arkansas", S. 272)

Die zahlreichen Gedankenstriche deuten eine gewisse Nähe zum (berichteten) inneren Monolog an; das einleitende *Verbum dicendi* („sagte halbleise") hingegen macht die Gedanken hörbar, verlegt sie ins Reich der Akustik und stempelt sie zum *Selbstgespräch*. Dadurch wird die Fixierung der Überlegungen auf die Innenwelt umgangen, die Darstellung mittels (berichtetem) innerem Monolog vermieden.

Auch im folgenden Zitat, in dem die geistige Verarbeitung der Brieflektüre als (berichteter) innerer Monolog hätte präsentiert werden können, ist dies der Fall. Es dauert zwar geraume Zeit, bis der Herr von Pulteleben seine Gedanken zu versprachlichen vermag – aber am Ende gelingt es ihm doch. Somit kommt die Darstellungsform des (berichteten) inneren Monologs nicht zum Tragen – sie wird durch ein Selbstgespräch ersetzt. Dass der Auszug dem (berichteten) inneren Monolog verwandt ist, deuten wiederum die Gedankenstriche an, die *ohne* den einleitenden Satz gut auch als kurze *Denk-* statt Sprechpausen verstanden werden könnten.

[Hinführung auf Hörbarkeit innerer Vorgänge in *Kursivschrift*]

> Herr von Pulteleben las den Brief drei- oder viermal durch, und drehte ihn dann immer noch in der Hand herum und besah ihn, als ob er in einer vollkommen fremden, ja unbekannten Sprache geschrieben wäre. *Endlich bekam sein Erstaunen Worte, ohne sich aber anfänglich auch nur in mehr als gebrochenen Sätzen und Ausrufungen zu äußern.* „Opfer einer Täuschung? – einziger Trost? – guter Mensch? – unumstößlicher Entschluß? – Achtung sinken lassen? – Bin ich denn verrückt, oder ist irgendwo im Weltgebäude eine Schraube losgegangen? – Freundliche Gesinnung? – Bewußtsein? – Wenn ich auch nur Ein Wort von dem ganzen Brief verstehe, will ich mir den Hals mit einem Falzbein abschneiden lassen! – Hab' ich denn nur, um Gottes Christi willen, irgend etwas in der weiten Welt gethan, womit ich sie hätte beleidigen können? (...) Jetzt bin ich nur neugierig, was sie n u n haben will, denn sie hat bis jetzt hat sie mir auch nicht die geringste Andeutung gegeben. Na, es wird schon herauskommen," tröstete er sich selber, „denn damit hält sie gewöhnlich nicht lange hinter dem Berge". („Die Colonie", S. 403)

Immer wieder gibt der Erzähler durch den Gebrauch von *Verben des Sagens* zu verstehen, dass die *Möglichkeit aussenperspektiver Wahrnehmung* des Geschehens sichergestellt und ein hörbarer Bezug zur Aussenwelt etabliert werden soll, dass derartige Äusserungen *nicht* als nach innen fixierte (berichtete) innere Monologe aufzufassen sind:

[Hinweise auf Hörbarkeit innerer Vorgänge in *Kursivschrift*]

> Roberts' Gedanken führten ihn jetzt augenblicklich wieder zu dem Revolutionskrieg zurück, denn er lächelte sehr selbstzufrieden in sich hinein, und schritt, da

er *während des vorigen Selbstgesprächs* seine Büchse von dem Schlamme gereinigt und frisches Pulver aufgeschüttet, wie sein Messer wieder in die Scheide gesteckt hatte, dem nahen Flusse zu. („Die Regulatoren in Arkansas", S. 245)

„Das geschieht Dir aber recht, Zachäus, vollkommen recht, mein Herzchen – was dumm ist, muß geprügelt werden, und anstatt lieber den alten verdammten Karren, den ich es zum Sterben müde bin im Land umher zu schieben, in den Mississippi hineinzufahren und umzudrehen, mußt Du auch noch Fährgeld dafür zahlen und damit herüber kommen, dann Wochen lang durch den heißen, nassen Sumpf ziehen, um hier endlich an einem Platz, den die Nachkommen gar nicht finden können, wenn sie Einem wirklich ein Monument setzen wollten, elendiglich und gotteserbärmlich umzukommen." Maulbeere drückte sich *nach diesem Selbstgespräch* den alten aufgeweichten Hut fester in die Stirn, stemmte beide Ellbogen auf die Knie, stützte den Kopf in die Hände und starrte finster und mit dicht zusammengezogenen Brauen eine ganze Weile vor sich nieder." („Nach Amerika!", 2.Band, S. 389)

Auch die folgende Passage, in der die Leser den Spekulanten von Pick besser kennenlernen, ist eine schöne Illustration für halblaute und deshalb *von aussen wahrnehmbare* Äusserungen von Gedanken in einer Situation, in der ebensogut ein (berichteter) innerer Monolog stehen könnte – der Protagonist befindet sich nach einem ebenso direkt wie aufdringlich vorgetragenen Heiratsantrag alleine, und es wäre gut denkbar, dass er seine Gedanken nicht vernehmlich machen würde. Auch hier – wie in zahlreichen weiteren ähnlichen Situationen in Romanen und Erzählungen Gerstäckers – wird die „laute Variante" der „stillen" vorgezogen. Bemerkenswert ist die Unterbrechung des Gedankengangs am Ende dieses Textauszugs, wo sich das Aussagesubjekt unversehens einschaltet und die Äusserungen des Herrn von Pick als *„eben nicht angenehm"* abstempelt. Gerstäckers Credo nach bestmöglicher Transparenz entsprechend, lassen sich allein schon aus dem despektierlich-arroganten Selbstgespräch gültige *Schlüsse hinsichtlich moralischer Einschätzung der Figur* ziehen. Aus Picks Überlegungen geht nämlich klar hervor, wessen Geistes Kind dieser Herr ist.
[Hörbarkeit innerer Vorgänge in *Kursivschrift*]

Er sah ihr erst, so lange er ihr mit den Augen folgen konnte, nach; dann aber setzte er sich auf die dicht danebenangebrachte Bank, schlug ein Bein über das andere, stützte den rechten Ellbogen auf sein Knie, sein Kinn in die Hand, pfiff leise und in tiefen Gedanken ein kleines Lied vor sich hin, wobei er den emporgehaltenen Fuß auf und ab schnellte, und *sagte endlich mit halblauter überlegenen Stimme*: „Hm – so weit wären wir, mein alter Junge – verdammt nettes Mädchen, drall und rund und frisch von Geist und Körper – und der Alte hat Geld! – Aber wovon heirathen? – Wenn die K o h l e n s p e c u l a t i o n richtig einschlüge und das Mehl jetzt auf einmal recht tüchtig im Preise stiege, wär's keine Noth – habe in dieser Zeit verschiedene Eisen im Feuer. Donnerwetter, ein speculativer Kopf kann auch ohne Capital seine Renten aus diesem tollen Gewirr von australischem Leben ziehen, wenn er's nur gerade gescheidt und im richtigen Moment anzufassen weiß – aber eine mißliche Sache bleibt die Geschichte doch! – Ist mir ein k l e i n wenig zu früh über den Hals gekommen – hm – hm – hm – und der Alte ist gerad' einer von den richtigen dickköpfigen deutschen Bauern, die sich hier nun gar in Australien wunder 'was denken und einbilden, weil sie sich mit ihren Fäusten die harten Thaler aus dem Lande herausgeschlagen haben. Hätten eigentlich Alle S t i e r e werden sollen, denn andere Arbeit erkennen sie nicht an. Der Dickkopf wird zäh wie Leder sein, ich kenne schon seine Art und Weise. – Mit der Frau wäre schon besser fertig zu werden – dumme gute Trine! – Und w e n n er nun wirklich Ja sagte und nachher nichts herausrückte? – Bah!" unterbrach er seine eben nicht angenehmen Betrachtungen, „die Kohlengeschichte wird mir da helfen – kam genau zur rechten Zeit. Da kommen wir zusammen," setzte er mit einer Bewegung des Geldzählens hinzu, „und wo der Bauer Gewinn wittert, läßt er sich um den Finger wickeln. Aber jetzt kann es nichts mehr helfen, A hab' ich einmal gesagt und nun kommt B, und mit dem Alten, ei zum Henker, mit dem muß ja doch auch wohl fertig zu werden sein." („Die beiden Sträflinge", S. 263f.)

An dieser Stelle muss festgehalten werden, dass sich die Tendenz, Inneres hörbar darzustellen, im Umfeld der (berichteten) erlebten Rede *markant weniger häufig* beobachten lässt als beim vermeintlichen (berichteten) inneren Monolog. Die nachstehende Textstelle soll dies stellvertretend für eine *grosse Anzahl* anderer, ähnlich gelagerter Fälle zeigen: In dem Moment, wo Jeremias von der „Er"-Form in die „Ich"-Form wechselt, werden seine Gedankengänge an die Oberfläche geholt und damit verlautbar gemacht.
[Hörbarkeit innerer Vorgänge sowie Pronomenwechsel in *Kursivschrift*]

Jeremias, der einmal durch Zufall diesen wunderlichen Stein gefunden und – weil er keinem Menschen sein mühsam erspartes Geld anvertrauen wollte – zu seinem Depositorium benutzt hatte, war indessen wieder auf die andere Seite der Schlucht hinübergestiegen und wollte derselben eben thalabwärts folgen, um zu dem Wege und in die Stadt zurückzukehren. Da entdeckte er an einer Stelle im Sand die Spuren eines Stiefels, welche ziemlich frisch zu sein schienen, und er erschrak heftig darüber. War er etwa von Jemandem bei seiner letzten Arbeit beobachtet? War sein Versteck entdeckt worden? Doch das k o n n t e ja nicht sein. Die Fährten hier hatte jedenfalls einer der Colonisten eingedrückt, der sich auf der Jagd in der Gegend herumgetrieben, und bei dem jetzt trockenen Wetter konnten sie eben so gut mehrere Tage alt sein – was brauchte er sich deshalb den Kopf zu zerbrechen. Außerdem brach auch die Nacht schon an, und er stieg rasch den Hang hinab, um die Colonie noch vor völliger Dunkelheit zu erreichen. Nichtsdestoweniger fühlte er sich heut Abend nicht so recht behaglich – es drängte ihn sogar ein paar Mal, wieder umzukehren und sich selber zu überzeugen, ob Alles sicher sei – wie aber konnte er glauben, daß irgend ein Mensch der Welt – noch dazu in der Dunkelheit – d i e Stelle auffinden sollte. „Und *ich* wollte doch, *ich* hätte dem Direktor das Geld mit nach Rio gegeben," *brummte er endlich leise vor sich hin* – „zum Kukuk, *ich* habe den Platz gefunden und ein Anderer könnte auch einmal darüber stolpern – und noch dazu jetzt, wo das nichtsnutzige Soldatenvolk überall herumschnüffelt und spioniert – daß die braunen Bestien alle der Teufel hole!" Er hatte den Weg jetzt erreicht und schlenderte langsam eine Strecke darauf hin. Die Sonne war unter und es dämmerte schon stark. Er blieb wieder stehen. „Ist doch ganz curios heut zu Muthe," *murmelte er*, indem er sich nach den Bergen umsah, „und *ich* gäb' was drum, wenn *ich* noch eine Weile da oben geblieben wäre – er wurde nur gar zu spät – und in den alten Felsblöcken kann man Nachts Hals und Beine brechen." („Die Colonie", S. 319f.)

Sowohl *Nebensächliches als auch für* den *Handlungsverlauf Substantielles* ist in bemerkenswerter Weise „nach aussen offen", d.h. dergestalt konzipiert, dass eine Figur z.B. durch gewolltes (oder ungewolltes) Mithören von (Selbst-)Gesprächen anderer Charaktere zu einer entscheidenden Wissenserweiterung kommen kann. Gespräche, die nicht auch von Drittpersonen wahrgenommen und beobachtet werden könnten, treten als handlungssteuernde Grössen sogar in den Hintergrund.

In diesem Sinne ist es in der nächsten Textstelle dem moralisch einwandfreien Brown vorbehalten, an einer gottverlassenen Stätte ungewollt Ohrenzeuge eines Treffens von Verbrechern zu werden. Als unbescholtene Persönlichkeit macht er sich anfänglich gar Vorwürfe über sein unbeabsichtigtes und wie es ihm scheint unstatthaftes Belauschen anderer Leute. Der Erzähler lässt es sich auch hier nicht nehmen, die gesinnungsmässig Verwerflichen zu kennzeichnen, indem er ihnen die ironische Bezeichnung *„diese würdigen Leute"* gibt. In diesem Beispiel könnte das Ironiesignal *„würdig"* auch ebensogut der Perspektive des horchenden Browns zugeordnet werden, da in der Passage Ansätze einer Überlagerung von Erzähler- und Figurenperspektive auszumachen sind. (Der Fragesatz „Sollten diese Männer zu der Bande gehören, zu deren Unterdrückung sich die Regulatoren vereinigt hatten?" wäre dann erlebte Rede.)

Brown, für den die erste Ueberraschung im Anfang wirklich etwas Lähmendes gehabt hatte, wurde noch mehr durch die dunkeln Worte stutzig gemacht, die dieses Wetter als „gut für Geschäfte" priesen, und er wußte wirklich nicht gleich, was er thun, ob er sich zu erkennen geben oder ruhig liegen bleiben sollte. Der Gedanke, den Horcher zu spielen, war ihm aber zu fatal, und schon wollte er durch einen Aufruf seine Gegenwarth verrathen, als ihn die Aeußerung des Einen auf's Neue in seinem Vorsatze wankend machte. Der Widerwille des einen Fremden gegen Pferdespuren in der Nähe dieser Hütte machte ihn

stutzig. „Sollten diese Männer zu der Bande gehören, zu deren Unterdrückung sich die Regulatoren vereinigt hatten?" war sein erster Gedanke, und das fortgeführte Gespräch mußte ihn immer mehr in diesem Verdacht bestärken. Leise zog er deshalb nur das Messer aus der Scheide, denn wenn entdeckt, mußte er auf einen Angriff gefaßt und zur Vertheidigung gerüstet sein, und schmiegte sich dann mit angehaltenem Athem in seine Ecke zurück, um zu vernehmen, welche Pläne diese würdigen Leute hierher geführt, und ob es ihm vielleicht vorbehalten sei, einen ihrer Anschläge zu nichte zu machen.
(„Die Regulatoren in Arkansas", S. 196)

2.1.20 Erscheinungsbild der Figuren

Ein zentrales Anliegen Gerstäckers in der Figurenzeichnung ist eine möglichst *hohe Transparenz*. Was ist damit gemeint? Das im folgenden Beispiel gezeichnete Portrait eines „Bösen" in den „Regulatoren" (die Rede ist noch immer von der Figurenebene) gibt Aufschluss: Alles wird (von der Vermittlungsinstanz) offengelegt, die ganze Darstellung enthält *keinerlei Spekulatives* – nicht bloss die furchteinflössenden Augen, sondern auch Bekleidung und (Un-)Gepflegtheit der Figur sprechen für sich. („...sein ganzes Aeußere verrieth überhaupt einen hohen Grad von Nachlässigkeit", S. 10)

Der Sprecher war, so weit es seine behagliche, auf dem Laub ausgestreckte Gestalt erkennen ließ, ein Mann von über sechs Fuß, mit muskulösem Körperbau und freien, offenen Zügen; die Augen hatten aber etwas unheimlich Wildes und flogen unstät von einem Ort zum andern, und sein ganzes Aeußere verrieth überhaupt einen hohen Grad von Nachlässigkeit. Der alte, zerstückte Filzhut war ihm vom Kopf gefallen, und das Haar stand struppig und ungekämmt empor; der borstige Bart schien eine Woche lang vernachlässigt zu sein, und ein sehr abgetragenes blauwollenes Jagdhemd, an dem einzelne Stücken einst gelb gewesener Franzen wild herabhingen, war mit alten wie neuen Blutflecken überdeckt. Diese wurden übrigens durch ein frisch abgestreiftes Hirschfell an seiner Seite erklärt. Ueberhaupt schien der Bursch den Wald zum Hauptaufenthalt zu haben. Die Büchse lag neben ihm am Boden; die Beine staken in oft ausgebesserten ledernen Leggins oder Gamaschen, und ein Paar Moccasins von Rindshaut vollendeten den keineswegs kleidsamen Anzug.
(„Die Regulatoren in Arkansas", S. 10)

Wie das gewählte Beispiel *stellvertretend* für viele andere zeigt, kann in Gerstäckers Figurenkonzeption die *äussere Erscheinungsform* als getreuer und ungebrochener *Spiegel der Innenwelt* angesehen werden. Man sieht den Beteiligten an, ob sie „gut" oder „schlecht" sind. Die Fassade ist keine Maske, hat nicht die Funktion, den Leser zu täuschen und wichtige Tatsachen (zunächst) zu verbergen, zu verschleiern oder zumindest so darzustellen, dass Vorsicht in der Einschätzung geboten wäre. Das von aussen Sichtbare reflektiert die innere Befindlichkeit direkt; an der (vom Erzähler vermittelten Oberfläche) ist ohne Verzerrungen abzulesen, wie es um den Zustand des „Inhalts" bestellt ist.

Es sind aber nicht nur Prädikate, die direkt an die Figur gekoppelt sind (Charakter, Aussehen bzw. aussagekräftiges Erscheinungsbild), die als Spiegel des Innen dienen; dazu gehört auch – zwar ausserhalb der Figuren, aber trotzdem eng mit ihnen verbunden – die *Umgebung* der Charaktere.

2.1.21 Lokalität

Im Beispiel, das diesen Sachverhalt illustrieren soll, verleiht eine hässliche, abgewirtschaftete und unheimliche *Lokalität*, die ein paar Verbrechern als Unterschlupf dient, ihren unredlichen Besuchern noch zusätzlich Konturen und erscheint – ganz im Sinne einer transparenten, sprechenden Aussenenperspektive auf der *Figurenebene* – wie ein an die Oberfläche projiziertes Siegel ihres verwerflichen und verruchten Innern.

Es war eine jener kleinen Niederlassungen, wie sie sich zu Tausenden in dem fernen Westen Amerikas finden: eine niedere Blockhütte, mit jetzt umgeworfenem Lehmkamin, ein kleines, verwildertes, etwa zwei Acker großes Feld, dessen Umzäunung theils niedergefault, theils verbrannt war, ein halbverfallenes Seitengebäude, das wahrscheinlich zur Küche oder Vorrathskammer gedient hatte, und ein umgestürzter Brunnen, dessen Oeffnung das abgesägte Stück eines hohlen Baumes bedeckte. Der Platz schien seit langen Jahren nicht mehr bewohnt, aber etwas so Wildes, Unheimliches ruhte auf der verödeten Stätte, daß Brown unwillkürlich, als er eben die niederliegende Fenz überschreiten wollte, inne hielt und nach der benachbarten Baumgruppe hinüberschaute, gleichsam mit sich zu Rathe gehend, ob ein Nachtlager im Freien, unter den grünen Bäumen des Waldes, nicht dem in der, wenn auch trockenen, doch keineswegs traulichen Wohnung vorzuziehen sei.
(„Die Regulatoren in Arkansas", S. 192)

Findet sich ausnahmsweise kein „1:1-Verhältnis" zwischen innen und aussen, heisst dies *nicht*, dass der Leser in seiner Spurensuche alleine gelassen wäre und deshalb im dunkeln tappen müsste. Dann greift der Erzähler umgehend ein und weist mit Zusatzinformationen auf allfällige Möglichkeiten einer Fehlbewertung hin, macht deutlich, wer in moralischer Hinsicht wo anzusiedeln ist. Mit dieser Hilfestellung wird dafür gesorgt, dass die Aussenperspektive nicht zu kurz greift und nicht zu voreiligen Schlüssen verleitet.

[Interpretationshilfe des Aussagesubjekts in *Kursivschrift*]

> Die Sonne stand schon anderthalb Stunden hoch, als zwei Männer, auf schönen kräftigen Pferden, durch jene fast unwegsame und großentheils unter Wasser stehende Niederung ritten, die den Mississippi an beiden Ufern viele Meilen breit einschließt. (...) So sehr aber auch der Aelteste und Stärkste von ihnen in seine ganze Umgebung passen mochte, so sehr stach der Zweite, Jüngere, dagegen ab. (...) Den Kopf deckte ein feiner schwarzer Filz, und darunter vor quollen volle und üppige, seidenweiche blonde Locken. Mit den treublauen Augen hätte man ihn auch wirklich fast für ein schönes verkleidetes Mädchen halten können, wäre nicht der keimende Flaum der Oberlippe gewesen. *Nie aber schlug noch in einer menschlichen Brust ein Herz, das eines Teufels würdiger gewesen, wie in dieser – nie im Leben trog Auge und Blick mehr, als bei diesem Buben, der sich, einer Schlange gleich, von seinem glatten Aeußern begünstigt, nicht in die Häuser, nein in die Herzen Derer stahl, die er vernichten wollte, und über deren Elend er dann frohlockte.*
> („Die Flußpiraten des Mississippi", S. 111ff.)

2.1.22 Anmerkungen

Alle bisher zitierten Textauszüge haben miteinander gemein, dass das Aussagesubjekt seinen Einfluss auf der Erzähler- oder der Figurenebene *innerhalb* des fortlaufenden narrativen Korpus geltend macht.

Die Erzählinstanz verfügt in ihrem Repertoire aber noch über eine andere Möglichkeit: Sie kann ihre Autorität durch Fussnoten bzw. „Sternchenanmerkungen" (*) am Seitenende auf einer *paratextuellen* Ebene ausspielen. Diese Art der Ergänzungen ist homogen und in *grosser Anzahl* auf die Texte Friedrich Gerstäckers verteilt.

Das erste Beispiel führt die (betrügerische) Praxis bestimmter Kartenspiele in den Vereinigten Staaten vor Augen, die Beispiele zwei und drei liefern ergänzende Literaturangaben zu Inhalten, die von der Romanhandlung her gegeben sind.

[paratextuelle Anmerkungen des Erzählers in *Kursivschrift*]

> Einer der Hauptspielplätze im Paradiese, der nämliche, in den wir an jenem Abend dem Justizrath folgten, war Kenton's Zelt, in dem Mr. Smith mit einem Compagnon Namens Ruly seinen Hauptsitz aufgeschlagen. Drei oder vier andere Tische wurden aber noch außerdem, einer von zwei Mexikanern, die beiden anderen von Amerikanern besetzt gehalten, um mit Roulette, Würfeln und

Karten den Goldwäschern die Möglichkeit zu zeigen, ihr Erworbenes zu verdoppeln, in Wahrheit aber ihnen den sauer verdienten Arbeitslohn aus den Beuteln zu locken – wer hieß sie spielen.*)

----

*) Es ist kaum zu viel gesagt wenn man behauptet, daß a l l e diese Spiele, außer den großen Chancen, die der Banquier noch überdies hat, betrügerisch getrieben werden. Diese sämmtlichen Spieler führen falsche Karten, und in den Vereinigten Staaten bestehen große Fabriken, deren Hauptverdienst gerade diese betrügerischen Karten – spanische sowohl wie amerikanische – sind. Für den Uneingeweihten sind sie natürlich nicht von anderen zu unterscheiden, auf der Rückseite aber, in dem anscheinend ordnungslos darauf gestreuten blauen oder rothen Muster, haben sie die einzelnen Punkte, Striche und Arabesken an den oberen Ecken so geordnet, daß ein geübter Blick die Karte eben so rasch an der Rückseite, wie auf dem unteren Blatte kennt. Nicht allein die verschiedenen Farben sind dort in dieser Weise bezeichnet, nein sogar der Werth der einzelnen Blätter selber, und die geübte und schnelle Hand des Spielers hat weiter nichts zu thun, als gefährliche Blätter zu entfernen. („Gold!", S. 282f.)

Mr. Lowe hatte, wie sich bald herausstellte, ebenfalls sechs Eingeborene von Laua mitgenommen, die natürlich auch untergebracht werden mußten und zu seiner Dienerschaft gehörten. *)

----

*) „Leute daheim," sagt der Missionär Turner in seinem „Neunzehn Jahre in Polynesien", Seite 115, „werden es kaum begreifen, aber es ist Thatsache, daß wir genöthigt waren, fortwährend in Samoa sechs männliche und sechs weibliche Dienstboten zu halten. Diese betrachteten es als eine Ehre, uns zu dienen, und da sie keinen großen Lohn verlangten, so behielten wir etwa ein Dutzend von ihnen." („Die Missionäre", S. 207f.)

Gegen Mittag kam der Beichtvater Pater Soria. – „Ich beichte nicht Jedem, der Geistlicher ist," sagte der Kaiser zu Doctor Basch, „und habe den Padre rufen lassen, um zu erfahren, ob wir uns über gewisse Vorfragen einigen können." Um drei Uhr war der zum Tode verurtheilte Monarch völlig bereit zum Sterben *), als der Obrist ein Telegramm brachte, das die Execution drei Tage hinausschob. „Das ist hart," sagte der Kaiser, „denn ich hatte schon ganz mit der Welt abgeschlossen," – und es war hart, denn es verlängerte nur die Todesqualen der doch dem Tode Verfallenen.

----

*) Die Einzelheiten dieser Stunden hat Doctor Basch einfach und ergreifend in seinen „Erinnerungen" geschildert. („In Mexiko", Band 2, S. 360f.)

Ein Vergleich der Fussnoten in Sternchenform (*) mit den Anmerkungen des auktorialen Erzählers *innerhalb* des eigentlichen Textkorpus macht deutlich, dass sich solche Einsätze nicht inhaltlich, sondern rein *formal* – d.h. durch ihre Situierung – voneinander abheben. Die angesprochenen Themenbereiche sowie der Informationsgehalt korrespondieren hingegen und könnten beliebig ausgetauscht, d.h. umplaziert werden.

2.1.23 Verteilung der „Mittelbarkeit"

Alle bisherigen Ausführungen zum Thema „Mittelbarkeit" untermauern auf unterschiedliche Weise die gewichtige Position der Vermittlungs-instanz. Dieser hohe Grad an Mittelbarkeit ist jedoch nur in Ausnahme-fällen „schön" gleichmässig auf das ganze Textkorpus verteilt.

Besonders an den *Romananfängen* und *-enden* kommt es zu über-durchschnittlichen Massierungen der Erzählerpräsenz: Dort ergreift die Vermittlungsinstanz in erhöhtem Masse die Initiative, den Text enga-giert und entschieden abrundend. Das Aussagesubjekt spannt gewisser-massen einen Bogen über das Textganze und hält in den ersten und letzten Kapiteln die Zügel noch fester als sonst in der Hand – einen *auktorialen Brückenschlag* könnte man diese Gestaltungsweise nennen. Die Virulenz des Erzählers ist sowohl im Eingangs- als auch im Aus-gangsteil der Gerstäcker-Romane nachweisbar stärker als in den oft stark dialogdominierten Passagen dazwischen:

Im Rahmen der *ersten Statistik* wurde in den Romanen die quantita-tive Präsenz des auktorialen Erzählers (auf Erzähler- *und* Figuren-ebene!) im Anfangs- und im Schlusskapitel untersucht und danach mit den übrigen Kapiteln verglichen. Allen Erhebungen lagen *zeilenweise* vorgenommene Auszählungen zugrunde.

Graphik 1: Erzählerpräsenz in Anfangs- und Schlusskapitel sowie im Textinnern

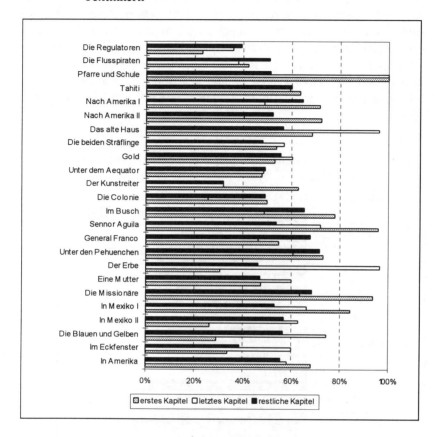

In den *Anfangskapiteln* der 24 analysierten Romane lässt sich in insgesamt 15 Texten eine Erzählerpräsenz von über 50 % nachweisen. Errechnet man den *Durchschnittswert* aus allen Anfangskapiteln, ergibt sich ein Anteil narrativer Passagen von leicht über 59 %.

In den *Schlusskapiteln* der Romane ergibt sich ein sehr ähnliches Bild: Hier lässt sich in ebenfalls 15 von 24 Titeln eine Erzählerpräsenz oberhalb der 50 %-Marke beobachten. Dabei ergibt sich ein *Durchschnittswert* an narrativen Passagen von geringfügig unter 59 %.

Der *Durchschnitt* sämtlicher *übriger Kapitel* liegt bei bei gut 53%. Wird diese Ziffer nun in Relation zu den Durchschnittswerten der Anfangs- bzw. Schlusskapitel gesetzt, resultiert mit *6% Unterschied* ein signifikant tieferer Wert von Erzählerrepräsentanz in den „inneren" Kapiteln. Um zu gewährleisten, dass das errechnete Zahlenmaterial auch wirklich aussagekräftig ist, wurde im Rahmen einer *zweiten Statistik* die Untersuchung auf die *ersten beiden Kapitel* der Romane ausgeweitet. Diese Erhebung ergibt abermals in 15 Texten eine Erzählerpräsenz von über 50%.

Graphik 2: Erzählerpräsenz in Anfangs- und Schlusskapiteln sowie im Textinnern

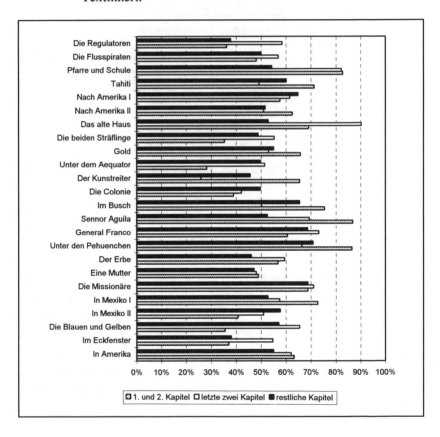

Der *Durchschnitt* der *zwei Eingangskapitel* weist eine Erzählerpräsenz von 58% aus; diese Ziffer liegt lediglich einen Prozentpunkt unter dem Durchschnittswert der ersten Kapitel.

Auch aus den *letzten beiden Kapiteln* der Romantexte lässt sich wiederum eine durchschnittliche Erzählerrepräsentanz von etwas über 58% errechnen – dies ist praktisch identisch mit dem Wert in Graphik 1, in der jeweils nur das letzte Kapitel der Texte unter die Lupe genommen wurde. Mit 19 Titeln liegt die Anzahl der Texte mit einer „Erzählerdichte" von über 50% gar noch um einiges höher als in der ersten Tabelle.

Ein Vergleich mit dem *Durchschnitt* der *übrigen Kapitel* fördert auch hier zutage, dass das Aussagesubjekt in diesen „mittleren Kapiteln" mit 54% geringeren Einfluss nimmt als am Anfang oder Schluss der Romane.

Diese Daten belegen, dass der oben eingeführte Begriff – „auktorialer Brückenschlag" – nicht von einigen zufälligen Stichproben und Eindrücken herrührt, sondern *empirisch* gestützt ist. Die Fäden der Romane werden am Anfang vom Aussagesubjekt gesponnen und laufen am Ende wieder in dessen Händen zusammen; sowohl Romaneingang wie -ausgang sind bei Gerstäcker *narrativ verdichtet*, sind Domänen der Vermittlungsinstanz. Diese Stellen sind auch für die gesamte Lektüre richtungsweisend. Die auktoriale Steuerung und Einflussnahme ist von besonderem Belang, und es ist kein Zufall, dass an Eingang und Ausgang die rein quantitative Präsenz des Aussagesubjekts (durchschnittlich) grösser ist als im Textinneren – dort, wo die Figuren selbst mehr zum Zuge kommen (beispielsweise in den Dialogpartien).

2.1.24 Fazit

Die Textbelege haben es gezeigt: Es sind nicht bloss rein erzähl*technische* Fähigkeiten, die einen Erzähler ausmachen (z.B. diverse Arten der Zeitgestaltung wie Raffung, Rückblende etc.). Darüber hinaus verleihen auch Wert*haltungen* wie Gerechtigkeitsempfinden und Fairness den Aussagesubjekten Ausstrahlung und stempeln sie so zu „Persönlichkeiten" mit moralischer Grundbefindlichkeit.

Handlungsabläufe wie Figuren sind in den Werken Friedrich Gerstäckers von einem kompetenten, zeitüberschauenden auktorialen Erzähler gestaltet und vorgezeichnet. Die Charaktere inszenieren sich also nicht in erster Linie selbst, sondern sie *werden* von den einfluss-reichen Aussagesubjekten in Szene gesetzt. Dies ist ein wichtiger Grund dafür, dass *viele Figuren in ihrem starken Vermitteltsein holzschnitt-artig-typenhaft* wirken. Um sie zu verstehen, braucht der Leser wenig Phantasie und ergänzendes gestalterisches Mitdenken und -fühlen. Die „praktisch" strukturierten Personen (die „Guten" wie die „Bösen") sind keine Träger von streng gehüteten und nur schwer entwirrbaren Geheimnissen, sondern vielmehr von lösbaren *Rätseln*, die von der Vermittlungsinstanz jederzeit transparent gehalten werden. Sie sind in den seltensten Fällen „Geistmenschen" oder (Tag-)Träumer, suchen ihre Sinnfindung nicht grübelnd-philosophierend und ringend meditierend, sie definieren sich nicht reflektierend in sich gekehrt, sondern vor-nehmlich durch entschlossenes Handeln und Zupacken, rasche Entschei-dungsfindungen sowie physische Einsatzbereitschaft, Ausdauer und Lei-densfähigkeit in der Verfolgung ihrer („guten" *und* „schlechten") Ziele. Für diese Figuren typische Situationen sind u.a.:

Erschliessung und Urbarmachen von unbekanntem Lebensraum,

Errichtung einer Existenz unter schwierigen Bedingungen,

Anpassung an neue Lebenssituationen,

Meistern des Alltags mit seinen Sorgen, Nöten und Überraschungen,

Achtung/Missachtung von Recht, Gesetz und Ordnung,

Verfolgungen/Flucht,

Bestehen von Abenteuern und Mutproben aller Art (z.B. Jagd, Reisen in unwegsamem Gelände unter schwierigen Umständen, Goldschürfen in der Wildnis etc.).

Es ist offensichtlich: Solche handfeste Abenteuer und Erlebnisse erfor-dern ein bestimmtes Territorium! Besonders geeignet dafür sind entspre-chend *wilde* und *unberechenbare Gegenden* in den Grenzzonen und Schnittstellen zwischen Zivilisation und Wildnis. Nicht von ungefähr lautet deshalb der Titel einer sog. Skizze (enthalten im Erzählband „Aus zwei Welttheilen") *„Civilisation und Wildniss"*.

Zur Abrundung des Kapitels „Elemente der Mittelbarkeit" muss vor einem möglichen vorschnellen Urteil über diese traditionelle Darstellungsweise gewarnt werden. Ein diegetisch-fiktionales Erzählkonzept mit starkem Vermittlungscharakter sollte nicht als (zu) wenig modern, rückständig und deshalb qualitativ tiefer eingestuft werden als eine mimetische Darstellungsweise:

> Die in der Diegesis durch einen Erzähler geschaffene Fiktion ist (...) in nichts geringer einzuschätzen als die Erzeugung der Fiktion in mimetisch-fiktionalen Texten. [18]

> Zum Schluß noch einmal die bereits schon einmal ausgesprochene Mahnung, die strukturellen Unterschiede der erzählerischen Möglichkeiten sollten nicht als qualitativer Maßstab verwendet werden. Die älteren Formen des diegetisch-fiktionalen Erzählens sind um nichts besser oder schlechter als die jüngeren des mimetisch-fiktionalen Erzählens. Ein Urteil läßt sich nur aus einer Analyse der Form-Inhalt-Dialektik gewinnen. [19]

2.2 Elemente der Unmittelbarkeit

2.2.1 Zeitdeixis „Unmittelbarkeit"

Bisher richtete sich die Aufmerksamkeit auf Fragen, die mit dem Grad der Mittelbarkeit zu tun hatten. Nun soll das Augenmerk Elementen gelten, die *Un*mittelbarkeit signalisieren.

Neben der noch genau zu besprechenden Strukturiertheit der Dialoge (vgl. *Kapitel 2.2.3* bzw. *2.2.4*) sind noch weitere, weniger bekannte Faktoren für die Erzeugung von Unmittelbarkeit verantwortlich – bestimmte Formen der *Zeit-* und *Raumdeixis*. Sie sollen im folgenden vorgestellt werden.

Im Kapitel „Elemente der Mittelbarkeit" wurde der Beginn des Romans „In Mexiko" mit seinem konventionellen (d.h. diegetisch-fiktionalen) Gebrauch der Zeitangaben aufgeführt. Nicht immer jedoch bedient sich Gerstäcker dieser herkömmliche Erzähltechnik – dann treten auffrischende und verlebendigende Zeitdeiktika zusammen mit dem Präte-

---

[18] Tarot, 1993: 127

[19] Tarot, 1993: 170

ritum an die Stelle von Angaben, welche die streng chronologische Folgerichtigkeit gewährleisteten.
[Verlebendigender Einsatz von Zeitangaben in *Kursivschrift*]

> Beide hatten sich augenscheinlich hier, wo sie ihr Wild erlegt, nach der gehabten Anstrengung für kurze Rast in's Gras geworfen, und der Alte, während er sich auf den rechten Ellbogen stützte und der eben hinter den Bäumen versinkenden Sonne nachsah, brach *jetzt* [und *nicht*: „in jenem Augenblick"! A.Z.] zuerst das Schweigen. („Die Flußpiraten des Mississippi", S. 9)

> Der alte Edgeworth, ein wohlhabender Farmer aus Indiana, und Eigenthümer des Boots und der Ladung, führte auch eine ziemliche Summe baaren Geldes bei sich, um in einer der südlichen Städte, vielleicht in New-Orleans selbst, Waaren einzukaufen und sie mit in seine, dem Verkehr etwas entlegene, Niederlassung zu schaffen. Er war erst *vor zwei Jahren* [*nicht* „zwei Jahre zuvor/zwei Jahre früher/im Jahre 18.."! A.Z.] an den Wabasch gezogen, und hatte früher im Staate Ohio, am Miami gelebt. („Die Flußpiraten des Mississippi", S. 10f.)

Offensichtlich sind die mit dem Präteritum kombinierten Zeitdeiktika „jetzige", „jetzt" bzw. „vor zwei Jahren" der Funktion enthoben, absolute, genau situierbare Zeitpunkte in der Vergangenheit des Aussagesubjekts zu markieren; stattdessen werden sie benutzt, um das Geschehen stringenter, flüssiger zu gestalten; man könnte hier von einer *Aufgabenverlagerung*, einer *Dimensionserweiterung* sprechen. Befund: Die Zeitdeiktika können auch verlebendigend, dynamisierend und auflockernd gebraucht werden.

Aus diesem Grund ist es vertretbar, die so gebrauchten Zeitbestimmungen ins Kapitel „Unmittelbarkeit" aufzunehmen, denn grundsätzlich trägt jeder Ansatz zu lebhafterer und „farbigerer" Ausgestaltung der Deixis immer auch bereits den Keim der Unmittelbarkeit in sich.

Nicht alle Texte Gerstäckers beginnen mit fixen Zeitangaben und herkömmlichem Gebrauch der Deixis; oftmals wird die Verlebendigung durch den Einsatz bestimmter Zeitdeiktika gleich von Anbeginn weg spürbar. Als Beispiel sollen die Eingänge der Romane „Eine Mutter", „Nach Amerika!" bzw. „Die beiden Sträflinge" dienen; dort werden mit der Verwendung des Präteritums keine absoluten zeitlichen Setzungen vorgenommen (beispielsweise *dies Frühjahr von 1864*"), dagegen erscheinen an ihrer Stelle die verlebendigenden Deiktika „heute". Durch sie wird den Zeitbestimmungen mehr Leben und Bewegung verliehen.
[Verlebendigender Einsatz von Zeitangaben in *Kursivschrift*]

Ein gar reges und geräuschvolles Leben und Treiben erfüllte *heute* die überhaupt nicht unbedeutende und besonders viel von Fremden besuchte Provinzialstadt Haßburg. Schon die Lage des alten Ortes war eine reizende, und eine große Zahl von wohlhabenden Leuten hatte sich deshalb sogar in oder nahe bei der Stadt bleibend niedergelassen, so daß sie mit ihren freundlichen Villen und Wohnhäusern die Anlagen wie die Hänge der daranstoßenden Hügelkette bunt und prächtig überstreuten. *Heute* füllte aber noch eine ganz besondere Veranlassung sowohl die engen und etwas winkeligen Straßen des Weichbildes, wie auch die Anlagen und freien Plätze mit einer Unzahl geputzter Menschen, denn es war Jahrmarkt wie zugleich Haßburger Vogelschießen, wozu sich dann natürlich die ganze Nachbarschaft herbeidrängte. („Eine Mutter", S. 1)

Im Hause des reichen Kaufmanns Dollinger zu Heilingen – einer nicht unbedeutenden Stadt Deutschlands – hatte am Sonntag Mittag ein kleines Familienfest die Glieder des Hauses um den Speisetisch versammelt, und diesen *heute* in aussergewöhnlicher Weise mit Blumen geschmückt und delicaten Speisen und Weinen gedeckt. Es war der Geburtstag der zweiten Tochter des Hauses, der liebenswürdigen Clara, und nur ihr erklärter Bräutigam, ein junger deutscher, in New-Orleans ansässiger Kaufmann, als Gast der Familie zugezogen worden. („Nach Amerika!", Band 1, S. 11)

Reges Leben herrschte *heut* auf der sonst so still und einsam am Murray gelegenen Station des Squatter Powell – reges, jubelndes Leben, und der Ruf: „die Karren kommen!" lief von Mund zu Mund. („Die beiden Sträflinge", S. 5)

Die eben diskutierte modifizierte Anwendungsart der Zeitangaben (als *verlebendigende* Zeitdeiktika) ist im gesamten Schaffen Gerstäckers zu finden. Es gibt kaum (längere) Textabschnitte, in denen – neben dem herkömmlichen Gebrauch – nicht auch solche Einsätze zu konstatieren wären.

Hier gilt allerdings das, was genauso für die Raumdeiktika Gültigkeit hat: Ein paar verlebendigend verwendete Zeitdeiktika *allein* – ihrer *Signalwirkung zum Trotz* – schaffen noch keine Unmittelbarkeit; dazu ist auch eine entsprechende Beschaffenheit des gesamten *Textumfelds* vonnöten: *Homogenität* und *Stabilität* im Gebrauch der Deixis müssen gewährleistet sein, damit tatsächlich der Begriff „Unmittelbarkeit" als Beschreibungskategorie sinnvoll angewendet werden kann.

Eine weitere, bei Gerstäcker ebenfalls zu beobachtende Verwendungsweise von Zeitangaben stellt nicht mehr primär das Aussagesubjekt und dessen Betrachtungsweise, sondern die *Figuren* bzw. deren Wahrnehmen und Empfinden von temporalen Abläufen an den Ausgangspunkt des zeitlichen Koordinatensystems. Der Bezugs- und Anknüpfungspunkt wird nun vom (allwissenden) Erzähler in Richtung des Hier und Jetzt der Figurenwelt verschoben. Unter solchen Voraussetzungen sind die im konventionellen Sprachgebrauch unmöglichen Konstruktionen mit *„morgen + Präteritum"* (u.ä.) anzutreffen. Weil hier vermehrt Figuren und deren Innenleben zur Darstellung kommen, verliert die erzählende Autorität an Gewicht. Eine weitere Stufe auf dem Weg zur Gestaltung von Unmittelbarkeit ist erreicht.

Die erste Textstelle, die diesen Sachverhalt veranschaulichen soll, zeigt sämtliche Zeitangaben aus dem Blickwinkel einer Frau – von ihr aus gesehen ist der kommende Tag „morgen", die vergangenen Tage werden in ihrem Bewusstsein mit „gestern" bzw. „vorgestern" bezeichnet. Der Morgen desjenigen Tages, der das Jetzt ihrer Betrachtungen festlegt und fixiert, wird „heute Morgen" genannt.

[Figurenperspektive in *Kursivschrift*]

„Ich war drüben, Vater," sagte der Knabe, „aber der Mann war noch nicht nach Haus gekommen; wenn er käme, wollt's ihm die Frau bestellen." „So? – hm – hahaha," lachte Bux vor sich hin – „liederlicher Strick, wo der sich wieder einmal herumtreibt! – Sonst war Niemand da, der nach mir gefragt hätte, wie ich da vorhin lag und schlief?" „Niemand als der Fleischer, der sein Geld haben wollte," sagte die Frau. „Soll zum Teufel gehen!" brummte der Mann und qualmte immer stärker. Dann war Alles ruhig. Die Frau räumte die Lade ab und stellte das Geschirr in einen Winkel, um *morgen* mit Tagesanbruch wieder aufzustehen und es aufzuwaschen. Sie hätte den Mann gern gefragt, ob er *heute Morgen*, als er aus war, irgend eine Beschäftigung oder Aussicht auf Erwerb gefunden, denn *vorgestern* schon war das letzte Stück Geld ausgegeben gewesen, und *jetzt* schien er doch wieder etwas bekommen zu haben; aber sie wagte es nicht. Das Kind schlief gerade, und wenn er böse wurde und auffuhr, konnte er es wieder wecken und sie dann die halbe Nacht mit ihm im Zimmer herumlaufen, wie *gestern* und *vorgestern*. („Die Colonie", S. 346)

Die meisten Belege sind jedoch nicht so klar wie dieser. Der Blickwinkel des Erzählers bzw. derjenige der Figuren auf das zeitliche Geschehen lässt sich nicht immer ohne weiteres „sauber" (ev. gar absatzweise) voneinander trennen. So finden sich *oftmals* Passagen, in denen eine Amalgamierung der Sichtweisen stattfindet, wo sich kunterbunt gemischt Figurenoptik *und* Erzähleroptik treffen. Das folgende Beispiel hält zudem eine für Gerstäcker typische Erscheinung fest: Die Stellen mit (ansatzweiser) Figurenperspektive sind tendenziell kurz gehalten und werden rasch wieder von der Optik des Aussagesubjekts eingeholt und abgelöst.

[Figurenperspektive bzw. Erzählerperspektive in *Kursivschrift*]

Ohne eine Antwort darauf abzuwarten, verließ er die Beiden und schritt rasch dem Lager der Schwarzen zu. Mr. Powell ließ sich aber unterdessen den ganzen

Vorfall ausführlich von der Tochter erzählen, und schien nicht übel Lust zu haben, seine Leute *noch heut Abend* aufzubieten und die etwas gar zu frechen Gesellen für ihren Uebermuth auf frischer That zu züchtigen. Der Abend war jedoch so weit vorgerückt, daß sich das bald als unaufführbar erwies. *Für den nächsten Morgen* [und *nicht* aus der Perspektive der Figur folgerichtig „für morgen"! A.Z.] wurde indeß jedenfalls eine Recognoscirung beschlossen, die auch insofern schon nöthig oder wenigstens zweckmäßig war, um den vielleicht allzu kecken und übermüthigen Eingeborenen zu beweisen, daß hier Weiße genug versammelt wären, ihren etwaigen Gelüsten einen festen Damm entgegen zu setzen. („Die beiden Sträflinge", S. 76)

2.2.2 Raumdeixis „Unmittelbarkeit"

In vielen Fällen handhabt Gerstäcker die Verwendung der *Ortsdeiktika* – damit kommt die *zweite Kategorie* dieser Verweise zur Sprache – nicht so sauber und „topographisch" korrekt wie in den bereits besprochenen Textauszügen. Das Resultat sind *Mischformen*, deren räumliche Logik nicht über alle Zweifel erhaben ist.

Mit diesem *inkonsequenten* Gebrauch von Ortsverweisen steht der Autor aber keineswegs alleine – mit Rolf Tarot kann gesagt werden:

Die Notwendigkeit einer Änderung der Lokaladverbien ergibt sich – theoretisch zwingend – aus dem Wechsel von der Erzählerperspektive zur Figurenperspektive und umgekehrt. Historische Textbeispiele werden indes zeigen, wie wenig konsequent die Autoren in ihren Texten damit verfahren. Die vielfach inkonsequente Verwendung trägt – neben anderen Erscheinungen – mit zu jenem Problem bei, das in der Erzähltheorie unter dem Begriff „Demarkationsproblem" diskutiert wird.[20]

Ein erster Beleg für diesen Befund stammt für einmal nicht aus einem Roman, sondern aus der *märchenähnlichen* Erzählung „Jäger Stevans und sein Hund Poppy" – „Eine wunderbare, traurige Geschichte", in der auf engstem Raum Deiktika für Nahes („hier") bzw. weiter Entferntes („dort") bunt vermischt werden.
[inkonsequenter Gebrauch der Ortsdeiktika in *Kursivschrift*]

Es war eine wildromantische Gegend, und der Mensch wie das wilde Thier fanden *dort*, nicht weit von einander entfernt, ihre Lager, da sich ein einzelner Jä-

---

[20] Tarot, 1993: 106

ger *hier* angesiedelt hatte, um so leichter die Jagd zu betreiben und nicht durch die langweiligen Gesichter seiner Nebenmenschen gestört zu werden. („Mississippi-Bilder", S. 324)

Das zweite Beispiel ist ähnlich geartet. Der Erzähler spricht zu Beginn des betreffenden Abschnitts von einem Landstrich in Missouri, der sich offenbar (von ihm aus gesehen) an einem *anderen* Ort befindet als er selbst – sonst würde er nicht sagen „*Jene* Gegend ist (...) eine der besten in Missouri". Würde das Aussagesubjekt nun aber in dieser (deiktischen) Beziehung folgerichtig weiterberichten, so lautete die Fortsetzung des begonnenen Satzes: „Bären giebt es *dort* in ziemlicher Anzahl, bald aber werden die armen wohl auch *dort* vertrieben sein...". In Tat und Wahrheit aber lauten die nachfolgenden Teilsätze so: [inkonsequenter Gebrauch der Ortsdeiktika in *Kursivschrift*]

Es war im Herbst, die Weißeichen trugen reife Früchte, und die Bären erkletterten die Bäume, um nicht zu starke Aeste herunterzubrechen und die Eicheln zu verzehren. *Jene* Gegend ist bis jetzt noch für die Jagd eine der besten in Missouri; Bären giebt es *hier* in ziemlicher Anzahl, bald aber werden die armen wohl auch *hier* vertrieben sein und das „Land ihrer Väter" verlassen müssen, um sich von den Geistern der dahingeopferten Indianer in den „ewigen Jagdgefilden" jagen zu lassen. („Mississippi-Bilder", S. 330)

Ebensowenig ist die deiktische Logik im nächsten Beispiel gewahrt – sonst müsste das zweite Raumdeiktikum nicht „von hier", sondern „von dort" heissen.
[inkonsequenter Gebrauch der Ortsdeiktika in *Kursivschrift*]

Da die drei Reiter übrigens mit ihm einen und denselben Weg verfolgten, beeilte er sich nicht mehr so sehr; er wollte gern vermeiden mit ihnen wieder zusammen zu treffen, und ließ sein Pferd erst wieder austraben, als er sich der Chagra näherte. *Dort* führte er es seitwärts auf einem schmalen Kuhpfade in den Wald, band es fest und setzte nun *von hier* ab seinen Weg zu Fuß fort.
(„Die Colonie", S. 282)

Auch das Abschlussbeispiel lässt sich problemlos in diese Mischkategorie einreihen; auch es zeugt nicht von Stringenz im Gebrauch der Raumverweise.
[inkonsequenter Gebrauch der Ortsdeiktika in *Kursivschrift*]

Das war zugleich sein Lieblingsplatz geworden, wenn er keine andere Arbeit vorhatte, und er las oder schrieb gerade *dort* am liebsten, da er sich *hier* vollkommen ungestört wußte. („Die Colonie", S. 67)

Ein Satz aus der „Narratio Viva" erfasst treffend den nicht immer schlüssigen Gebrauch der Raum- und Zeitdeixis in diegetisch-fiktionalen Texten:

Die in echter Wirklichkeitsaussage erforderliche Umstellung der Raum- bzw. Zeitangabe (hier > dort; morgen > am nächsten Tage) wird in diegetisch-fiktionalen Texten nicht immer mit dieser Konsequenz durchgeführt.[21]

Es wäre allerdings übertrieben, die eben diskutierte inkonsequente Anwendung der Ortsdeixis schon im eigentlichen Sinne als Verlebendigung zu bezeichnen – zu gross ist das wegen ihrer „Unsauberkeit" entstehende Irritationspotential. Nichtsdestotrotz lassen bereits derartige „durchzogene" bzw. „verwischte" Verweisformen anklingen, dass Raumdeiktika (analog zu den Zeitdeiktika) noch eine andere Dimension haben als reine Ortsbezogenheit – es sind *Vorboten* der *Unmittelbarkeit*. M.a.W.: Bereits die nicht immer folgerichtige Handhabung der Raum- und Zeitangaben birgt ein Potential in sich, das wegbereitende Energien für die Schaffung von Verlebendigung und Unmittelbarkeit freisetzt.

Die *dritte Kategorie* der *Raumdeiktika* kommt der „Unmittelbarkeit" schon einiges näher. Was in der zuvor diskutierten Gruppe trotz inkonsequenter Verwendung bereits zu Tage getreten ist, erfährt hier eine Weiterführung und spiegelt sich in einer starken Betonung der Nahdeixis („hier"). Dieser Gebrauch von Raumdeiktika wirkt – seine Folgerichtigkeit vorausgesetzt – *verlebendigend* und *dynamisierend* (wie natürlich auch der Einsatz von „*jetzt*" mit Präteritum).
[verlebendigender Einsatz der Raumdeiktika (und Zeitdeiktika) in *Kursivschrift*]

Jetzt näherten sie sich der Colonie. Im Wege, der *hier* oben auf dem Hügelrücken hin von anderen Colonien herüberführte, überholten sie deutsche Fuhrwerke, die sich, von kräftigen Pferden gezogen, mühsam auf der noch immer nicht ganz abgetrockneten Straße durcharbeiteten; auch ein paar Maulthiere mit

---

[21] Tarot, 1993: 93

einem Sacke querüber und einem unverkennbar deutschen Jungen oben drauf. *Hier* am Wege trafen sie aber auch die Schneußen, die Günther bei seiner Vermessung durch den Wald gehauen, und einer von diesen folgten sie *jetzt*, indem sie dadurch nicht allein dem etwas zerfahrenen Wege auswichen, sondern auch ein tüchtiges Stück nach der Colonie zu abschnitten. In der Schneuße selber mußten sie allerdings hintereinander reiten, bald aber erreichten sie wieder einen betretenen Weg, und *hier* hielt Felix sein Pferd an und schaute zurück. („Die Colonie", S. 277f.)

Der Platz war aber besonders freundlich, denn nicht allein standen *hier* viele Schattenbäume, sondern Marion's sorgsame Hände hatten *hier* auch manche wilde Waldblumen heimlich gemacht, die mit ihrem Farbenschmelz das Auge erfreuten. („Die Regulatoren in Arkansas", S. 493f.)

Festes, wohl anderthalb Zoll dickes Salz lag *hier* derartig in ausgebreiteter Fläche zu Tage, und nur an einer Stelle war die glatte Fläche aufgebrochen und in Schollen zerschlagen, wo nämlich Mr. Powell für den Bedarf seiner Station das Salz hatte wegholen lassen. Ringsumher auf mehrere hundert Schritt war der Boden vollkommen kahl und dürr; kein Grashalm wuchs, selbst nicht der Malleybusch hatte *hier* vermocht Wurzeln zu schlagen, und begann erst wieder, wo sich die Hügel aus dieser salzigen Niederung hoch genug emporhoben, um seine Wurzeln davon freizuhalten. Die Schwarzen waren mit den geraubten Schafen *hier* vorübergezogen, und den beiden jungen Powells brannte der Boden unter den Füßen, den Dieben nachzusetzen. („Die beiden Sträflinge", S. 93)

Es liegt in der Logik der Sache (und des Zitierens), dass einzelne begrenzte Textausschnitte immer nur partielle Einsichten eröffnen können. Was sie nicht zu illustrieren vermögen, ist die erzähltechnische Beschaffenheit ihrer *Umgebung* – sie muss zwangsweise ausgeblendet werden. Aus diesem Grund sei mit Nachdruck darauf verwiesen, dass ein Merkmal wie beispielsweise die „Verlebendigung" nicht nur vom unmittelbar zitierten Kontext „lebt", sondern ebenso von einer umfassenderen Umgebung abhängig ist und sich erst in einem grossflächigeren und weiter gesteckten Umfeld mit homogen verteilten Signalen der Unmittelbarkeit voll entfalten kann. Solange der Kontext derart beschaffen ist, dass immer wieder „Unstetigkeitsstellen" und „Störfaktoren" auftreten, solange können auch Verlebendigung bzw. Unmittelbarkeit nicht voll zur Entfaltung kommen.

Die Beispiele sind aus diesem Grund immer so auszuwählen, dass sie nicht bloss einzelne singuläre Befunde zeigen, sondern so, dass sie möglichst repräsentativ für die Ganzheit des untersuchten Textkorpus sind.

2.2.3 Dialogprofile der einzelnen Werke

Rolf Tarot schreibt in seinem Buch zum Thema *Unmittelbarkeit*:

> *Erzähltheoretisch* läßt sich die durch Unmittelbarkeit gekennzeichnete Erzähl-
> weise sehr einfach beschreiben: Es ist jene Möglichkeit des Erzählens, in der
> alle Elemente, die auf das (fingierte) Aussagesubjekt (Erzählerebene) zu bezie-
> hen sind (zuerst und vor allem dieses Aussagesubjekt selbst), eliminiert sind.
> Oder anders ausgedrückt: Es ist jene Erzählweise, die nicht mehr durch eine
> Subjekt-Objekt-Relation geprägt ist.[22]

Es sei bereits an dieser Stelle vorweggenommen: Gerstäckers fiktionale
Werke sind nicht so beschaffen, dass eine Aufhebung der Subjekt-Ob-
jekt-Relation in Reinkultur je *vollständig* realisiert würde. Dazu sind die
Texte einerseits zu erzählerzentriert, andererseits zu „alt". Trotzdem
lassen sich auch in diesen Schriftstücken „Bruchstellen" finden – die
beiden vorhergehenden Kapitel haben es gezeigt –, an denen die Sub-
jekt-Objekt-Relation zwar nicht verschwindet, aber spürbar tangiert
wird.

Die „Hauptbruchstelle" ist aber unzweifelhaft der *Dialog* – wie wesentlich er für die Hervorbringung von Unmittelbarkeit ist, wird in der
„Narratio Viva" festgehalten:

> Was uns schon bei den Redeberichten der diegetisch-fiktionalen Erzählweise
> beschäftigte, die Verwendung der direkten Rede, ist ein vorzügliches Mittel der
> Erzeugung von Unmittelbarkeit. In diegetisch-fiktionalen Texten findet zu
> diesem Zweck ein Wechsel von der Erzählerebene zur Handlungsebene statt.[23]

Sollen zutreffende Aussagen über den Grad der Unmittelbarkeit in
Gerstäckers Romanen gemacht werden, kann nur eine *quantitative* Ana-
lyse der Dialoganteile über die *gesamte* Schaffensperiode verlässlichen
Aufschluss geben. Wie schon erwähnt, wurden zu diesem Zweck 24
Romane aus allen Lebensphasen des Schriftstellers systematisch und
vollständig ausgezählt; die Erhebungen wurden dabei jeweils *zeilenweise*

---

[22] Tarot, 1993: 129

[23] Tarot, 1993: 144

vorgenommen. Die Begriffe „*Dialog*" bzw. „*direkte Rede*" sind im Rahmen unserer Untersuchung *synonym*.

Der Unterschied zwischen einem Roman bzw. einer (fiktionalen) Erzählung ist bei Gerstäcker rein *quantitativer* Natur – eine Erzählung ist ganz einfach weniger umfangreich als ein Roman. Aus diesem Grund werden die drei (grossen) Erzählungen „Das alte Haus", „Der Kunstreiter" und „Im Busch" statistisch mit den Romanen gleichgesetzt.

Den Anfang der Untersuchung bildet das 1846 abgefasste Werk „Die Regulatoren in Arkansas" – sein Untertitel lautet „Aus dem Waldleben Amerikas". Von total 18336 Zeilen stehen nicht weniger als 11479 in Dialogform, was einem Prozentsatz von ca. 62% entspricht. Die Graphik zeigt, dass von insgesamt 39 Kapiteln lediglich deren 9 einen Dialoganteil von 50% *unter*schreiten. Auf der andern Seite finden sich stattliche 13 Kapitel, in denen über 70% der Zeilen dialogisch strukturiert sind; in 5 Kapiteln machen Dialoge gar 80% des Textvolumens aus.

Graphik 3: Dialogprofil „Die Regulatoren in Arkansas" (1846)

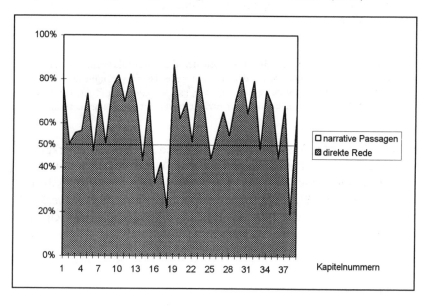

Im 1847 erschienenen Roman „Die Flußpiraten des Mississippi" –
Untertitel ebenfalls „Aus dem Waldleben Amerikas" – sind von insge-
samt 18835 Zeilen 9407 als Dialog abgefasst, also praktisch 50%. Das
Diagramm macht deutlich, dass von 37 Kapiteln deren 19 die 50%-
Dialog-Marke übertreffen. 5 Kapitel weisen einen Dialoganteil von
mehr als 70% auf, eines davon übertrifft die 80%-Grenze.

Graphik 4: Dialogprofil „Die Flußpiraten des Mississippi" (1847)

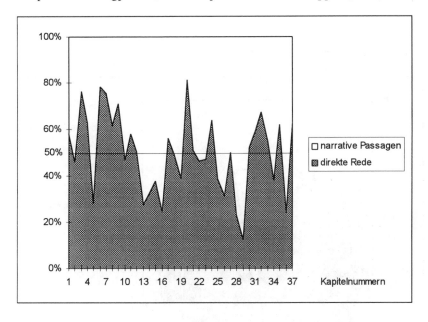

Besonders stark setzt sich der Erzähler im 1849 aufgelegten Roman „Pfarre und Schule" – „Eine Dorfgeschichte" – im Anfangs- und Schlusskapitel in Szene; er beansprucht dort sage und schreibe 100% des Textvolumens! Trotz dieser fulminanten Rahmenkapitel liegt der Dialoganteil insgesamt mit gut 47% knapp unter der 50%-Linie. In Zahlen ausgedrückt, heisst dies: Von total 17998 Zeilen sind 8539 in Gesprächsform abgefasst. Über der Marke von 50% befinden sich 19 der 36 Kapitel. Die 70%-Quote wird zwar nur dreimal übertroffen, aber immerhin weisen 10 Unterteilungen über 60% Gesprächsanteile auf. Unter 20% befinden sich lediglich 6 Kapitel.

Graphik 5: Dialogprofil „Pfarre und Schule" (1849)

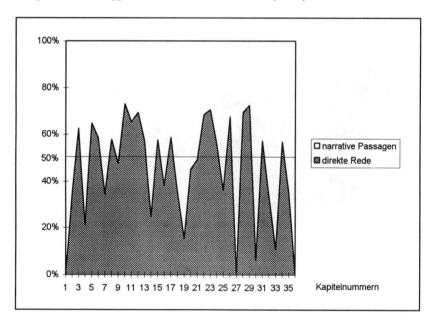

Der 1853 erschienene Band „Tahiti" – „Roman aus der Südsee" – bewegt sich mit beinahe 42% Dialogeinsätzen klar unter der 50%-Linie; von 24070 Zeilen sind 10022 in der Form der direkten Rede gehalten. Die Darstellung hält fest, dass lediglich in zehn von 35 Kapiteln die Dialoge mehr als die Hälfte des Textvolumens ausmachen. Allein in zwei Kapiteln liegt der Anteil an Dialogen knapp über 60%.

Graphik 6: Dialogprofil „Tahiti" (1853)

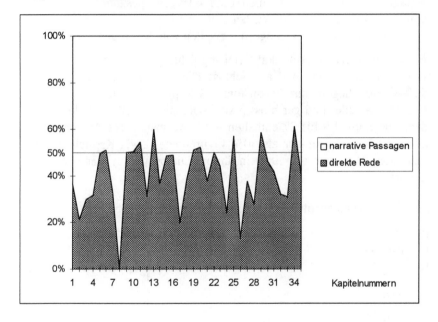

Der 1854 veröffentlichte Roman „Nach Amerika!" - „Ein Volks-
buch" - erscheint in der Verlagsbuchhandlung von Hermann Costenoble
in Jena ursprünglich in sechs Bänden (oder in zwölf Heften). In der
Ausgabe, die unserer Analyse zugrunde liegt, ist der Roman hingegen
nurmehr in *zwei* umfangmässig fast gleich starke Bände aufgeteilt. Auf
das Erzählprofil hat diese unterschiedliche Aufteilung allerdings keinen
Einfluss. Somit lässt sich folgendes festhalten: Der Text als ganzes ist,
was seine Unmittelbarkeit angeht, recht variabel gestaltet. Während im
ersten Band die Dialoge ca. 37% ausmachen, sind im zweiten an die
49% des Textvolumens in Gesprächsform gestaltet. *Durchschnittlich*
beträgt also das Dialogvolumen rund 43% des gesamten Korpus. In
konkreten Ziffern ausgedrückt, heisst dies: Im ersten Buch entfallen von
21242 Zeilen 7789 auf Dialoge, im zweiten von 20736 deren 10106.

Band 1 von „Nach Amerika!" (Dialogdichte wie erwähnt etwa 37%)
weist nur am Anfang und am Schluss Dialoganteile auf, die über der
50%-Grenze liegen; nur 7 von total 28 Kapiteln haben mehr als 50%
Gesprächsanteile, und gar bloss 5 sind oberhalb der 60%-Marke zu finden. Die Kapitel 9 bis 27 enthalten - mit Ausnahme des 23. Kapitels -
allesamt *deutlich* weniger als 50% Figurenrede. Zwei Kapitel (das 24.
bzw. das 26.) unterschreiten in ihrem Dialoganteil sogar die 10%-
Grenze!

Graphik 7: Dialogprofil „Nach Amerika!", Band 1 (1854)

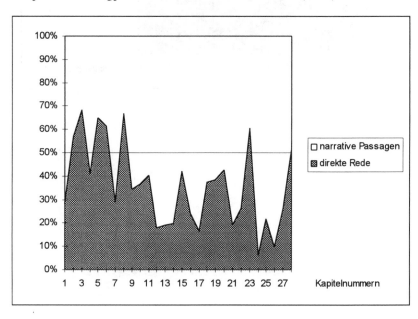

Der *zweite Band* des Romans „Nach Amerika!" ist mit annähernd 49%
stärker dialogisch strukturiert; von 26 Kapiteln sind genau die Hälfte,
d.h. deren 13, über der 50%-Marke. Von diesen 13 Kapiteln enthalten 7
Gesprächsanteile von mehr als 60%, und zwei davon übersteigen knapp
die Marke von 70%.

Graphik 8: Dialogprofil „Nach Amerika!", Band 2 (1854)

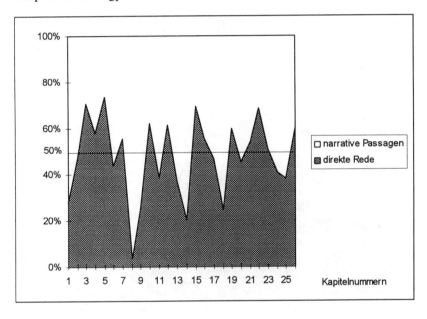

Vom Text „Das alte Haus" (1855) – er wird im Untertitel eine
„Erzählung" genannt – entfallen von gesamthaft 7470 Zeilen deren
3233 auf die dialogische Form; das sind etwas mehr als 43% des
ganzen Textvolumens. Von 15 Kapiteln übersteigen 6 die 50%-Abgren-
zung. Nur zwei Kapitel weisen einen Dialoganteil von mehr als 60%
auf, und nur eines enthält über 70% Figurengespräche. Insgesamt 3
Kapitel unterschreiten die 20%-Grenze.

Graphik 9: Dialogprofil „Das alte Haus" (1855)

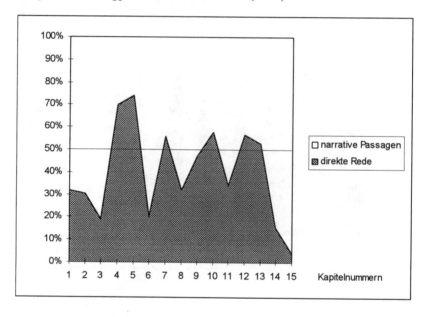

Der 1856 veröffentlichte Text „Die beiden Sträflinge" mit dem Untertitel „Australischer Roman" enthält gesamthaft 19110 Zeilen Textkorpus, wovon 9918 auf Figurenrede entfallen. Dies entspricht ca. 52%. Das Werk ist in 33 Einheiten unterteilt, von denen sich 17 hinsichtlich Dialoganteilen oberhalb der 50%-Grenze bewegen. Vier Kapitel weisen über 70% Gesprächsanteile auf, eines davon übertrifft sogar die 80%-Limite. Auf der anderen Seite weisen nur 3 Kapitel weniger als 20% Gesprächseinsätze auf.

Graphik 10: Dialogprofil „Die beiden Sträflinge" (1856)

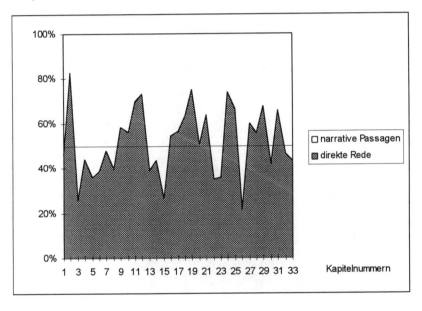

Der Unmittelbarkeitsgrad des 1858 erschienenen Romans „Gold!" – „Ein Californisches Lebensbild" – liegt bei 46%. Von der Gesamtzeilenzahl 21423 sind 9855 Zeilen in dialogischer Form abgefasst. 13 von 30 Kapiteln stehen mit einem Redeanteil von über 50% zu Buche; in der zweiten Hälfte des Werks lässt sich ein Überhang an dialogreichen Kapiteln beobachten. Konkret heisst das, dass erst ab Kapitel 20 die 60%-Marke übertroffen wird, und zwar insgesamt dreimal. Lediglich das 26. Kapitel enthält über 70% Dialog. Am andern Ende wurden 2 Kapitel registriert, in denen der Gesprächsanteil (deutlich) weniger als 20% ausmacht.

Graphik 11: Dialogprofil „Gold!" (1858)

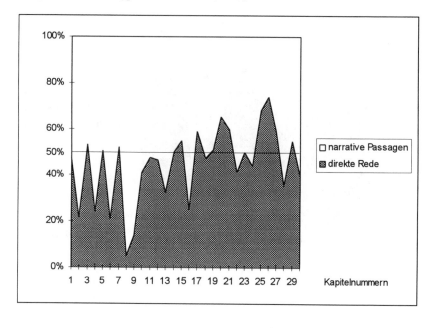

Das Romanwerk „Unter dem Aequator" – es ist mit dem Untertitel ein „Javanisches Sittenbild" versehen – wird 1859 auf den Markt gebracht und weist eine stärker dialogorientierte Struktur auf als der im Jahr zuvor verfasste Band „Gold!". 21653 Linien umfasst das Werk insgesamt, 11306 sind als Dialoge abgefasst, was einem Anteil von etwa 52% entspricht. Lediglich 2 von 52 Kapiteln weisen weniger als 20% Figurenrede auf; dagegen liegen 27 Kapitel über der 50%-Dialog-Grenze. Gar 8 Einheiten weisen Dialoganteile von über 70% auf. Im weiteren ergab die Auszählung bei 3 Kapiteln Redeanteile von über 80% – eines davon übersteigt sogar die 90%-Marke!

Graphik 12: Dialogprofil „Unter dem Aequator" (1859)

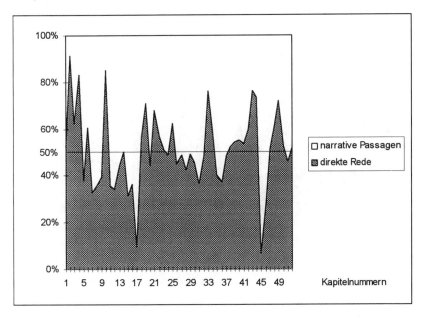

Das (für Friedrich Gerstäckers Verhältnisse) kurze Schriftstück „Der Kunstreiter" – im Untertitel *„Erzählung"* genannt – wird der Leserschaft ebenfalls im Jahre 1859 präsentiert. Das Werk ist in 31 Kapitel aufgeteilt, wovon 19 einen Dialoganteil von über 50% aufweisen. Von 13211 Linien entfallen 7137 auf Dialoge der Charaktere, was einem Durchschnitt von 54% gleichkommt. Nur ein einziges Kapitel erreicht einen Dialoganteil von 20% nicht (10,74%); hingegen wird die 60%-Grenze ganze 12mal übertroffen, und in 7 Kapiteln finden sich Dialoganteile von mehr als 70%. Dreimal finden sich gar Gesprächsanteile, die oberhalb von 80% stehen.

Graphik 13: Dialogprofil „Der Kunstreiter" (1859)

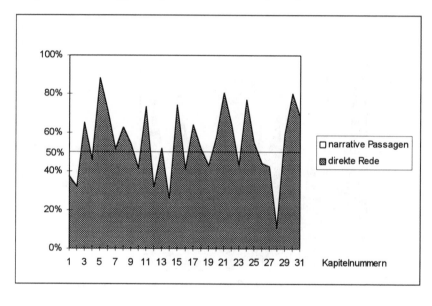

1862 wird der Roman „Die Colonie" – „Brasilianisches Lebensbild" –
zum ersten Mal zum Kauf angeboten. Dieser Band ist in 34 Einheiten
aufgeteilt, und von der Gesamtzahl von 18645 Zeilen sind 9528 in
Dialogform gestaltet – d.h. ziemlich genau 51%. 18 Kapitel enthalten
mehr als 50% Figurenrede; viermal wird die 70%-Grenze überschritten,
zweimal die von 80%. Nur einmal erreicht das Gesprächsvolumen keine
20%.

Graphik 14: Dialogprofil „Die Colonie" (1862)

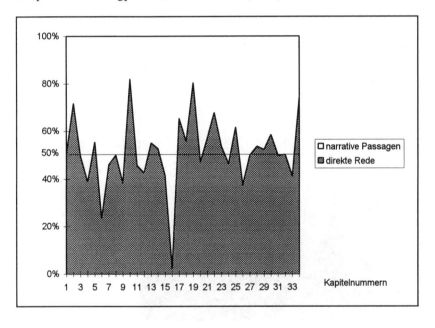

„Im Busch" mit dem Untertitel „Australische *Erzählung*" wird der Öffentlichkeit 1863 vorgestellt. Insgesamt wurden 11890 Zeilen Text ausgezählt, wovon 4123 in direkter Rede abgefasst sind. Die Dialogeinsätze machen somit in diesem Werk nur knapp 35 % des gesamten Textvolumens aus und stehen in deutlichem Gegensatz zu dem kurz zuvor erschienenen Roman „Die Colonie" (mit über 51 %). Das Buch ist in 24 Kapitel aufgegliedert und oszilliert hinsichtlich Redeanteilen zwischen 0 % (!) bzw. 66,76 %. Bloss 4 Kapitel weisen über 50 % Dialog auf, und gar nur deren 2 befinden sich oberhalb der 60 %-Linie. Nicht weniger als 16 Kapitel erreichen hingegen die 40 %-Dialog-Quote nicht.

Graphik 15: Dialogprofil „Im Busch" (1863)

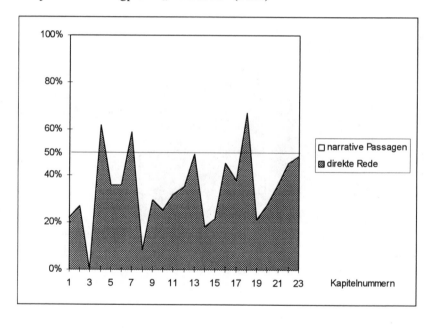

Der Roman „Sennor Aguila" mit der näheren Beschreibung „Peruanisches Lebensbild" – auch er datiert aus dem Jahre 1863 – umfasst 38 Kapitel. Auf total 18950 Zeilen entfallen 8569 auf Figurenreden, was einem Anteil von leicht über 45% gleichkommt. Mehr als 50% an Dialogen können in 18 Kapiteln nachgewiesen werden, weniger als 20% enthalten nur 3 Textunterteilungen. 7 Kapitel stehen mit einem Gesprächsanteil von über 60%, zwei mit einem solchen von über 70% zu Buche.

Graphik 16: Dialogprofil „Sennor Aguila" (1863)

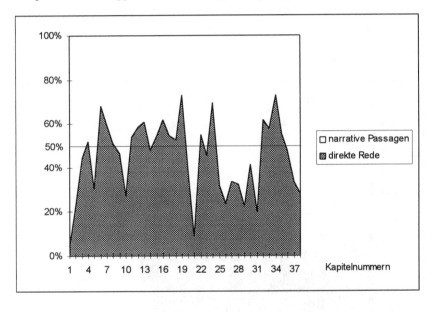

Die erste Drucklegung des Romans „General Franco" – „Lebensbild aus Ecuador" – erfolgt 1864. In diesem Werk finden sich – gegliedert in 32 Kapitel – 5035 Linien dialogischer Einsätze. Verteilt auf insgesamt 15208 Zeilen ist dies mit rund 33% Figurenrede gleichzusetzen; folgerichtig ergibt die Analyse der einzelnen Kapitel einen starken Überhang an narrativen Elementen. Nach prozentualen Redeanteilen aufgeschlüsselt, heisst dies: Allein in 5 Kapiteln übertreffen Figurengespräche die 50%-Grenze, und gar nur in einem einzigen Fall liegt der Redeanteil oberhalb von 60%. 13 Kapitel erreichen in ihren Dialogquoten die 30%-Marke nicht, und deren 7 unterschreiten in ihrer Redequantität gar 20%. Soviele Einheiten wie in keinem anderen Roman – nämlich 5 – weisen Quoten von weniger als 10% auf.

Graphik 17: Dialogprofil „General Franco" (1864)

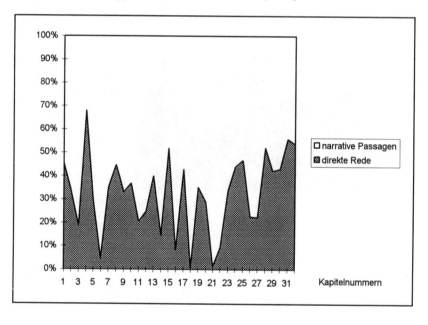

Der Band „Unter den Pehuenchen" – ein „Chilenischer Roman" – wird 1865 erstmals aufgelegt und umfasst 39 Kapitel. Nur 5653 von gesamthaft 19022 Linien sind dialogisch abgefasst (dies entspricht ca. 30%), und auf ganze 2 Kapitel entfallen mehr als 50% Figurenrede. Genau 20 Einheiten stehen mit ihren Dialogquoten unter der 30%-Grenze, deren 11 erreichen nicht einmal 20%. In den ersten 19 Kapiteln werden die 40 Prozentpunkte gar nur ein einziges Mal übertroffen.

Graphik 18: Dialogprofil „Unter den Pehuenchen" (1865)

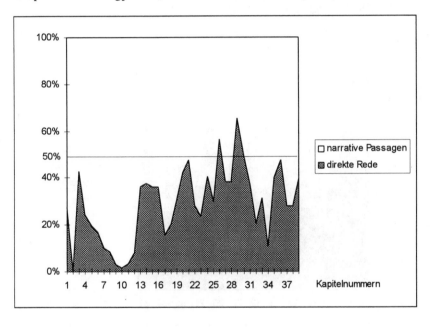

Der 1866 publizierte Roman „Der Erbe" – er trägt keinen Untertitel –
ist wieder viel stärker dialogorientiert als sein Vorgänger: Die Auszählung ergibt in diesem Buch einen durchschnittlichen Dialoganteil von
fast 53% (Gesamtzeilenzahl 20696, davon 10966 Figurenrede). Nur 7
der 38 Kapitel bewegen sich in ihren Redeanteilen unter 40%, hingegen
lassen sich nicht weniger als 25mal Quoten von über 50% ermitteln.
Noch 11 Kapitel übersteigen die Grenze von 60%, und fünfmal weist
die statistische Analyse Dialogvolumina von mehr als 70% aus.

Graphik 19: Dialogprofil „Der Erbe" (1866)

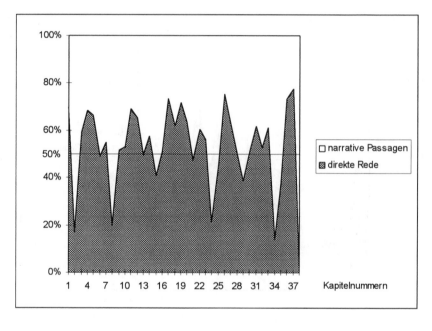

Der Titel „Eine Mutter" – „Roman im Anschluß an die *Colonie"* – wird im Jahre 1866 zum ersten Mal aufgelegt. Von 18840 Linien sind 9794 in Dialogform niedergeschrieben; dies kommt einem Anteil von 52% gleich. Das Werk ist in 34 Kapitel aufgeteilt, von denen nur 3 die Dialogquote von 30% nicht erreichen. Insgesamt weisen 13 Einheiten weniger als 50% Figurenrede auf. Die Auszählung ergab zudem 11 Kapitel mit über 60% Dialogen, wovon 4 über der 70%-Grenze liegen – 3 davon eindeutig.

Graphik 20: Dialogprofil „Eine Mutter" (1866)

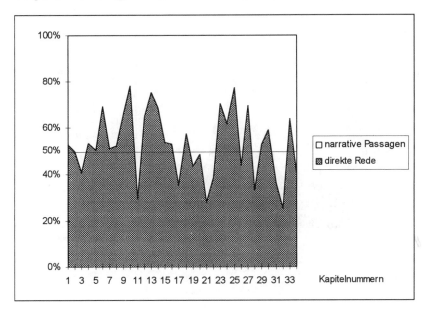

Im August 1868 erhält der Band „Die Missionäre" (Untertitel „Roman aus der Südsee") das „Gut zum Druck!". Sein Dialogprofil ist mit einem Anteil von beinahe 32% verhältnismässig schwach ausgebildet (die Gesamtzahl aller Zeilen beträgt 20199, davon sind 6445 dialogisch); nur 7 von 39 Kapiteln stehen hinsichtlich Quantum der Figurenrede über 50%, und bloss zweimal ergibt die Analyse Dialogwerte über der 60%-Marke. In 10 Kapiteln unterschreiten die Redeanteile 20%.

Graphik 21: Dialogprofil „Die Missionäre" (1868)

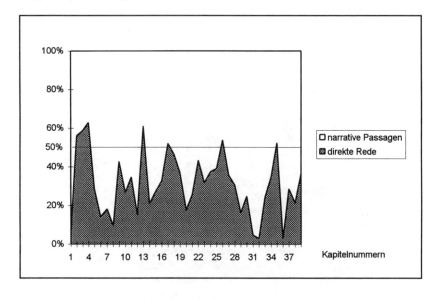

Im Jahre 1869 schliesslich wird der in der Erstausgabe vierbändige Roman „In Mexiko" veröffentlicht – sein Untertitel lautet „Ein Charakterbild". In der Ausgabe, die unserer Analyse zugrunde liegt, ist dieses Werk anders eingeteilt, nämlich in 2 Bände.

Band 1 dieses Romans umfasst 22 Kapitel, wovon sich 10 unterhalb der 40%-Dialogquote bewegen; von diesen sind deren 7 zwischen der 20-40%-Bandbreite anzusiedeln, und einzig 3 Kapitel bewegen sich unter der 20%-Dialog-Marke. Auf der anderen Seite nimmt der Dialog in 11 Kapiteln über die Hälfte des gesamten Textvolumens ein. Es fällt auf, dass dem Segment zwischen 60 und 70% keinerlei Dialogquoten zugeordnet werden können – sieben Kapitel fallen in den 50-60%-Bereich, die restlichen vier übertreffen alle 70%. Die systematische Auszählung ergibt einen Textumfang von 15207 Zeilen, wovon 6899 – also ca. 45% – dialogisch gestaltet sind.

Graphik 22: Dialogprofil „In Mexiko", Band 1 (1869)

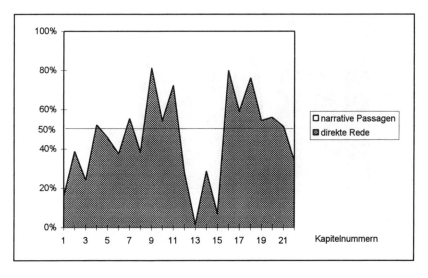

Der *zweite Band* dieses Werks („In Mexiko") hat 25 Kapitel und ist bezüglich Dialoganteil mit dem ersten Teil praktisch identisch – die Rate beträgt auch hier ca. 45%. (*Durchschnitt* der beiden Bände somit gute 45%) In Ziffern ausgedrückt: Von insgesamt 15085 Zeilen entfallen 6828 auf die dialogische Ausdrucksform. 11 Kapitel liegen mit ihren Dialoganteilen unter der 40%-Grenze, zwei davon weisen sogar weniger als 20% Figurenrede auf. Nur 4 Kapitel befinden sich in der 40-50%-Bandbreite. Je 4 der restlichen 10 Textunterteilungen verteilen sich auf den Sektor zwischen 50-60% bzw. 60-70%, zweimal wird die 70%-Limite, einmal die von 80% übertroffen.

Graphik 23: Dialogprofil „In Mexiko", Band 2 (1869)

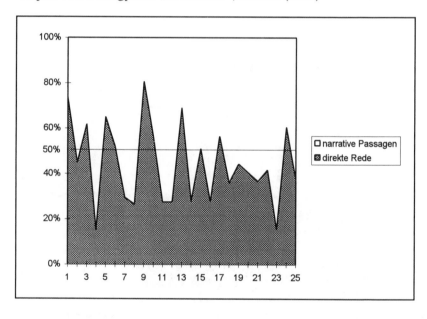

1869 ist auch das Geburtsjahr des Romans „Die Blauen und Gelben" – er ist mit dem Untertitel „Venezuelanisches Charakterbild" versehen. 9188 der total 20971 Zeilen sind dialogisch strukturiert, was einem Durchschnitt von knapp 44% Figurenrede gleichkommt. Von gesamthaft 34 Kapiteln enthalten deren 15 Gesprächsanteile von über 50%; davon übersteigen 8 60%, und vier liegen gar über der 70%-Grenze. Auf der anderen Seite sind auch einige geringe Dialogquoten zu registrieren: 4 Kapitel erreichen nicht einmal 20%, und immerhin 17mal wird die 40%-Marke unterschritten.

Graphik 24: Dialogprofil „Die Blauen und Gelben" (1869)

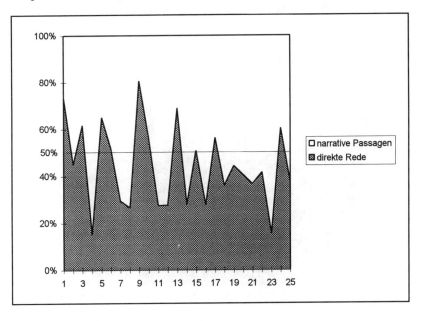

Im Jahre 1870 erscheint der Roman „Im Eckfenster" (ohne Untertitel). Er enthält 36 Kapitel, in denen insgesamt 22100 Zeilen stehen; davon sind 13659 in Dialogform geschrieben, was einer Quote von nahezu 62% entspricht. Das Erzählprofil dieses Buches ist eindrücklich: Nur 6 Unterteilungen weisen eine Redequote von weniger als 50% auf. Für 21(!) der 36 Kapitel ergibt die Auszählung Werte oberhalb der 60%-Grenze. 14 dieser 21 Kapitel befinden sich in der 60-70%-Bandbreite, während 7 Einheiten den 70%-Wert übersteigen; zweimal lassen sich sogar Quoten von über 80% nachweisen, wobei der Maximalwert bei über 87% liegt.

Graphik 25: Dialogprofil „Im Eckfenster" (1870)

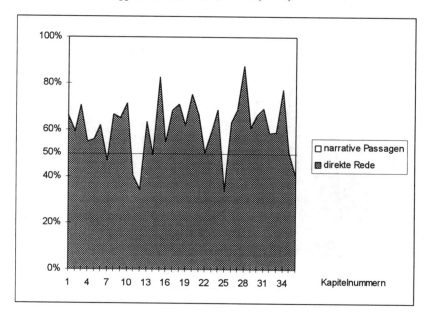

Den Abschluss der statistischen Untersuchung soll der 1871 aufgelegte Roman „In Amerika" – ein „Amerikanisches Lebensbild aus neuerer Zeit" machen. 22105 Zeilen sind alles in allem auf die 34 Kapitel verteilt – davon sind 9935 Linien in direkter Redeform niedergeschrieben. Die durchschnittliche „Dialogdichte" ergibt somit ca 45%. 22 Kapitel erreichen keine Dialograte von 50%, aber nur zweimal liegt der Wert unter der Marke von 20%. Im Bereich zwischen 50-60% befinden sich 7 Einheiten, und nur fünfmal lassen sich mehr als 60% Dialoge ermitteln. Der Wert von 70% wird in keinem Kapitel übertroffen.

Graphik 26: Dialogprofil „In Amerika" (1871)

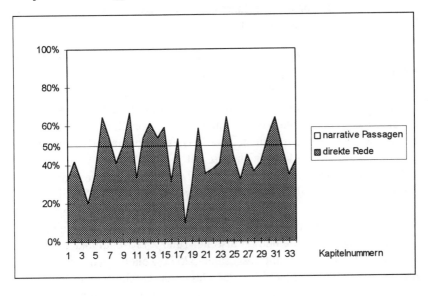

2.2.4 Fazit/Zusammenschau der Dialogprofile

Ein Vergleich der Durchschnittsgrössen der einzelnen Texte (die drei ebenfalls untersuchten „Erzählungen" miteingeschlossen) zeigt bemerkenswerterweise, dass bereits das *erste* Romanwerk – „Die Regulatoren in Arkansas" (1846) –, mit gut 62% den höchsten Dialoganteil überhaupt aufweist. Es verhält sich folglich nicht so, dass die Dialoganteile im Schaffen Gerstäckers im Verlaufe der Zeit mehr oder weniger kontinuierlich zunehmen. Nur einmal noch, 1870, stossen wir auf einen Roman mit einer ähnlich dominanten Dialogstruktur – „Im Eckfenster" mit annähernd 62%. Diese beiden Bände sind zugleich auch die einzigen Texte, die über die 60%-Dialogmarke hinausreichen.

Über 50% Dialog weisen insgesamt 8 Texte auf (wiederum unter Berücksichtigung der drei besagten „Erzählungen"); somit können 6 Bände dem 50-60%-Bereich an direkter Figurenrede zugeordnet werden.

Weiter ergibt die Analyse, dass in die 40-50%-Bandbreite 11 Werke fallen. Deren 4 befinden sich in ihren Redeeinsätzen zwar über 30%, erreichen aber die 40%-Grenze nicht.

Am unteren Ende der auf Dialoghäufigkeit ausgerichteten Skala findet sich das Werk „Unter den Pehuenchen" – gut 29% des Textvolumens sind in Gesprächsform gehalten. Dieser Roman ist zugleich der *einzige*, der die 30%-Marke nicht erreicht.

Errechnet man nun den Wert der *21 Romane*, so resultiert eine durchschnittliche Dialogstärke von *etwas über* 46%. Die Analyse der *drei* (umfangreichen) Erzählungen weist eine Dialograte von fast genau 44% aus. Der Unterschied zwischen den Romanen und den Erzählungen hinsichtlich Dialogdichte beträgt also nur rund 2 Prozentpunkte. Werden diese drei Erzählungen mit insgesamt 32571 Zeilen auch noch in die Analyse miteinbezogen, erfährt der Gesamtdurchschnitt eine geringfügige Korrektur nach unten: Der *Dialoganteil in den grossen fiktionalen Texten Gerstäckers* steht aber auch dann noch auf *46%*.

Egal, ob nun die *Erzählungen* noch in die Analyse miteinbezogen werden oder nicht – der *Grad an Dialogstruktur* in Gerstäckers fiktionaler Prosa ist mit den ermittelten 46% *ausserordentlich hoch*. „Ausserordentlich" deshalb, weil die *Norm* des *19. Jahrhunderts* nach Untersuchungen von Tarot bei lediglich etwa *30%* liegt! Eine derart markante dialogische Ausrichtung verleiht dem Geschriebenen „Zug", gibt ihm den Eindruck von Lebendigkeit und Gegenwart. Werden die Dialoge nicht allzu ausufernd und weitschweifig gestaltet, durchweht die Texte ein wohltuender Schuss Dynamik und Leichtigkeit, der die Lektüre angenehmer und flüssiger erscheinen lässt. Gerstäckers Erzählerfiguren weisen zwar besonders in den *narrativen* Textteilen dominante Züge und einen grossen Aktionsradius auf, sind die *Schaltstellen* schlechthin, bei denen die Fäden des Geschehens immer wieder zusammenlaufen. Selbst in den dialogstarken Abschnitten ist ihre Gegenwart noch virulent. Die systematische Auszählung der Romane zeigt jedoch, dass dieser Befund hohe Dialoganteile und damit eine unverkennbare *Tendenz zur Unmittelbarkeit* keineswegs ausschliesst!

Bisher konnten also *zwei einander entgegenlaufende Phänomene* beobachtet werden: Einerseits zeichnen sich die Texte durch eine starke und nachhaltige Mittelbarkeit aus; andererseits ist ihnen aber auch ein gerüttelt Mass an dialogischer Strukturiertheit eigen und damit die Orientierung in Richtung „Unmittelbarkeit". M.a.W.: In Gerstäckers Texten mit ihrer starken dialogischen Ausrichtung gehen Unmittelbarkeit und Mittelbarkeit Hand in Hand.

2.3 Elemente der Innerlichkeit

Unterschiede zwischen fiktiven und realen Aussagesubjekten werden vielfach (gar) nicht zur Kenntnis genommen; bei genauerem Hinsehen treten jedoch markante Abweichungen zu Tage.

Die zwei unten zitierten Textproben sollen – repräsentativ für zahlreiche andere ähnlich gelagerte Fälle in Gerstäckers Romanen (und Erzählungen) – vor Augen führen, dass den Aussagesubjekten generell Einblicke ins Innenleben der Charaktere möglich sind, die ihnen *realiter*, d.h. im Rahmen der kanonischen Schreibsituation, verschlossen bleiben müss(t)en – selbst als zufällig anwesenden Hörern oder Lauschern. Wir sehen uns hier demnach *nicht* mit persönlich anwesenden und physisch präsenten Erzählern (quasi Aussagesubjekten mit Körperlichkeit) konfrontiert, sondern mit Instanzen, die *losgelöst* von den logischen Zwängen der in der (lebensweltlichen) Realität gegebenen Schreibsituation wirken.

[„grenzüberschreitende" Fähigkeiten des Aussagesubjekts in *Kursivschrift*]

Könnern, dem die Worte des Grafen den alten Schmerz auf's Neue wach riefen,
ohne daß Felix eine Ahnung davon haben konnte, wie erbarmungslos er in die

frische Wunde eingeschnitten, ritt schweigend an seiner Seite, und *da auch durch Rottack's Seele eine Menge von alten Erinnerungen und Bildern zuckte,* trabten die Beiden eine lange Strecke still und schweigend neben einander hin. („Die Colonie", S. 437)

Die Frau Gräfin stand auf, grüßte noch einmal freundlich mit der Hand und rauschte dann durch die Thür die Treppe hinunter – *hätte sie aber sehen können, was in Arno von Pulteleben's Busen vorging,* sie hätte ihn nicht so rasch verlassen – wenigstens jetzt noch nicht. („Die Colonie", S. 472)

Zu den angesprochenen (häufig ignorierten) Differenzen zwischen dem Aussagesubjekt in echter bzw. fingierter Wirklichkeitsaussage vermerkt die Erzählpraxis dies:

Der Erzähler in diegetisch-fiktionalen Erzähltexten ist n i c h t von derselben p e r s o n h a f t e n Beschaffenheit wie das echte Aussagesubjekt in echten Wirklichkeitsaussagen. Zwischen dem echten und dem fingierten Aussagesubjekt besteht sprachstrukturell eine Analogie, aber eben nur s p r a c hstrukturell. Diese sprachstrukturelle Analogie schließt Personenhaftigkeit *nicht* notwendig ein, weil diese eine Kategorie der Realität ist. Der Erzähler als Aussagesubjekt ist eine vom Autor geschaffene E r z ä h l f u n k t i o n, die er analog zur echten Wirklichkeitsaussage anlegen kann im Sinne der kanonischen Sprech- oder Schreibsituation. (...) Es liegt im Ermessen des Autors, diese personalisierte Erzählfunktion über die Grenzen der Möglichkeiten eines echten Aussagesubjekts hinaus auszudehnen, – eben jene vielberufenen „allwissenden" oder „omniszienten" Erzähler zu schaffen, die allerdings (...) unter dem Gesichtspunkt der Rezeption (häufig) an mangelnder Glaubwürdigkeit leiden, weil sie in der Rezeption als personhafte Erzähler (...) rezipiert werden. Die sprachstrukturelle Analogie macht diese Rezeption möglich.[24]

Einen Erzähler, der Zugriff auch auf die „lichtabgewandten" Seiten seiner Figuren hat, der also auch *von innen heraus* zu operieren vermag, bezeichnet die Literaturwissenschaft als „allwissend" oder „omniszient". Aussagesubjekte dieses (allwissenden) Zuschnitts sind bei Gerstäcker – obwohl sie über „hellseherische" Fähigkeiten verfügen – kaum je *aktiver* Teil der Figurenwelt; sie berichten als aussenstehende Beobachter, ohne selbst einzugreifen und in der Handlung „mitzuspielen".

---

[24] Tarot, 1993: 49

Generell gilt: Wer sich mit der Thematik *„Innerlichkeit"* im 19. Jahrhundert auseinandersetzt, kommt am *„allwissenden Erzähler"* nicht vorbei. Diese „Allwissenheit" der Aussagesubjekte ist auch Bestandteil von Friedrich Gerstäckers Erzählen. Die Vermittlungsinstanzen geben immer wieder zu erkennen, dass sie die *Grenzen zur Innerlichkeit* nach Belieben *überschreiten* können und dass sie nicht bloss über die äusseren Handlungsabläufe bestens im Bilde sind. Sie wissen Bescheid über die inneren Vorgänge, besitzen die Souveränität über die Gedanken- und auch die Gefühlswelt der Figuren, und sie legen sich – selbstsicher, wie sie sind – in der Betonung dieser „Fähigkeit" keinerlei Zurückhaltung auf.

Im Kapitel „Mittelbarkeit" wurde gezeigt, dass dem Aussagesubjekt generell eine tragende Rolle zukommt; diese Stellung manifestiert sich nun auch dort, wo die Aufmerksamkeit den inneren Abläufen gilt. Die Optik und das Wahrnehmungsvermögen der Erzählinstanz enden nicht einfach, wo innere Vorgänge und Abläufe beginnen – der Kompetenzbereich erstreckt sich auch auf Verborgenes und Unsichtbares; die verschiedenen gedanklichen und gefühlsmässigen Motivationen der Figuren sind dem Aussagesubjekt nicht verschlossen.

Die Vorgänge, die mit Innerlichkeit zu tun haben, werden bei Gerstäcker generell vom allwissenden auktorialen Erzähler gesteuert. Ganz gleichgültig, um welche Art der „Berichterstattung über Inneres" es sich handelt – stets redigiert das (omnisziente) Aussagesubjekt die Abläufe. Die gebräuchlichsten dieser „Innensicht-Techniken" seien nachstehend vorgestellt.

2.3.1 Innerlichkeitsbericht des allwissenden Aussagesubjekts

Im folgenden Textauszug findet sich inmitten eines Dialogs ein in Klammern eingelassener Erzählereinsatz, der aber nicht den genauen Verlauf der Gedanken Don Pedros kundtut, sondern lediglich ihre zustimmende Richtung festhält. Ein Eingreifen des Erzählers in dieser inhaltlich losen, bezüglich des genauen Wortlauts unverbindlichen Art fasst der von Rolf Tarot an der Universität Zürich initiierte „Zürcher Arbeitskreis" zutreffend mit der Bezeichnung „Innerlichkeitsbericht des allwissenden Aussagesubjekts". [in *Kursivschrift* festgehalten]

„Señor, die Sache mit der Azotea ist s e h r verdächtig," – *(Don Pedro gab ihm darin in seinem Herzen Recht)* ich fürchte, Ihre Frau Gemahlin hat sich verleiten lassen, einem Verbrecher zur Flucht zu verhelfen – ich werde jedenfalls die Anzeige meines Verdachts machen müssen und Sie haben das Weitere darüber zu gewärtigen." („In Mexiko", Band 2, S. 26)

Die kurzen Zitate, die jetzt besprochen werden sollen, erfüllen ebenfalls die Voraussetzungen eines *Innerlichkeitsberichts*: Die inneren Vorgänge sind nicht näher ausformuliert; der allwissende Erzähler hält lediglich in vager Form die Ausrichtung der Gedanken und Gefühle von Graf Rottack bzw. Felix fest.
[Innerlichkeitsberichte des allwissenden Aussagesubjekts in *Kursivschrift*]

Die beiden Männer hielten sich lange in schweigender Umarmung; dann riß sich Günther los, bestieg sein Pferd, winkte noch einmal mit der Hand zurück und war im nächsten Augenblick im Walde verschwunden. Graf Rottack ging ernst und schweigend in die Stadt zurück. *Es war ihm recht weich um's Herz geworden* nach dem Abschied von dem Freunde, *und allerlei alte, trübe Gedanken zuckten ihm durch's Hirn.* („Die Colonie", S. 492f.)

(„...) Leben Sie wohl, Herr Graf, und wenn Sie einen Funken von Mitleid für mich haben, so – verlassen Sie mich jetzt!" „Nein, Helene, nicht so," rief Felix, *dem ein Sturm von Gedanken und Gefühlen das Hirn durchzuckte* – „nicht so dürfen wir scheiden! (...") („Die Colonie", S. 495)

Die nächsten Textstellen genügen den Kriterien des *Innerlichkeitsberichts* ebenfalls und zeigen weitere Möglichkeiten der Darstellung innerer Vorgänge aus der Optik des omniszienten Erzählers.
[Innerlichkeitsberichte des allwissenden Aussagesubjekts in *Kursivschrift*]

Brown hatte seinem Onkel Alles gestanden; es würde ihm das Herz abgedrückt haben, hätte er es dem väterlichen Freunde verschweigen sollen, und ohne ein Wort zu wechseln, waren Beide, *Jeder mit seinen eigenen ernsten Gedanken beschäftigt*, bis nahe zu der Salzlecke gekommen, wo Harper am vorigen Tage den Hirsch fing. („Die Regulatoren in Arkansas", S. 83f.)

Könnern lehnte seine Büchsflinte in die Ecke neben den Mehlsack und hatte gerade Zeit genug gehabt, sich in dem Zimmer ein klein wenig umzusehen, als sein Wirth mit einer Flasche Wein und ein paar Gläsern zurückkehrte. „Nun sollen Sie auch einmal eine Flasche Santa Clara Ausbruch versuchen, ein capitales Weinchen," sagte er dabei, indem er die Flasche auf den Tisch stellte und entkorkte, „selbst gezogen – delicat – noch ein bischen jung vielleicht, aber famos – d i e Blume!" Der Wein hatte eine Rosafarbe; als ihn Könnern aber kostete, lachte er gerade hinaus und rief: „Sie haben sich mit der Flasche vergriffen; das ist Himbeeressig!" „Himbeeressig?" sagte Herr Zuhbel erstaunt, indem er vorsichtig von seinem Glase kostete – „ich habe ja gar keinen – bitte um Verzeihung, das ist mein Ausbruch. Er ist ein bischen säuerlich, weil bei uns die Beeren so ungleich reifen, aber ich gebe Ihnen mein Wort, wenn man sich erst einmal an d e n Wein gewöhnt hat, schmeckt Einem der beste Markobrunner nicht mehr." „Das glaube ich auch," sagte Könnern, der einen zweiten Versuch machte, das Glas aber dann kopfschüttelnd wieder auf den Tisch setzte – „ich bin übrigens kein Weinkenner, lieber Herr, und trinke nur Wasser. Jeder Wein steigt mir augenblicklich zu Kopfe." „Der nicht," rief Zuhbel in Eifer, „der wahrhaftig nicht, und wenn Sie drei Flaschen davon tränken!" *(Könnern zogen sich schon bei dem Gedanken an eine solche Möglichkeit die Eingeweide zusammen und alle Zähne wurden ihm stumpf.)* („Die Colonie", S. 101f.)

2.3.2 Verben innerer Vorgänge

Mit der Allwissenheit des Aussagesubjekts sind spezielle Verben verbunden, die Abläufe und Ereignisse im Innern der Figuren zu beschreiben vermögen – *Verben innerer Vorgänge* sind unverzichtbarer Bestandteil all jener Texte, in denen ein gedankenlesender, mit Innensicht ausgestatteter Erzähler Regie führt. In der „Narratio Viva" werden diese Vokabeln so umrissen:

(...) ist die Verwendung von Verben innerer Vorgänge bezogen auf den Bewußtseinshorizont von Figuren eine weitere Möglichkeit, die Innerlichkeit der Figuren unmittelbar darzustellen. Verben innerer Vorgänge können die Gefühlswelt der Figuren in differenzierter Weise darstellen, indem sie dem Leser Gefühle und Stimmungen nahebringen.[25]

Da in Gerstäckers Werken innere Vorgänge *nicht* im Mittelpunkt des Interesses sind, steht auch die Verwendung von *Verben* innerer Vorgänge nicht im Vordergrund. Sie sind zwar des öftern anzutreffen, aber verglichen mit Verben, die äussere Begebenheiten beschreiben, befinden

---

[25] Tarot, 1993: 162

sie sich *deutlich* in der Minderzahl. Gewöhnlich sehen diese Verben so oder ähnlich aus: [Verben innerer Vorgänge in *Kursivschrift*]

Herr Hufner blieb noch eine ganze Weile unschlüssig auf derselben Stelle stehen, auf der ihn jene verlassen hatten, und *der Gedanke stieg* in ihm *auf*, ihnen von Weitem zu folgen und sich wenigstens den Schutz ihrer Nähe zu sichern. („Gold!", S. 69)

Hedwig nickte langsam und schweigend mit dem Kopfe – sie *dachte* des deutschen Frühlings, des l e t z t e n, den sie dort verlebt, und wie er all' die Blüthen ihr mit rauher Hand zerstört. („Unter dem Aequator", S. 541)

Marie nahm halb willenlos das Glas, und wieder *zuckte* ihr die fremde Traumgestalt *durch das Hirn*. Sie *sah* jene Margareth *vor sich*, wie sie mit der weißen Schürze und der angerichteten Schüssel in die Stube getreten war und sie zuletzt gewarnt hatte, nichts zu genießen, weil sie sonst da bleiben müsse und nie wieder hinüber dürfe zu ihren Eltern. („Das alte Haus", S. 132)

Nachdem er die Frau solcher Art, so gut es gehen wollte, beruhigt und auch ihren Sohn überzeugt hatte, daß er wirklich keinen Hinterhalt habe, sondern es ehrlich meine, schlenderte er, *in Gedanken* die Vorfälle der letzten Tage noch einmal *recapitulierend*, langsam um die Promenade herum; er hatte für den Moment kein bestimmtes Ziel und wollte nur allein mit sich selber sein. („Der Erbe", S. 482)

Ricarda war allein darin [im Salon, A.Z.] zurückgeblieben, wie sie ihr Onkel verlassen, die Hand auf den Tisch gestützt, den Kopf gesenkt, und *ohne daß sie es selber wußte*, traten ihr ein paar Thränenperlen in die Augen und tropften unbeachtet, ungehindert auf ihr Kleid nieder. („In Mexiko", Band 2, S. 150)

2.3.3 Stumme Sprache

Im eben aufgeführten Zitat weist die Aussage „...*traten ihr ein paar Thränenperlen in die Augen und tropften unbeachtet, ungehindert auf ihr Kleid nieder*" noch auf eine weitere Darstellungsweise hin, die Gerstäcker zwar auch verwendet, der aber im ganzen gesehen lediglich zweitrangige Bedeutung zukommt: Es ist die „*stumme Sprache*". Rolf Tarot schreibt zu dieser Möglichkeit, innere Vorgänge durch äussere Wahrnehmbarkeit transparent und anschaubar zu machen:

Den Begriff der „stumme Sprache" haben wir im Zürcher Arbeitskreis aus Grimmelshausens *Dietwald und Amelinde* adaptiert. Dort bezeichnet dieser Begriff die wortlose Sprache der Verliebten. Wir wollen diesen Begriff in unserem Beschreibungsmodell wesentlich erweitern, und zwar auf sämtliche Formen des Emotionsausdrucks in Mimik und Gestik, die Innerlichkeit anschaulich (anschaubar/wahrnehmbar) machen, ohne daß die Personen in der Situation sprechen müssen, vielfach gar nicht sprechen könnten.[26]

Die Tatsache, dass diese Technik nicht im Vordergrund steht, hängt damit zusammen, dass die Charaktere ihr Befinden in emotional aufgeladenen Situationen sehr oft *direkt* nach aussen hin hörbar äussern; dadurch lässt sich der „Umweg" über die stumme Sprache vermeiden. Dies führt zu einer merklichen „Entlastung" der Figuren: Sie müssen nun nicht mehr in allen möglichen (und unmöglichen!) Lebenslagen erröten, erblassen, nervös werden, lächeln, auf die Tränendrüsen drücken, die Stirn in Falten legen, Grimassen schneiden bzw. entzückt, finster, peinlich berührt oder sauertöpfisch-griesgrämig dreinblicken. (vgl. auch den Abschnitt „Hörbarkeit innerer Vorgänge") Eine kleine Auswahl von Beispielen soll genügen:
[stumme Sprache in *Kursivschrift*]

Hans, in seiner Gutmüthigkeit, fasste dabei des kleinen Mannes Hand und schüttelte sie herzlich. „Ach nein, ach nein, gar nicht, ich danke Ihnen," erwiderte Mux verlegen, *während sein Antlitz blutroth übergossen schien*, „es hat nicht weh gethan," und er machte sich los und eilte die Strasse hinab. (...) An der andern Ecke aber stand noch immer Mux, *das vorher noch so geröthete Antlitz jetzt bleich wie Wachs*, und die jungen Cavaliere so weit mit den Augen verfolgend, wie er ihnen folgen konnte. Erst als sie aus der Sicht verschwanden, drehte er sich ab, *und ein paar grosse, helle Thränen liefen ihm an den Wangen nieder*. („Im Eckfenster", S. 105f.)

Das arme Kind war nicht im Stande, ein Wort zu erwidern. *Krampfhaft schluchzend hielt sie den geliebten Mann umfaßt und barg ihr Antlitz an seiner Brust* (...) Hebe blieb noch wohl eine volle Minute in ihrer früheren Stellung – *ihr ganzer Körper zitterte* – dann aber richtete sie sich plötzlich auf – *ihr bleiches Antlitz war von Thränen überströmt, doch die Lippen lächelten schon wieder* (...) („In Amerika", Teil 3, S. 207f.)

„Ich will doch nicht hoffen, Excellenz," rief Franco, *dessen Antlitz eine aschgraue Färbung angenommen hatte*, „daß Sie den Aussagen eines solchen Men-

---

[26] Tarot, 1993: 124

schen Glauben schenken?" „Hätte ich Sie dann heute zur Tertulia eingeladen?"
sagte der Präsident trocken. „Und jener Corona?" „Hat mir einige sehr interessante Geschichten erzählt. Der Mensch scheint viel in seinem Leben durch-
gemacht zu haben und war ungemein gesprächig. Er hat Talent zum Erzählen."
Franco erwiderte nichts. Er war total vernichtet und *drehte die weißen Glacé-
handschuhe zwischen seinen Fingern herum, daß das Leder platzte.*
(„Sennor Aguila", S. 444)

2.3.4 Gedankenberichte

Nun sollen einige weitere Darstellungsmöglichkeiten gezeigt werden,
deren sich Friedrich Gerstäckers Erzähler bedienen, um ihren Figuren
gedanklich und gefühlsmässig zu assistieren.

Genauso weit verbreitet wie der Innerlichkeitsbericht sind der
direkte, der *indirekte* sowie der *geraffte Gedankenbericht*. Alle drei
setzen sie ein allwissendes Aussagesubjekt voraus, das die Gedankengänge der Romancharaktere *nicht* wie im Innerlichkeitsbericht *bloss
pauschal* und in grossen Zügen erfasst, sondern sie darüber hinaus noch
sauber und detailgetreu ausformuliert.

2.3.5 Gedankenbericht direkt

Der erste Textauszug zeigt einen *direkten Gedankenbericht*, in dem eine
Romanfigur über eine in ihren Augen ungerechtfertigte Behandlung
sinniert. [direkter Gedankenbericht in *Kursivschrift*]

> *„Hol's der Henker!"* dachte Herr von Pulteleben – denn dem sonst so gut-
> müthigen Menschen lief endlich die Galle über, *„da geh' ich doch lieber auf
> mein Zimmer und lasse die Leute zu m i r kommen. Die behandeln Einen ja
> wie einen – als ob sie Einen auf der Straße aufgelesen hätten!"*
> („Die Colonie", S. 395f.)

2.3.6 Gedankenbericht indirekt

Im folgenden Beispiel findet sich ein *indirekter Gedankenbericht*. Die
Verwendung des Konjunktivs weist auf die Vermittlung durch ein Aussagesubjekt hin. [indirekter Gedankenbericht in *Kursivschrift*]

Der Ire rührte sich nicht. – Die Unterredung der beiden Männer hatte ihm bald verrathen, er *befinde* sich an seinem Ziel, obgleich er jetzt noch nicht wußte, wo das eigentlich lag, und theils lähmte die Angst seine Glieder, theils war er auch noch unentschlossen, wie er sich verhalten *solle*. Floh er, so mußten ihn die mit dem Platz Vertrauten augenblicklich wieder einholen können – stellte er sich zur Wehr – er war fast unbewaffnet, die Feinde dagegen sicher mit Messern und Pistolen versehen. – Endlich beschloß er, sich zu stellen, als ob er *schlafe*; sie mußten dann wenigstens glauben, daß er nichts von ihrer Unterhaltung gehört *habe*, und suchten in diesem Falle vielleicht selber ihn so schnell als möglich wieder fortzubringen. Das waren etwa die Gedanken, die ihm pfeilschnell durch's Hirn schossen, und er stellte sich für den Augenblick schlafend. („Die Flußpiraten des Mississippi", S. 391)

2.3.7 Gedankenbericht gerafft

Der nächste Textausschnitt enthält einen gerafften Gedankenbericht; darin wird nur der zuerst aufgeführte Teil der Gedankeninhalte detailliert dargestellt („eine Menge bezahlter Rechnungen", „seidene Kleider", „Putzsachen"). Für den weiteren Verlauf der Handlung ist es jedoch nicht mehr von Belang, wie nun *im einzelnen* die Gedanken der Figur lauten – entscheidend ist allein, in welchem gedanklichen Umfeld sich die gerafft formulierte Gesamtheit von Überlegungen bewegt. Neben der Gedankenraffung weist auch der Vergleich „*wie in einem geschüttelten Kaleidoskop*" auf die Vermittlung durch ein Aussagesubjekt hin. [geraffter Gedankenbericht in *Kursivschrift*]

Ob die – Schwiegermutter nicht darum gewußt haben sollte, daß er hier als Miethsmann hergebracht wurde? Wie eigenthümlich, daß ihm das jetzt gerade einfiel – aber *eine Menge bezahlter Rechnungen, seidene Kleider – Putzsachen und tausend andere Dinge zuckten ihm hin und her durch den Kopf* wie in einem geschüttelten Kaleidoskop, (...) („Die Colonie", S. 393)

2.3.8 Weitere Darstellungsmöglichkeiten von Gedankenberichten

Weitere Ausprägungen von *Gedankenberichten*, die bei Friedrich Gerstäcker *gang und gäbe* sind, illustrieren die folgenden Beispiele. Sie machen deutlich, was Figuren in bestimmten Situationen vor ihrem *inneren Auge* bzw. in ihren *(Tag-)Träumen* sehen und wahrnehmen oder aber was ihnen verschlossen bleibt. Es liegt auf der Hand, dass *Verben innerer Vorgänge* in diesem Kontext wiederum eine wichtige Rolle spielen. [Gedankenberichte in *Kursivschrift*]

Der junge Mann schwatzte noch immer so fort von seinem Familienglück, bis sie schon weit draußen im Feld waren, und Könnern schritt schweigend an seiner Seite dahin und *sah im Geist*, wie Elise mit dem Vater hinaus in den dunkeln Wald zog – freudlos und allein – *sah* sie mit wunden Füßen und krank in einer Hütte liegen – *sah* den Vater über sie gebeugt, der ihr nicht helfen konnte und ihren Kummer, ihre Sorge nur vermehrte, und hielt dabei krampfhaft sein eigenes Herz mit der rechten Hand gefaßt, daß es ihm in Jammer und Weh die arme Brust nicht von einander sprengte. („Die Colonie", S. 384f.)

Claus wurde schläfrig. Die Pfeife war ihm ausgegangen, und die Augen fielen ihm zu. (...) Wie lange er so gelegen, *wußte er nicht*; aber wenn er auch nicht im Stande gewesen war, sich munter zu erhalten, *arbeitete doch sein Geist indessen rüstig fort, und im Traum sah er plötzlich einen Schwarm von Menschen, der über sein Tabaksfeld herfiel*, die Pflanzen sämmtlich der Wurzel aus dem Boden riß, sie dann auf einen Haufen mitten im Felde zusammenschichtete und dort verbrannte. („Die Missionäre", S. 252f.)

Auch das nächste Beispiel gehört zu den *Gedankenberichten*; für einen Innerlichkeitsbericht ist es deshalb zu detailliert, weil der Erzähler im letzten Abschnitt den Horizont der Gedanken ziemlich genau vorgibt und absteckt. [Gedankenbericht in *Kursivschrift*]

Hinter Beiden ging der Eingeborene, der das kleine Jagdgewehr von Berchta's Vater auf dem Rücken trug, und hinter diesem wieder schritt die junge Frau, das Auge fest an der alten Waffe haftend. *Sie sah nicht* die Palmenwipfel, die über ihr in der Brise schaukelten; *sie empfand nicht* den süßen Duft der Orangenblüthen, der durch den Grund strich; *sie achtete nicht* auf die lieben, freundlichen Blumen am Wege, die ihre Kelche zu der sie nur manchmal mit einem einzelnen Strahl küssenden Sonnen emporkehrten. *Ihre Gedanken weilten fern, fern in der Heimath, bei glücklicheren Zeiten, bei ihrem alten Vater, bei den Träumen, die sie in ihrer frühen Jugend gehegt und die sie jetzt in voller Wirklichkeit umgaben*, und sie erschrak selber, als sie plötzlich die großen, schweren Thränen an den Wimpern niedertropfen fühlte. („Die Missionäre", S. 467f.)

Der allwissende Erzähler kann *nicht bloss* (Tag-)Träume registrieren – er hat überdies noch die Fähigkeit, die Traumwelt der Figur mit deren Leben *in Beziehung* zu *setzen* und zu *verknüpfen*; im folgenden Gedankenbericht weiss er beispielsweise, dass die Traumbilder mit den Erlebnissen des Vortags in keinerlei Zusammenhang stehen. Auf die

Vermittlung durch eine zeitüberschauende Erzählerinstanz weisen u.a. die temporalen Angaben „seit langen, langen Jahren" sowie „alle fatalen Lagen, in denen er sich je in seinem Leben befunden" hin. [Gedankenbericht in *Kursivschrift*]

> Das war eine schwere Nacht für Jeremias gewesen, eine ruhelosere wenigstens, wie er seit langen, langen Jahren gehabt, und rastlos warf er sich auf seinem Lager umher, bis sich der Himmel schon wieder im Osten zu färben begann und er jetzt erst in einen kurzen, traumgequälten Schlaf fiel. Aber sonderbarer Weise *hatte der Traum nicht die mindeste Beziehung auf das, was ihn den ganzen Tag beschäftigt und seine Seele erfüllt hatte*. – Er war wieder in Brasilien und Nordamerika, und *alle fatalen Lagen*, in denen er sich je in seinem Leben befunden, *spiegelten sich ihm mit tollen, verzerrten Bildern vor seinem innern Geiste ab*, bis er endlich mit einem lauten Aufschrei in seinem Bette emporfuhr und dadurch den armen Hausknecht, der gerade gekommen war, um seine Kleider zum Reinigen abzuholen, bis zum Tod erschreckte.
> („Eine Mutter", S. 157)

Die Kompetenz des allwissenden Erzählers beschränkt sich nicht bloss auf menschliche Wesen; auch genauere Einsichten in die „Gedankenwelt" von Tieren können wahrgenommen werden, und dies nicht nur – wie im nächsten Beispiel – in Märchentexten. Das Aussagesubjekt selbst scheint zu spüren, dass ein „tierischer" Gedankenbericht etwas Ungewöhnliches ist und fügt deshalb als Klarstellung einen Satz ein. [Gedankenbericht in *Kursivschrift*]

> (...) mit leichtem Schenkeldruck theilte er seinem Pony den Wunsch mit, die Fremden einzuholen. Dieses ließ sich auch nicht lange bitten, denn *eine dunkle Ahnung von verschiedenen goldglänzenden Maiskolben, in einem hölzernen Kübel herbeigebracht, stieg vor seiner innern Seele auf* (und warum sollte ein Pony, das in den unwegsamen Waldungen so ganz auf sich und seine Geisteskräfte angewiesen ist, k e i n e Seele haben), und laut wiehernd machte es durch einen Seitensprung, das zeitgemäße Hintenausschlagen beider Hinterbeine und andere Töne seinen Reiter darauf aufmerksam, mit welcher freudigen Bereitwilligkeit es diesen neuen Bekannten entgegeneile.
> („Die Regulatoren in Arkansas", S. 323)

2.3.9 (Berichtete) Erlebte Rede

Nicht immer bleibt das Aussagesubjekt bei den kurzen und nur unvollständig und pauschal ausgestalteten Innerlichkeits- bzw. Gedankenberichten stehen – oft bietet sich ein von „Manipulationen" der Vermittlungsinstanz frei(er)er Blick auf die Gedankeninhalte der Charaktere; dann kommt ein weiteres Gestaltungsmittel zum Tragen – die *(berichtete) erlebte Rede.*

Im Unterschied zum indirekten Gedankenbericht wird bei der erlebten Rede zwar die Berichtsform beibehalten, der Konjunktiv jedoch durch das Präteritum des Indikativs ersetzt. Es kann auch vorkommen, dass die erlebte Rede im Indikativ Präsens steht. Der Ausdruck „erlebte Rede" ist deshalb problematisch, weil es um *Gedanken* von Figuren und *nicht* um *Rede* geht. Wie der Innerlichkeits- bzw. der Gedankenbericht ist auch die *(berichtete) erlebte Rede für Gerstäcker überaus typisch* und in zahlreichen erzählerischen Passagen zu finden.

Im folgenden Romanausschnitt lenkt nach dem einführenden Abschnitt der Fragesatz „Was war denn geschehen?" die Aufmerksamkeit auf die Gedankenführung der Figur. Danach ist es der allwissende Erzähler, der mit seiner Fähigkeit des Gedankenlesens das adäquate Umfeld für die (berichtete) erlebte Rede schafft („Die letzten Phantasiebilder schwirrten ihm noch vor der Seele...", „Endlich aber sammelte sich sein Geist..."); nach dieser Hinführung auf die gedankliche Situation der Figur ist das Terrain geebnet für die (berichtete) erlebte Rede – was folgt, kann unzweifelhaft auch dem Bewusstsein und dem Denken des „Capitains" zugeordnet werden – wir glauben *seine* Optik, *seine* Perspektive der Vorgänge um ihn herum zu sehen. Weil die Gedankeninhalte aber von der vermittelnden Erzählerfigur eingeführt werden, handelt es sich nicht um „reine", sondern um *berichtete* erlebte Rede. [in *Kursivschrift* aufgeführt]

> Der Capitain sah verstört um sich her – die kleinen lustigen Gestalten waren wie in den Boden hinein verschwunden – nur die Schlange um seine Hände blieb: ein Paar eiserne Handschellen, und über ihn gebeugt stand Einer der reitenden Polizei und nickte ihm freundlich grinsend zu. Was war denn geschehen? Die letzten Phantasiebilder schwirrten ihm noch vor der Seele, und im ersten Augenblick war er gar nicht im Stande, diese von der jetzigen Wirklichkeit zu trennen. – Er wollte reden, aber die Zunge klebte ihm am Gaumen und er brachte keinen lauten Ton über die Lippen. Endlich aber sammelte sich sein Geist; *die Sonne war am Untergehen – er mußte unter dem Busche eingeschlafen sein – er war verirrt gewesen – hatte den Weg gefunden – aber jetzt der Polizeisoldat? Was um Himmels willen wollte der von ihm?*
> („Im Busch", S. 189f.)

Im nächsten Beispiel wird die (berichtete) erlebte Rede eingeleitet durch die Wendung des allwissenden Erzählers „und nur seine Gedanken flogen hinaus in das weite Land"; danach kann die Gedankenführung genausogut dem Bewusstsein der Figur überantwortet werden, wobei das gesperrt geschriebene „er" die Überlegungen noch stärker akzentuiert.

Unmittelbar danach gerät das Ganze aber ins Kippen: Im Satz „Krieg – Krieg – Aufruhr und Unterdrückung, wohin sich auch *sein innerer Blick* richtete" deutet die kursiv gesetzte Formulierung bereits wieder auf die Einflussnahme und Optik der berichtenden Instanz; im Gedankenfluss der *Figur* hätte das Adjektiv „innerer" keinen Platz.

[berichtete erlebte Rede in *Kursivschrift*]

> Lerdo de Tejada schritt langsam zu der Stelle, an welcher der Präsident lag, und stand eine Weile neben ihm, anscheinend im Anblick des Thals versunken, in Wirklichkeit sah er aber nichts, was an seinem äußern Auge vorüberglitt, und nur seine Gedanken flogen hinaus in das weite Land, *nach der Hauptstadt zurück, in der e r sonst in des Indianers Namen regiert, und wo jetzt ein fremder Herrscher seinen Thron aufgestellt – in die Provinzen hinein, wo fremde Söldlinge Tod und Verderben in die Thäler trugen und von den Höhen ihre Feuerzeichen flammen ließen.* Krieg – Krieg – Aufruhr und Unterdrückung, wohin sich auch sein innerer Blick richtete, an den Ufern des Atlantischen wie Stillen Oceans die Kriegsschiffe der Feinde, (...) („In Mexiko", Band 1, S. 224)

Zur nächsten Textprobe: Darin ist der allwissende Erzähler wiederum mit der Fähigkeit ausgestattet, neben dem Gefühls- und Gedankenhorizont auch die Alp*traum*welt seiner Figuren auszuloten. Selbst Intensitätsunterschiede zwischen Traum und bewusster Wahrnehmung vermag das Aussagesubjekt seismographisch genau zu registrieren („...quälten ihn tolle Träume noch mehr, als selbst das wachende Nachdenken es gethan."):

Das Zitat wird durch einen indirekten Gedankenbericht des Erzählers eingeleitet (Verb des inneren Vorgangs – „quälte ihn der Gedanke", Konjunktiv – „solle"). In der Folge geht der Gedankenbericht fast unmerklich über in die (berichtete) erlebte Rede (Präteritum des Indikativs, 3. Person Singular).

Dass dieser Übergang so leicht und reibungslos vonstatten geht, hängt damit zusammen, dass die (berichtete) erlebte Rede „entwicklungsgeschichtlich" wohl vom (indirekten) Gedankenbericht abstammt.

[berichtete erlebte Rede in *Kursivschrift*]

> Hopfgarten verbrachte in körperlicher wie geistiger Hinsicht eine peinliche Nacht. Die Wunde, so wenig gefährlich sie auch sein mochte, war doch durch das ganze Fleisch des Oberarms gedrungen und schmerzte ihn sehr, und dabei *quälte ihn der Gedanke*, den der Gefangene in ihm wach gerufen, daß Henkel

oder Soldegg, wie der Schuft nun auch hieß, hier in New Orleans, und zwar im Begriff sein *solle*, wieder abzureisen. (…) Der Kopf wirbelte ihm von all' dem Denken und Sinnen, und als er endlich in einen wilden, unruhigen, fieberhaften Schlummer fiel, quälten ihn tolle Träume noch mehr, als selbst das wachende Nachdenken es gethan. *Da fand er den Betrüger, wohin er trat, und überall äffte ihn die ihm unter den Händen wegschwindende Gestalt; zu Pferd wollte er ihn verfolgen, und der Sattel rutschte ab – das Pferd stürzte, riß sich wieder auf und kam in Moorboden, in dem es stecken blieb; schießen wollte er nach ihm, und sein Gewehr war nicht in Ordnung – der Pfropfen ging nicht in den Lauf hinunter, die Zündhütchen glitten ihm durch die Finger, und als er endlich geladen hatte, versagte das Gewehr; zu Schiff wollte er ihn verfolgen, und das flüchtige Dampfboot brauste und schnaubte hinter dem kleinen Kahn her, in dem sich der Bube zu retten suchte, da plötzlich rannten sie auf eine Sandbank: das Dampfboot saß fest, peitschte vergebens mit seinen Rädern die schäumende Fluth, und in weiter Ferne verlor er den Kahn, der den hohnlachenden Verbrecher trug, aus den Augen; zu Wagen war er hinter ihm drein, und die Stränge rissen, ein Rad brach, die Pferde stürzten – sie kamen nicht von der Stelle, und vor sich – immer dicht vor sich mußte er das Hohnlachen des Buben hören. In* Schweiß gebadet und an allen Gliedern wie zerschlagen, wachte er endlich mit Tagesgrauen auf und verließ (…) doch augenblicklich sein Lager (…) („Nach Amerika!", Band 2, S. 526f.)

Nicht immer ist es der allwissende Erzähler, der mit vorbereitenden Formulierungen einen (berichteten) Erlebte-Rede-Einsatz in die Wege leitet – in (eher) seltenen Fällen können narrative Passagen direkt in die erlebte Rede übergehen, wie das untenstehende Beispiel belegt:
[berichtete erlebte Rede in *Kursivschrift*]

Helene athmete ordentlich tief auf, als die schwermüthige Melodie geendet hatte; es war, als ob eine Last von ihrer Seele genommen wäre, und sie trat an das Fenster, um in die wundervolle, sternenhelle Nacht hinaus zu schauen. Da quollen auf's Neue die Töne von derselben Stelle herauf, aber dieses Mal in einem wilden Capriccio, von einer Meisterhand gespielt, das in die tollsten Variationen überging und sich doch immer wieder zuletzt in das einfache, zuerst angeschlagene Thema des Volksliedes auflöste. Helene trat scheu und erschreckt vom Fenster zurück. *Galt das ihr? Und wer war es denn, der ihr hier auf solche Weise seine Huldigung brachte? Vollrath vielleicht, aber sie wußte genau, daß er gar nicht Violine spielte – und wer dann? Der junge Schulmeister im Orte, der sie oft mit seiner Aufmerksamkeit geärgert hatte, war ein Violinspieler, aber ein Stümper, und d i e s e Saiten belebte eine Meisterhand.* Ohne recht zu wissen, was sie that, löschte sie das Licht aus, um dadurch die Aufmerksamkeit des Unbekannten wieder von ihrem Fenster abzulenken – aber das gelang ihr nicht. („Die Colonie", S. 72f.)

2.3.10 Kollektive (Berichtete) Erlebte Rede

Eine besondere, bei Gerstäcker nur sehr sporadisch eingesetzte Variante der (berichteten) erlebten Rede ist eine Art „*kollektive (berichtete) erlebte Rede*". Die berichtete Gedankenwelt kann dabei keiner einzelnen Figur zugeordnet werden, sondern sie bezieht sich auf eine *Vielzahl von Bewusstseinsträgern,* die in einer bestimmten Situation derart ähnliche Gedanken haben, dass sie ohne Zwang in einer kollektiven und allen Betroffenen gerecht werdenden erlebten Rede ausgedrückt werden können.

Der unten zitierte Ausschnitt zeigt eine Gruppe mutiger und gerechter Männer auf der Suche nach den Spuren eines Mörders; ihre Gedanken werden – gewissermassen verdichtet – in einer für alle gültigen „allgemeinen Formel" erfasst.

[kollektive (berichtete) erlebte Rede in *Kursivschrift*]

„Die Kugel muß das Pferd getroffen haben," meinte *Roberts,* „sonst wäre der Reiter doch wohl heruntergefallen?" *Assowaum* wies schweigend auf einen nahebei stehenden Hickory, an dessen hellgrauer Rinde, wohl acht bis neun Fuß vom Boden, deutliche Blutspuren sichtbar waren. „Wahrhaftig!" rief *Harper* entsetzt – „an den Hickory ist er mit dem Kopf angeschlagen – und hier ist auch die Stelle, wo er stürzte." Der Boden war dort von vielen Fußtritten zerstampft – der Ermordete mußte sich augenscheinlich gewehrt haben, und einzelne Zweige zeigten, wo er sich mit letzter, verzweifelter Kraft an sie angeklammert und die Blätter abgestreift hatte. Dort war er auf ein Knie niedergesunken, dickes, dunkles Blut bedeckte an dieser Stelle den Boden – und nie wieder aufgestanden. Doch ja, da noch einmal – wo die rothe Lebensfluth an allen Büschen hing und wie aus quellender Ader gegen den Stamm jener Fichte gespritzt war. Das mochte das Aufglimmen des letzten Lebensfunkens gewesen sein. Unter dieser Cypresse hatte er geendet, und hier war auch die Leiche eine Zeit lang liegen geblieben; die Lage, mit dem Rücken über die scharfe Wurzel gekrümmt, hätte kein Lebender ausgehalten. Die Männer starrten schweigend und schaudernd auf diese schrecklichen Zeichen des Mordes; *denn M o r d war es, ein Kampf hatte nicht stattgefunden, höchstens eine verzweifelte Vertheidigung. Der Todte war von seinem Pferde herabgeschossen oder gezerrt, und erschlagen.* („Die Regulatoren in Arkansas", S. 119)

Auch die folgende Passage stellt nicht die Gedanken einer Einzelperson in den Vordergrund, sondern fasst ähnlich geartete Überlegungen einer *Gruppe von Individuen* zusammen, die sich allesamt Gedanken über den (Un-)Sinn eines religiös bedingten Kriegs zwischen benachbarten Stämmen von Eingeborenen machen.

[kollektive (berichtete) erlebte Rede in *Kursivschrift*]

Jetzt kam der Aufbruch, und rührend war es zu sehen, wie sich die Frauen und Kinder der Motua-Bai noch an ihre Väter und Brüder schmiegten, um Abschied von ihnen zu nehmen. Das kleine Volk besonders hatte die Kniee der Verwandten umklammert und hielt sie fest, ja wollte sie, als endlich die Muschelhörner zum Aufbruch tönten, gar nicht wieder loslassen. Aber die Pflicht rief; noch einmal umarmten sich die Gatten und rieben – als Zeichen innigster Freundschaft – ihre Nasen aneinander (...), dann rissen sie sich los, und wie sie auf den Gesichtern der Frauen Spuren der aufgetragenen Farben in Roth und Gelb und Blau zurückließen, so ließen sie auch freilich in ihren Herzen Sorge und Kummer. Auf welche Seite sich auch der Sieg neigte, wie Vielen von ihnen kostete es doch den Vater, den Gatten, den Bruder! *Und w o z u Krieg? Was hatten ihnen die Freunde im Thia-Thal je zu Leide gethan? Wie oft waren sie von ihnen gastlich bewirthet worden, wenn sie hinüber zum Besuch kamen! In wie enger Verwandtschaft standen sie selber mit zahlreichen Familien des Hupai-Thales, mit denen sie jetzt nur seit langer Zeit nicht verkehrt, weil eben der neue Glaube Haß und Zwietracht zwischen den Familien ausgesäet. Aber deshalb brauchten sie doch nicht mit ihnen Krieg zu führen; – die neue Religion sollte ja eine Religion der Liebe und des Friedens sein, m u ß t e sie denn da mit dem Herzblut ihnen theurer Menschen eingeweiht oder befestigt werden?* („Die Missionäre", S. 420f.)

Unmittelbar an diesen *kollektiven Gedankengang* greift das Aussagesubjekt wieder ins Geschehen ein und beendet den Exkurs in die Innenwelt der Figuren, indem es auf der Erzählerebene eine allgemeingültige, wohlüberlegte Betrachtung zur „Hierarchie-Problematik in Kriegen" gibt:

Sie begriffen es nicht, und das geht einem Volke, das von seinem König in den Krieg geführt wird, gewöhnlich so. Die Könige aber w i s s e n, weshalb sie Krieg führen – sollten es wenigstens – und das ganze Volk muß dazu beisteuern – die Männer mit ihrem Blut, die Frauen mit ihren Thränen – und es trägt da wohl ein Jeder gleich schwer. („Die Missionäre", S. 421)

2.3.11 „Unechte" (Berichtete) Erlebte Rede

Zur Allwissenheit gehört es auch, dass Empfindungen, Gefühle und Gedanken, die den Charakteren nicht (voll) bewusst sind, erst vom Aussagesubjekt versprachlicht und damit zeitlich derart ausgedehnt werden, dass der Eindruck entsteht, es handle sich um die genuinen inneren Vorgänge der Figuren – in Tat und Wahrheit sind es aber Wahrnehmungs- und Denkprozesse der betroffenen Figuren, die vom *allwissenden Erzähler* in der Form der berichteten erlebten Rede ans Tageslicht geholt und detailliert ausgeformt werden. Ein Vorschlag zur Benennung dieser Erscheinung wäre *„unechte" (berichtete) erlebte Rede.* [in *Kursivschrift* aufgeführt]

> Nur einen flüchtigen Blick warf sie nach dem Kommenden hinüber, sprang aber mit einem kaum unterdrückten Schrei empor, als sie d e n Mann erkannte, den sie in diesem Augenblick am wenigsten erwartet hatte. – Und wie sah sie aus? Ein Blick nur in den Spiegel zeigte ihr die verwirrten Haare, das erhitzte Gesicht und die halbverweinten Augen, – sie war sich in ihrem ganzen Leben noch nicht so häßlich, so abscheulich vorgekommen. – Und suchte er sie nicht auf, die ganze Anklage zu vernichten, die jener boshafte Mensch gestern gegen ihn vorgebracht? – Was wußte e r von dem fremden Mädchen? – Was ging sie i h n an? Was hatte e r mit ihr zu tun? Wohnte sie überhaupt in einem Hotel, wenn sie ihm irgend näher stand oder stehen sollte; denn zehn Familien hätte er ja gefunden, die seine künftige B r a u t wohl bei sich aufgenommen. *Aber ihr blieb keine Zeit zum Ueberlegen; selbst dies Alles zuckte ihr nur wie ein flüchtiger Gedanke durch das Herz.* Schon sprang Wagner die Stufen herauf, und wenige Secunden später stand er vor ihr. („Unter dem Aequator", S. 294)

Grundsätzlich bewegt sich in den untersuchten Texten die Gestaltung von Innerlichkeit im Rahmen diegetischer Darstellungsformen – alles, was beschrieben wird, ist auf eine vermittelnde Grösse bezogen, hat Aussagestruktur. Somit bleiben in allen Texten *zwei „Figurenarten"* dauerhaft installiert – die Erzählerfigur *und* die „eigentlichen" handelnden Figuren. Werden Gedanken und Gefühle dargestellt, so stehen sie immer auch in Bezug zur Erzählerinstanz, werden von ihr redigiert. Die Ausstrahlung und die *Bewusstseinssphäre des allwissenden Erzählers* sind – wenn auch nicht immer gleich stark spürbar – permanent virulent und büssen ihre Relevanz nie ganz ein: Insbesondere im Innerlichkeitsbericht, aber auch im Gedankenbericht wird den Figuren verhältnismässig wenig reflexive Freiheit zugestanden, was automatisch das Rendement der Aussageinstanz erhöht.

Erst in ausführlicheren Passagen der (berichteten) erlebten Rede lässt die Einflussnahme des allwissenden Erzählers nach und wird die Gedankenführung mehr dem Figurenhorizont zugeschrieben; die „Erzählform" schwebt dann zwischen der Perspektive des Erzählers und derjenigen der Figur(en). Für solcherart gestaltete *diegetisch-fiktionale* Textstellen (und nur für sie!) kann deshalb mit Fug und Recht die Frage gestellt werden,

(...) ob sich gewissermaßen der Erzähler den Kopf seiner Figuren zerbricht oder diese es selber tun, d.h. ob wir Erzähler- oder Figurenperspektive haben.[27]

Noch anders ausgedrückt: Vornehmlich im Innerlichkeits- bzw. im Gedankenbericht steht das vermittelnde Aussagesubjekt den Charakteren „vor dem Licht", zweigt gewissermassen die (möglichen) denkerischen Potentiale der Figuren ab, um sie mit seiner eigenen Optik zu amalgamieren. Es entsteht der Eindruck eines „brain drain": Verblüffend oft sind die Exponenten von Gerstäckers Figurenwelt bloss mit *beschränkter gedanklicher Autonomie* ausgestattet; ihre zeitliche Entfaltungsmöglichkeit ist eingeschränkt, der kreative Reflexions(spiel)raum bleibt ihnen häufig entzogen. Nur Figuren mit einem kontrollierten Mass an Eigendynamik sind „genehm", keine gedanklich emanzipierten, zur ausführlichen und intensiveren Verinnerlichung neigenden Figuren. Das „Romanpersonal" ist gedanklich gesehen wenig komplex gestaltet, und infolge dieses *Herausbrechens der (durchaus vorhandenen) kognitiven Potentiale aus dem eigentlichen Bewusstseinshorizont der Figuren* gehen diese ihrer (geistigen) Entfaltungsmöglichkeiten verlustig und wirken deshalb *gedanklich* statisch, steif und wenig lebendig. Diesen „Entwicklungsnotstand" hat Bernhard Jacobstroer tendenziell bereits 1914 in seiner knapp gehaltenen Inauguraldissertation ausgemacht – in der Frühphase der Psychologie sowie der wissenschaftlichen Gerstäcker-Rezeption:

> Selbst heute noch bilden manche Romane Gerstäckers eine angenehme und anregende Lektüre, heute, in unserem psychologischen Zeitalter, wo jeder Held seine Entwicklung durchmachen muß, wenn er zu den Modernen gezählt werden will. Grade diese Entwicklung aber fehlt den meisten Helden Gerstäckers.[28]

Gerstäckers Aussagesubjekte sind *keine diskret und zurückhaltend auftretenden Figuren*, sondern mit Überzeugung kommentierende und wertende Instanzen. Autorität und Souveränität leiten sich nicht zuletzt von der Befähigung dieser Erzähler ab, die Figuren auch aus einer im Wortsinne *aussergewöhnlichen (weil allwissenden!) Optik* zu schildern.

---

[27] Tarot, 1993: 158

[28] Jacobstroer, Bernhard: Die Romantechnik bei Friedrich Gerstäcker. Diss. Greifswald 1914, S. 2

Zu dieser Optik gehört u.a. die Befähigung, verborgene Vorgänge wahrnehmen zu können. Es leuchtet ein, dass eine mit Innensicht ausgestattete Berichtsinstanz prinzipiell glaubhafter und mit mehr Autorität auftreten kann als ein Vermittler, dessen Kompetenzen an der Grenze zum Innen brüsk enden.

Zum Abschluss des Themas „Innerlichkeit" sei betont, dass es nicht allein die in diesem Kapitel diskutierte Gedanken- bzw. Gefühlsmächtigkeit ist, die ein Aussagesubjekt als souverän und zuverlässig erscheinen lässt – ebensosehr ist es die Tatsache, dass die Vermittlungsinstanz den Figuren (und allfälligen Mitbeobachtern) auch auf dem „konventionellen" Feld der *äusseren Beobachtbarkeit* hinsichtlich Wachheit bzw. Aufmerksamkeit jederzeit *klar überlegen* ist. Der angeführte Text soll veranschaulichen, was damit gemeint ist: Dass Don Rafael die Reiterfigur infolge Gedankenversunkenheit nicht sieht, liegt auf der Hand. Dass aber selbst ein *„aufmerksamer Reisender"* grösste Mühe hätte, den Reiter zu erkennen, zeigt, dass der Erzähler auch in dem von aussen beobachtbaren Bereich jederzeit seine Vorzüge ausspielen kann – hier ist es ein vortreffliches Erkennungs- und Unterscheidungsvermögen in schwierigem Gelände.

[(hochentwickeltes) Wahrnehmungsvermögen des Aussagesubjekts in *Kursivschrift*]

> Mit seinen Erinnerungen beschäftigt, *hatte Don Rafael nicht bemerkt*, daß, während er auf diese Einfriedigungen zugaloppierte, seitab von der Straße ein einzelner Reiter an dem Berghang hielt und mit einem kleinen Taschen-Teleskop die beiden Wegstrecken absuchte. *Aber selbst einem aufmerksamen Reisenden würde es sehr schwer geworden sein, in dem grau gemischten Gestein den regungslosen Reiter zu erkennen, dessen Pferd und Poncho die gleiche, oder doch eine ganz ähnliche Steinfarbe trug.* („Sennor Aguila", S. 61)

2.3.12 Zuverlässigkeit

Eine Erzählerfigur, die sowohl das Aussen als auch das Innen im wahrsten Sinne des Wortes durchschaut, wirkt doppelt vertrauenswürdig. Die allwissenden Aussagesubjekte in Gerstäckers Fiktion sind allesamt „sauber" und charakterlich integer. Eng verknüpft mit der Allwissenheit der Erzählerfiguren ist der Eindruck der *Zuverlässigkeit* dieser Instanzen. Jemand, der so weit ins Innere „seiner" Figuren vordringen kann, ist auch in der Lage, überzeugende Aussagen zu machen und sichere Urteile zu fällen.

Zur Thematik der Zuverlässigkeit des Erzählers und ihrer Implikationen in Bezug auf die Breite und Qualität seines Wissenshorizonts bemerkt Tarot (Speziell hervorzuheben ist die Feststellung, dass grosse Zuverlässigkeit auch „den Bereich der Innerlichkeit von Figuren einschließen" sollte!):

> Es ist in das Belieben der Autoren gestellt, welchen Grad von Zuverlässigkeit und Informiertheit sie ihren Erzählern verleihen. In den weitaus meisten Fällen haben wir es mit zuverlässigen Erzählern zu tun, auf deren Aussagen sich der Leser verlassen kann. Ein völlig unzuverlässiger Erzähler wäre ein Irritationsfaktor für die Rezeption, die ein Autor nur in Ausnahmefällen intendieren wird. Extreme Zuverlässigkeit müßte auch den Bereich der Innerlichkeit von Figuren einschließen. Die historische Erzählforschung spricht dann gern vom „allwissenden Erzähler".[29]

2.3.13 Fazit

Die bisherigen Untersuchungen machen deutlich, dass Friedrich Gerstäckers narrative Fiktion durch einen hohen Grad an Mittelbarkeit gekennzeichnet ist. Dieses Vermitteltsein ist nur dann weniger markant, wenn der Berichtscharakter infolge vermehrter Verwendung von Dialogen eingeschränkt wird (vgl. Kapitel „Unmittelbarkeit"); ansonsten aber entlässt der auktoriale Erzähler die Figuren nicht aus seinem Gravitationsfeld: Die *Charaktere* erscheinen immer dargestellt *in Relation zum Aussagesubjekt*. Typisch für Gerstäckers Erzähler ist ihre Allwissenheit, also die Befähigung, ihre Optik je nach Bedarf auch auf die Innerlichkeit der Figuren ausdehnen zu können.

Die Aussagesubjekte sind also nicht bloss Orientierungszentren, in deren Händen die *äusseren* Handlungsstränge zusammenlaufen, sondern es sind auch (allwissende) Instanzen, die innere Abläufe ordnen und Zusammenhänge unter der Oberfläche zu erkennen und treffsicher zu bewerten vermögen. Sie verfügen über ein gerüttelt Mass an Einblicks- und Einfühlungsvermögen in ihre Figuren; rein quantitativ beschäftigen sie sich zwar (sehr) viel häufiger mit äusseren Gegebenheiten und Schilderungen, bei Bedarf meistern sie aber auch innere Abläufe. Dann gewähren sie den Figuren ein gewisses Mass an „Selbständigkeit", ohne aber je das Zepter völlig aus der Hand zu geben; stets stehen sie wie

---

[29] Tarot, 1993: 126

graue Eminenzen im Hintergrund – jederzeit fähig, wieder aus dem Schatten hervorzutreten.

Weil diese Instanzen eine so zentrale Position innehaben, kann es folglich nur eine (vom Aussagesubjekt) berichtete Innerlichkeit geben (z.B. *berichtete* erlebte Rede oder *berichteter* innerer Monolog). Formal markiert häufig ein Gedankenstrich Beginn und Ende solcher berichteter Einsätze.

Die Figuren sind grundsätzlich *nicht* nach innen ausgelegt und auf sich selbst zurückgeworfen, „leben" nur sehr bedingt von inneren Stürmen, von der Friktion zwischen ihrer Seele und der Aussenwelt. Es passt deshalb ins Konzept der Figurendarstellung, dass die Charaktere in ihren gedanklichen Einsätzen eine (mögliche) Anbindung ans Aussen nicht vermeiden und sich vielfach auch *hörbar* äussern. „Innensicht" wird stets im Zusammenhang mit äusseren Vorgängen und Begebenheiten eingesetzt. Was berichtenswert ist, hat auch äussere Folgen und kann von aussen mitverfolgt werden! Die Figuren sind keine von ihrer Aussenwelt abgekoppelten und in ihrer Einsamkeit und Isolation gefangenen Individuen.

Darstellung von Innenwelt in Gerstäckers Fiktion ist keine Darstellungskategorie per se; die inneren Vorgänge „verselbständigen" sich nicht; eine nachhaltige Verlagerung des Interesses von aussen nach innen ist nirgends festzustellen.

Anders ausgedrückt: Nur andeutungsweise spielt sich die eigentliche „*Action*" als berichtete (und nach aussen transparente) Innerlichkeit in den Köpfen der Protagonisten ab, im wesentlichen aber in der empirisch zugänglichen, sichtbaren Realität. Das Interesse ruht auf dem Aussen, im Zentrum der Darstellung steht der *sichtbare Handlungsablauf* (die Oberflächenstruktur), *nicht* die *verborgene innere Realität* der Figuren (Tiefenstruktur). Die Figuren charakterisieren sich weniger durch ihre „Gedanklichkeit" und „Intellektualität" als vielmehr durch ihr *praktisches* Handeln und Wirken in einer praktischen Welt – es sind *Menschen der Tat und zudem Menschen „mittleren Zuschnitts"* mit den ihnen „zustehenden" Problemen, Ängsten und Freuden.

Bei Gerstäckers (fiktionaler) Prosa handelt es sich nicht um sog. moderne, d.h. „unvermittelt" dargestellte, mimetisch-fiktionale Texte. Sie sind in ihrer ganzen Anlage, in ihrem gesamten Aufbau einer traditionellen Stufe des Erzählens verpflichtet; es sind Texte mit *Aussagestruktur*. Ein intensiver Bezug des Aussagesubjekts zur Leserschaft ist von vorrangiger Bedeutung.

Es ist charakteristisch für Romane (und Erzählungen), dass in ihnen eine Geschichte zielgerichtet und transparent von A bis Z durcherzählt wird. Didaktisch und methodisch sauber wird ein Faktum nach (oder neben) dem andern abgehandelt und entwickelt. Die Figuren werden über ausgedehnte(re) Zeiträume hinweg gezeigt und vom Erzähler begleitet und betreut. Gefragt sind keine Momentaufnahmen, sondern längere und gut überschaubare Zeiträume, in denen der häufig abenteuerliche (äussere) Werdegang der Protagonisten beschrieben wird.

3. Inhaltliche Analyse

3.1 Lesergerechtigkeit/Leserorientierung

Im *2. Kapitel* galt die Aufmerksamkeit vornehmlich der *Struktur*, der Vielfalt des „rein technischen Repertoires" der analysierten Fiktion – sie galt der Frage, welche formalen Mittel und Techniken überhaupt zur Anwendung gelangen und in welchen Quantitäten sie eingesetzt werden. Wie stark sind beispielsweise Mittelbarkeit, Unmittelbarkeit bzw. Innerlichkeit vertreten, und wie sind sie innerhalb der einzelnen Texte verteilt?

In *Kapitel 3* stellt sich nun die Frage nach *Inhalt* (und Gehalt) der Texte. Es soll Gegenstand der Untersuchung sein, welche inhaltlichen Möglichkeiten sich durch bestimmte formale Gestaltungsmittel und Präsentationsmethoden erschliessen lassen.

In diesem Kontext soll das Interesse aber zunächst einer *Intention* von Gerstäckers Texten gelten, deren Bedeutung und Tragweite für die gesamte Rezeption des fiktionalen (und nichtfiktionalen) Werks kaum deutlich genug hervorgehoben werden kann. Die nachstehenden Belege (vgl. *3.1.1* bis *3.1.8*) sollen veranschaulichen, dass von einem *Schreibkonzept* die Rede ist, das die ganze Lektüre „trägt" und bei dem die Ausrichtung auf den *Leser* sowie die Absicht, ihm in der Vermittlung der Inhalte eine *Vorzugsposition* zu offerieren, allererste Priorität haben.

3.1.1 Leseradressierungen

Im zweiten Kapitel *(2.1.2)* wurde die Leseradressierung als Möglichkeit des Aussagesubjekts vorgestellt, sich auf der *Erzählerebene* ans Publikum zu wenden. Dabei stand zunächst bloss das (reichliche) Vorhandensein dieses Gestaltungsmittels bei Gerstäcker im Vordergrund – qualitative bzw. wirkungsorientierte Aspekte wurden bewusst zurückgestellt. Auf sie soll hier näher eingegangen werden.

Allein schon die *Häufigkeit* der Leserbezüge ist ein aussagekräftiger Hinweis auf ihre Relevanz! Zieht man darüber hinaus noch in Betracht, *wie* sich die Aussagesubjekte ihrem Publikum gegenüber verhalten, so wird ersichtlich, welch besonderer Stellenwert dem Erzähler-Leser-Verhältnis zukommt. Bei Gerstäcker sind Leserbezüge nicht bloss Konzessionen an literarische Modeströmungen, es sind keine routinemässig hingeworfenen Versatzstücke – sie sind viel mehr: Ehrliche, sanfte bis leidenschaftliche Anreden und Appelle an eine Leserschaft, deren Wertschätzung höher kaum mehr sein könnte. Sie dienen dazu, das Lesen angenehm und den Inhalt schmackhaft zu machen.

Somit entwickeln diese Gestaltungsmittel über ihre „technische" Dimension hinaus substantielle inhaltliche Qualitäten – sie sind ein zentrales *Bindeglied* im Vermittlungsprozess zwischen Text und Publikum. An dieser Stelle ist es deshalb angezeigt, das Spektrum der Leseradressen genauer und systematischer auszuleuchten.

Die nun folgenden Beispiele stammen alle aus umfangreicheren *Romanwerken*. Zuerst sind einige Zitate von Anreden aufgeführt, in denen der Erzähler das Publikum mit den Pronomina „uns" bzw. „wir" *indirekt* miteinbezieht. [Leseradressierungen in *Kursivschrift*]

Ueber die Plaza kam eine einzelne wunderliche, *uns* übrigens nicht unbekannte Gestalt, die selbst von den an das Sonderbare hier genugsam gewöhnten Amerikanern nicht unbeachtet vorbeigelassen wurde, denn hier und da blieben Einzelne stehen und sahen ihr kopfschüttelnd nach. Es war ein alter Bekannter von *uns*: B a l l e n s t e d t (...) („Gold!", S. 60f.)

Unter *unseren* Kajüten-Passagieren befanden sich übrigens auch eine Menge der verschiedensten Charaktere, anscheinend friedlich für eine so lange Reise in dem engen Raum vereinigt, und auseinander strebend, sobald nur das Band gelöst ist, das sie so lange widerstandslos zusammenhielt. („Unter den Pehuenchen", S. 128)

In diese selbe Zeit fiel die Bestätigung von Heßberger's Urtheil. Er hatte sich an die Gnade des Königs gewandt, aber ohne Erfolg. Er war zu zwanzigjähriger Zuchthausstrafe verurtheilt und wurde an dem nämlichen Tag in die Strafanstalt abgeliefert, als *unsere* Auswanderer die Stadt verließen. („Der Erbe", S. 551f.)

Die Besucher gehörten alle, wie Lucido selber, jener Partei an, die man früher, vielleicht im Gegensatz zu den Klerikalen und Liberalen, die Conservativen genannt hatte, aber *wir* dürfen den Namen nicht nach *unserem* Maßstab anlegen. Was *wir* hier bei *uns* unter Conservativen verstehen, waren sie nicht, sondern allerdings wohlhabende Leute und den besten Familien der Stadt, ja oft sogar altem Adel angehörend, aber keineswegs conservativ in Festhaltung etwaiger alter Rechte, sondern weit mehr einem Centrum der Fortschrittspartei angehörend, die allerdings nicht Alles niederwerfen wollte, aber dabei auch nicht unbedingt für eine Monarchie schwärmte und diese unter allen Umständen unterstützt hätte. („In Mexiko", Band 1, S. 125)

Die „Narratio Viva" merkt zu dieser Art des Leserbezugs an:

> Eine schwächere Form der Bezugnahme auf den Leser erfolgt durch das Personalpronomen im Singular oder Plural („unser Held", „unsere Helden"), das gemeinschaftsstiftende Funktion zwischen Erzähler und Leser hat (...)[30]

Neben diesen zurückhaltenderen Arten des Leserbezugs existieren auch *direktere*, den Leser deutlicher adressierende Varianten. In den folgenden Beispielen wird das Gegenüber nicht mehr bloss indirekt – „gemeinschaftsstiftend" – sondern expressis verbis als *„Leser"* angeredet. [Leseradressierungen in *Kursivschrift*]

> *Leser*, hast Du schon je ein amerikanisches Wirthszimmer gesehen? nein? das ist schade – es würde mir die Beschreibung ersparen. Wie die Bahnhöfe auf unseren Eisenbahnen, so haben die Wirthszimmer in der Union eine Familienähnlichkeit, die sich in keinem Staate, weder im Norden noch Süden, verleugnen läßt und in den kostbarsten Auster-Salons der östlichen Städte, wie in den gewöhnlichen grogshop der Backwoods sichtbar und erkenntlich bleibt.
> („Die Flußpiraten des Mississippi", S. 37)

> Der *Leser* muß noch einmal mit mir zu jener Zeit zurückkehren, wo Tom Barnwell, so unerwarteter Weise angeklagt und verhaftet, von dem Constabler dem Gefängniß oder der sogenannten County jail zugeführt wurde, während der Squire mit Sander den Weg nach dessen eigenem Hause einschlug.
> („Die Flußpiraten des Mississippi", S. 406f.)

In der nächsten Textprobe erfährt das Verhältnis zwischen Erzähler und Publikum eine weitere Intensivierung: Der Leser wird vertraulich mit *„Freund"* angeredet. Damit wird Distanz abgebaut, und der Angesprochene kann diese Behandlung als wohltuenden und schönen *Vertrauensbeweis* werten. Dass sich die Erzählerinstanz durch solche Gesten der Zuwendung Sympathien erwerben kann, ist offensichtlich. Das direkte, freundschaftliche Ansprechen des Lesers erweckt den Eindruck eines besorgten und zuverlässigen Aussagesubjekts, einer Instanz, die sich respektvoll um ihr Publikum kümmert.
[Leseradressierung in *Kursivschrift*]

---

[30] Tarot, 1993: 60

– Und wo ist denn die Brandstelle von dem Feuer, das vor kaum vierundzwanzig Stunden erst einen Theil der Stadt in Asche gelegt? – Du kannst sie deutlich noch erkennen, *Freund* – es ist der ganze weite Raum, auf dem die w e i s s e r e n Zelte und helleren Häuser stehen. („Gold!", S. 149)

Es finden sich Kapitel, in denen es von direkten Leseradressen wimmelt; der Eindruck einer intensiven, unablässigen *Betreuung* und *Umsorgung* durch den Erzähler entsteht. Die unten (ohne Aussparungen) aufgeführten Beispiele stammen aus dem Kapitel „Unterwegs" des Südseeromans „Tahiti"; sie sollen die Tendenz zu einem ausgeprägt leserzentrierten Erzählerverhalten illustrieren.
[Leseradressierungen in *Kursivschrift*]

Komm, lieber Leser, komm – siehst Du die Gruppe dort, das Herz des Weibes an des Mannes Brust, Mutter- und Vaterliebe dem Schlafe der Unschuld lauschend und Gottes Segen auf das Haupt des schlummernden Kindes niederflehend? – Und darüber die rauschende Palme, das Bild des Friedens? Um sie her aber den stillen, rauschenden Wald und der Sterne blitzende Schaar, die Zeugen des erneuten Bundes? – *Komm, leise, leise, daß Du es mir nicht störst, das freundliche Bild. – Wohin? – Nach dem Strand führ' ich Dich – hörst Du die Brandung rauschen über die Riffe hin?* – Sie donnert ihre alte Weise unverdrossen fort, aber doch heimlicher, ruhiger heute Nacht, als ob sie sich selber scheue, den heiligen Frieden zu stören, der auf der wunderschönen Insel ruht; und wie des Mondes Scheibe dort oben über den Gebirgshang herübersteigt und sein Licht über die See gießt, blitzt ihm die Brandungswelle im weiten silbernen Streif den Strahl zurück. *Komm, dort unten liegt mein Canoe*, und jenes freundliche Licht leuchtet uns auf unserer Bahn. *So, steig nur ein und fürchte sein Schwanken nicht*, der Luvbaum schützt es vollkommen vor jedem Umschlagen, jeder weiteren Gefahr, und *durch die Korallenriffe hin steuere ich Dich* in dem scharfgebauten Kahn über das mondbeleuchtete Wasser anderen, wenn auch nicht so friedlichen Scenen zu. („Tahiti", 17. Kapitel, S. 296)

Dicht unter seinen Krahnen gleiten wir hin, und freier dehnt sich die Bai hier vor uns aus. – *Siehst Du da drüben die kleine mit Palmen bewachsene Insel, links der Einfahrt zu?* – Motuuta ist's, der Königssitz der Pomaren, der stille Zeuge ihrer früheren Macht und häuslichen Glückseligkeit. – Vorbei; so ist die Zeit der Pomaren vorbei; ihre Macht ist zwischen Engländern und Franzosen zum Spott geworden; zum Spiel, um das beide Nationen vielleicht mit Kanonenkugeln würfeln, oder es auch dem einen Gegner, als nicht der Mühe werth des Streits, freiwillig überlassen. („Tahiti", 17. Kapitel, S. 301)

Aus der nächsten Textstelle spricht eine speziell freundschaftliche und enge Bezugnahme zum Publikum: Es geniesst hier gar das Privileg, mit dem Erzähler selbst bis zu den geheimsten Örtlichkeiten und in die intimsten Winkel vorzudringen! [Leseradressierung in *Kursivschrift*]

> – Nur hinaus, ob uns das warme salzige Naß den Fuß auch netzt, am Cocos-
> basttau ziehen wir den Kahn hoch hinauf auf's trockne Land, daß ihn die rück-
> kehrende Fluth nicht hebt und fortführt, und durch der Gärten schattiges Grün,
> durch die der Mondstrahl nicht einmal zur Erde dringt, *führe ich Dich einen*
> *Schleichweg hinauf zum heimlichen Platz.* („Tahiti", 17.Kapitel, S. 302)

Die Sorge des Aussagesubjekts um die Leserschaft erschöpft sich nicht immer bei rein verbaler Zuwendung – im nächsten Ausschnitt wird ganz konkrete Hilfe angeboten: Der Erzähler fordert den Leser an einer schwer passierbaren Wegstelle auf, ihm die *Hand* zu reichen, damit er seinem Schützling besseres Geleit gewähren kann!

Solche Gesten festigen den Eindruck einer sich um den Leser kümmernden Erzählerinstanz, auf die in allen Situationen Verlass ist, noch mehr. [Leseradressierungen in *Kursivschrift*]

> *Reich' mir die Hand hier,* denn der Pfad ist schmal, und dort gleich hinter der
> Bananen letzter Reihe, denen der Brodfruchtbaum noch Schatten giebt, beginnt
> das Dickicht der Guiaven, und über dem Pfad reichen die niederen Büsche sich
> die Zweige traulich herüber und schlingen die Arme fest in einander, tiefer und
> tiefer niederdrückend in den Weg, bis des Menschen Hand, mit scharfem Stahl
> bewehrt, den zudringlichen erst wieder eine neue Bahn abzwingt. *Weiter – halte*
> *Dich fest an mich und hebe den Fuß,* denn alte niedergebrochene Cocosnüsse
> und Hülsen decken den Boden, und was Du zertratest, und was unter Deinem
> Fuße wich? – reife Guiaven sind's, die den Boden hier decken, kehre Dich nicht
> an sie, über und neben Dir wachsen mehr, und jetzt – siehst Du das Licht dort
> durch die Zweige blitzen? hörst Du die gellenden Töne keifender Menschen-
> stimmen? – wir sind am Ziel, und ich führe Dich jetzt ein bei
> M ü t t e r c h e n T o t. („Tahiti", 17. Kapitel, S. 302)

Bedenkenswert an den Leseradressierungen (fiktionaler wie nichtfiktionaler Natur) ist dies: Sie erfüllen nicht ausschliesslich die (bedeutungsvolle) Aufgabe, dem Publikum auf der Sachebene Informationen und Verständnishilfen zuzuspielen; es ist ihnen auch eigen, die Leserschaft auf der Gefühlsebene zu erreichen und anzusprechen, und zwar mit Hilfe einer einfühlsamen und über alle Zweifel erhabenen *Erzählerpersönlichkeit.* Auf die Hilfestellungen dieser Instanz ist Verlass, und der Leser muss nie zuerst darüber nachdenken, ob nun das Aussagesubjekt wirklich verwertbare und taugliche Stellungnahmen und Ergänzungen abgibt oder nicht.

Gerstäckers Aussagesubjekte sind autonome und moralische Grössen, sie besitzen klar umrissenes *Profil* und bringen eine persönliche Note ins Spiel; sie bestechen nicht allein durch ihr nüchtern vorgebrachtes Fakten- und Fachwissen, sondern sie gefallen ebenso durch ihr freundschaftliches und wohlwollendes Verhalten gegenüber ihren Ansprechpartnern.

Die Ausführungen von Rolf Tarot zielen in dieselbe Richtung, wenn er von „Einbezogensein" des Lesers spricht:

> Das Spektrum der Leseranreden ist beträchtlich und in seinen differenzierten inhaltlichen Funktionen wohl kaum je gänzlich auszuschöpfen. Für den Leser bedeuten sie ein Einbezogensein in den Gang des erzählenden Berichts, in welchem ihm expressis verbis Informationen zum besseren Verständnis bestimmter Geschehnisse angeboten werden.[31]

Exkurs: Die bisher aufgeführten Zitate sind allesamt *fiktionaler Natur*. Die grundsätzlich leserorientierte Haltung gilt jedoch in genau gleichem Masse für Texte mit *echter Wirklichkeitsaussage* – und dazu gehören auch *Vorworte* zu fiktiven Texten, wie das Beispiel aus den „Regulatoren in Arkansas" zeigt: [Leseradressierungen in *Kursivschrift*]

> *Wenige Worte werden genügen, diese Erzählung, aus den westlichen Wäldern Amerikas, bei dem Leser einzuführen, und ihn darauf vorzubereiten, was er überhaupt darin zu erwarten hat.* A r k a n s a s, von den Vereinigten Staaten erst seit 1836 in die Union aufgenommen, hatte sich in früheren Jahren denselben Ruf erworben, den jetzt Californien genießt: daß nämlich alles Gesindel aus dem Osten und Süden in seinen bahnlosen Wäldern und Sümpfen einen Zufluchtsort gegen den strafenden Arm der Gerechtigkeit gefunden habe, und dort auf eigene, freie Hand sein Wesen treibe. (...) Auf den Pferdediebstahl legte sich die Genossenschaft besonders, da nach der westlichen Sitte die Thiere und Heerden der Pionniere frei im Walde ihr eigenes Futter suchen, und also keiner so genauen, ja oft nicht der mindesten Aufsicht unterworfen sind. Als nun noch überdies im Jahre 1839 die Todesstrafe für Pferdediebstahl aufgehoben ward, so machten, in verschiedenen Theilen des Staates, Manche ein wirkliches Geschäft daraus, und die Hinterwäldler sahen sich endlich zu ernsten Maßregeln gezwungen. Die Gesetze vermochten nicht, sie auf ihren einzelnen, oft viele Meilen von einander entfernten Farmen zu schützen, die „Männer von Arkansas" traten daher zusammen, und bildeten den R e g u l a t o r e n - b u n d, ergriffen, was ihnen verdächtig schien, peitschten die Gefangenen, bis sie ihre eigenen Vergehen gestanden, wie ihre Mitschuldigen genannt, und

---

[31] Tarot, 1993: 60

hingen oder erschossen die Missethäter, sobald das Verbrechen nur erst einmal hinlänglich bewiesen werden konnte. (...) Meine Erzählung fällt nun in jene Zeit, wo das Unwesen seinen höchsten Grad erreicht hatte, und Selbstschutz den Farmern und Jägern zur Nothwendigkeit wurde. (...) *So möge sich denn der freundliche Leser, falls er Geduld behält, dem Ganzen zu folgen, auf kurze Zeit mit mir zurückversetzen in die schönen Wälder jenes herrlichen Landstrichs*, (...) („Die Regulatoren in Arkansas", *Vorwort*, S. 5ff.)

Auch aus dem nächsten Beispiel geht hervor, dass nicht bloss der Erzähler, sondern auch der *Autor* mit dem Publikum bis zum allerletzten Satz auf Tuchfühlung bleibt. Das Zitat stammt aus dem *autobiographischen* Werk „Reisen" und illustriert schön, wie zuvorkommend, ja liebevoll das Publikum am Textende verabschiedet wird – einmal bezeichnet Gerstäcker den Leser als „lieben Reisegefährten"; darüber hinaus verleiht er gar der Hoffnung Ausdruck, ihn als „Freund" gewonnen zu haben. [Leseradressierungen in *Kursivschrift*]

Doch das gehört Alles nicht mehr nach Java, nicht zur wirklichen Reise, und wenn ich mich nicht schon lange, wenigstens seit der Einfahrt in die Weser, von dem nachsichtigen Leser verabschiedete, geschah das nur, weil wir eine so lange, lange Strecke – *hoffentlich als gute Freunde* – mit einander durchlaufen haben, und man sich immer doch nur so spät als möglich von einem *lieben Reisegefährten* trennt. So, jetzt noch ein herzliches Lebewohl, und bist Du, lieber Leser, wirklich nicht müde geworden – hast Du sogar noch Lust, weiter zu streifen durch die Welt, so – wünsche ich Dir eine recht glückliche Reise, werde Dich aber müssen allein ziehen lassen, denn mit den Schwalben habe auch ich mein altes Nest wiedergefunden, und der Wandervogel steckt seine Flügel in die Taschen und ist jetzt fest entschlossen, in der Heimath zu bleiben. („Reisen", Band 2, S. 576)

Im abschliessenden Auszug gönnt der Schriftsteller dem Leser ausdrücklich Schonung und wünscht ihm Besseres als sich selbst – fürwahr ein edles, sympathisch anmutendes Verhalten!
[Leseradressierung in *Kursivschrift*]

Den 31. Mai. Der Leser kann Gott danken, daß er vom 18. bis 28. Mai nicht bei uns war. Der Ostwind hatte uns gepackt, und was er wehen konnte, trieb er uns die meiste Zeit vor dicht gereeften Segeln von einer Seite des Kanals zur andern. Morgens frühstückten wir bei Frankreich, Abends tranken wir unsern Thee bei England, und ein Wetter dabei, daß man keinen Hund hätte hinausjagen mögen. – Dabei eine Kälte, daß ich zwei Röcke anzog und Frost in den rechten Fuß bekam; so waren unsere Tage vor Pfingsten. („Reisen", Band 2, S. 571)

3.1.2 Referenznahmen auf bereits Gesagtes

Nun soll die Aufmerksamkeit einer weiteren Spielart des *Leserbezugs* gelten, die bei den Aussagesubjekten ebenfalls erste Priorität hat: Es handelt sich um Bezugnahmen auf bereits früher im Text gemachte Ausführungen; der Erzähler setzt dabei auf ein „erarbeitetes" Vorwissen – herrührend aus der Gesamtheit der zu Ende erzählten Kapitel. [Bezugnahmen auf bereits Erwähntes in *Kursivschrift*]

Das laute Lachen und die verschiedenen Zurufe auf der Straße verriethen ihnen aber bald, daß die Fremden den Kampf noch nicht aufgegeben hatten, und die Mulattin wurde mit dem Kübel an's Fenster geschickt, um dieses zu vertheidigen. *Wie sie empfangen ward, wissen wir*, und Lydia rief: „Das ist sicher der ungeschlachte Señor Benares mit seinen plumpen Späßen; dem werd' ich aber tüchtig den Text lesen!" („Sennor Aguila", S. 294f.)

Jeremias war, *wie schon vorher einmal angedeutet*, eine Art von Factotum in der Colonie. Er trieb eigentlich gar keine bestimmte Beschäftigung, sondern nahm nur da Arbeit an, wo er sie gerade bekam, so daß er oft fünf oder sechs verschiedene Herren zu gleicher Zeit, und dann wieder einmal gar keinen hatte. („Die Colonie", S. 120)

Die obere Etage war, *wie schon erwähnt*, sehr elegant eingerichtet, aber nur wenige Menschen hatten sie einmal zufällig zu sehen bekommen und sie wohl kaum je betreten. („Der Erbe", S. 40)

Bei dem Erscheinen der Familie herrschte anfangs, *wie schon gesagt*, eine wahrhaft unheimliche Stille in dem großen Saal; (...) („Der Erbe", S. 502)

Oben auf dem Wagen saßen, *wie vorerwähnt*, zwei französische und noch ganz junge Officiere, ihre Revolver im Gürtel, (...) („In Mexiko", Band 1, S. 234)

Erschrocken fuhr sie empor, ob Niemand die verrätherischen Laute gehört habe, und sank erst dann wieder in ihre vorige Stellung zurück. Da schmetterte *jener schon zweimal erwähnte* furchtbare Schlag über den Wipfeln des rauschenden und zitternden Waldes dahin, und die Frauen fuhren entsetzt vor dem zürnenden Sturmgott zusammen, der an den Grundvesten der Erde rüttelte. („Die Regulatoren in Arkansas", S. 411)

Etwa eine Meile weiter stromab kreuzte jene Straße den Fluß, auf welcher damals die Regulatoren von Rowson's List irregeführt waren, und die kleine Hütte, in der Alapaha von Mörderhand fiel, lag, *wie der Leser weiß*, kaum eine halbe Meile in gerader Richtung von dieser entfernt. („Die Regualtoren in Arkansas", S. 474)

Obwohl der Leser nur im ersten und im letzten Beispiel *explizit* in die Referenznahme eingeschlossen wird („wissen *wir*", „wie der *Leser* weiss"), ist die Absicht offensichtlich: Diese Bezüge sollen *Leseerleichterungen* und *Haltepunkte* bieten; sie sind *Rückgriffs-* und *Orientierungsmöglichkeiten* im sorgsam aufbauenden Erzählstil Gerstäckers. Immer wieder legt der Erzähler Marschhalte ein und weist darauf hin, was bereits zur Sprache gekommen ist und deshalb vorausgesetzt werden kann. Immer wieder wird dem Leser der Stand der Dinge in Erinnerung gerufen. Nichts wird überstürzt – es gilt der Primat von Klarheit und Transparenz. Doppelt (oder gar mehrere Male) erwähnt hält eben besser!

Die stark an ein lesendes Gegenüber gerichtete Prosa Gerstäckers zeigt sich nicht bloss in Referenznahmen auf bereits Erwähntes und in mehr oder minder direkten Leseradressierungen; die Erzählerinstanzen bedienen sich noch weiterer Gestaltungsmittel, die den Bedürfnissen und Interessen der Leserschaft gerecht werden und auf sie abgestimmt sind. Sie sollen im folgenden vorgestellt werden.

3.1.3 Sympathiesteuerung hinsichtlich Figuren

In der gesamten Figurengestaltung Gerstäckers lässt sich eine gewichtige publikumsorientierte Komponente ausmachen. Die Darstellung und Gestaltung liegt in der Verantwortlichkeit des auf die Leserschaft ausgerichteten Aussagesubjekts. *Es* setzt die Akzente, wertet und gibt die nötigen Impulse. Die Charaktere werden von der Erzählerfigur präsentiert und eingefärbt und nicht bloss kommentarlos „in die Welt gesetzt" und sich selbst übergeben. M.a.W.: Sie werden auf einfachem, gut verständlichem Weg dem Leser „geöffnet" und zugänglich gemacht. Nie wird das Publikum allein gelassen, und es bleibt nicht der Lesegewandtheit bzw. den interpretatorischen Fähigkeiten des Rezipienten überlassen, die Charakterzüge der Figuren angemessen zu deuten und zu verstehen.

Im zweiten Kapitel (2.1.16) wurde darauf hingewiesen, dass den Erzählern im Bereich der Figurenzeichnung *Verstärkerfunktion* zukommt: Ist ein Charakter moralisch „ungenügend", wird er mit Liebesentzug bedacht und mit Verachtung bestraft – das französische Sprichwort „tout savoir, c'est tout pardonner" hat bei Gerstäcker keine Gültigkeit. Genügt jemand hingegen höheren ethischen Ansprüchen, darf er sich einer Vorzugsbehandlung erfreuen. Dies wird u.a. dadurch belegt, dass nur

„senkrechte" Figuren vom Aussagesubjekt direkt angesprochen werden. Die Erzähler betreiben also aktive Sympathiesteuerung, geben unzweideutig zu erkennen, welche Figuren wohlwollend und welche skeptisch zu betrachten sind. Dieses Verhalten ist stark leserbezogen.

Es ist ein Merk- und Markenzeichen von Friedrich Gerstäckers Fiktion, dass die „Guten" von der Erzählerfigur nicht nur mehr Liebe und Zuneigung erfahren, sondern zudem noch rein quantitativ mehr Platz eingeräumt erhalten. Äussere und innere Beweggründe von integren, sauberen Charakteren werden länger und eingehender abgehandelt als allfällige Irrungen und Wirrungen der „Bösen" und Niederträchtigen. Ein solches auch quantitativ unterlegtes Konzept der Figurenzeichnung enthält eine weitere Komponente der Sympathielenkung und trägt seinerseits dazu bei, den Leser *für* die „Guten" und *gegen* die „Bösen" einzunehmen.

Vielfach wird bereits in Kapiteltiteln deutlich, wer auf der einen und wer auf der andern Seite anzusiedeln ist. Die Überschrift des 1. Kapitels der „Regulatoren" lautet:

> Der Leser macht die Bekanntschaft von vier würdigen Leuten, und erfährt etwas Näheres über ihre Lebensverhältnisse. („Die Regulatoren in Arkansas", S. 9)

Das Adjektiv „würdig" macht hellhörig und weckt Neugier! Inwieweit werden die vier Figuren diesem Prädikat gerecht? Welches sind ihre Qualitäten? Schon auf der allerersten Seite wird klar, dass „würdig" nur ironisch gemeint sein kann. Erstens bewegen sich die vier besagten Personen nicht im Lichte, sondern in den dunklen und düsteren Niederungen des Urwalds, in einem „Gewirr von Schlingpflanzen und Buschwerk" („Regulatoren", S.9), und zudem setzt sich der Sprecher sogleich von „Christenmenschen" ab. Der Erzähleingang soll zeigen, wie schnell die Positionen „Gut" – „Böse" bezogen werden, wie prompt die Rollenverteilung erfolgt. Der Leser wird ohne Verzug darüber aufgeklärt, mit wem er es zu tun hat und wen er wie einschätzen muss.

> Drängte sich aber auch die Sonne durch die dichtbelaubten Wipfel der gewaltigen Stämme, so ließ doch eben dieses Gewirr von Schlingpflanzen und Buschwerk kaum hier und da einen verstohlenen Strahl zur Erde nieder, und Dämmerung herrschte in diesem Theil der Niederung, während das Tagesgestirn schon hoch am Himmel glühte. Damit schienen übrigens die Gestalten, die sich hier am Fuß einer mächtigen Kiefer niedergelassen hatten, ganz einverstanden zu sein, denn der Eine von ihnen reckte die Glieder und sprach, zu dem grünen Laubdach über sich emporschauend: „Ein herrlicher Platz für vertrauliche Zusammenkünfte – ein ganz vorzüglicher Platz und wie gemacht dazu. Der

Rohrbruch, nach dem Flusse hin, hält gewiß jeden vernünftigen Christenmenschen ab, seinen Weg in dieser Richtung einzuschlagen, und die Dornen und Greenbriars hier oben sind ebenfalls nicht so einladend, als daß sich Einer ganz nutzlos hereinwagen sollte – und nutzlos wär's, denn daß kein Wild mehr in der Nähe weilt, dafür, denk' ich, hätten wir gesorgt."
(„Die Regulatoren in Arkansas", S. 9f.)

3.1.4 Sympathiesteuerung hinsichtlich Erzähler

Sympathiesteuerung betreibt das Aussagesubjekt jedoch nicht nur in bezug auf Figuren – es tut auch etwas für sein *eigenes Renommee*: Ein Erzähler, der Mitgefühl mit (bestimmten) gutgearteten Figuren hat, der sich ihnen liebevoll und besorgt zuwendet, wird sich auch seiner Leserschaft gegenüber aufrichtig und zuverlässig verhalten.

Umgekehrt kann das Publikum auch Rückschlüsse auf die Charakterqualität der Erzählinstanz ziehen, wenn es deren Verhalten den zwielichtigen Figuren gegenüber in Betracht zieht: Hart und schonungslos werden sie angefasst und ohne jegliche Zurückhaltung in die Schranken gewiesen. Auch diese Art der Erzähler-Figuren-Beziehung ist (indirekt) Werbung in eigener Sache und kommuniziert dem Leser die Integrität des Aussagesubjekts.

M.a.W.: Der Eindruck der Glaubwürdigkeit des Erzählers beruht u.a. auf seiner untrüglichen Menschenkenntnis – ein treffendes Beurteilungsvermögen, beruhend auf Ethik und Moral, ist immer ein Qualitätssiegel, und jemand, der über diese Fähigkeit verfügt, ist vertrauenswürdig, strahlt Souveränität aus und besitzt die besten Voraussetzungen, beim Publikum gut anzukommen.

In der folgenden Passage gibt der Erzähler eine Kostprobe seines untrüglichen Einschätzungsvermögens:

Es giebt in der Welt eine Physiognomik, die wie die Freimaurerei ihre gewissen Zeichen unter sich hat, und nach der sich verwandte Charaktere oft wie durch eine Art von Instinct zu erkennen scheinen. Im Guten wie im Bösen zeigt sich das, und wie sich ein braver, rechtlicher Mann von dem offenen und ehrlichen Auge eines oft ganz Fremden angezogen fühlt, so kann der Lump oder Verbrecher gerade das offene und ehrliche Auge nicht leiden, fühlt sich aber augenblicklich heimisch, wo er die Gewißheit findet, das zu treffen, was er selber zu seinem eigenen Wohlbehagen braucht: Genossenschaft im Laster und ein schlechtes Gewissen. Zu dem Ersten müßte er aufblicken, das ist ihm unbequem – zu dem Andern sagt er Du – wenn auch nicht immer gleich wörtlich, doch immer gleich im Geiste, und d i e Gesellschaft ist ihm gerade recht.
(„Die Colonie", S. 186)

3.1.5 Unterbrechung von Dialogen durch Erzähler

In dialogischen Passagen ist es von untergeordneter Bedeutung, ob und wie lange die eigentliche Handlung vom Aussagesubjekt unterbrochen wird. *Das Bestreben, dem Publikum jederzeit zusätzliche Information und Verständnishilfen anbieten zu können, ist wichtiger als ein durchgehender, vornehmlich auf Spannung und flüssiges Lesen ausgerichteter Handlungsablauf.* Der ehrgeizigen Zielsetzung einer lesergerechten, möglichst umfassenden und bisweilen enzyklopädisch genauen Textkonzeption wird alles untergeordnet – selbst spannend(st)e Passagen.

Stellvertretend für die zahlreichen markanten *Unterbrechungen von Dialogpartien* durch den auktorialen Erzähler soll das folgende Beispiel stehen. [Spannungsunterbrechung *kursiv* abgedruckt]

> „Aber Mr. Holleck wird doch auch da oben nicht selber graben und waschen wollen," sagte die Mutter lächelnd, „er denkt gewiß gar nicht daran." „Und die Mutter ist jetzt die einzige Vernünftige von der ganzen Gesellschaft," lachte der junge Miner in seiner dreisten Art. „Aber, Papa Pitt, Sie glauben, ich hätte so weit den Kopf verloren, um mich da oben in die Berge zu setzen und angenehme Löcher in den Erdboden zu hacken – und Miß Pitt ebenfalls? – Das ist aber stark." „Nun, mein junger Freund," sagte der Vater mit ernster Miene, „ich dächte, der ähnlichen Beispiele hätten wir in diesen Tagen gerade genug, um einen solchen Verdacht bei den geringsten Anzeichen mehr als wahrscheinlich zu machen, und für solche, und zwar s e h r starke Anzeichen rechne ich nun einmal ein rothwollen Hemd und Wasserstiefel ganz bestimmt. Wenn Sie aber nicht in die Berge wollen, wozu dann die Maskerade?" „In die Berge will ich allerdings," *sagte der junge Mann, indem er jetzt die Kleine wieder auf die Füße stellte und sich ohne Weiteres mit zum Tisch setzte, auf den zur Luncheons Zeit immer ein paar übrige Gedecke gelegt wurden – er war ja überhaupt ein steter und, wie er überzeugt war, gerngesehener Gast im Hause,* – „aber nur um mir das Leben da oben einmal mit anzusehen – wahrlich nicht um zu arbeiten, zu hacken und zu graben." („Im Busch", S. 32f.)

Die eben vorgestellte Dialogunterbrechung besitzt genauso wie die zuvor diskutierten Gestaltungsmittel eine *publikumsorientierte* Dimension: Der Leser wird mit zusätzlichen Informationen versorgt, die aus den Dialogen allein nicht hervorgehen würden („...er war ja überhaupt ein steter und, wie er überzeugt war, gerngesehener Gast im Hause..."); solche Einsätze machen es sich zur Aufgabe, dem Publikum die Sachverhalte näherzubringen und es über die wirklichen Verhältnisse in der Geschichte besser ins Bild zu setzen.

Die Möglichkeit des auktorialen Erzählers, sich leserbezogen immer und überall in Szene zu setzen, ist keine Besonderheit von Friedrich

Gerstäcker, sondern vielmehr eine *Konstante* traditioneller Literatur. Grundsätzlich gilt:

> Der diegetisch erzählende Erzähler (Ich- oder Er-Erzähler) kann sich jederzeit und an jeder beliebigen Stelle – selbst mitten im Dialog von erzählten Figuren – zu Wort melden.[32]

3.1.6 Originalzitate aus der (Reise-)Literatur

Viel mit der Wahrung des möglichst authentischen Wirklichkeitsbezugs hat das Einbringen von Originalzitaten aus der (Reise-)Literatur zu tun. Sie lassen einerseits die Belesenheit und Bildung des weltkundigen Aussagesubjekts aufscheinen, und andererseits zeigt sich in ihnen die feste Verankerung inhaltlicher Aspekte in der Nichtfiktion und somit in der *(potentiellen) Lebenswelt des Publikums.* Dieses wird dabei nicht bloss mit Wissenswertem versorgt, sondern es bietet sich ihm bei Bedarf die Möglichkeit, anhand von *Gebrauchsliteratur* aus eigener Initiative eine bestimmte Interessensphäre neu oder näher zu erschliessen. *Tips in Form von Buchhinweisen* sind ganz besonders stark auf den Rezipienten ausgerichtet.

Im nun folgenden Beispiel bietet eine kriegerische Episode aus der Welt von Südseeindianern Anlass, weiterführende Lektüre einzuflechten: [Originalzitate aus (Reise-)Literatur in *Kursivschrift*]

Claus stand mit der Kanone ein wenig seitwärts, und etwa fünfzehn der Tuianer kamen jetzt, den anderen voran, herunter in die Ebene, während eine ziemlich gleiche Zahl von Namara Toa's Leuten aufstand, um ihnen zu begegnen. Es war das eine Art von Einzelkampf, der gar nicht selten ihren größeren Schlachten voranging und dann von beiden Theilen mit der gespanntesten Aufmerksamkeit beobachtet wurde. Die Niederlage der einen Partei gab nachher gewöhnlich das Zeichen zum allgemeinen Angriff, da man die Besiegten nicht ohne Schuh lassen wollte. Da trennte sich plötzlich von den Tuianern Einer von seiner Schaar ab und sprang und tanzte, wie in ausgelassener Fröhlichkeit, direct auf die Mündung der Kanone zu, hinter welcher der Deutsche mit brennender Lunte stand. „Na nu?" sagte Claus erstaunt, indem er kopfschüttelnd den Wilden betrachtete, „der glaubt wohl am Ende gar, ich habe ihm die Maschine hier zum Vergnügen hergesetzt? Na, komm Du mir, Dir will ich heimleuchten!" Der Wilde kam indessen wirklich mit den wunderlichsten Capriolen heran, einen

---

[32] Tarot, 1993: 59

kurzen Wurfspeer in der Hand haltend, den er fortwährend um den Kopf schwang und mit dem er nach der Kanone zielte. Claus hatte seine Büchse heruntergenommen und hielt ihn scharf im Auge, denn er dachte, daß der kecke Bursche jedenfalls einen andern Plan verfolge, als nur hier vor der Kanone herum zu tanzen. „Ei, zum Henker!" rief er endlich, „wenn Du denn glaubst, daß ich mich von Dir zum Besten haben lasse, so bist Du verwünscht im Irrthum, mein Junge. Jetzt wahr' Dich!" Und wie der Indianer, kaum acht Schritt von der Kanone entfernt, vor dieser stand und alle möglichen verächtlichen Bewegungen machte, berührte er mit der Lunte das Zündloch und feuerte. In demselben Moment warf sich aber auch der Wilde flach auf den Boden nieder, *) und die Kugel flog über ihn hin. Mit Blitzesschnelle sprang er aber wieder empor, lief bis fast dicht an die Kanone hinan, tanzte und drehte sich, hob dann seinen Speer und schleuderte ihn nach der Mündung des eben abgeschossenen und noch rauchenden Geschützstückes.

----

*) Daß die Indianer der Südsee auf eine merkwürdige Art verstehen sich unter einem Schuss w e g z u b ü c k e n, *bestätigen* A l l e, die über die Südsee geschrieben haben und Zeuge eines dortigen Kampfes waren; so: *Mariner über die Tonga-Inseln; Ellis' „Polynesian researches", Russel's „South Sea islands", Turner's „19 years in Polynesia", Charles Wilke's „United States Exploring expedition". Die obige Anekdote des Indianers und der auf ihn abgefeuerten Kanone beschreibt Mariner fast wörtlich so in seinen „Tonga islands".* („Die Missionäre", S. 444f.)

Im gleichen Roman wird der Drang des Autors nach Realitätsverbundenheit des fiktionalen Textkorpus noch einmal augenfällig, wenn ein (bestimmtes) Aussageobjekt – hier die ungerechtfertigte Verurteilung eines Eingeborenen-Würdenträgers zum Strassenbauen wegen seiner Ablehnung des christlichen Glaubens – mittels Anmerkung als *reales Geschehen* ausgegeben wird. Auch hier könnte die Anbindung des Romans an die nichtfiktionale Wirklichkeit und damit an die Welt, in welcher der Leser lebt, nicht enger und konkreter sein.
[Anbindung an die Realität in *Kursivschrift*]

Laß mich! Ich bin fest entschlossen, die volle, mir zugesprochene Strafe auch selber abzuarbeiten. Auch nicht eine Stunde davon will ich geschenkt haben; kein Mann soll einen Arm aufheben, um mir zu helfen. Taori, Namara Toa's Sohn, der künftige König der Insel, soll als gemeiner Tagelöhner hacken und graben, so will es das Gesetz. Die Häuptlinge mögen ihren Willen haben, aber – sie mögen auch die Folgen tragen!" Und fest die Zähne zusammengebissen, die Hacke wieder schulternd, schritt er, selbst die Grüße der ihm Begegnenden nicht mehr erwidernd, mit finster zusammengezogenen Brauen seinen Weg entlang. *)

----

*) *Thatsache.*
(„Die Missionäre", S. 265)

3.1.7 Anmerkungen

Übersetzungen von schwierigen oder unbekannten Vokabeln *innerhalb* des narrativen Kontexts sowie in der Figurenrede selbst sind in Gerstäckers Schriften weitverbreitet und entsprechend wichtig. Auch Anmerkungen *ausserhalb* des fortlaufenden Texts kommen immer wieder vor. Obwohl sie rein von der Plazierung her als „textfremde" Elemente mit den „normalen" auktorialen Einflussnahmen im Text kontrastieren, erfüllen sie *inhaltlich* genau dieselbe Funktion – sie bürgen dafür, dass die Lektüre schnell und ohne Verständnisschwierigkeiten vonstatten gehen kann. Dies ist aber nur dann gewährleistet, wenn der Leser auch hinsichtlich der Bedeutung von *Fremdwörtern* bzw. anderer *anspruchsvoller Lexeme* ständig auf dem laufenden ist.

Die Dichte dieser Einsätze steht in engem Bezug zum Schreibkonzept Gerstäckers, das in seiner ganzen Anlage auf ein lesendes Gegenüber ausgerichtet ist. Zur Umsetzung dieses Vorhabens gehören einerseits die Promptheit und Klarheit, mit der unbekannte Vokabeln vermittelt und erläutert werden; auf der anderen Seite ist aber auch die Häufigkeit solcher Worterklärungen ein Gradmesser der allgemeinen Verständlichkeit und Leserfreundlichkeit. Gerade die angesprochene Dichte dieser Erläuterungen – so fragwürdig sie in stilistischer Hinsicht erscheinen mag – ist dafür verantwortlich, dass der Leser eine angenehme und leicht verdauliche Lektüre geniessen kann.

Mit Anmerkungen versehen sind insbesondere englische oder englisch lautende Vokabeln oder Ausdrücke, die vielen Lesern nicht bekannt sein dürften und deshalb einer Übersetzung oder einer näheren Erläuterung bedürfen. Eine Kostprobe solcher Übersetzungshilfen liefern die nächsten zwei Zitate:
[Die übertragenen Stellen sind *kursiv* geschrieben.]

„Doctor?" rief aber Lamberg erstaunt, der jetzt ihm gegenüber und neben Fischer Platz nahm, „ist der Herr ein Doctor?" „Barbier!" antwortete aber Erbe, ohne den geringsten Stolz, und warf dabei nur einen flüchtigen Blick nach der noch fast vollen Flasche seines Nachbars – „hier in den Minen cahlen *) sie mich aber Doctor." Der Wirth, ein Elsässer, war indessen zu dem Tische getreten, die Bestellungen seiner Gäste auszuführen, und der Justizrath musterte dabei mit etwas mißtrauischen Blicken seinen Nachbar. „Schönes Land hier, wie?" nahm da der Actuar das Gespräch wieder auf – „ein wirklich italienisches Klima. Finden hier auch eine famose Wirtschaft; der Herr Justizrath wird sich freuen, wenn er erst einmal einen Blick in dieses Leben thut." „Na wissen Sie, Herr Korbel, es mannatscht **) hier Jeder so gut, wie er eben kann," sagte da Erbe, nahm eins der auf den Tisch gestellten Gläser und schob es neben des Justizraths Flasche, „und sonst können wir doch immer ganz satisfied sein, und ich habe 'ne Nohschen ***), daß es noch schlechtere giebt."

----

*) *to call, nennen.*
**) *to manage, eine Sache treiben.*
***) *to have a notion, sich denken.*
(„Gold!", S. 200)

Fischer hatte zugleich einige Worte mit den ihm nächsten Franzosen gewechselt und diese, rasch auffahrend, stimmten ihm ebenfalls bei, in diesem Zelte das Spiel nicht zu dulden. Da aber zugleich eine Anzahl von ihnen aufgestanden war, glaubte Mr. Smith wahrscheinlich, daß sie jetzt zu ihm kommen und pointiren wollten, mischte deshalb lächelnd seine Karten, ließ sie ein paar Mal durch die Finger gleiten und sagte dann, das Spiel dem ihm zunächst sitzenden Erbe hinüberschiebend: „Be so kind to cut, Sir!" *) „Cut yourself!" antwortete ihm aber Erbe, ohne seine Hände aus den Taschen zu nehmen, und mit dem Doppelsinn des Wortes. **)

----

*) *Seien Sie so gut und heben Sie ab.*
**) *to cut abheben und auch ein slang Ausdruck für „machen, daß Jemand fortkommt" – unser: sich drücken.*
(„Gold!", S. 211)

Neben der eben angesprochenen semantischen Erklärung wird auch das *sprachlich-kulturelle Umfeld* diverser Vokabeln und Ausdrücke mit grosser Beharrlichkeit ausgeleuchtet. Diese Zusätze haben genauso das Ziel eines breiten und reichhaltigen Informationsdienstes an die Adresse der Leserschaft. Im folgenden Textausschnitt wird ein gängiger spanischer Begriff näher analysiert.
[Übersetzung und Zusatzinformation in *Kursivschrift*]

„Liebes Kind," sagte achselzuckend Miramon, „wenn das, was wir hier, allerdings noch unvollständig, von den Vorschlägen wissen, die Napoleon dem österreichischen Prinzen gemacht hat, und wonach dieser übernommen haben sollte die K o s t e n der französischen Besetzung zu tragen, so müßte er sich, um dies zu ermöglichen, auch einen ganz ungewöhnlichen Finanzmann oder eine sehr große Cassa mitbringen. Ich wenigstens hätte mich auf Derartiges nie im Leben eingelassen, und wie mir scheint, ist auch Maximilian stutzig geworden. Doch wir werden ja sehen, und wie sich Alles nachher gestaltet – quien sabe?" *)

----

*) *Das Quien sabe – wer weiß es – ist ein in allen spanischen Colonien fast bei jeder Gelegenheit gebrauchtes Wort, und dient als Ausrede, Entschuldigung, Bejahung, Verneinung und in zahllosen anderen Fällen. Es entspricht auch vollkommen dem Charakter dieser Stämme, die sich leicht und rasch über alles ihnen Unbequeme hinwegsetzen.* („In Mexiko", Band 1, S. 6)

Die intensive Leserbezogenheit zeigt sich nicht nur in der semantisch-kulturellen Situierung von Wörtern und Ausdrücken – auch der möglichst verständlichen Beschreibung der *Aussprache* gilt dann und wann das Interesse. Im zweiten Band des Romans „In Mexiko" findet sich diese Stelle: [Aussprachehinweise in *Kursivschrift*]

General Miguel Miramon stand, wenn auch in vollständiger Toilette, sich aber um die Vorbereitungen in seinem Hause wenig kümmernd, und nur aufmerksam eine vor ihm ausgebreitete Karte von Mexiko betrachtend, in seinem Zimmer. Er war von jeher eine der Hauptstützen der klerikalen Partei gewesen, und gerade diese hatte die Berufung des Kaisers am stärksten und unermüdlichsten betrieben, weil sie besonders auf einen österreichischen Prinzen ihre größte Hoffnung setzte. War nicht von dem Republikaner und Indianer Juarez *) die Kirche, und damit, ihrer Meinung nach, die ganze Religion unter die Füße getreten worden?

----

*) *Der Name wird Chuares gesprochen, mit dem Hauchlaut, wie ihn die Holländer oder Schweizer haben.* („In Mexiko", Band 1, S. 4)

Um die Praxisnähe und Realitätsnähe der fiktionalen Texte zu dokumentieren, bestückt Gerstäcker seine Prosa auch mit Auszügen aus *Gesetzestexten*. Dass sich dieses Vorgehen ebenfalls nahtlos ins Konzept einer starken Leserorientiertheit einfügt, braucht kaum mehr speziell hervorgehoben zu werden. [Extrakt aus Gesetzestext in *Kursivschrift*]

„Auf keinen Fall aber," rief der Friedensrichter, „soll ein weißer Mann irgend eines Vergehens auf das Zeugniß eines Indianers überwiesen werden können.*) Nun macht einmal 'was! und überdies will ich den Teufel thun, mir einer solchen Rothhaut wegen hier unsere Goldwäscher auf den Hals zu ziehen. (…)"

----

*) *Das Gesetz Section VI. lautet wörtlich: „Klagen können vor einem Friedensrichter durch Weiße oder Indianer vorgebracht werden, in keinem Fall aber soll ein weißer Mann irgend eines Vergehens auf das Zeugniß eines oder mehrerer Indianer überwiesen werden können. In allen solchen Fällen soll es der Discretion des Richters und der Jury überlassen bleiben, nachdem sie die Klage eines Indianers angehört haben." Section XII.: „In allen Fällen zwischen Weißen und Indianern können beide Parteien eine Jury beanspruchen."* („Gold!", S. 184f.)

Ein Aussagesubjekt, das Missständen gegenüber kritisch gestimmt ist, kann bei der Leserschaft mehr Anerkennung gewinnen und somit mehr Wirkung erzielen als eines, das solche stossenden Tatsachen lediglich wertungsfrei aufnimmt und kommentarlos „weitergibt".

In den Anmerkungen finden sich deshalb dann und wann interessante *politische Betrachtungen und Stellungnahmen*, u.a. die im folgenden Beispiel *kursiv* gedruckte kritische Wertung des niederländischen Opiumhandels auf Java:

> *) Die Erlaubniß Opium zu verkaufen und zu detailliren, wird auf Java von der niederländischen Regierung öffentlich an den Meistbietenden, d.h. an den verkauft, der sich contractlich verbindet, die größte Quantität Gift umzusetzen und der Regierung abzukaufen. Natürlich muß der Pächter dann auch jedes in seinem Bereich liegende Mittel ergreifen, seinem Opium so viel Absatz als möglich zu verschaffen, und statt den Gebrauch des schädlichen Giftes mit den Jahren zu vermindern, wird der Umsatz auf solche Weise nur im Gegenteil vermehrt. *Die einzige Entschuldigung, welche die Holländer für diese rein finanzielle Sache, der die Moral geopfert wird, geltend machen, ist die, daß sie den Gebrauch doch nicht verhindern könnten, und wollten sie es verbieten, so würde der Opium geschmuggelt.* („Unter dem Aequator", S. 144)

Mitunter werden auch Überlieferungen aus der Welt der *Sagen, Märchen* und *Mythen* sowie der *Ethnologie* eingebracht. Derartige Anmerkungen sind dazu da, das Publikum mit Unbekanntem vertraut zu machen, und sie bieten eine willkommene Abwechslung und Auflockerung der zwar breitgefächerten, aber überwiegend pragmatischen und aufs Diesseits ausgerichteten Palette von Zusatzinformationen.

Im Textausschnitt bietet ein überraschender Erdstoss Anlass zu einer Fussnote, die eine Sage von einem Erdungeheuer auf Java erzählt:
[Sage in *Kursivdruck*]

> Es war ein eigenthümliches lebendiges Bild, diese Soirée in den Tropen, und das südliche Kreuz funkelte hell und klar vom Himmel nieder durch die Federkronen der Cocospalmen wie durch die duftigen Blüthen der Gewürzbäume. – Da plötzlich, mit einem Schlag, schwieg die Musik – mitten im Tact hörten die Spieler auf, mitten in der interessantesten Anekdote schwiegen die Erzählenden, mitten im entscheidenden Spiel hielten die Männer am L'Hombretisch, und der schon gehobene Trumpf schlug nicht nieder, den letzten Stich zu nehmen – aber ein wunderlich unheimliches Leben kam in die sonst leblosen Gegenstände: die Lichter flackerten, die von der Decke niederhängenden Astrallampen schwangen langsam hin und wieder, und die Verbindungsbalken des Hauses selber krachten und ächzten. Aber dies Schwingen dauerte nicht lange und mit e i n e m gellenden Schrei fuhren plötzlich die Damen von ihren Sitzen empor – eine unterirdische furchtbare Macht erschütterte den Boden, und der z w e i t e Stoß brachte den jetzt entsetzt Emporfahrenden die G e w i ß h e i t eines Erdbebens. Alle Banden der Ordnung und Etikette waren in dem Augenblick gelöst, Tassen wurden um und zu Boden geworfen, Teller klirrten auf die Marmorplatten nieder und spritzten ihre Scherben umher, und Herren und Damen, jede Frage um einen gerechtfertigten Vortritt vergessend, stürzten dem Ausgang zu,

die Stufen hinab und in den Garten hinaus, um dort wenigstens in Sicherheit das Zusammenbrechen des Hauses zu erwarten. Die Malayen indessen, deren Familien ebenfalls die niederen Bambushütten verlassen hatten, begannen ein furchtbares Geheul und Geschrei, in dem das Wort „Lenu" *) häufig vorkam; sie warfen sich auf die Erde, schrieen und jammerten aus allen Kräften und vermehrten dadurch nur das Unheimliche der ganzen Scene. Klar und hell leuchteten die Sterne indessen auf die erschütterte Erde nieder, und der eben aufgehende Mond warf sein mattes, silbernes Licht durch die riesigen Bäume und spielte mit den zitternden Schatten auf dem Boden. Tiefes, erwartungsvolles Schweigen herrschte noch unter den aufgestörten Europäern, die wenigstens ihr Leben vor etwa stürzendem Gebälk in Sicherheit gebracht hatten, während die Javaner nicht aufhörten, dem L e n u ihr Dasein in's Gedächtnis zurückzurufen.

----

*) In meinen „Reisen" habe ich die Sage erwähnt, die sich an dies „Lenu" knüpft, und für alle die Leser, denen sie noch fremd sein sollte, will ich sie hier wiederholen: *„Im Innern der Erde (Javas) wohnt ein ungeheures Thier, das sie Lenu oder Leni nennen und der Gestalt nach für einen ungeheuren Büffel halten. Die Welt wird einmal zerstört werden, aber nicht an einem „jüngsten Tag", wie die Christen glauben, der dann Gerechte und Ungerechte zusammen trifft, sondern erst wenn alle den Erdboden bewohnenden Menschen gestorben sind, und diese also vollkommen leer steht. Dann schüttelt sich das Ungeheuer und reckt sich in seiner Höhle da unten, und die Erde muß bersten und stürzt donnernd ineinander. Diese geringen Erschütterungen oder Erdbeben stehen mit jenem Thier in genauer Verbindung, und zwar in folgender Art: Es giebt besonders zweierlei Ameisen auf der Insel: die w e i ß e n, die Allem verderblich sind, was sie nur erreichen können, und die s c h w a r z e n. Die letzteren erweisen sich aber nicht allein vollkommen harmlos, sondern scheinen auch noch grimmige Feinde der weißen zu sein, die sie vertreiben, wo sie sich nur immer zeigen mögen, – vorausgesetzt, daß sie in gehöriger Stärke versammelt sind. Die Eingeborenen hüten sich auch, diese s c h w a r z e n Ameisen je zu tödten, und sie gelten ihnen gewissermaßen als Schutz gegen die verderblichen Wirkungen der weißen. Das wissen aber auch die schwarzen Ameisen recht gut, und wird einmal eine von ihnen durch einen schlechten Menschen, der sich nichts daraus macht ein unschuldiges Leben zu zerstören, getödtet, dann sucht sie sich zu rächen. So war sie auch hier gleich zu dem Lenu hinabgelaufen und hatte ihm gesagt, er könne jetzt nur immer anfangen die Welt über den Haufen zu werfen, denn die Menschen da oben seien Alle gestorben. Hätte Lenu ihr das nun gleich auf das Wort geglaubt, so wäre wahrscheinlich ein großes Unglück geschehen, so aber ist das Unthier schon zu oft von solchen rachsüchtigen Ameisen angeführt worden, und um sich von der Wahrheit zu überzeugen, hob es nur erst einmal e i n H a a r empor, was schon diese Erschütterungen hervorbrachte. Sobald die Javanen das aber oben fühlen, wissen sie gleich was es bedeutet. Sie werfen sich dann rasch auf die Erde nieder und schreien Lenu! Lenu! hinunter, so laut sie können. Das Thier soll nämlich ihr Rufen hören, und dann weiß es, daß sie nicht Alle gestorben sind, sondern noch leben. Sobald der Lenu aber dies gemerkt hat, schläft er ruhig weiter und wartet geduldig noch ein paar hundert Jahre – oder auch bis die nächste schwarze Ameise zu ihm hinunter kommt."* („Unter dem Aequator", S. 97ff.)

Wie schon oben angesprochen, haben etliche der Problemstellungen, mit denen sich Gerstäckers (Roman-)Figuren konfrontiert sehen, auch in der Lebenswelt des Publikums ihre Relevanz und Gültigkeit. Eine grosse Zahl von Lesern dieses Autors besteht nämlich aus Menschen in ökonomisch und sozial schwierigen Verhältnissen, denen einiges an Themen wie „Auswanderung" bzw. „neue Lebensräume" gelegen ist. Diese Leute suchen neben ansprechender und gut lesbarer Unterhaltung weiterführende, für ihren eigenen Werdegang nützliche und konkret verwendbare Information – irrelevant, ob aus fiktionalen oder nichtfiktionalen Quellen. Fragen, die nicht direkt mit der drückenden und drohenden Realität zu tun haben, so spannend und erhellend sie auch sein können, treten in Zeiten materieller Schwierigkeiten in den Hintergrund. Die Lebensumstände von Gerstäckers Publikum rufen nicht nach Hilfestellungen und Anregungen durch differenziertes Ausloten und Analysieren innerer Konflikte – gefragt sind, dies zeigen die beiden nächsten Beispiele noch einmal in aller Klarheit, *alltagskompatible Gebrauchsstrukturen*: Wer wäre nicht dankbar dafür, auf der ohnehin schwierigen, völlig ungewissen Fahrt in eine neue Heimat ein paar kluge, *verwertbare Tips* zu erhalten? Und wer möchte sich etwa die Gelegenheit entgehen lassen, *selbst* einmal das im zweiten Zitat angepriesene „Arkansas-Stew" zu kochen? (Diese Textstelle stammt aus der *nichtfiktionalen* texanischen Erzählung „Die Moderatoren".)
[Hinweise fürs tägliche Leben in *Kursivschrift*]

Mit dem Gepäck fand sich übrigens hier ebenfalls eine Schwierigkeit, die besonders in der unzweckmäßigen Verpackung der Sachen lag, und von den Auswanderern, trotzdem sie ihnen so oft an das Herz gelegt, doch so selten beachtet wird. Leute aber, die mit der Einrichtung eines Schiffes nicht bekannt sind, können sich gewöhnlich auch gar keine Idee machen, wie beschränkt der Raum doch natürlich in einem Fahrzeug sein muß, das Hunderte von Personen in Monate langer Reise über See schafft, und für diese Zeit nicht allein Wasser und Proviant mitnehmen muß, sondern mit seinem Haupterwerb auch auf die F r a c h t angewiesen ist. Dabei denken die Auswanderer gewöhnlich nur an sich selbst, der Nachbar und Reisegefährte existirt nicht für sie, und sie müssen dann erst eine Weile durcheinander geschüttelt werden und eigne Erfahrung sammeln, bis sie lernen, sich an Bord zu behelfen.*)

----

*) Es ist leicht einzusehen, daß nicht Jeder sein ganzes Gepäck, was er aus dem alten Vaterland mitnimmt, auch bei sich im Zwischendeck behalten kann, bald in der, bald in jener Kiste herumzustöbern, je nachdem er gerade Dies oder Jenes braucht, oder zu brauchen glaubt. Wo der Raum für einen Jeden nach einer bestimmten Anzahl von Kubikfuß eingetheilt wird, darf der Eine nicht mehr beanspruchen als der Andere, und die Räumlichkeit eines Schiffes ist nicht die

eines Hauses mit so und so viel Stuben, Kammern und Böden. *Hat der Auswanderer also* v i e l *Gepäck, so suche er sich vor allen Dingen Das, was er* u n t e r w e g s   n o t h w e n d i g *bei sich führen* m u ß *(und je weniger das ist, desto angenehmer ist es für ihn und die Anderen), und packe das in eine kleine Kiste, die am bequemsten drei Fuß lang, zwei Fuß breit und anderthalb oder zwei Fuß hoch sein kann und mit einem verschließbaren Deckel (weniger zweckmäßig sind Vorlegeschlösser, die leicht unterwegs abgestoßen werden können) versehen ist.* Die Kojen sind gewöhnlich nur sechs Fuß und vielleicht einige Zoll lang, und hat man nur drei Fuß lange Kisten, die aber der unteren Kojen wegen nicht zu hoch sein dürfen, bei sich, so können vor der eigenen Koje zwei neben einander stehen, dienen, wenn geschlossen, zum Sitz und nehmen nicht viel Raum in dem ohnedies engen Zwischendeck ein. Das andere Gepäck m u ß aber in den u n t e r n Raum und aus dem Weg „weggestaut", und was oben bleibt durch Taue und vorgenagelte Holzkeile so befestigt werden, daß es bei noch so starkem Schaukeln des Schiffs nicht im Stande ist, zu weichen oder überzuschlagen und Gliedmaßen, wie selbst das Leben der Passagiere zu bedrohen. („Nach Amerika!", Band 1, S. 251f.)

„Gut", nickte Jenkins, „den Platz find' ich, und nun, denk' ich, hat mein Pony auch genug gefressen, daß ich den Heimweg wieder antreten kann, denn unter den Umständen möchte ich nicht länger, als irgend nöthig ist, von zu Hause fortbleiben." Damit aber war Border nicht einverstanden. Er hatte, wie er erklärte, besonders zu dem Zweck einen Feisthirsch geschossen und ein junges Schwein geschlachtet, Lebensmittel seien also genug im Hause, Whisky zu einem tüchtigen Arkansas-Stew *) ebenfalls, und er „wolle verdammt sein", wenn irgend Einer die „Range" verlassen solle, ohne sich sattgegessen und getrunken zu haben, am wenigsten Jenkins. Dabei blieb es; der Alte durfte sich nicht ausschließen, noch dazu da die paar Ruhestunden ja auch seinem heute überdies fast zu sehr angestrengten Pferd zu Gute kamen.

----

*) *Ich glaube dem Leser einen Gefallen zu thun, wenn ich ihm hier das Recept zu einem Arkansas-Stew mittheile. Es ist derselbe eigentlich nichts Anderes, als ein „steifer Grog" von Whisky, der sich auch eben so gut von Rum oder Arak herstellen läßt. Hat man es, so thut man noch etwas gestoßenen Gewürzpfeffer hinzu; ein Ingredienz aber, was nicht fehlen darf, ist etwas ungesalzene Butter. Butter?; entsetzlich, nicht wahr? Bitte, versuchen Sie es einmal. Der Grog muß aber sehr heiß sein, dann thut man auf das Glas etwa eine kleine Messerspitze ungesalzener Butter. Diese zerschmilzt augenblicklich und legt sich nur mit einer unsichtbaren Fettschicht auf das Getränk, dem sie aber dadurch jede Schärfe nimmt und einen milden Wohlgeschmack verleiht.*
(„Wilde Welt", S. 314f.)

3.1.8 Graphische Verstehenshilfe

Zum Schluss noch ein *Kuriosum* hinsichtlich Leserorientierung: Diese kann gar so weit gedeihen, dass eine Graphik präsentiert wird – trotz hinreichender verbaler Beschreibung! Eine derartige Verständnisskizze erscheint im Roman „Unter dem Aequator".

> Alle jene Malayen nämlich, die auf Java Nachts den Dienst als Wächter haben, sind mit einer so einfachen wie zweckmäßigen Waffe versehen, Verbrecher oder unnütze Nachtschwärmer einzufangen. Statt der albernen und nutzlosen Lanze oder Hellebarde aber, mit denen die europäischen Nachtwächter noch größtentheils bewehrt sind, führen sie eine sogenannte Fangegabel in dieser Form: ──< mit einem langen Stiel und einer in Gabelform geflochtenen dornigen Bambusart. Die Stacheln des Dorns sind dabei so eingelegt, daß sie sämmtlich zurückstehen, und der Wächter hat also nur diese Gabel so zu stoßen, daß er einen Arm, ein Bein, oder am besten den Hals des Verfolgten hineinbringt, der dann rettungslos darin festsitzt, bis der Bambus mit Gewalt wieder auseinander gebogen wird, um ihn frei zu lassen. („Unter dem Aequator", S. 572f.)

Befund: Die untersuchten Belege spiegeln eine *Haupttendenz in Gerstäckers Schaffen* wider – sie sind (in semantischer *und* pragmatischer Hinsicht) überwiegend von einer konsequenten und kräftigen *Orientierung auf* die *Leserschaft* gekennzeichnet. Kaum je finden sich längere Passagen, die nicht durch irgendwelche weiterführende Information an die Adresse des Publikums angereichert wären. Häufigkeit, Variationsbreite sowie Akribie dieser Einsätze der auktorialen „Regisseure" innerhalb *und* ausserhalb des fortlaufenden Texts dokumentieren, dass die Lektüre durch einen intensiven und abwechslungsreichen „Ergänzungsdienst" – man wäre heutzutage fast geneigt, von „customer service" zu reden – möglichst leicht und anschaulich gemacht werden soll.

Gerstäckers Aussagesubjekte stehen somit in der Tradition einer kontaktfreudigen, am Leser stark interessierten Erzählergeneration. Dieses permanente Bestreben, den Draht zum Publikum nie abreissen zu lassen und die Inhalte möglichst eingängig zu vermitteln, könnte mit *„auktorialer Leserbetreuung"* bzw. *„auktorialer Hinwendung zum Leser"* umschrieben werden.

3.2 Erscheinungsbild der Natur

Nach diesen stark vermittlungs- und wirkungsorientierten Aspekten soll nun das Augenmerk auf andere, *thematische* Schwerpunkte gerichtet werden *(Kapitel 3.2 bis 3.12)*. In Gerstäckers *fiktionalen Werken* erscheint die *Natur* auffallend oft in einem warmen, bisweilen gar verklärten Licht. Sie ist nicht lediglich etwas Zufälliges, das isoliert und ohne Einfluss ausserhalb des menschlichen Lebens steht. Aus zahlreichen Passagen spricht eine besondere Wertschätzung der Umwelt, spricht Achtung vor der Natur als lebendigem Gegenüber – so auch aus einer *Hommage an den Mississippi*, in welcher der Erzähler sein spezielles Verhältnis zu diesem mächtigen Wasserlauf ausdrückt – die (Anrede-) Pronomina – *kursiv* gedruckt – akzentuieren diese Beziehung noch:

> Mississippi – Riesenstrom jener fernen Welt – wild und großartig wälzest *Du*
> *Deine* mächtigen Fluthen dem Meere zu, und hinein greifst *Du* mit den gewaltigen Armen nach Ost und West, in das Herz der Tausende von Meilen entfernten Felsengebirge, wie in die innersten Klüfte der kühn emporstarrenden Alleghanies. Aus den nördlichen eisbedeckten Seen holst *Du Deine* Wasser, und Bett und Bahn ist *Dir* zu eng, wenn *Du, Deine* Kräfte gesammelt, sie zum wilden Kampf gegen den stillen Golf hinabführst. Wie ein zuchtloses Heer erkennen sie dann keinen andern Herrn an, als nur *Dich*; rechts und links durchbrechen sie gesetzlos Ufer und Damm, ganze Strecken reißen sie hinab in ihre gährende Fluth – vernichten, was sich ihnen in den Weg stellt, zertrümmern, was ihre Bahn hemmen will, und plündern den weiten rauschenden Wald, der sich ängstlich zusammendrängt, dem fürchterlichen Ansturm zu begegnen.
> („Die Flußpiraten des Mississippi", S. 211)

Auch im Roman „Nach Amerika!" erfährt die Schöpfung eine von Achtung und Liebe geprägte Darstellung – sie wird in zauberhaft schöne Herbstfarben getaucht:

> „Mein Gott, wie schön!" rief der Professor fast unwillkürlich, als sich ein weites, sonniges Thal, im Ganzen dichtbewaldet und nur hier und da von freundlichen grünen Lichtungen unterbrochen, vor ihren Blicken so weit das Auge reichte ausspannte, und nur im Hintergrund von blauen, wellenförmigen, aber ebenfalls holzbedeckten Hügeln begrenzt wurde. Die Wildniß lag hier in aller Pracht und Herrlichkeit vor ihren entzückten Blicken, und der Herbst, der in keinem Lande der Welt den Bäumen solchen Farbenschmuck verleiht wie in Amerika, hatte den Wald mit seinen wundervollen Tinten förmlich übergossen. In roth und grün, in gelb und braun und lila schmolzen die Lichter, hier in blitzenden Flächen glühend, dort in sanften Schatten verschwimmend, durcheinander, und während die jungen schlanken Hickorystämme wie flammende gelbe Lichter aus dem dunkleren Hintergrund hervorstachen, prangte Ahorn und Eiche in so wundervollem Purpur und saftigem Braun, das nur von dem hindurchgeflochtenen, in allen Farben schillernden wilden Wein fast noch übertroffen wurde, und zitterten die Pappeln mit ihrem selberleuchtenden Schmuck in dem blitzenden Sonnenlicht, daß das Auge, geblendet von der Pracht, die Wunder dieser neuen Welt kaum zu fassen, zu begreifen vermochte.
> („Nach Amerika!", Band 1, S. 547f.)

Die Naturliebe beschränkt sich bei Gerstäcker nicht bloss auf das Diesseits; in seinen Werken sind Naturbeschreibungen und -betrachtungen stets auch vor dem *Horizont des Ewigen* und *Göttlichen* zu sehen. Das Bewusstsein, dass die Natur in einem letzten Sinngrund ruht und dass hinter all dem Schönen und Wunderbaren ein allmächtiger Schöpfergott steht, der das Ganze nach seinen Plänen gestaltet und lenkt, ist permanent virulent. Im folgenden (fiktionalen) Textausschnitt wird sogar die Richtung angegeben, in die die Blicke der Naturbeschauer schweifen sollen – nach oben, himmelwärts! Es ist wie ein Staunen hinauf zum Schöpfer, so wie ein gotischer Sakralbau den Blick des Betrachters unweigerlich gegen den Himmel zieht, ihn dadurch von den irdischen Sorgen und Nöten loslösend.

[Ausrichtung auf das Göttliche in *Kursivschrift*]

Wie das zwitscherte und klang und sang und schmetterte in dem weiten lichtdurchfluteten Raum, und die Luft mit seinem Glanz und Jubel füllte, *jeder Ton ein Loblied dem Herrn, jedes grüne Blatt, jeder duftende Kelch, jeder Thautropfen am schwankenden Halm ein Dankesopfer seiner Allmacht und Güte. Oh, wie sich auch die Menschenbrust da so froh und fröhlich hebt, und das Herz mit jauchzt und jubelt, und hinauf möchte, höher und höher hinauf, der steigenden Lerche nach, die mit zitterndem Flügelschlag, ein lebendiges Bild der Lust und Wonne, dort oben steht und betet!* Wie es da stammelnd danken und preisen möchte auch in s e i n e r Weise, und nicht Worte, nicht Ausdruck findet für die Seligkeit, die in ihm glüht und lebt, und seine Adern füllt, und deren Wiederglanz nur in der Thräne zittert, die heiß und doch so lindernd da in's Auge steigt! („Nach Amerika!", Band 2, S. 545f.)

Die Natur wird nicht nur um ihrer selbst willen beschrieben – sie bildet des öftern eine *optimistische Folie*, wenn die Handlung günstig und konfliktfrei verläuft und entsprechend schön und ermutigend untermalt werden soll. Wir finden dann eine strahlende, sonnendurchflutete Landschaft als Abbild eines positiven Sinngrunds und Sinngerüsts, als Abbild einer intakten und von Gerechtigkeit durchdrungenen Welt. Natur zeigt sich an solchen Stellen als Begleiterin im Glück, als Heimat und als Hort der absoluten Geborgenheit, als Zufluchtsstätte und Kraftquelle für Schutzbedürftige.

Im unten aufgeführten Beispiel bildet eine malerische und mit Fruchtbarkeit gesegnete Landschaft die schöne und lichte Ergänzung zum selbstsicheren und erfolgreichen Werben des Missionars Martin um die Hand einer jungen Einheimischen, die sein Interesse freudig und mit grossem Enthusiasmus aufnimmt.

„Dann komme, was da wolle!" rief Martin jubelnd aus. „Deine schöne Insel trägt Früchte genug, und Fische füllen die Binnenwasser und Seen mit ihrem muntern Schwarm. Arbeiten kann ich und will ich; der Boden ist fruchtbar und giebt tausendfältig; Deine Eltern werden mich ebenfalls lieben, und meine Freunde müssen den Entschluß, wenn sie ihn auch vielleicht nicht billigen, doch jedenfalls achten. Sie haben aber keine Macht über mich, um mir Zwang aufzuerlegen, daß ich unglücklich würde mein ganzes Leben lang. Und nun komm zu Deinem Vater, Herz, daß er Freude an seinen Kindern hat. Komm, laß uns zu ihm und unsere Pläne für die Zukunft bauen." Und seinen Arm um sie schlingend, in seligem Vergessen seiner eigenen, eigenthümlichen Stellung auf den Inseln, nur von der Liebe erfüllt, die ihm das holde Wesen an seiner Seite eingeflößt, schritt er mit ihr dem sonnenhellen See zu, und der Himmel lachte dazu in reiner, durch nichts getrübter Bläue auf das glückliche Paar hernieder. („Die Missionäre", S. 289)

Im folgenden Zitat lässt nicht zuletzt das aussergewöhnlich gute *Wetter* eine Festivität von Indianern ihren glücklichen Ausklang finden. [Natur als optimistischer Hintergrund in *Kursivschrift*]

Endlich hatte die Festlichkeit des Kaziken-Antritts ihr Ende erreicht; eine unglaubliche Quantität von Fleischwaaren war verzehrt, von Tabak verraucht worden, und Lärmen und Toben, Singen, Lachen und Schreien erfüllte indeß das Lager – aber kein Streit fiel vor, kein Zank, zwischen all' den wilden Gesellen, obgleich sich hier, durch die fremden Kaziken hergeführt, fünf oder sechs verschiedene Volksstämme der Pampas versammelt hatten. *Ausnahmsweise begünstigte auch das Wetter diese Feier, denn so ungewöhnlich das in dieser Jahreszeit auch ist, blieb der Himmel blau und der Wind wehte stets vom Süden herauf.* In den Cordilleren selber, deren Gebirgsketten man von hier aus bei der klaren Luft noch deutlich sah, lagerten allerdings noch manchmal Wolken oder Nebel, aber sie setzten sich nie fest, und man durfte in der That voraussetzen, daß die dortigen Ströme so weit gefallen seien, um ein Furthen derselben selbst in dieser Zeit wagen zu können.
(„Unter den Pehuenchen", S. 481)

Auf der anderen Seite kann die Natur auch einen pessimistischen Hintergrund liefern, wenn der Gang der Dinge unter einem schlechten Stern steht, wenn jemand gebrandmarkt werden soll und entsprechend negative Signale als erklärende und erhellende Verstehenshilfen gesetzt werden sollen. Natur schlägt wiederholt dann ins Pessimistische und Bedrohliche um, wenn ein schlimmes Ereignis nicht nur als solches bezeichnet, sondern darüber hinaus noch *deutlich erkennbar* gemacht werden soll. [Natur als negative Folie in *Kursivschrift*]

Die Nacht war rabenschwarz, kein Stern leuchtete an dem mit finsteren Wetterwolken überzogenen Himmel, und das dumpfe, schauerliche Rauschen der mächtigen Wipfel kündete schon den nahenden Sturm. Weit oben auf dem Gebirgsrücken, der die Wasser des Fourche la fave und der Mamelle von einander scheidet, schrie mit scharf gellendem Klagelaut ein einsamer Wolf sein Nachtlied ab, und die Eule antwortete spottend aus dem dunkeln Kiefernwipfel heraus, in dem sie vor dem heranrückenden Unwetter Schutz zu finden hoffte. *Thier und Mensch suchten ein Obdach, den warmen Kamin oder den dichten Schilfbruch, nur der Mörder mit seinen blutigen Gedanken schritt, unbekümmert um die immer stärker und drohender werdenden Anzeichen einer Windsbraut, Büchse und Bogen krampfhaft fest in der geschlossenen Hand haltend, seine düstere Bahn entlang, und je toller und wilder die Elemente zu toben begannen, desto kühner und trotziger blitzte sein Auge. War ja doch der Sturm sein Bundesgenosse, und fand er durch ihn gerade größere Sicherheit für sein blutiges Werk.* („Die Regulatoren in Arkansas", S. 379f.)

Das widerliche Wetter bietet dem Mörder einerseits zwar Schutz vor dem Entdecktwerden, betont aber andererseits auch die Verwerflichkeit seines Tuns. Böses Handeln und schlechte Witterung sind miteinander verschränkt.

Nicht nur Landschaften und Wetter werden mit symbolhafter Bedeutung ausgestattet, auch *Tiere* können, als Vertreter der Natur, zeichenhafte Funktion annehmen – beispielsweise die *Aasgeier* im folgenden Zitat. Als hässliche, unheilverkündende Boten seiner eigenen Missetat tauchen sie über dem Aufenthaltsort Rowsons auf – eines Wolfs im Schafspelz –, eines als Verbrecher und Mörder auftretenden Predigers. [Natur als negative Folie in *Kursivschrift*]

Rowson beendete indessen mit unerschütterter Ruhe die heilige Handlung. Seine Lippe bebte nicht, als er die Verzeihung des Höchsten für sich und seine Zuhörer erflehte; seine Stimme zitterte nicht, als er das Amen und den Segen sprach. *Nur einmal, einmal nur, als Alles um ihn her in Andacht hingegossen auf den Knieen lag, durchzuckte ihn ein jäher Schreck, und er stockte mehrere Secunden lang; denn hoch – hoch über den wehenden Wipfeln der Eichen strichen nach Nordwest hinüber vier Aasgeier. Er konnte das schwere Schlagen ihrer Flügel nicht hören, aber er wußte, welchem Orte sie mit gierig vorgestreckten Hälsen entgegenstrebten; wußte, was ihr Mahl sein würde, ehe die Sonne dort drüben im Westen untersank.* („Die Regulatoren in Arkansas", S. 213)

Auf einen allgemeinen Nenner gebracht, könnte Natur – im Positiven wie im Negativen – als *Stimmungsuntermaler* oder *Stimmungsverstärker* verstanden werden.

Was sich in der Haltung der Erzähler bzw. bestimmter Figuren der Schöpfung gegenüber angedeutet hat, wird bei der Lektüre der *autobiographischen Schriften* zur Gewissheit: Auch der *Autor* selber pflegte ein *sorgendes Verhältnis zur Natur*, ihre Bewahrung war für ihn ein Imperativ, und jegliche Art der Gefährdung des Lebensraums von Mensch und Tier bereitete ihm Kummer. (In diesem Zusammenhang zeigt sich einmal mehr, dass Gerstäcker einen grossen Teil der persönlichen Reise- und Naturerlebnisse sowie seiner Weltanschauung in seine Fiktion verwoben hat. So sind denn *Fiktion und Nichtfiktion stofflich ein untrennbares Ganzes*, und das eine ist für die Deutung des andern von grossem Nutzen.)

Dem, was sich zu seiner Zeit in „zivilisatorischer" Hinsicht abspielte, stand der Schriftsteller misstrauisch und distanziert gegenüber, und der Mensch erschien ihm bisweilen als Moloch, der sich anheischig machte, Flora und Fauna brutal zu unterwerfen und ihr irreparablen Schaden zuzufügen. Diese pessimistische Einschätzung reflektiert der nachstehende Satz:

> (...) der Mensch ist ja nun einmal ein grausames Geschöpf, und da er sich für den Herrn der Thierwelt hält, disponiert er über Alles, was er erreichen und bewältigen kann, als ob er auch eben so leicht im Stande wäre, das Vernichtete wieder zu erschaffen. („Wilde Welt", S. 159)

In den nächsten Ausschnitten schilderte und beklagte der *Autor* mit eindringlichen Worten die dramatischen Veränderungen, die in wenigen Jahren über Amerika hinwegfegten und die diesem Land ein vollkommen neues Gesicht gaben. (Solche Abschnitte lesen sich wie eine warnende Botschaft aus dem letzten Jahrhundert an die Welt von heute, an eine Welt, die zwar mittlerweile an der Schwelle zum dritten Jahrtausend steht, die sich aber hinsichtlich Umweltnutzung bzw. Umweltschonung noch nicht entscheidend von dem wegbewegt hat, was Gerstäcker schon vor über 100 Jahren Angst eingeflösst hat.)

> Lieber Gott, wie sind die armen Kinder der Berge, die klaren Quellen und Bäche, von dem gierigen Menschenvolk behandelt worden! Vertreiben k o n n t e man sie nicht aus ihren heimischen Thälern, denen sie selber einst Form, denen sie jetzt noch Nahrung gaben, wie man ihre Leidensgefährten, die Indianer, vertrieben. Aber sie mißhandeln konnte man, und was man ihnen mit Hacken und Schaufeln, mit Dämmen und Aexten nur irgend zu Leide thun konnte, das geschah. – Rechts und links wurden sie an den Hängen hingejagt – dort, wo ihre liebsten stillen, lauschigen Plätzchen gewesen, warf man ihnen Steine und Erdmassen entgegen, und drängte sie bald hier bald da hinüber, jetzt

quer einlaufend, dann schmutzige Hänge herunterstürzend. Die Blumen aber, die sonst an ihrem Ufer gestanden und ihre liebsten Freunde gewesen, wurden mit Erde und Schutt beworfen oder abgestochen, und beim „Abdecken" als nutzlos bei Seite geworfen. – Kahl und starr liegen jetzt die Ufer – nur gelber Sand, Lehm und Kies, mit ausgebrochenen Wurzeln und Felsblöcken, nehmen die Stellen ein, wo sonst die Waldkirsche ihre saftigen Trauben niederhing und das brennende rothe Löwenmaul die Erdbeerblüthe küßte. – Und die Stämme, die sonst stolz und kühn aus den tiefsten „Gulches" emporstiegen und ihre Wipfel mit den niederen Zweigen der Hügeleichen mischten? – Sie liegen umgewühlt nach allen Richtungen über den Bach hinüber – mit zerschmetterten Armen und dürr und ängstlich emporragenden Wurzeln.
(„Reisen", Band 1, S. 368f.)

Gerstäcker ist naturverbunden und hat zur Schöpfung ein besonderes Verhältnis – als grossartigen, hypersensiblen Organismus sieht er sie, nicht bloss als anonymes Etwas, das die Menschheit nach Belieben ausbeuten und beherrschen kann. Natur heisst für ihn immer wahrhaftiges, atmendes Gegenüber. Diese Sichtweise macht es möglich, einem Bach eigentliche Wesenszüge zuzuschreiben – er wird angeschaut als eine schmerzempfindliche und misshandelte Lebensader der Natur, verunstaltet und denaturiert von seinem Quäler Mensch, der sich achtlos und rücksichtslos daran vergreift. (Die Affinität zwischen diesem Beispiel und dem oben aufgeführten fiktionalen „Mississippi-Zitat" ist offensichtlich.)

Aber achtet der Goldwäscher seinen Schmerz? – Von der Leiche des Freundes [gemeint ist der gefällte Baum, A.Z.] zwängt er ihn fort, und treibt ihn, seine Maschinen zu spülen, sein Gold zu waschen. Kaum dem einen Peiniger entgangen, packt ihn der andere, und trüb' und schlammig wälzt sich der arme Bach endlich, seinen Quälern glücklich entgangen, in's tiefe Thal hernieder, das er früher im Triumph durchflogen. Beschämt stiehlt er sich unter den Blumen hin, die sonst ihre lieben Gesichter zu seiner klaren Fluth herniederneigten, ihre Bilder darin zu finden, und jetzt nur dem armen mißhandelten ihre Thränen mitgeben können. Mir ist sie immer ein recht wehmütiges, schmerzliches Gefühl gewesen, diese e n t w e i h t e Natur; wie Gold eine Wildnis zum Paradies zu schaffen vermag, so zeigte es uns hier, wie es auch das Umgekehrte vermöge, und wir folgten manche lange Meile den Spuren der Verwüstung.
(„Reisen", Band 1, S. 369)

Es sei noch einmal betont: Die *Naturdarstellung in Gerstäckers Fiktion (und Nichtfiktion)* zeugt immer von Respekt und Ehrfurcht vor der Schöpfung, deren Existenz untrennbar mit einer allgewaltigen Instanz verbunden ist, die im Verborgenen ihre Fäden zieht und ohne deren lebenspendende Kraft nichts Bestand und Gewicht hätte. Immer wieder wird die Einbettung alles Irdischen in einen transzendenten Sinnhorizont spür- und fühlbar, tritt die Bedeutung einer *ordnenden* und alles *überblickenden Macht* zu Tage. Die Philosophie dieses Autors ist geprägt von einem unerschütterlichen Glauben an die *unbedingte Autorität des Göttlichen*, welches die Welt durchwaltet und trägt und allem Seienden Sinnhaftigkeit verleiht.

Es ist aber beileibe nicht nur die Thematisierung transzendenter Aspekte der Schöpfung, die Gerstäcker fasziniert; besonders in der Fiktion erhält auch die Darstellung integrer weltlicher Autoritäten (samt ihren moralischen Antipoden) ganz erhebliches Gewicht. Aus der Palette dieser profanen Charaktere ragt eine Figur besonders heraus – der auktoriale Erzähler mit seinem Wertsystem. Er ist mit einer *übermenschlichen* Fähigkeit ausgestattet, der Allwissenheit. Durch diese Ausweitung der Erzählfunktion auf die Präsentation innerer Vorgänge von Drittpersonen wird das Aussagesubjekt viel stärker in die Position einer strukturierenden und alles überragenden Grösse gerückt als eine Vermittlungsinstanz, deren Horizont lediglich auf die aussenperspektivische Wahrnehmung begrenzt ist.

Die erwähnte Ausrichtung von Gerstäckers Weltentwurf auf eine letzte Instanz spiegelt sich in *abgeschwächter* Form auch in der Struktur der Fiktion, welche entscheidend geprägt ist von einem Aussagesubjekt mit gewaltigen Privilegien und riesigem Aktionsradius. Da dieses imstande ist, die äussere und innere Welt mit ihren Abläufen zu durchdringen und entsprechend zu moderieren, steht es in einer Vielzahl von Situationen nicht nur wie ein kluger Reiseführer sanft leitend *neben*, sondern beinahe „gottähnlich" lenkend und reflektierend *über* seinen Figuren. Auf einen etwas überspitzt formulierten Nenner gebracht: Einer allgewaltigen Macht als Urheberin und Dirigentin der Realität steht ein allwissendes, alles überblickendes Orientierungszentrum in der Fiktionalität gegenüber. Die unten notierte Formel soll dies veranschaulichen:

Realität: *Gott* als Orientierungszentrum, Sinnstifter, „Moderator" – als unbedingte Autorität

Fiktion: *Allwissender Erzähler* als Orientierungszentrum, Sinnstifter, „Moderator" – als unbedingte Autorität

3.3 Vermittlung optimistischer, transzendenter Weltsicht

Ein zentraler Aspekt von Gerstäckers Weltsicht kommt im *Vorwort* des
frühen, 1846 erschienenen Romans „Die Regulatoren in Arkansas" zum
Ausdruck – darin schreibt der Schriftsteller seinem Publikum:

> (...) so hoffe ich doch, daß er [der Leser, A.Z.] neben einigen weniger ange-
> nehmen Bekanntschaften, wieder recht gute, liebe und herzige Leute kennen
> lernen wird, die ihn dann mit den Nacht- und Schattenseiten der Uebrigen aus-
> söhnen mögen. („Die Regulatoren in Arkansas", S. 8)

Bereits hier wird eine versöhnliche Grundbefindlichkeit angetönt. Und
in der Tat – der Autor unterlässt es nie, entweder selbst oder (in seinen
fiktionalen Schriften) durch seine Erzählerfiguren entschieden und
unmissverständlich Position zugunsten der guten und optimistischen
Kräfte des menschlichen Lebens zu beziehen. Das Aussagesubjekt in
den „Flußpiraten" formuliert es so: „...der gerechten Sache den Sieg zu
gewinnen". („Die Flußpiraten des Mississippi", S.406)

Das positive Welt- und Menschenbild zieht sich wie ein roter Faden
durch das erzählerische Werk von Gerstäcker; der Glaube an das Gute
und den Sieg des Guten und Göttlichen beseelen sein Schreiben und
Schaffen von Beginn bis zum Ende.

Programmatisch für das in Gerstäckers Texten immer wieder durch-
schimmernde und von den moralisch integren Protagonisten mit Überzeugung vertretene *Gottesbild* steht eine Textstelle im Südseeroman
„Tahiti", in der ein Franzose einer jungen Insulanerin das Christentum
nicht als Drohbotschaft, sondern als trostspendende Frohbotschaft nahe-
zubringen versucht:

> „Aber Eure Sünden werden Euch für Geld vergeben," sagte Sadie, während ihr
> Auge angstvoll an dem des Fremden hing. „Um Geld nicht, mein Herz," erwi-
> derte aber René – „und wo es geschieht, ist es eben ein Mißbrauch der Geistli-
> chen, die Manches in den F o r m e n unserer Gottesverehrung zu verantwor-
> ten haben. – Aber sollen wir etwa glauben, daß Gott dem schwachen Menschen,
> der da einmal gesündigt, auf immer zürnt? ist es nicht wahrscheinlicher, daß er
> in seiner unendlichen väterlichen Huld uns, wenn wir wirklich Reue fühlen,
> verzeiht? D ü r f e n wir uns denn Gott, den Allbarmherzigen, als einen ewig
> zürnenden Richter denken, der sogar ungerecht bis hinab in's dritte, vierte, ja
> zehnte Glied straft und richtet? – Nein, Sadie – dieser Glaube mag oft durch
> böswillige oder eigennützige Geistliche gemißbraucht sein, ich will das nicht
> leugnen, aber es ist immer kein G ö t z e ndienst, und wer Dir das gesagt hat,
> mag es vielleicht recht gut gemeint haben, aber er übertrieb die Sache. – War es
> Dein Pflegevater, Sadie?" („Tahiti", S. 58)

Was im oben erwähnten Vorwort angetönt wird, müsste also jeweils spätestens am Schluss eines Romans eingelöst werden – Durchbruch und endgültiger Sieg der Gerechtigkeit und des Guten (über das Böse)! Es ist deshalb angezeigt, die *Romanenden* genauer auf diesen Aspekt hin zu studieren.

Der frühe Roman „Pfarre und Schule" passt vollauf ins Bild. Die Unmoralischen werden ganz gehörig an die Kandare genommen: Einer kommt unverzüglich und ohne langes Federlesens für zehn Jahre hinter Gitter, den zweiten trifft es noch schlimmer – durch die Lähmung wird ihm eine nicht mehr zu sühnende Strafe beschieden, ein Kainsmal der übelsten Sorte, das ihn selbst wie auch seine Umwelt im wahrsten Sinne *lebenslänglich* an seine Verfehlungen erinnern wird. Nur einer kann entkommen; aber selbst da ist das letzte Wort nicht gesprochen – es liegt durchaus im Bereich des Möglichen, dass auch er noch gefasst wird („…wenigstens hat man bis heute noch keine Spur von ihm gefunden…")!

Was jene drei, an Rang verschiedene, an Schlechtigkeit sich gleichstehende Subjecte, den Brandstifter Krautsch, den Oberpostdirector von Gaulitz und den Dieb Poller betrifft, so erhielten die beiden ersteren ihren verdienten Lohn – Krautsch wurde des Brandstiftens überwiesen, und in außergewöhnlich schneller Gerichtspflege zu zehnjähriger Zuchthausstrafe verurtheilt, und der Herr von Gaulitz, dem Poller mit dem größten Theil seines Vermögens durchgegangen war, blieb von dem Sturz gelähmt, und mußte Zeitlebens an Krücken gehn. Poller entkam, wenigstens hat man bis heute noch keine Spur von ihm gefunden, (…) („Pfarre und Schule", Band 3, S. 231)

Der Schlussabschnitt des Romans *„Unter dem Aequator"* lautet:

Hedwig warf einen halb scheuen Blick im Zimmer umher. (…) Am Fenster dort drüben die Resedastöcke und Monatsrosen, wie zu der Mutter Zeit – die nämlichen Gardinen, die sie selbst gestickt – und neben ihr stand mit leuchtenden Augen Wagner, in dem Glück der Gattin schwelgend, das nur im ersten Augenblick noch durch den Schmerz der Erinnerung zurückgehalten wurde. „Und das Alles verdanke ich Dir!" sagte sie endlich – indem sie seine Hand ergriff und an ihr Herz zog – mit weicher, tief bewegter Stimme – „all' das Glück, das jetzt wie Himmelsthau auf mich herniederträufelt; nur Dir und Deiner treuen Liebe – laß mich ihrer immer würdig sein!" – Und als Wagner sich zu ihr niederbog und ihre Lippen küßte, und der kleine Bursch, den die Malayin gegen die Blumen hielt, jubelte und strampelte, und die Kathrine vor lauter Freudenthränen und Seligkeit gar nicht mehr aus den Augen sehen konnte, hatte der enge, stille Raum noch nie glücklichere Menschen umschlossen, hatte Gottes Sonne noch nie fröhlicher und herrlicher da draußen auf all' die tausend und tausend Blu-

men niedergestrahlt, die sie ja erst zu Licht und Glanz hervorgerufen, wie Gottes Segen in den Herzen dieser guten Menschen wiederglühte.
(„Unter dem Aequator", S. 592)

Wie man sieht, geht das Ende dieses Romans auf in einer geballten Ladung von Superlativen, von Beschreibungen nicht mehr steigerbarer, höchster Glücksgefühle im Leben der Menschennatur.

Nur noch wie ein ferner Schatten, wie ein mattes Wetterleuchten und Donnergrollen scheint die schwere und erfolgreich gemeisterte Vergangenheit („Schmerz der Erinnerung") in eine Gegenwart hinein, die durch rein gar nichts mehr zu trüben ist und zu vollkommener Glückseligkeit gerinnt. Bemerkenswert ist es, dass zur Erfüllung und Erlangung des menschlichen Glücks nicht bloss diesseitige Faktoren gehören, sondern dass letzten Endes die Erfüllung von Lebensträumen und -idealen erst durch göttlichen Segensspruch ermöglicht wird. Zu einem Happy-End gehört der *Einklang des Menschlichen mit dem Göttlichen*; am Schluss spiegelt sich das göttliche Prinzip des Immerwährenden in der möglich gewordenen Dauerhaftigkeit und Glückseligkeit der menschlichen Verhältnisse wider. Die göttliche Ewigkeit findet eine Parallele in der konkreten Verwirklichung von „ewigem", d.h. ein Leben lang dauerndem Glück in der Partnerschaft. Glückseligkeit bleibt somit keine unerreichbare Metapher des Göttlichen, sondern wird hier, am Ende dieses fiktionalen Textes, zu einer auch Menschen vergönnten Verwirklichung himmlischer Grundsätze.

Bezeichnend ist auch die Funktion der *Natur*, die mit ihrer Blumenpracht die positive Folie einer göttlich angehauchten irdischen Glücksszene bildet („die tausend und tausend Blumen").

Auch der Roman *„Sennor Aguila"* endet versöhnlich, mit einem Happy-End zweier Liebender. Zum vollendeten Glück gehört wiederum das Vertrauen auf den schützenden Einfluss *Gottes*.

„Juanita", bat Rafael, des erbleichende, zitternde Mädchen in seinen Arm fassend und haltend, „hast Du mich wirklich lieb genug, mir Dein ganzes künftiges Lebensglück anzuvertrauen? Glaubst Du mir, wenn ich Dir sage, daß ich mir ein neues Leben an Deiner Seite zu schaffen hoffe, und Dich hegen und pflegen will, so lange mich Gott Dir erhält? Und Juanita legte ihr Haupt an seine Brust, während ein lange und mühsam zurückgehaltener Thränenstrom ihrem Herzen Luft machte. Aber es waren Thränen des innigsten Glückes, die nur je ein Menschenherz geweint, und Rafael küßte wieder und wieder das liebe Haupt, das vertrauend und glücklich an seiner Schulter lehnte.
(„Sennor Aguila", S. 472)

Der Kurzroman „*Das alte Haus*" endet ebenfalls in Glück und Minne und in einem auf *Gott* basierenden und auf ihn gerichteten Optimismus – eine unheilvolle und drohende Lebensspanne ist überwunden und gehört endgültig der Vergangenheit an:

> Nach nicht ganz fünf Vierteljahren endlich stand der Bau vollendet, und das alte Haus war wie ein Phönix aus der Asche neu und jugendlich herausgestiegen. Als aber die innere Wohnung nun auch noch einfach, aber höchst geschmackvoll eingerichtet worden und bezogen werden konnte, da endlich löste der junge Mann sein Versprechen, das er an jenem Abend vor dem Brande Marien gegeben, und an seiner Hand zuerst betrat die wieder in voller Gesundheit und Frische blühende j u n g e F r a u, wenn auch nicht mehr das wirklich „alte Haus", doch das E i g e n t h u m des Gatten und – ihre Heimath, und all' jene wilden Träume, die ihre Jugendzeit getrübt, schwanden in dem lichten Sonnenschein, den Gott auf ihres Lebens Pfad gestreut. („Das alte Haus", S. 205f.)

Ein Happy-End verbrämt auch den (kurzen) Roman „*Der Kunstreiter*"; bemerkenswert ist die Tatsache, dass sich nicht bloss zwei junge Leute im Glück finden, sondern dass sie auch *mit* der *Elterngeneration in völliger Harmonie* stehen – dies wird eindrücklich durch den väterlichen Segen demonstriert, der das an sich schon grosse Glück noch grösser erscheinen lässt. Am Ausgang des Texts finden sich diese Zeilen:

> „Excellenz," sagte der junge Mann, in einem wahren Taumel von Glück und Seligkeit, ohne jedoch die noch immer an ihn geschmiegte Melanie aus seinem Arm zu lassen, „ich gebe Ihnen mein Ehrenwort, daß ich in diesem Augenblick selber nicht weiß, wo mir mein eigener Kopf steht – ich bin zu glücklich, zu selig, Sie auch nur …" „Um Deinen Segen zu bitten, Papa!" flüsterte Melanie, sich ihm entwindend und zum Vater eilend, an dessen Hals sie flog. „Ich war ein böses – böses Kind, Papa, und habe viel, gar sehr viel gut zu machen; aber," setzte sie mit herzlichem Tone hinzu, indem sie dem Ueberglücklichen die Hand entgegenstreckte, „auch eine ganze Lebenszeit vor mir, es zu vollbringen." „Dann nehmt von ganzer Seele meinen Segen," sagte der alte Herr gerührt. („Der Kunstreiter", S. 349f.)

In dieses „Happy-End"-Schema fügt sich auch der Schlussteil des Romans „Unter den Pehuenchen" nahtlos ein – der glückliche Ausgang eines Entführungsdramas (Wiedervereinigung eines überglücklichen Vaters mit seiner von Indianern geraubten Tochter):

> Mankelaw (…) hatte aber auch zwei glückliche Menschen gemacht, die in der Seligkeit, einander wieder anzugehören, die Welt um sich vergaßen. Der alte Mann hatte freilich, von dem plötzlich hereingebrochenen Glück überwältigt, in

einer tiefen und langen Ohnmacht gelegen und der von Cruzado rasch herbei-
gerufene Doctor seine Mühe und Noth gehabt, ihn wieder zum Bewußtsein zu
bringen. Aber die Freude tödtet nicht so leicht, und jetzt, drinnen im Zelt auf
seinem Lager sitzend, die wiedergefundene Tochter fest mit seinem Arm
umschlingend und wieder und wieder in ihr liebes Auge schauend, trug er eine
Welt voll Seligkeit im Herzen. Was hatten auch Beide erlitten und ertragen in
der Zeit, und wie hart gegen das Verzweifelte ihrer Lage angekämpft! Aber es
war vorbei – überwunden, (…) („Unter den Pehuenchen", S. 472)

Der Schlussteil des Romans „Der Erbe" passt ebenfalls zu den bisherigen Beobachtungen. Ein vermögender Herr hält um die Hand eines einfachen, schüchternen Mädchens an, das ihn im stillen bereits heiss ver-
ehrt hat. Nach der entscheidenden Frage des Barons spielen sich Schlag
auf Schlag ergreifende und zugleich kinderstubenreine Szenen ab; die
Geschichte endet wenig später in perfekter Minne und Harmonie.

„Werden Sie mein Weib, Kathinka," bat Fritz noch einmal und sah ihr so treu,
so liebend in die Augen, daß ihr schwindelte. „Einen heiligeren Platz für Ihr
Jawort, als des Bruders Grab, finden wir nicht auf der weiten Welt, und daß
sein Geist mit Jubel unsern Bund segnet – glauben Sie es nicht?" „Aber es ist –
es ist ja doch nicht möglich!" „Bist Du mir gut, Kathinka?" drängte Fritz, indem er sie fester an sich preßte; „oh, sage nur das eine Wörtchen: Ja!" „Gut?"
rief das junge Mädchen, und während sie ihr Haupt an seiner Brust barg,
machte ein Thränenstrom ihrem gepreßten Herzen Luft. Fritz aber, ohne sie los
zu lassen, in Glück und Seligkeit, führte sie zu dem Grabe des Bruders, und
dort, sich fest umschlingend, beteten Beide still und heiß. „Und nun komm,"
sagte Fritz endlich, sie mit sich vom Boden hebend; „mir bleibt noch viel daheim im Schloß zu thun, denn von heute ab hab' ich es übernommen. Du wirst
so lange, bis unser Bund gesegnet werden kann, zu der alten Verwalterin hinüberziehen, und daß Dich die Tante nicht mehr kränkt, dafür laß mich sorgen.
Aber eine Frage beantworte mir noch, Kathinka, ehe wir den Park verlassen:
weshalb wolltest Du doch das Schloß meiden, auch wenn die Tante da nicht
mehr zu befehlen hätte?" Kathinka war wieder bluthroth geworden; sie richtete
sich von der Brust des Geliebten, der sie noch immer umschlungen hielt, auf
und sah ihm in die Augen. „Und darf ich es wollen?" Und wieder barg sie ihr
Haupt an seiner Schulter und flüsterte: „Weil ich elend geworden wäre, wenn
ich Dich in den Armen einer andern Gattin gesehen hätte!" „Mein Lieb, mein
süßes, herziges Lieb! Und so warst Du mir schon lange gut?" „Oh, von ganzem
Herzen und von ganzer Seele!" rief die Jungfrau und umschlang zum ersten Mal
den Geliebten mit beiden Armen. Es waren selige Augenblicke des Glückes, in
denen die beiden Liebenden langsam durch den schattigen Park zurück dem alten Schlosse zuwanderten, und erst als sie in Sicht des unmittelbar daran stoßen-
den offenen Platzes kamen, wand sich Kathinka von ihm los, warf noch einmal
die Arme um seinen Nacken, begegnete seinem heißen Kuß, und floh dann
scheu seitab durch die Büsche, um den Hof von einer andern Seite zu erreichen.
(„Der Erbe", S. 518f.)

Ähnlich optimistisch und erfrischend enden auch „Die beiden Sträflinge", wo das „Happy-End" bereits kurz vor Schluss eingeläutet wird.

> Sie erwiderte nichts, aber tiefes Roth färbte ihr Stirn und Nacken; wie jedoch ihr Blick darauf dem Auge des jungen Officiers begegnete, schwang sich dieser jubelnd in den Sattel, und durch den Busch hin sprengten die beiden Reiter, Lust und Seligkeit im Herzen." („Die beiden Sträflinge", S. 520)

Der Roman „In Mexiko" endet ebenfalls glücklich und optimistisch; auch hier erscheint die Liebe als ungetrübte Begleiterin des menschlichen Lebens, auch hier wird sie mit höchsten Glücksgefühlen und intensivsten Gefühlsregungen verbunden.

> „Ricarda!" rief aber auch der Vater, „was thust Du?" „Das Einzige, Vater," sagte da die Jungfrau, sich hoch und stolz emporrichtend, „was ich thun k a n n, um uns Beide nicht elend für ein ganzes Leben zu lassen. Dein Wort hab' ich, und wie ich weiß, daß dies brave Herz in treuer und wahrer Liebe an mir hängt, so brauche auch ich mich der Neigung nicht zu schämen, die mich zu ihm zieht. Dein bin ich, Guillelmo, für mein ganzes Leben – willst Du mich haben?" „Ricarda!" jauchzte van Leuwen in voller Seligkeit empor, „mein, Mädchen, mein?" „Dein für immer!" hauchte die Jungfrau und neigte, während er sie in jubelnder Lust umschlang, ihr Haupt an seine Brust. Rodriguez rieb sich vergnügt die Hände. „Das ist gescheidt," rief er aus, „ich habe es dem armen Ding an den Augen abgesehen, wie sie sich gegrämt und gehärmt hat, und doch ist nie eine Klage über ihre Lippen gekommen, und daß sie den Schuft, den O'Horan, nicht wollte, kann ihr wahrhaftig Niemand verdenken." („In Mexiko", Band 2, S. 387f.)

An den zitierten Textbeispielen lässt sich gut nachweisen, wie verheissungsvoll Gerstäckers Geschichten auf einer *persönlichen, individuellen Ebene* enden. Die Folgerung liegt nahe, solche Ausklänge könnten jeweils auch auf einer breiter abgestützten, überindividuellen Ebene zu beobachten sein.

Hier gilt es allerdings eine *Einschränkung* zu machen: Dass privates Glück und (gesamt)gesellschaftliche Stimmigkeit nicht in jedem Fall korrespondieren *müssen*, belegt der pessimistisch gefärbte Schlussabschnitt des zweiten Romanteils „In Mexiko". Die im siebten Himmel schwelgende Braut wünscht nämlich mit unmissverständlicher Klarheit, das Land auf schnellstem Wege verlassen zu können.

> „Und fort aus Mexiko," bat da das junge Mädchen, noch immer an der Brust des Geliebten, „fort aus dem Land des Blutes und der Verrätherei – seine Berge

sind schön und blau ist sein Himmel, aber sein Boden ist roth gefärbt – und ich sehne mich nach Frieden." („In Mexiko", Band 2, S. 388)

Die Konsequenz, die das glückliche Brautpaar im privaten Bereich gezogen hat – nämlich das von Kriegswirren heimgesuchte Mexiko zu verlassen – wird im letzten Abschnitt des Romans auch vom auktorialen Erzähler mit Zustimmung bedacht und dadurch auf einer allgemeingesellschaftlichen Ebene als nachvollziehbar dargestellt.

> Mexiko! – Kann man es den Indianern verdanken, wenn sie behaupten, daß i h r Land das schönste und von Gott am meisten bevorzugte der Erde wäre? Es ist ein Paradies und mit A l l e m ausgestattet, um Millionen von Menschen eine glückliche Heimath zu gewähren; mit einem herrlichen Klima, mit metallreichen Bergen, fruchtbaren Triften, kostbaren Waldungen – und was war es bis jetzt, seit die Spanier den Fuß darauf gesetzt? – ein Tummelplatz wilder, zügelloser Leidenschaften, ein Feld, das nur immer mit Blut gedüngt und nie geerntet wurde, eine Zuchtstätte von Mischlingsracen, die, anstatt das Volk zu veredeln, nur immer schlechtere Exemplare zu Tage förderten und in der Anarchie allein ihre Freiheit fanden. So liegt es jetzt – so liegen fast alle südamerikanischen Republiken, von ewigen Bürgerkriegen blutgetränkt, von Stellenjägern ausgesogen, von Pfaffen durchwühlt, ein lebendiges Beispiel, in was s o l c h e Menschen selbst ein Paradies zu verwandeln im Stande sind!
> („In Mexiko", Band 2, S. 408)

Trotz dieser Einschränkung kann die eingangs dieses Kapitels aufgeworfene Frage nach der Gestaltung der Romanausgänge schlüssig beantwortet werden: Am Ende der Texte finden sich mit Glück gesegnete Menschenkinder! Sie sind (auch wenn dies nicht in jedem Fall herausgestrichen wird) aufgehoben und gehalten in göttlicher Geborgenheit. Der letzte Sinngrund und Sinnhorizont ist ein gütiger und barmherziger Schöpfer, und sein Wohlwollen bestimmt den irdischen Pfad des (guten und rechtschaffenen) Menschen.

Das Göttliche zeigt sich nicht bloss am Ende der Texte – allenthalben scheint es in schönen Naturbeschreibungen auf. So lässt sich der Erzähler vom Anblick einer Tropenlandschaft zu den folgenden Betrachtungen inspirieren:

> – Und dort drüben die Berge! – Vor ihnen in dunkler Majestät stieg der Berg Megamendong, der „Wolkenumhüllte", empor, und während diesen dichter Wald bedeckte, bildeten hier zwischen den Reisfeldern die Dessas kleine Baumoasen, an denen das Auge mit Entzücken hing. Hügel nach Hügel passirten sie jetzt, bis sie endlich am Fuß des Megamendong selber zuerst den eigentlichen Urwald erreichten, und oh wie groß, wie herrlich zeigte sich hier Gottes schöne

Welt in ihrer neuen wilden Pracht! (...) Hier dagegen war noch Alles Wildnis – Wildnis, wie Gottes Hand den Waldsamen selber ausgestreut über das Land, und ihn mit seiner Sonne gereift, mit seinen Bächen begossen hatte. („Unter dem Aequator", S. 426)

Es war ein Paradies, das Gottes milde Vaterhand erschaffen, ein Paradies, von seinem Athem durchweht und seiner Werke Herrlichkeit kündend zu jeder Stunde (...) („Tahiti", S. 141f.)

Ein optimistischer Abschluss definiert sich nicht *allein* aus harmonisch endenden Liebesgeschichten – zu einem „Happy-End" gehört in vielen Gerstäcker-Romanen gleichzeitig auch das *Unschädlichmachen*, die *Überwindung des „Bösen"*! So enden u.a. „Die Flußpiraten des Mississippi" mit dem überzeugenden Sieg der moralisch Unbelasteten. Sämtliche Verbrechen und Verstrickungen werden – sofern sie nicht im Verlaufe des Erzählens bereits aufgeklärt worden sind – zum Schluss restlos und sauber entwirrt; es bleiben keine ungelösten Probleme und unbewältigten Restbestände zurück. Die Niederträchtigen werden erledigt – entweder konkret körperlich vernichtet oder dann zumindest „entschärft" und unschädlich gemacht.

Am Schluss bleibt eine saubere, von allem Bösen gereinigte Welt zurück, die sich mit Entschlossenheit und Überzeugung erfolgreich gegen den Ansturm der negativen Mächte zur Wehr gesetzt hat:

In Helena stieg, als sie von dort aus die Explosion des Piratenbootes erkannten, ein Jubelruf aus hundert Kehlen und mischte sich mit dem fernen Angstschrei und Todesröcheln der Verbrecher. – Die Feinde waren vernichtet, die Insel hatte der Black Hawk gestürmt, und was nicht im Kampfe seinen Tod fand, brachte er gefesselt an Bord. („Die Flußpiraten des Mississippi", S. 503)

Im Roman „Sennor Aguila" wird wiederum ähnlich verfahren. Neben einer glücklich endenden Liebesgeschichte müssen zwei Banditen zum Schluss für ihre Missetaten büssen: Der eine bezahlt mit dem Leben, der andere wird gefangengenommen. Die Art und Weise, in welcher der überlebende Übeltäter Cholo gefangengenommen wird, macht auch rein *optisch* die vernichtende Niederlage der „Bösen" deutlich. Der Bandit wird nicht einfach undramatisch und ohne grösseres Drum und Dran überwältigt und abgeführt – vielmehr muss er sich zuerst noch wie ein Gewürm vor den Siegern auf dem Boden krümmen und wälzen, bevor er gefesselt und vollkommen widerstandslos zu ihren Füssen liegt. Augenfälliger und dramatischer kann eine Niederlage kaum inszeniert werden. Auch wenn der zweite der beiden Verbrecher seine Verfehlungen und seine böse Gesinnung nicht – wie sein Komplize Perteña – direkt mit dem Leben bezahlen muss, ist sein Abgang auch *so* gravierend und endgültig und kommt einer physischen Vernichtung nahe. Die „Ungerechten" werden zum Schluss niedergeschmettert. Sie sind vertilgt, eliminiert, überwunden!

> Seine Augen sprühten Wuth und Haß auf Rafael, und er wollte sich eben wieder, in diesem Augenblick selbst die Hunde nicht fürchtend, auf seinen Feind stürzen, als ihn ein Faustschlag des alten Franzosen zu Boden warf. Rafael sprang jetzt ebenfalls herbei, und während sich der vollkommen rasend gewordene Cholo unter ihnen wand und krümmte, wurde der kleine Bursche mit der Laterne rasch zum Hause zurückgeschickt, um von dort umherliegenden Stricken ein paar herbeizuholen. Wenige Minuten später lag der Verbrecher, mit auf den Rücken geschnürten Armen, vor Wuth schäumend, machtlos in der Gewalt seiner Feinde. („Sennor Aguila", S. 499)

Das typische ungetrübte „Happy-End" nach dem oben entwickelten Schema findet sich im Südsee-Roman „Tahiti" bemerkenswerterweise *nicht*: Sadie, eine bezaubernde junge Tahitianerin, ist aus ganzem Herzen einem Franzosen zugetan und hat mit ihm eine Tochter; der Fremde erweist sich aber als untreu und verlässt Sadie zugunsten einer anderen Frau. Aus Schmerz über ihr Schicksal stirbt die feinfühlige Einheimische. Damit allerdings hat der Roman sein Ende noch nicht gefunden. Gemäss dem Schema „Schuld – Strafe" ereilt auch den Franzosen René sein Schicksal schneller, als ihm dies lieb sein kann. Er altert als Folge seiner Verfehlung unnatürlich schnell und bringt sich schliesslich aus Gram über sein missglücktes Leben und aus Schuldgefühlen über den Tod seiner ersten Frau um, indem er bei Nacht mit einem kleinen Boot aufs offene Meer hinausfährt; dort streicht er im wahrsten Sinne des Wortes seine Segel.

> Als sich die Sonne am anderen Morgen aus dem Meere hob, schauten die Insulaner vergebens nach dem kleinen Kutter aus – kein Segel war am ganzen Horizont zu sehen. („Tahiti", S. 653)

Damit ist dem *Schuld-Sühne-Schema* Genüge getan! Ein Happy-End liegt allerdings noch nicht vor. Dazu braucht es eine Hoffnungsträgerin in der Person von Sadies Tochter; erst *sie* kann das Ende nicht nur gerecht, sondern versöhnlich und optimistisch erscheinen lassen. Diese prachtvolle exotische Welt in ihrer ganzen Reinheit und Ruhe, die vom französischen Eindringling derart nachhaltig gestört worden ist, lebt nun in ihr weiter. Das reizende Mädchen sieht seiner unglücklichen Mutter nicht nur zum Verwechseln ähnlich, sondern es trägt bezeichnenderweise auch ihren Namen.

Jetzt sah er schon die Wipfel seiner Palmen, die freilich höher geworden waren in der langen Zeit, jetzt erreichte er das kleine Orangendickicht, das den lauschigen Platz so treulich abschloß gegen der Menschen Blick von unten her, und jetzt – heiliger Gott – Sadie – ein jäher Schlag traf ihn durch Herz und Mark, und wie vor einer Erscheinung, zusammengeschmettert von dem furchtbaren Augenblick, sank er in die Knie und blickte zweifelnd, staunend, seinen eigenen Sinnen nicht trauend auf das, was sich ihm bot. Dort stand sein Weib – dort stand Sadie, so schön und wunderhold, so wild, so jugendfrisch als je; die dunklen, mit flatternden Blumen durchflochtenen Locken, die freie, offene Stirn, das dünne Schultertuch den nackten Leib umfliegend, den Arm ausgestreckt gegen ihn, und die zarten Lippen halb und eben weit genug geöffnet, die Perlenzähne dahinter zu verrathen. („Tahiti", S. 644)

Das Ebenbild von Renés erster Frau hat seinen Vater überlebt und kann so das urwüchsige, von keiner westlichen Zivilisation mehr behelligte Erbe weitertragen. Auf den tragischen Tod der Mutter folgt im exakten Ebenbild ihrer Tochter die *Wiedergeburt* aller scheinbar verlorengegangener Qualitäten und Werte. Nun kann der Ausgang dieses Romans als „verzögertes Happy-End" gewertet werden – um die Zeitspanne einer Generation aufgeschoben.

Die folgende Sequenz steht zwar nicht ganz am Schluss eines Romans, ist jedoch auch kurz *vor* dem Ende repräsentativ für Gerstäckers Bestreben, seine umfangreichen fiktionalen Texte in Optimismus und Minne ausklingen zu lassen.

Und Marie und Georg w a r e n selig; an dem Abend, neben dem Bett der Mutter, der mit der frohen, frischen Hoffnung auch wieder neuer Muth, neue Kraft in das Herz gezogen, wie es Georg gehofft, saßen sie Hand in Hand und plauderten, und bauten mit der Schwester Pläne auf, die Glücklichen, nach Herzenslust. Und der Vater ging, die Hände auf den Rücken gelegt, schmunzelnd auf und ab. In der Kinder jungem Leben ging auch ihm ein neues, frisches Dasein auf – die trübe, böse Zeit lag dahinten, und wenn auch bittere Erfahrungen ihn geprüft, so waren es doch eben Erfahrungen geworden, und a u f ihnen weiter schreitend, mit einer jungen, kräftigen Stütze jetzt an seiner Seite, konnt' er der Zukunft wieder froh in's Auge schauen.
(„Nach Amerika!", Band 2, S. 464)

Diese Textstellen dokumentieren, dass sich des Schriftstellers gottes-
fürchtige Weltsicht auch in seinen fiktionalen Produkten spiegelt. Immer
wieder zeigt sich die *Sinnhaftigkeit* der Schöpfung, das Geborgensein in
einem bewahrenden Urgrund, das Aufgehobensein und Ruhen alles Irdischen im Schosse einer Instanz, die alles Zeitliche und Räumliche
durchwaltet und überdauert, transzendiert. Auch wenn das Böse die
Welt nachhaltig mit prägt, gewinnt es letztlich *nie* die Oberhand und
wird nach Auseinandersetzungen regelmässig in die Schranken gewiesen. Die Welt ist von Gott gehalten und läuft keine Gefahr, in einem
Sumpf der Trostlosigkeit und des Unrechts unterzugehen.

In einem Weltbild, das auf eine göttliche Autorität ausgerichtet ist,
hat auch der *Zufall* nicht denselben Stellenwert und dieselbe Bedeutung
wie in einer gotteskritischen oder agnostischen Philosophie. Die göttliche Führungsinstanz sorgt am Ende immer dafür, dass auch scheinbar
Sinnloses in der überschauenden Retrospektive zu etwas Sinnhaftem
zusammengefügt werden kann. Die Philosophie, die dieser Auffassung
zugrunde liegt, vertritt der Charakter Werner in der gleichnamigen
Erzählung:

> „Zufall," sagte Werner ernst, aber ruhig, „ist ein gar wunderliches Wort, mein
> lieber Freund, mit dem wir nicht selten nur zu leichtfertig umgehen. Für den
> Gott, der dort oben unsere Schicksale lenkt, giebt es keinen Zufall, und inein-
> ander greifend bildet unser Leben, aus Tausenden solcher anscheinenden Zufälle
> zusammengesetzt, eine einzige feste Kette, in der wir kein Glied missen könn-
> ten. Sieh um Dich her – betrachte nur die G e g e n w a r t, und Manches
> erscheint Dir da als Z u f a l l, wie Du's nennst – schau' aber zurück in die
> V e r g a n g e n h e i t, und hätte Einer fehlen dürfen, Dich dahin zu führen,
> wo D u jetzt stehst? nicht einer, es waren alle die Glieder der e i n e n Kette.
> Doch genug. Auf Wiedersehen, Gerhard, auf ein f r o h e s Wiedersehen!"
> („Heimliche und unheimliche Geschichten", S. 463)

Zur Vermittlung eines optimistischen Weltbilds gehört bei Gerstäcker
die jederzeit saubere *Trennung von „Gut" und „Böse"*. Es verhält sich
keineswegs so, dass bestimmte positive *und* negative Charakterzüge
jeweils an *eine* Figur gebunden wären; vielmehr werden diese gegen-
sätzlichen Attribute auseinanderdividiert und den integren *oder* den
schlechten Figuren zugeordnet. Diese stark *vereinfachende Dichotomie*
oder *Aufspaltung* vermeidet Komplikationen in der Charakterzeichnung;
das klinisch rein herausgearbeitete Böse kann nun leicht und
entschieden analysiert und bewältigt werden. Die folgenden Zitate sollen
die Unmissverständlichkeit aufzeigen, mit der moralische bzw.
moralisch minderwertige Figuren porträtiert werden.

Im ersten Textausschnitt spricht der Erzähler sofort Klartext, wenn er die zu beschreibenden Figuren als Angehörige einer „Verbrecher-Republik" bezeichnet.

> Doch genug über die innere Einrichtung eines Raumes, den wir im Laufe der Erzählung überdies noch näher kennen lernen werden. Wir müssen jetzt auch die Bewohner dieser Verbrecher-Republik kennen lernen.
> („Die Flußpiraten des Mississippi", S. 84)

Anschliessend folgt – wie nicht anders zu erwarten ist – eine Zeichnung dieser unseligen Inselbewohner, deren Federstriche an Deutlichkeit nichts zu wünschen übrig lassen. Es ist auch bemerkenswert, dass die Räumlichkeit – die „Bachelors Hall" – ein Setting ist, das die Gesinnung der Insassen noch mehr akzentuiert; sie ist die Spiegelung des inneren Zustands der Bewohner, das sichtbar gemachte (verruchte) Innenleben der Leute, die dort aus- und eingehen. Diese finstere und angsteinflössend eingerichtete „Form" (die Räumlichkeit) dient dazu, den „Inhalt" (die Räuber) unzweifelhaft zu kennzeichnen. Es handelt sich nicht um ein Versteckspiel, in dem der Leser erst nach und nach den Verlauf der guten und schlechten Frontlinien erkennen kann, sondern es wird von Anbeginn weg aus vollen Rohren auf die „Bösen" gefeuert.

> In „Bachelors Hall" ging's gar munter und lebhaft zu. – Um ein großes Feuer gelagert, das in dem breitmächtigen Kamine loderte, streckten und dehnten sich etwa ein Dutzend kräftiger Gestalten, und die dampfenden Blechbecher, die sie entweder in Händen hielten oder neben sich stehen hatten, kündeten deutlich genug, wie sie den verflossenen Theil der Nacht verbracht. Ihre Tracht war die gewöhnliche der Bootsleute am Mississippi, und Waffen trugen sie keine – wenigstens keine sichtbar. An den Wänden aber hingen neben den langen amerikanischen Büchsen kurze deutsche Stutzen, französische Schrotgewehre, Pistolen, Bowiemesser, spanische Dolche, Harpunen, Beile und Aexte in Ueberfluß, und aufgeschlungene Hängematten bewiesen, wie die Insassen dieser modernen Räuberburg sogar einen Theil des früheren Schiffslebens hier fortsetzten und, wenn auch auf festem Lande, dennoch den alten Gewohnheiten nicht ganz entsagen wollten. („Die Flußpiraten des Mississippi", S. 85)

Die „Bösen" sind schon rein äusserlich gut zu erkennen: Sie sind markant weniger schön als ihre Antipoden; auch bleibende Verletzungen oder Vernarbungen, durch welche die Verbrecher stigmatisiert werden, dienen der Sichtbarmachung ihrer „Zugehörigkeit":

„Wo sind die Briefe?" „Hier, Capitain", sagte Peter oder der Narbige, unter welchem Namen er schon bei dem Leser eingeführt wurde – (...)
(„Die Flußpiraten des Mississippi", S. 95)

Sollte ein Übeltäter ausnahmsweise nicht direkt als solcher erkennbar sein, dann erleichtern äussere Gegebenheiten die Identifizierung – hier der übermässige Alkoholkonsum:

> Ein junger schlanker Mann mit langen blonden Haaren und blauen Augen, der, wenn ihn nicht jetzt der schwerfällige, trunkene Blick entstellt hätte, für schön gegolten haben konnte, schwankte vor und sagte lallend: „Captain Kelly – j'ai l'honneur – ich – ich habe die – habe die Ehre – ".
> („Die Flußpiraten des Mississippi", S. 95)

Dieses *Gesetz der äusseren Erkennbarkeit und Durchschaubarkeit* gilt nicht ausnahmslos – dies heisst aber nicht, dass der Leser in seiner Spurensuche alleingelassen wäre und deshalb im dunkeln tappen müsste. Das Aussagesubjekt legt (einmal mehr) sein ganzes Erzählen gezielt darauf an, den Leser über die moralische Gesinnung einer Figur keinen Augenblick im Ungewissen zu lassen und allfällige Zweifel von allem Anfang an aus dem Weg zu räumen. Im folgenden Beispiel wird daher eine mögliche Ungewissheit postwendend ausgeräumt, weil die betreffende Figur aus dem äusseren Blickwinkel *allein* falsch eingeschätzt werden könnte:
[Aufklärung des Lesers durch Erzähler in *Kursivschrift*]

> Die Sonne stand schon anderthalb Stunden hoch, als zwei Männer, auf schönen kräftigen Pferden, durch jene fast unwegsame und großentheils unter Wasser stehende Niederung ritten, die den Mississippi an beiden Ufern viele Meilen breit einschließt. (...) So sehr aber auch der Aelteste und Stärkste von ihnen in seine ganze Umgebung passen mochte, so sehr stach der Zweite, Jüngere, dagegen ab. (...) Den Kopf deckte ein feiner schwarzer Filz, und darunter vor quollen volle und üppige, seidenweiche blonde Locken. Mit den treublauen Augen hätte man ihn auch wirklich fast für ein schönes verkleidetes Mädchen halten können, wäre nicht der keimende Flaum der Oberlippe gewesen. *Nie aber schlug noch in einer menschlichen Brust ein Herz, das eines Teufels würdiger gewesen, wie in dieser – nie im Leben trog Auge und Blick mehr, als bei diesem Buben, der sich, einer Schlange gleich, von seinem glatten Aeußern begünstigt, nicht in die Häuser, nein in die Herzen Derer stahl, die er vernichten wollte, und über deren Elend er dann frohlockte.*
> („Die Flußpiraten des Mississippi", S. 111ff.)

Der Böse hat es im Leben durchweg schwer, kann weniger auf glückliche Umstände hoffen als der gesinnungsmässig Einwandfreie. Ist er im Vorteil, so kann er sicher sein, dass ihm irgendein Missgeschick widerfahren wird, das die Kräfteverhältnisse wieder auf die Seite des Guten kippen lassen wird:
[Schicksalhafte Wendung zuungunsten des Übeltäters in *Kursivschrift*]

> Der erste Blitz zuckte jetzt durch den wilden Sturm daher und warf sein bleiches, geisterhaftes Licht über die Landschaft. Schaurig, wie Hülfe suchend, schlugen und wehten in seinem grellen Schein die gigantischen Bäume mit ihren Riesenarmen, der nächste Moment aber hüllte Alles wieder in noch viel undurchdringlichere Nacht. Da hob sich Johnson empor, um schnell die ersehnte Stelle zu erreichen und die That zu vollenden, *ein Stein aber glitt unter seiner rechten Hand, mit der er sich bis jetzt an der vorwachsenden Wurzel einer Eiche festgehalten, vor und rollte einige Schritte hinab, in den Grund der Schlucht.*
> („Die Regulatoren in Arkansas", S. 381f.)

In erster Linie auf der *Flucht* zeigt es sich, welch schweres Los Bösen beschieden ist, stellen sich ihnen doch mit naturgesetzmässiger Regelhaftigkeit Hindernisse in den Weg.
[Schicksalhafte Wendung zuungunsten der Übeltäter in *Kursivschrift*]

> Der Dieb aber stand auf der Schwelle – im Freien – die kalte Nachtluft kühlte seine in Fiebergluth brennenden Wangen, und vorsichtig glitt er in der Dunkelheit dem nahen Dickicht zu, um die schlafenden Wächter nicht zu ermuntern und unentdeckt zu entkommen. *Schon hatte er die niedere Fenz erreicht, welche die Wohnung umgab, und zitternd überstieg er sie, als er mit dem linken Fuß den Stiel einer Hacke berührte, die daran lehnte und jetzt umfiel.*
> („Die Flußpiraten des Mississippi", S. 169)

> Van Leuwen war hinter dem Verlarvten hergesprengt, weil er in diesem mit Recht den Anführer vermuthete. *Den Burschen aber hinderte die Maske am raschen Laufen – er konnte nicht vor seine Füße sehen und stürzte.* – Wohl raffte er sich wieder empor und riß die Maske ab, aber zu spät. Mit einem Seitensprung hoffte er aus dem Bereich des Reiters zu kommen, und seinen Revolver hebend, feuerte er rasch hintereinander drei Schüsse auf ihn ab – doch van Leuwen's Pferd parirte vortrefflich; mit dem nächsten Satz flog er an ihm vorüber, und ein Säbelhieb, der tief in den Schädel eindrang, beendete die verbrecherische Laufbahn Geronimo's, des Mestizen. Er taumelte und brach zusammen. („In Mexiko", Band 1, S. 409)

Die Repräsentanten einer guten, optimistischen Welt haben sich nicht ernsthaft mit solchen Widerwärtigkeiten auseinanderzusetzen; für sie

sind bedrohliche Situationen sicher beherrschbare, fast routinemässige Angelegenheiten, die ungleich weniger an die Substanz gehen. Ereilt sie dennoch einmal das Schicksal, dann tut es dies in moderater und nicht lebensbedrohender Art und Weise. Die Vertreter positiver Wertehaltungen sind, wie als Vergeltung für ihre lobenswerte Lebensführung, vor vernichtenden Schicksalsschlägen gefeit, und sie dürfen auf die notwendige Unterstützung schützender Mächte zählen: Lediglich ihre Fassade bekommt gelegentlich ein paar Kratzer und Schürfungen ab – ansonsten sind sie weitestgehend unverletzbar.
[Unverletzbarkeit des Guten in *Kursivschrift*]

Van Leuwen kam jetzt an die Straße geritten und hielt neben Orsmond; aber er sah leichenblaß aus, und an seiner Schulter tröpfelte Blut nieder. „Sapristi, Leuwen, Sie sind verwundet!" rief Orsmond erschreckt aus. „Mann, Sie können sich ja kaum noch im Sattel halten!" „Ach was," sagte der junge Officier – „es wird schon gehen – ich m u ß nach Mexiko zurück –" „Aber nicht zu Pferde!" rief Capitain Orsmond, „Sie stürzen unterwegs." „Denke nicht daran," lachte der belgische Hauptmann – *jedenfalls nur ein Streifschuß – es wird schon – "* (...) („In Mexiko", Band 1, S. 411)

Auch in den „Regulatoren" ist der (integre) Indianer Assowaum *immun* gegen lebensbedrohende Attacken:
[Unverletzbarkeit des Guten in *Kursivschrift*]

Seine Vorsicht zeigte sich auch keineswegs unnütz, denn kaum hatte er den freien Platz betreten, so bewies eine dritte Kugel, wie genau jede seiner Bewegungen von dem Haus aus verfolgt war. Triumphirend aber schwang er diesmal die Büchse, und hielt dann den von der zweiten Kugel getroffenen Arm dem Freunde hin, der augenblicklich sein Tuch vom Nacken riß und *die blutende, jedoch unbedeutende Wunde* verband. („Die Regulatoren in Arkansas", S. 452)

Wieder zuckte der Lauf in die Höhe, aber *auch diesmal erreichte der „befiederte Pfeil" einen deckenden Schutzort*, ehe Jener ihn auf's Korn nehmen und abdrücken konnte. („Die Regulatoren in Arkansas", S. 458)

Es kommt in diesem Roman am Ende, wie es kommen muss: Der böse Rowson erleidet die gerechte, ihm gebührende Strafe – er wird von seinem direkten Widersacher (dem Indianer Assowaum) unter apokalyptisch anmutenden Umständen exekutiert:

Wilder und entsetzlicher wurden die Hülferufe des Gepeinigten, und lauter und jubelnder schallte dazu der Festgesang der Odjibewas, daß ein Wolf, der unfern

von dort sein still verstecktes Lager gehabt, scheu emporsprang und entfloh, ein ruhigeres, heimlicheres Bett zu suchen. Da krachte endlich das Sparrwerk des morschen Daches – hochauf spritzten und sprühten die Funken – e i n wilder Schmerzensschrei brach noch aus der emporzüngelnden Gluth – schwarzer Qualm wälzte sich rollend daraus hervor, und – Alles war vorüber. Blutroth sank hinter dem fernen Bergrücken die Sonne hinab; aber neben der Brandstätte stand mit geschwungener Waffe der rothe Krieger und sang in einförmiger, wilder Weise sein Rache- und Siegeslied: (...)
(„Die Regulatoren in Arkansas", S.498)

Um das Happy-End zu vollenden, braucht es auch hier die *Vernichtung des Bösen*, d.h. des meineidigen Methodistenpriesters. Die Botschaft einer „guten Welt" an allfällige Unmoralische lässt an Deutlichkeit nichts zu wünschen übrig: Missetaten lohnen sich nie, sie werden (grausam) gerächt; ein feiger Mord z.B. wird mit ebensolcher Härte und mit grausamer Konsequenz gesühnt. Solches verlangt die dieser Welt immanente Gerechtigkeit.

Ein Ende im Einklang ist die zwingende Folge dieser Philosophie. Bleibt dem Erzähler noch vorbehalten, es zu präsentieren:

Das Uebrige ist bald erzählt: Was Wilson und Ellen betraf, so hatte diesmal der alte Roberts, nach einem arkansischen Sprüchwort, keineswegs „unter dem falschen Baum gebellt". Noch in derselben Woche legte der nicht fern wohnende Friedensrichter die Hände beider Paare in einander, und während Brown nach Little Rock ritt, den Kauf seines Landes zu besorgen, schrieb Wilson an seine alte Mutter in Memphis, um diese zu sich einzuladen, damit sie an seinem Herde ihre letzten Tage in Ruhe und Frieden verleben könne.
(„Die Regulatoren in Arkansas", S. 503)

Zum Schluss der Geschichte sind also nicht nur die Liebespaare, sondern – analog zum Roman „Der Kunstreiter" – auch die Generationen (hier Sohn und Mutter) versöhnt. Wahrhaftig ein Abschluss in Harmonie!

„Happy-Ends" gehen zwar meistens, aber nicht immer Hand in Hand mit Liebesgeschichten bzw. Gerechtigkeitsritualen – dies lässt sich am Schluss des Romans „Im Busch" nachweisen, wo die Aussöhnung zweier Seemänner nach einem vom Kapitän höchstpersönlich vereitelten Ausreissversuch eines Schiffsjungen in die Welt der Goldgräber den sympathischen und rührenden Abschluss bildet.

„Na schön," versetzte Becker. „Heute hast Du das abverdient, und wenn Du nicht mit mir fahren und lieber wieder hinauf in's Land willst, so zahle ich Dir Deinen Lohn aus, und vielleicht noch 'was mehr – und Du kannst mit dem Boot zurückgehen." „Captein?" rief der Hannes erstaunt. „Hast Du mich verstanden?" „Ja, Captein." „Und willst Du wieder in die Berge?" Der Junge kratzte sich mit seiner alten Mütze am Kopf und lachte halb verlegen vor sich hin. Endlich sagte er: „Captein – " „Ich meine es gut mit Dir," versicherte dieser – „Du hast ganz Deinen freien Willen." „Wenn ich meinen freien Willen habe, Captein," sagte da Hannes, der sich ein Herz faßte, „und wenn ich keine Schläge haben soll, so – so bleib' ich lieber an Bord." „Was? – Du hast das Goldgraben schon satt?" „Ja, Captein – ich will an Bord bleiben." „Der Junge ist doch nicht so dumm wie er aussieht," bemerkte der Steuermann, der ein erstaunter Zuhörer der Unterhaltung gewesen war. Der Capitain sah den Jungen noch immer ernsthaft an. Er war jedenfalls von der Wendung selber überrascht. Dann aber streckte er seinen Arm aus, nahm des verblüfften Hannes Hand, schüttelte sie derb und sagte dann: „Na, so bleib, Hannes, Du sollst's nicht bereuen. Ich will doch einmal seh'n, ob ich nicht noch 'was Ordentliches aus Dir machen kann, wenn Du auch ein liederlicher Strick bist. – Und nun geh nach vorn an Deine Arbeit." „Ja woll, Captein," stöhnte der Junge vor Vergnügen, und war wie der Blitz vom Quarterdeck wieder hinunter. („Im Busch", S. 321f.)

Die Analysen zeigen, dass Gerstäckers Romane „aufgehen": Sie enden gut und verheissungsvoll und sind ganz allgemein von sprühendem Optimismus durchweht. Für jeden harmonie- und gerechtigkeitsliebenden Leser muss dies eine Wohltat sein, kann er doch nach abgeschlossener Lektüre den Text beruhigt beiseite legen und mit Genugtuung feststellen, dass das Gute obsiegt hat und das moralische Weltgefüge aller Widrigkeiten und erschwerender Umstände zum Trotz (noch) intakt ist.

Das abgebildete Schema ist charakteristisch für den Ausgang zahlreicher Romane (und Erzählungen) dieses Autors. Es zeigt, dass Unrecht nicht ungestraft bleibt und nach Vergeltung ruft – der Sieg des Guten und Gerechten ziert das „glückliche Ende".

Schema: Missetat/Verfehlung > Bestrafung der Bösen bzw. der Unmoral > Sieg der Guten bzw. der Gerechtigkeit

Wie bereits verschiedentlich angesprochen, gehört zu einem optimistischen Weltbild auch der Glaube ans *Gefühlvolle* und *Schöne* in der menschlichen Existenz. So werden (erfolgsträchtige) Beziehungen zwischen den Geschlechtern nicht erst am Schluss, sondern *allenthalben* in den rosigsten und romantischsten Farben und Tönen gezeichnet. [verheissungsvolle Darstellung von Geschlechterbeziehungen in *Kursivschrift*]

„Miß Sarah!" rief da Walker, dem der drängende Augenblick auch den Muth gab, ihm zu begegnen, ja der ihn sogar zwang, die kostbare Zeit nicht zu versäumen, „wollen Sie mir verstatten, daß ich nur wenige Worte an Sie richten darf?" (...) Sarah zögerte einen Augenblick, aber sie fühlte auch, daß sie jetzt unmöglich anders könne, als ihn anzuhören. Die Kniee versagten ihr dabei den Dienst, und sie sank auf den nächsten Stuhl, indem sie mit fast flüsternder Stimme sagte: „Was wünschen Sie?" Diese augenscheinliche Angst von ihrer Seite gab ihm Muth, und mit fester, ruhiger Stimme fuhr er fort: *„Miß Sarah, es kann Ihnen kaum noch ein Geheimniß sein, wie tief sich seit dem ersten Augenblick, wo ich Sie gesehen, Ihr Bild in meine Brust gegraben. Bitte, unterbrechen Sie mich nicht – vergönnen Sie wenigstens den Gefühlen, die mir seit Jahren das Herz beengt und es bald mit frohen Hoffnungen, bald mit quälender Angst erfüllt haben, Raum – um Worte zu finden. Ich liebe Sie – liebe Sie mit aller der treuen, aufrichtigen Gluth, deren ein Mann fähig ist zu lieben, und von Ihrem Ausspruche – ob er freundlich ob er abweisend für mich ausfällt, hängt vielleicht das ganze Glück meiner Zukunft, meines Lebens ab. (...) Werfen Sie in d i e Wagschale noch meine innige heiße Liebe für Sie, und lassen Sie mich wenigstens hoffen, daß ich, wenn ich zu ihnen zurückkehre, einen freundlichen Willkommen erwarten darf."* („Die beiden Sträflinge", S. 156f.)

3.4 Vermittlung realistisch-kritischer Weltsicht

Zu Beginn dieses Kapitels erscheint es sinnvoll, sich zu vergegenwärtigen, welch prekäre Verhältnisse in Deutschland in der ersten Hälfte des 19. Jahrhunderts herrschten; die Folge davon war ein wahrhafter *Massenexodus* in die Neue Welt. McClain/Kurth-Voigt bzw. Ostwald umreissen die Situation so:

Für die zahlreichen Bewohner der deutschsprachigen Länder, die mit Enttäuschung und Unzufriedenheit die politischen, sozialen und wirtschaftlichen Zustände nach den Napoleonischen Kriegen betrachteten, nahm die neue Welt jenseits des Atlantischen Ozeans nach den Ereignissen des Jahres 1815 erhöhte Bedeutung an. Den Verfechtern des Prinzips der parlamentarischen Volksvertretung blieb sie nach wie vor ein vorbildliches Beispiel der republikanischen Regierungsform, um die man sich in deutschen Ländern immer wieder bemühte. (...) Während dieser ernsten Zeit kam die erste große Welle der Auswanderer nach Amerika. Im Jahre 1817 suchten zwanzigtausend Deutsche in den Vereinigten Staaten eine bessere Lebensweise, und nach 1817 trieb es alljährlich Tausende von Deutschen, die in Amerika ein gesichertes Dasein zu finden hofften, in die Emigration. Gesellschaften zur Förderung der Auswanderung wurden gebildet, die ganze Niederlassungen in Nord- und Südamerika planten. Bald gab es fast keine einzige deutsche Familie mehr, die nicht zumindest einen Verwandten oder Freund in Amerika hatte; als natürliche Folge wurde Amerika in allen deutschen Ländern ein häufiges Gesprächsthema, und Berichte über die dortigen Verhältnisse wurden mit großem Interesse gelesen. In diesen Jahren wurde der Einfluß Amerikas unter den Liberalen so stark, daß man in der Nationalversammlung von 1848 den Namen „Vereinigte Staaten von Deutschland" für das neu zu gründende deutsche Reich in Vorschlag brachte.[33]

Es muß noch einmal gesagt werden, Gerstäckers Reiseberichte waren für die auswanderungswilligen Deutschen wesentliche Orientierungshilfen. Zahlreiche unserer Landsleute waren zu jener Zeit unzufrieden, ja verzweifelt. Die politischen, wirtschaftlichen und sozialen Zustände im uneinigen Deutschland trieben viele über den Ozean in das „Land der unbegrenzten Möglichkeiten". Die ständigen Kriege, Revolutionen, Wirtschaftskrisen, Hungersnöte durch schlechte Ernten und dergleichen mehr förderten die Auswanderungslust in Deutschland, so daß in den Jahren ab 1817 Zehntausende ihr Glück in Amerika versuchen wollten.[34]

So sehr Gerstäcker Happy-Ends und dem Bösen abholde Elemente liebt, so realistisch und wenig schönfärberisch ist er auf der andern Seite – in Fiktion wie Nichtfiktion – hinsichtlich der Schilderung der konkreten Verhältnisse in den Auswanderungsgebieten. Da ist nichts mehr zu spüren von Verklärungen oder romantischen Übersteigerungen.

Im Romanwerk „Nach Amerika!" beispielsweise setzen seine lebensnahen Darstellungen bereits ganz zu Beginn der Ausreise ein, als der *Trennungsschmerz* – einschneidend und schonungslos – insbesondere den zurückbleibenden Eltern das Herz bluten lässt.

Oh, es ist ein großer Schmerz für ein Elternherz, ein Kind in der Blüthe der Jahre zu verlieren – wie viel Sorge, wie viel schlaflose Nächte hat es gemacht, bis es wuchs und gedieh; welche Hoffnungen knüpften sich an das junge Wesen, und blühten und reiften mit ihm. Wie treulich wurde da nicht jeder Schritt bewacht, den noch unsichern Fuß vor Stoß und Fall zu schützen, wie ängstlich jedem bösen Eindruck gewehrt, der Herz oder Geist hätte vergiften können. Und nun das Alles preiszugeben der Welt, ihren Verführungen, ihren Gefahren für Geist und Körper, das Alles preiszugeben und hinausgeworfen zu sehen auf die stürmischen Wogen des Lebens – sich selbst überlassen und der eigenen, vielleicht doch noch zu schwachen Kraft. Wie viele heimliche Thränen werden da geweint, wie trüb' und traurig liegt da oft des Kindes Zukunft vor dem ahnenden Blick des Vaters und der Mutter.
(„Nach Amerika!", Band 1, S. 178)

---

[33] McClain/Kurth-Voigt, Sp. 1053

[34] Ostwald, Thomas: Friedrich Gerstäcker – Leben und Werk. Bibliographischer Anhang von Armin Stöckhert. 2., korrigierte und ergänzte Auflage, Braunschweig 1977, S. 158.

Im eben zitierten Band redet der Erzähler grundsätzlich klare Worte. Dabei ist es nicht von Belang, ob sich die erwähnten Personen in der Realität spiegelbildlich wiederfinden oder nicht und ob das Geschilderte nun in allen Einzelheiten wirklichen Begebenheiten entspricht – entscheidend ist allein der *Grundton* in solchen und ähnlichen Abschnitten, und der ist *warnend, nüchtern* und in einem übertragenen Sinne genauso „wahr" wie in einer nichtfiktionalen Beschreibung. Im Kapitel „Leben an Bord" steht:

> Eine eigenthümliche Veränderung war aber doch mit manchem der Passagiere, während der langen Seereise, vorgegangen. Besonders die Männer, die sich im Anfang noch, als ihnen das Schiffsleben fremd und ungewohnt vorkam, wenigstens sauber und reinlich gehalten, und regelmäßig ihre gewöhnliche Kleidung angelegt hatten, als ob sie an Land gehen wollten, fingen an nachlässig zu werden und ließen ihrer Bequemlichkeit in dem Schmutz des Zwischendecks den Zügel schießen. („Nach Amerika!", Band 1, S. 338)

Nicht nur die ganze Mühsal sowie die deprimierende Atmosphäre einer Überfahrt an Bord eines Auswandererschiffes werden plastisch beschrieben, auch die *Ankunft* im Land der (un)begrenzten Möglichkeiten ist alles andere als das erwartete grosse Ereignis – ganz im Gegenteil: Eine *sumpfartige Landschaft* in der Nähe von New Orleans bildet den ersten Eindruck vom Land der Sehnsüchte und Träume.
[realistisch-kritische Stellen in *Kursivdruck*]

> Das aber, was ihnen bis dahin eine weite grüne Wiesenfläche geschienen, auf der sie, freilich umsonst, nach grasenden Heerden umhergesucht, zeigte sich jetzt als ein weiter, trauriger Schilfbruch. Ihnen entgegen quoll die schmutziggelbe Fluth des mächtigen Mississippi, und zitternd und schwankend in der starken Strömung standen die dunkelgrünen schlanken Halme des Rohrs und bildeten hier unten dessen einzige Ufer. „D a s ist Amerika?" rief da eine der Frauen, die mit vorn auf der Back stand, und deren Blicke bis dahin nur ängstlich und erwartungsvoll an dem näher und näher kommenden Land gehangen – „lieber Gott, da kann man ja nicht einmal an's Ufer gehen." Manche der übrigen Passagiere schauten jetzt ebenfalls, mit keineswegs mehr so zuversichtlichen Mienen, als sie noch an dem Morgen gezeigt, auf die wüste Fläche von Schilf und Wasser hinaus, die sie schon zur rechten und linken Seite umgab. *Es war ein beengendes, erdrückendes Gefühl, das sie erfaßte – die e r s t e getäuschte Hoffnung in dem neuen Land, das sie sich mit allem Zauber südlicher Zonen, wenn auch heimlich, doch nur zu eifrig ausgeschmückt, und das jetzt vor ihren Augen wie ein stehender endloser Sumpf begann.*
> („Nach Amerika!", Band 1, S. 390)

Bevor die Ankömmlinge auch nur einen Fuss auf amerikanischen Grund und Boden gesetzt haben, ist ihre frohe *Erwartungshaltung* bereits *erschüttert*. All die Härteprüfungen und enttäuschten Erwartungen, die in dieser Welt voller Ungewissheit zu gewärtigen sind, werden in der eben vorgestellten Passage vorweggenommen. Endgültig Realität werden diese unheilverkündenden ersten Eindrücke auf dem amerikanischen Festland; da verwandelt sich der „American Dream" unversehens in ein *„American Nightmare"*:
[realistisch-kritische Stellen in *Kursivdruck*]

Auf Steinert hatte diese Begegnung aber einen höchst unangenehmen Eindruck gemacht und Amerika ungemein viel in seinen Augen verloren. *Da waren Leute – gesund, kräftig und stark, die A r b e i t suchten und keine finden konnten, und sich vor dem Hungertode fürchteten. Zu Hause aber hatten ihm die Auswanderungs-Agenten ganz andere Geschichten erzählt, und in Büchern konnte er sich auch nicht erinnern, schon etwas Aehnliches gelesen zu haben.* „Verfluchte Geschichte das", murmelte er dabei vor sich hin, „ich weiß nicht, was soll es bedeuten, daß ich so traurig bin – ganz verfluchte Geschichte das." („Nach Amerika!", Band 1, S. 428)

Und dann die Menschen erst – wie das rennt und stürmt und galoppiert, und die Schultern gegen sein Tagewerk stemmt! *Diese H a s t des Erwerbs hat kein anderes Land der Erde aufzuweisen, und mit der kecken Stirn, mit der der Yankee jeden Gewinn vom Zaun bricht, der sich ihm bietet, gleichviel woher er komme, mißt sich ebenfalls kein anderer Stamm. Du glaubst zu schieben, und Du wirst geschoben, ein Halten ist nicht möglich, denn der Hintermann weicht Dir nicht aus oder schreitet um Dich herum, er schiebt Dich mit sich, oder – tritt Dich noch lieber unter die Füße, um selber einen etwas festeren Halt zu bekommen für den eigenen Fuß; was schiert ihn der Nachbar!* („Nach Amerika!", Band 2, S. 352)

Der „amerikanische Alptraum" beschränkt sich nicht nur auf Nordamerika – im Roman „Die Colonie" konzentriert sich das Interesse auf die Zustände im *südlichen* Teil des Kontinents. Auch hier gilt: Augenwischerei existiert in den Büchern Gerstäckers nicht. Die Verhältnisse in den für Auswanderer (vor allem deutscher Zunge) neu erschlossenen Regionen werden möglichst wirklichkeitsgetreu und lebensnah geschildert.

Im nächsten Zitat ist es nicht das Aussagesubjekt, das über *Gefahren für Neueinwanderer* in *Brasilien* Auskunft gibt – hier kommt der Leser aus dem Dialog von irregeführten Romanfiguren zu klaren Vorstellungen darüber, mit welch misslichen und verzweifelten Situationen er in einer scheinbar verheissungsvollen Welt zu rechnen hat, wenn er nicht bereits von allem Anfang an äusserst wachsam und kritisch ist. [realistisch-kritische Stellen in *Kursivdruck*]

„Aber hier legt nie ein Schiff nach Rio Grande an," sagte der Director; „da müßtet Ihr erst wieder nach Santa Catharina fahren, und das kann noch sechs oder acht Wochen dauern, bis sich dazu Gelegenheit findet. Wenn Ihr d a h i n wolltet, so mußtet Ihr doch wahrhaftig mit keinem Schiffe nach Santa Clara fahren. Da hättet Ihr Euch v o r h e r erkundigen sollen." „Ja, das haben wir doch gethan!" sagte der eine Mann; „der Herr Agent in Antwerpen hat uns ja auch gesagt, d a s Schiff hier brächte uns nach Santa Clara, und Rio Grande wäre d i c h t dabei – er hat's uns ja auch auf der Karte gezeigt – keinen Finger breit von einander war's." „Und Euer Schiffscontract ist bis nach Rio Grande gemacht?" „Da – hier steht's," sagte der Mann und zog das Papier aus der Tasche. Der Director nahm es; aber auf den ersten Blick sah er schon, daß in dem Contracte stand: Von Antwerpen nach Santa Clara. „Da steht ja kein Wort von Rio Grande?" fragte er den Auswanderer. „Na, natürlich nicht, weil's dicht dabei liegt;" brummte dieser verdrießlich; „das hat uns ja der Herr Agent ganz genau auseinander gesetzt, daß das Schiff nur bis Santa Clara ginge und daß dann ein anderes daneben liege, welches uns gleich hinüberbringe. Die Schiffe fahren ja doch alle hier erst in Santa Clara an – so dumm sind wir auch nicht, daß wir das nicht genau ausgemacht hätten." Der Director faltete den Contract langsam zusammen und gab ihn dem Manne zurück. *„Lieber Freund,"* sagte er ruhig, *„die Sache ist höchst einfach die, daß Ihr Euch in Antwerpen habt anführen lassen – weiter nichts.* Der Agent dort hatte gerade dieses Schiff liegen und s e i n e m Contracte nach Passagiere dafür zu schaffen; deshalb seid Ihr da mit aufgepackt und fortgeschickt. Zwischen hier und Rio Grande besteht gar keine regelmäßige Verbindung; nur zu Zeiten bietet sich Gelegenheit durch einen der kleinen Küstenfahrer, der Euch nach Santa Catharina bringen könnte. Dort müßt Ihr wieder auf ein Dampfschiff. Was außerdem die kleine Entfernung betrifft, so k ö n n t Ihr die Reise nach Santa Catharina v i e l-l e i c h t in vier bis fünf Tagen machen, wenn der Wind gut ist – im andern Falle nimmt sie eben so viele Wochen in Anspruch, und von da sind auch wieder drei bis vier Tage nach Rio Grande nöthig. Außerdem wird Euch d i e s e Tour fast noch eben so viel kosten, als die Reise von Deutschland hierher." „Aber Du mein großer, allmächtiger Gott, wir haben ja keinen Pfennig Geld mehr!" schrie die eine Frau. „Und der Herr Agent hat gesagt, daß uns die Reise von hier nach Rio Grande keinen Heller kosten sollte." *„Dann hat der Agent einfach gelogen,"* sagte der Director ruhig, *„und es ist eine Betrügerei, wie sie schon mehrfach vorgekommen."* „Oh, Du mein gütiger Heiland," jammerte eine andere Frau, „dann sind wir verrathen und verkauft und müssen hier elend verderben!" Beruhigt Euch, so schlimm ist die Sache noch nicht," tröstete sie der Director – „wenn Ihr Euch nicht vielleicht doch noch entschließt, hier zu bleiben und Euch hier niederzulassen." „Aber wir haben unsere ganze Freundschaft bei Rio Grande; meiner Schwester Sohn und der Elias und die Dorothea sind auch drüben und warten auf uns." *„Gut, gut, ich sehe jetzt schon wie die Sache steht; ich will einen Versuch machen und an die Regierung nach Rio schreiben, welche schon mehreren anderen armen Aus-*

wanderern, die von betrügerischen Agenten in eine ähnliche Lage gebracht
worden, geholfen hat, und vielleicht läßt sich doch noch Alles einrichten."
„*Und wann können wir fort?*" *fragte die Frau rasch –* „*kommt das Schiff*
bald?" „*Ja, liebe Frau,*" *sagte der Director,* „*so rasch geht die Sache nicht;*
wenn ich Euch in zwei oder drei Monaten hier wegbringe..."
(„Die Colonie", S. 112ff.)

Es wäre allerdings verfehlt, aufgrund der bisherigen Textstellen Gerstäckers Bild der Neuen Welt lediglich auf *reine Warnsignale* an die
Adresse der Auswanderer zu reduzieren. Auch Annäherungen anderer
Art tragen zu einer charakteristischen und vielschichtigen Darstellung
dieses damals höchst faszinierenden und noch weitestgehend uner-
schlossenen Erdteils bei:

Die Aufmerksamkeit gilt zuerst der geradezu *magischen Anzie-*
hungskraft des jungen Kontinents. Der Schriftsteller lässt sein Aussagesubjekt mit ebenso ausführlichen wie bewegenden Worten schildern, mit
welcher Macht die Abwanderungswelle grosse Teile Deutschlands (und
der Alten Welt insgesamt) erfasst. Zudem wird deutlich, dass Menschen
aus verschiedensten Bevölkerungsschichten und Berufsrichtungen betrof-
fen sind, welch fieberhafte Sehnsucht Amerika weckt und zu welch
fragwürdigen Projektionen es verleitet.

[Amerika als Verheissung für breite Bevölkerungsschichten in *Kursiv-*
druck]

„Nach Amerika!" – Leser, erinnerst Du Dich noch der Märchen in „Tausend
und eine Nacht", wo das kleine Wörtchen „Sesam" Dem, der es weiß, die
Thore zu ungezählten Schätzen öffnet? hast Du von den Zaubersprüchen gehört,
die vor alten Zeiten weise Männer gekannt, um Geister aus ihrem Grabe heraus-
zurufen und die geheimen Wunder des Weltalls sich dienstbar zu machen? (...)
D i e Zeiten sind vorüber; die Geister, die damals dem Menschengeschlecht
gehorcht, gehorchen ihm nicht mehr, oder wir haben auch vielleicht das rechte
Wort vergessen, sie zu rufen – aber ein anderes dafür gefunden, das, kaum
minder stark, mit e i n e m Schlage das Kind aus den Armen der Eltern, den
Gatten von der Gattin, das Herz aus allen seinen Verhältnissen und Banden, ja
aus der eigenen Heimath Boden reißt, in dem es bis dahin mit seinen stärksten,
innigsten Fasern treulich festgehalten. „*Nach Amerika!" Leicht und keck ruft es*
der Tollkopf trotzig der ersten schweren, traurigen Stunde entgegen, die seine
Kraft prüfen, seinen Muth stählen sollte. – „*Nach Amerika!" flüstert der Ver-*
zweifelte, der hier am Rand des Verderbens dem Abgrund langsam, aber sicher
entgegengerissen wurde. – „*Nach Amerika!" sagt still und entschlossen der*
Arme, der mit männlicher Kraft und doch immer und immer wieder vergebens
gegen die Macht der Verhältnisse angekämpft, der um sein „tägliches Brod" mit
blutigem Schweiß gebeten – und es nicht erhalten, der keine Hülfe für sich und
die Seinen hier im Vaterland sieht, und doch nicht betteln w i l l, nicht stehlen
k a n n. – „*Nach Amerika!" lacht der Verbrecher nach glücklich verübtem*

Raub, frohlockend der fernen Küste entgegenjubelnd, die ihm Sicherheit bringt vor dem Arm des beleidigten Rechts. – *„Nach Amerika!" jubelt der Idealist*, der wirklichen Welt zürnend, weil sie eben wirklich ist, und über dem Ocean drüben ein Bild erhoffend, das dem in seinem eigenen tollen Hirn erzeugten gleicht. – „Nach Amerika!" und mit dem einen Wort liegt hinter ihnen abgeschlossen ihr ganzes früheres Leben, Wirken, Schaffen – liegen die Bande, die Blut oder Freundschaft hier geknüpft, liegen die Hoffnungen, die sie für hier gehegt, die Sorgen, die sie gedrückt. „Nach Amerika!" So gährt und keimt der Same um uns her – hier noch als leiser, kaum verstandener Wunsch im Herzen ruhend, dort ausgebrochen zu voller Kraft und Wirklichkeit, mit der reifen Frucht seiner gepackten Kisten und Kasten. *Der Bauer* draußen hinter seinem Pflug, den der nahe Grenzrain noch nie so schwer geärgert, und der im Geist, während er an dem Stein wieder und wieder wenden muß, schon weit über dem Meer drüben die langen geraden Furchen zieht; – *der Handwerker* in seiner Werkstatt, dem sich Meister nach Meister mit Neuerungen und großen, marktschreierischen Firmen in die Nachbarschaft setzt, um die wenigen Kunden, die ihm bis dahin noch geblieben, in s e i n e Thür zu locken; – *der Künstler* in seinem Atelier oder seiner Studirstube, der über einer freieren Entwicklung brütet und von einem Lande schwärmt, wo Nahrungssorgen ihm nicht Geist und Hände binden; – *der Kaufmann* hinter seinem Pult, der Nachts, allein und heimlich, die Bilanz in seinen Büchern zieht und, das sorgenschwere Haupt in die Hand gestützt, von einem neuen, andern Leben, von lustig bewimpelten Schiffen, von reichgefüllten Waarenhäusern träumt; *in Tausenden von ihnen drängt's und treibt's und quält's*, und wenn sie auch noch vielleicht Jahre lang nach außen die alte frühere Ruhe wahren, in ihren Herzen glüht und glimmt der Funke fort – ein stiller, aber ein gefährlicher Brand. Jeder Bericht über das ferne Land wird gelesen und überdacht, neue Arznei, neues Gift bringend für den Kranken. Vorsichtig und ängstlich, und weit herum ihr Ziel, daß man die Absicht nicht errathen soll, fragen sie versteckt nach dem und jenem Ding – nach Leuten, die vordem „hinübergezogen" und denen es gut gegangen – nach Land- und Fruchtpreis, Klima, Boden, Volk – für Andere natürlich, nicht für sich etwa – sie lachen bei dem Gedanken. Ein Vetter von ihnen will hinüber, ein entfernter Verwandter oder naher Freund; sie wünschen, daß es dem wohl geht, und häufen mehr und mehr Zunder für sich selber auf. *So ringt und drängt und wühlt das um uns her; Keiner ist unter uns, dem nicht ein Freund, ein naher Verwandter den salto mortale gethan und Alles hinter sich gelassen, was ihm einst lieb und theuer war – aus dem, aus jenem Grund – und täglich, stündlich noch hören wir von Anderen, von denen w i r im Leben nie geglaubt, daß s i e je an Amerika gedacht, wie sie mit Weib und Kind und Hab und Gut hinüberziehen.* („Nach Amerika!", Band 1, S. 124ff.)

Auch die *sozialen Verhältnisse* in den betreffenden Gebieten erfahren die ihnen gebührende Aufmerksamkeit – hier wird die *Sklaverei* an den Pranger gestellt: [realistisch-kritische Stellen in *Kursivdruck*]

Die Sclaverei, das Brandmal der Zivilisation, wird immer ihre Vertheidiger finden, die aus Eigennutz oder Unwissenheit diesem Fluch der Menschheit das

Wort reden und den faulen, giftigen Kern mit der hier und da glatten Rinde ent-
schuldigen wollen; wer aber in ihrem Kreis gelebt, die zitternden Geschöpfe unter dem Hammer des eisblütigen tabakkauenden Auctionators gesehen und die
Thränen gezählt hat, wer dem Elend gefolgt ist, mit dem der Eigennutz hier unter dem frechen Schutz c h r i s t l i c h e r Gesetze M e n s c h e n foltert,
der wird sich nur mit Abscheu von dem Elend wenden, dem er nicht steuern
kann und darf – ob's ihm auch fast das Herz manchmal zerreißt.
(„Nach Amerika!", Band 1, S. 473)

Das *Schicksal der Indianer* liegt Gerstäcker sehr am Herzen, und so
lässt er seine Aussagesubjekte immer wieder den Mahnfinger erheben
und auf die unsägliche Tragik des Verdrängungsprozesses dieser Ureinwohner Amerikas durch skrupellose Weisse hinweisen. Allein schon die
düsteren Gesichtszüge und die schleichende Fortbewegungsweise des
Indianers im unten zitierten Textausschnitt sprechen Bände. Sie zeigen
die ganze Ohnmacht und Resignation, mit welcher der Betroffene sein
eigenes Los und das seines ganzen Volkes zu tragen hat; einer Wild-
wasserflut gleich ergiessen sich die weissen Eindringlinge ohne geringste Rücksicht auf Verluste in die jahrhundertealte Heimat der sog.
„Rothäute" und setzen dabei selbstherrlich ihre eigene Welt- und Wert-
(un)ordnung durch. [realistisch-kritische Stellen in *Kursivdruck*]

Und das Gemisch von Sprachen, von Trachten, von Sitten in solcher neuen
Stadt. (...) Der Mulatte und Neger, mit aufgestreiften Hemdsärmeln und immer
freundlichem, oft gutmüthigem Gesicht, die Arme vor sich her schlenkernd und
die Hände halb gekrümmt zum Zupacken an irgend etwas. *Und dazwischen hin-*
schleichend vielleicht ein Indianer, in seine Decke gehüllt, den bemalten Kopf
mit Federn geschmückt, und die Büchse auf der Schulter, mit dem Putzstock in
der rechten Hand, der staunend und scheu das dunkle Auge nach allen Seiten
hinüberwirft, das wunderbare Volk der Bleichgesichter hier förmlich aus dem
Boden herauswachsen zu sehen. Wie der die Brauen so finster zusammenzieht
und mit den Zähnen knirscht, wenn er daran denkt, daß es s e i n e Jagd-
gründe sind, die sie ihm verödet, daß der Boden die Gebeine seiner Väter deckt,
deren Gräber entweiht und ihres heiligen Schattens beraubt wurden. Aber was
hilft es ihm, daß er die Büchse fester packt und die Decke halb von der rechten
Schulter wirft – seine Zeit ist vorbei, und mit dem ersten Schiff, das weiße Wan-
derer seinem Lande brachte, brach auch der Damm, der es bis dahin geschirmt
und geschützt vor Ueberschwemmung. Langsam und leise zwar kamen sie im
Anfang heran; freundlich und bittend, wie die Fluth auch an dem erst berührten
Damm ganz langsam sickernd wäscht und spült, und einzelne Tropfen nur
hinüberfließen läßt zur andern Seite; aber der Riß weitet sich, und stärker
beginnt es zu laufen. N o c h wär' es Zeit, wenn Alles jetzt zur Hülfe spränge
und sich dem gemeinsamen Feind entgegenwürfe; aber es ist wohl nicht so
schlimm, denken die Meisten, und die im Lande drin, die kümmert's auch wohl
gar nicht. Da müßte es stark kommen und mächtig werden, wenn es u n s hier
erreichen sollte – die, denen es am nächsten auf der Haut brennt, mögen sich

wehren. Die wehren sich auch wohl, doch wächst die Fluth, und hier und da reißt sie auf's Neue Bahn, stärker, immer stärker und mächtiger, und furchtbar plötzlich mit der ganzen Kraft das letzte Hinderniß zu Boden reißend, das sich ihr noch entgegenstellte. Jetzt möchten die im Land drinnen die Arme auch gebrauchen, aber das Wasser hat sie schon erreicht – das ganze Land ist überschwemmt, der Boden weicht ihnen unter den Füßen fort. Noch schwimmen sie, das Messer zwischen den Zähnen, doch umsonst – die Strömung ist zu stark, und mit ihr treiben die Letzten ihres Stammes dem Meere zu. – („Nach Amerika!" ‚Band 2, S. 352ff.)

Die weitverbreitete und gefährliche Neigung grosser Teile der indianischen Bevölkerung zum Alkohol findet bei Gerstäcker regelmässig kritische Erwähnung, u.a. im Romanwerk „Unter den Pehuenchen". Die zitierte Stelle beleuchtet das Verhältnis *chilenischer Indianer* zum Alkohol und lässt an Deutlichkeit nichts zu wünschen übrig; das Aussagesubjekt vermittelt die Information auf der Erzählerebene. [realistisch-kritische Stellen in *Kursivdruck*]

Es ist erstaunlich, welche fast unglaubliche Mißhandlung nach jeder Richtung hin der menschliche Körper ertragen kann, wenn er eben von Jugend auf daran gewöhnt wird. Es giebt Leute, die ihr ganzes Leben lang in Kälte, Hitze, Nässe und Trockenheit draußen im Freien liegen, ohne auch nur eine Ahnung zu haben, was eigentlich ein Schnupfen ist. Es giebt deren, die sich daran gewöhnen, jeden Tag eine Quantität von Brunnenwasser zu verschlucken, bei welcher ein Laie in dieser Kunst in seinem eigenen Zimmer ertrinken müßte, während ihnen ein Glas Wein, Bier, ja selbst unschuldiger Kaffee Kopfschmerzen verursacht. *Und dagegen haben wir hier wieder diese chilenischen Indianer, die das Unglaublichste in dem Genuß berauschender Getränke leisten, was wohl je von menschlichen Wesen geleistet worden ist. Nicht allein die enorme Quantität, die sie an einem Tage davon hinuntergießen, ist sowohl staunen- als ekelerregend, sondern mehr noch die Fortsetzung solcher Gelage ununterbrochen für Wochen, je selbst Monate lang, denn diese werden in der That nur ausgesetzt, wenn einmal der S t o f f mangeln sollte, sie zu unterhalten.* („Unter den Pehuenchen", S. 219f.)

N.B.: Die Thematik der verfolgten und schwer diskriminierten Indianer hat Friedrich Gerstäcker nicht bloss im Rahmen seiner fiktionalen Werke beschäftigt; immer wieder greift der Schriftsteller dieses Problemfeld auch in Texten der *echten Wirklichkeitsaussage* (EWA) auf und verweist dabei mit Nachdruck auf die totale Rücksichtslosigkeit sowie das überdrehte Gewinnstreben der Einwanderergenerationen. Dieses hemmungslose Verhalten der indianischen Minderheit gegenüber spricht auch aus dem unten aufgeführten, *nicht*fiktionalen Textbeleg. Es zeugt für die wache und ungetrübte Realitätssicht des Autors, dass er derartige Zustände kritisch beleuchtet und in aller wünschenswerten Schärfe anprangert. So werden die Leser auch *ausserhalb* fiktiver Kontexte zu Zeugen der schrecklichen Tragödie, können hautnah miterleben, wie auf dem amerikanischen Kontinent eine alteingesessene Ethnie in kürzester Zeit aufgerieben und praktisch auf ihre Skelette reduziert wird. Als erschütternde Symbole dieses Untergangs stehen neben einer verzehrenden Sucht der Weissen nach Mammon gierige Aasgeier und hungrige Wölfe, welche den Zügen der aus ihren Stammlanden vertriebenen Indianer hartnäckig folgen...

[realistisch-kritische Stellen in *Kursivdruck*]

Den nächsten Tag zogen wir ein großes Stück Weges dieselbe Strecke entlang, auf welcher vor vielen Jahren die östlichen Indianer nach dem Westen transportiert wurden, und noch überall zeigen viereckige, ausgehauene Löcher in den umgestürzten Bäumen die Stellen an, wo die indianische squaw ihren Mais stieß, um für den Krieger das Brod zu backen. *Aber viel traurigere Zeichen sind die Pferde- und selbst noch dann und wann Menschenknochen, die wenige hundert Schritt von der Straße ab zerstreut liegen. Mancher tapfere Häuptling, manche junge Squaw fand dort auf der Straße durch Krankheiten, die unter den armen Vertriebenen herrschten, ihren Tod. Selbst die nächsten Verwandten und Freunde k o n n t e n nichts weiter für sie thun, als sie in ihre Decken wickeln, mit Pfählen und Reisern bedecken, um die Aasgeier abzuhalten (die, wie mir alte Amerikaner erzählten, zu Tausenden fortwährend über dem Zuge hinschwebten und demselben folgten), und sie dann ihrem Schicksal überlassen. Ihre weißen Treiber ließen ihnen ja nicht einmal Zeit, sie zu begraben. Die Wölfe, die fortwährend dem Zuge in mäßiger Ferne folgten, rissen dann natürlich schon denselben Abend die schwache Schutzwehr ein und zerrten die Gebeine der aus ihrem Vaterland Verjagten im Walde umher. Traurige Folgen der Zivilisation! Hierbei aber zeigte sich auch ganz wieder der schändliche Schachergeist, mit dem Alles in Amerika rein kaufmännisch betrieben wird, in seinem grellsten Lichte. Die Regierung hatte sich verpflichtet, die Indianer, nachdem diese ihr Land an die Vereinigten Staaten abgetreten hatten, auf den ihnen bewilligten Boden, Hunderte von Meilen entfernt, frei hinzuschaffen, und accordirte nun, um weniger Umstände zu haben, mit Privatleuten den Transport, welche dann für eine gewisse Summe, die ihnen ausgezahlt wurde, und die hinlänglich gewesen sein würde, Alle auf die bequemste Art fortzuschaffen, das Ganze übernahmen. Die armen Indianer aber verhungerten und verkümmerten fast unterwegs, und Die, die den A c c o r d gemacht hatten, wurden reiche Leute.* Man transportirte sie allerdings, aber mehr wie eine Sendung Waaren, als lebende Wesen, und was unterwegs zu Grunde ging, brauchte eben nicht länger verköstigt zu werden. (...) Selbst von denen, die nicht unterwegs den Anstrengungen erlagen, starben Tausende, sobald sie ihre neuen Wohnorte erreichten.

(„Streif- und Jagdzüge durch die Vereinigten Staaten Nordamerikas", S. 381f.)

Gerstäckers Blick richtet sich nicht einzig auf das Schicksal der Indianer bzw. der schwarzen Sklaven; seine Erzähler setzen sich auch als *sensible Beobachter der Migration* in Szene und werfen in dieser Funktion ein grelles Schlaglicht auf das schamlose Verhalten der Einwanderer aus der Alten Welt in unerschlossene Gebiete Nord- und Südamerikas bzw. Australiens.

Es zeugt von einem gut entwickelten Sensorium für sozial brisante Fragen, wenn sich der Erzähler im australischen Roman „Die beiden Sträflinge" bereits zu einer Zeit ernsthafte Gedanken über das skrupellose Auftreten europäischer Immigranten macht, in der diese Thematik in weiten Kreisen der Gesellschaft noch nicht (annähernd) diskussionsreif und -würdig ist!

In Amerika, wie in allen übrigen „entdeckten" Ländern hielt man dabei für angemessen, die den Eingeborenen gehörigen Ländereien wenigstens durch einen Scheinkauf, durch kleine dafür verabreichte Geschenke oder gewisse unbedeutende Summen Geldes an sich zu bringen. In Australien hat man das nicht einmal für nötig befunden. Mit wenigen Ausnahmen ist, wo eine derartige Ceremonie stattfand, das ganze Land von den jetzigen Eigenthümern nur einfach in Besitz genommen worden. Die Neuangekommenen ließen sich an der Küste, wo sie Wasser und gutes Land fanden, nieder, ohne viel zu fragen, welchem der schwarzen Stämme der Boden gehöre, genügte es doch, daß ihn die Weißen b r a u c h t e n, und wozu waren da große Umstände nöthig? So wie sich die Heerden dann vergrößerten, gingen die Squatter – und gehen sie noch bis auf den heutigen Tag – auf Entdeckung aus, um neue Weidegründe aufzufinden, die schon lange unter dem Namen von „wilden Kronländereien" beansprucht sind. Haben sie dann gefunden, was sie suchen, ziehen sie dorthin, zahlen der Regierung einen gewissen Pacht, die dann gezwungen ist, sie in ihrem „Eigenthum" zu schützen, ziehen Heerden, schießen Kängurus und Emus, was sie nur zum Schuß bekommen können, vertreiben das Andere, und strafen den Schwarzen unnachsichtlich mit Pulver und Blei, der etwa dem wahnsinnigen Gedanken Raum gäbe, daß er zu den auf s e i n e m Grund und Boden herumlaufenden Schafen dasselbe Anrecht hätte, wie die Weißen zu seinen Kängurus und Wallobys. Doch das ist eine Frage, bei der die Nationalökonomie – d.h. der Geldbeutel – gewöhnlich die Civilisation, und diese wieder ihrerseits das Christenthum vorschiebt, und wer dabei zu kurz kommt, das sind die H e i d e n, wer dabei gewinnt – die C h r i s t e n.
(„Die beiden Sträflinge", S. 103f.)

Es ist überhaupt ein Markenzeichen von Gerstäckers fiktionalen (und nichtfiktionalen) Werken, dass aus ihnen stets der Wille zur *wach samen* und *scharfen Beobachtung des Zeitgeschehens* spricht. Im Roman „Die Missionäre" beispielsweise werden die Zuwanderer nicht nur wegen ihrer Aneignung fremder Erde angeprangert; ebenso wird kritisiert, dass sich diese ungebetenen Gäste zudem noch anmassen, die geistig-religiöse „Landschaft" der Einheimischen in Besitz zu nehmen und in destruktiver Art und Weise umzugestalten. Wer dieses Buch liest, dem muss unweigerlich auffallen, dass eine auf Angst und Schrecken basierende Art der Missionierung nicht der echten christlichen Botschaft entsprechen kann. [realistisch-kritische Stellen in *Kursivdruck*]

> Heute hatte Bruder Lowe, der morgen mit dem frühesten wieder nach Tuia aufbrechen wollte, die Predigt übernommen gehabt und zu den Eingeborenen von der Liebe und dem Zorn Gottes gesprochen. Er nahm dabei Bezug auf den letzten furchtbaren Orkan, der an der Küste gewüthet, und *suchte sie zu überzeugen, daß der Allmächtige ihnen nur deshalb die Strafe gesendet, weil so Viele unter ihnen wären, die nicht den wahren Glauben hätten und noch heimlich sündigten, wenn sie nur hofften, daß es unentdeckt geschehen könne.* Irdische Strafe folge ihnen allerdings auch hier, wie sie erst neulich gesehen hätten, daß vor einem gerechten Richter Alles gleich sei, Hoch oder Niedrig; aber selbst die, deren Vergehen bis jetzt noch nicht zum Licht des Tages gedrungen, möchten sich versichert halten, daß unsichtbare Mächte sie überwachten, daß Gottes Auge überall sei und das Verderben sie früher oder später sicher, oh nur zu sicher erreichen würde. *Dann schilderte er ihnen die Strafen, die ihrer warteten, und Viele, besonders die Frauen, schauderten vor dem entsetzlichen Bild, das er ihnen entrollte.* („Die Missionäre", S. 308f.)

> *Wie glücklich hatten sie sonst gelebt, als noch die Hoffnung sie bewegte, daß sie nach dem Tode zu dem freundlichen Bolutu übergehen und dort die ihnen Vorangegangenen finden würden – und jetzt? Was war aus denen geworden, wenn alles das Lügen gewesen, was ihnen die bisherigen Priester der Götzen nur erzählt?* („Die Missionäre", S. 309)

Bertha, eine den Missionaren verbundene, aus Deutschland stammende Romanfigur, fasst die ganze Problematik in den unten zitierten Textstellen treffend und (selbst)kritisch zusammen:

> „Wir haben ihnen keinen Gott der Liebe gebracht," rief Berchta heftig aus. „Nur von den Schrecken der Hölle und den Qualen der ewigen Verdammnis wird gepredigt, ihnen nur erzählt, daß ihre Sünden an ihnen gestraft werden sollen bis in's dritte und vierte Glied. Scheu betreten sie den Tempel des Höchsten, als ob unsichtbare Feinde darin wachten und alle ihre Bewegungen beobachteten, und scheu schleichen sie ebenso an den früher geheiligten Bäumen vorüber, weil sie auch hier die Rache der erzürnten Götter fürchten. Das Vertrauen ist aus ihren Herzen gewichen, und in Furcht allein beugen sie sich vor dem Allliebenden." („Die Missionäre", S. 234)

Mit dem setzte sich der Trupp in Bewegung, und Fremar schloß sich auf dem Marsch der Gattin an. „Oh, Bertha!" sagte er leise und wehmütig, „was hast du gethan? Welcher unselige Geist ist über Dich gekommen?" „Laß mich," sagte die junge Frau düster, „das hier ist kein Feld christlicher Liebe – es ist ein Feld christlicher Greuel, wie sie der dreißigjährige Krieg nicht schlimmer ausgebrütet. Wir haben daheim Jahrhunderte gebraucht, bis sich das Christenthum Bahn brach. Ihr wollt es hier in wenigen Tagen erzwingen oder mäht die Unglücklichen von der Erde." („Die Missionäre", S. 522)

Der Ausgang des Romans ist die zwingende und ernüchternde Folge eines den Eingeborenen aufgezwungenen Christentums: Er zeigt in der Form der wiederaufgerichteten Götzenstatue symbolhaft die Herstellung des (glücklichen) Status quo ante.

Noch während das kleine Fahrzeug wendete und jetzt, nur mit Seitenwind, aus der Bai hinausglitt, lenkte ein lautes Jubelgeschrei an Land ihre Aufmerksamkeit dorthin, und als der jetzige Capitain mit seinem Glase hinübersah, schüttelte er verwundert den Kopf. „Ich begreife nicht, was sie da haben," sagte er, Berchta Madame? Es scheint, als ob sie einen großen Holzklotz an der Palme in die Höhe zögen." Berchta nahm das Glas. Er hatte Recht. Unter dem Wipfel der einen Palme war eins ihrer Basttaue befestigt, und mit Hülfe desselben wurde eben das Götzenbild wieder emporgerichtet, das durch die Missionäre damals gestürzt worden war. Der Gott Bolutu stand wieder aufrecht auf Motuas Boden, und die Priester des fremden Gottes färbten mit ihrem Blute den Rasen oder flohen über die See hinaus, um einen sichern Zufluchtsort zu suchen. („Die Missionäre", S. 539)

Dass Überzeugungen und Ansichten, die in der Fiktion von Figuren oder vom auktorialen Erzähler vertreten werden, mitunter direkte Parallelen im Leben des *Autors* haben, lässt sich im *Vorwort* des Romanwerks „Die Missionäre" nachweisen; darin geht Friedrich Gerstäcker mit der Missionierung auf Distanz – eine Position, die später im Text von der wieder in ihre Heimat Deutschland zurückgekehrten Romanfigur Bertha vertreten wird.
[realistisch-kritische Stellen in *Kursivdruck*]

Was für Summen sind nicht allein aus Europa, besonders aus England herausgezogen worden, um Chinesen zu bekehren, und mit wie fabelhaft geringem Erfolg in jenes Land getragen, und *haben wir selber in Europa so wenig Bedürftige, um solche ewige Collecten zu rechtfertigen? Elend überall hier, wohin wir blicken, und doch werden Hunderttausende von Thalern jährlich auf solche romantische Zwecke vergeudet und u n s e r e n Armen hier entzogen.* Ich bin vollkommen gegen diese Sammlungen, über welche dem Publikum später nicht die geringste Controle zusteht. („Die Missionäre", Vorwort, S. VI)

Die inhaltlich aufs engste mit dem eben zitierten Vorwort verknüpfte Stelle sieht im *fiktionalen* Kontext so aus:
[Parallelen zwischen echter und fingierter Wirklichkeitsaussage in *Kursivdruck*]

> Für nächsten Samstag war große Versammlung ausgeschrieben und Berchta aufgefordert worden, den Vorsitz zu übernehmen. Die letztere Ehre lehnte sie ab, erschien aber an diesem Abend in ihrer schwarzen Wittwentracht bleich und ernst in der Versammlung, die den Saal bis in die letzten Räume füllte, und sprach dort, während die Zuhörer kaum zu athmen wagten. Sie erzählte einfach – aber natürlich nur in großen Umrissen – ihre eigenen Erlebnisse, und schilderte dann die Eingeborenen jener Inseln, wie sie sie g e f u n d e n, wie sie sie v e r l a s s e n habe. *Dann erklärte sie ruhig, daß sie hiermit, wie sie sich von ihrer Wirksamkeit zurückgezogen, auch aus dem Missionsverein trete, so lange dieser nämlich das Ziel verfolge, Geld und andere Artikel hier im Land zu sammeln und über See zu Leuten zu schicken, die kein Bedürfniß dafür hätten, während hier im Vaterland die Armen Mangel litten.*
> („Die Missionäre", S. 547)

In diesem Kontext gilt es zu vermerken, dass sich die Erzählerfiguren ebenso wie die (integren) Protagonisten in ihren Wertungen und Urteilen vornehmlich im Umkreis dessen bewegen, was auch Gerstäcker selbst vertritt. Es kommt also nicht vor, dass sie sich selbständig machen und sich dem Autor in ihrer Auffassung und Weltsicht entziehen. Der bleibt immer Herr und Meister seiner ihm loyalen Aussagesubjekte und Charaktere!

Es wurde an anderer Stelle bereits ausgeführt: Das Schicksal *einzelner* Figuren wird (auch und gerade in der Neuen Welt) oft romantisch eingefärbt und überhöht – zahlreiche schöne, optimistisch ausklingende Romanenden bestätigen dies. Die Neue Welt *im allgemeinen* erfährt jedoch eine angemessene und ungeschminkte Darstellung – sie erscheint nicht als *die* Stätte der Verheissung und der Erfüllung schlechthin, die unzählige Europäer in ihr zu sehen glauben. Individuelle Werdegänge und Schicksale können durchaus ermutigend und vertrauenerweckend sein; grossflächigere und allgemeinere Aussagen hingegen heben sich von diesem „Glück im kleinen" ab und zeichnen sich durch eine Sicht der Dinge aus, welche die soziale, ökonomische und mentalitätsmässige Grosswetterlage in aller wünschenswerten Klarheit vor Augen führt. Das abschliessende Beispiel soll dies noch einmal aufzeigen:
[realistisch-kritische Stellen in *Kursivdruck*]

Und weiter da drüben? – Lieber Freund, das sind auch die Ueberreste eines Wracks; es ist hier gerade eine etwas gefährliche Stelle, aber oberhalb der Mündung des Ohio ist's noch viel ärger, denn dort haben die Bootsleute einem Theil des Stromes den Namen „Dampfers Kirchhof" gegeben, und manches Menschenleben hat der schon gekostet. Es ist wahr, auf keinem Strom der Welt ist mit Dampfbooten schon so viel Unglück geschehen, wie gerade auf dem Mississippi mit seinen Nebenflüssen; auf keinem wird dabei trotzdem leichtsinniger gefahren, auf keinem werden, neben den prachtvollsten, besteingerichteten Fahrzeugen, schlechtere, untüchtigere Kästen benutzt, um Waaren und Menschen zu transportieren, wie gerade hier, *denn der Amerikaner w i l l und m u ß Geld verdienen. So lange ein Dampfboot nur eben noch auf dem Wasser schwimmt, so lange die wieder und wieder geflickten Kessel nur noch möglicher Weise halten, wird ihm seine Ladung anvertraut, und drängen sich die Passagiere selber an Bord, damit sie nur keine Zeit versäumen und vielleicht einen halben Tag länger warten müssen, um mit einem besseren, neuen Boot dieselbe Fahrt zu machen.* („Nach Amerika!", Band 1, S. 508f.)

3.5 Vermittlung reflexiver Elemente

Nicht immer allerdings bleibt Gerstäckers Literatur bei realistisch-nüchternen Betrachtungen stehen: Neben den vorwiegend auf die Lebens- und Überlebenspraxis massgeschneiderten Ausführungen lernen wir den Erzähler – allerdings nur sehr *sporadisch* – auch als *nachsinnende* „Persönlichkeit" kennen. Da und dort blitzen Gedanken auf, die das Alltägliche übersteigen und urplötzlich eine ungeahnte Tiefendimension öffnen. Allerdings beschäftigen diese Gedankengänge das Aussagesubjekt meistens nicht lange, und der Leser wird unversehens wieder aus der Welt des Nachdenkens und Philosophierens (*„Aber vorbei – vom Dampfboot aus sehen wir nichts von alle dem..."*) an die weniger gedankenintensive Oberfläche mit ihrem *„heitern, lebendigen Charakter"* geholt.

Die Sclaverei, das Brandmal der Civilisation, wird immer ihre Vertheidiger finden, die aus Eigennutz oder Unwissenheit diesem Fluch der Menschheit das Wort reden und den faulen, giftigen Kern mit der hier und da glatten Rinde entschuldigen wollen; wer aber in ihrem Kreis gelebt, die zitternden Geschöpfe unter dem Hammer des eisblütigen tabakkauenden Auctionators gesehen und die Thränen gezählt hat, wer dem Elend gefolgt ist, mit dem der Eigennutz hier unter dem frechen Schutz c h r i s t l i c h e r Gesetze M e n s c h e n foltert, der wird sich nur mit Abscheu von dem Elend wenden, dem er nicht steuern kann und darf – ob's ihm auch fast das Herz manchmal zerreißt. Aber vorbei – vom Dampfboot aus sehen wir nichts von alle dem; nur die freundlichen Dächer blitzen zu uns herüber aus dem Grün des Buschwerks, und die geschäftigen, regen Gruppen, klein und zierlich, mit scharfen Umrissen in der reinen Luft, wie auf dem Spiegelbild einer camera obscura, geben der Scene ihren heitern, lebendigen Charakter. („Nach Amerika!", Band 1, S. 473)

Im Roman „Unter dem Aequator" reflektiert die Erzählerfigur über Erdbeben und die bestürzend sorglose, ja *fahrlässige* menschliche Einstellung lebensbedrohenden Naturgewalten gegenüber:

> Allerdings ist solch ein Erdstoß eine wunderbar tüchtige Mahnung der furchtbaren Kraft, die um uns her und unter uns schlummert, und nie fühlt der Mensch so demüthigend gering seine Schwäche, als wenn er den Elementen gegenüber steht – aber auch nur eben so lange, denn kaum vorüber, schwimmt auch das alte, leichtherzige Geschlecht schon wieder oben mit vollen Segeln. Die Gefahr ist vergessen, wenn überhaupt eine Gefahr gedroht – die Vergangenheit liegt dahinten, und nur der Gegenwart lebt das fröhliche, leichtsinnige Menschenvolk. („Unter dem Aequator", S. 99)

Die *Beschaffenheit der Menschennatur* regt das Aussagesubjekt auch im nächsten Zitat zu tieferem Nachdenken an:

> Frauen haben eine ganz verzweifelte Manie, ihr Herz gerade an solche Männer zu hängen, die das Leben auf die tollste Art durchgekostet – die Leichtsinnigsten sind ihnen gewöhnlich die liebsten, und das Mitleid, sie zu „retten", spielt ihnen da nur zu oft einen Streich. („Unter dem Aequator", S. 280)

Philosophische Gedankengänge des Aussagesubjekts stehen auch im Mittelpunkt der folgenden Textstelle: Auf der Erzählerebene wird die voreilige und unangemessene Lobpreisung früherer Zustände relativiert und zurückgewiesen. [philosophische Gedankengänge in *Kursivschrift*]

> Rings um die Chalco- und Xochimilco-Lagune, die sich vom Süden der Hauptstadt nach Osten hinüberstreckt, liegen malerisch, aber auch ärmlich genug, zahlreiche Dörfer der mexikanischen Indianer. Allerdings sind sie durch den See, wie durch einen Kanal mit Mexiko verbunden und haben etwas Land umher cultivirt, aber eine Wildniß umgibt sie dennoch wie zu der Zeit, als ihre Vorelteln zu Götzen beteten und Kaziken über sie herrschten. Aber sind ihre Zustände gebessert? – Wer kann es sagen? *Wir reden auch bei uns immer gern von der „guten alten Zeit" und daß „nichts besser würde unter der Sonne". – Wir sehnen uns jene Jahrhunderte zurück, in der unsere Vorfahren glücklich gelebt, aber weshalb?* – weil die Butter damals nur wenige Groschen kostete und das Fleisch nach Pfennigen gekauft wurde. – Gehen wir der Sache auf den Grund, so ist das gewöhnlich der Gegenstand, wodurch das Gespräch darauf gelenkt wird; *daß aber außerdem in der guten alten Zeit biedere Raubritter aus adeligen Geschlechtern jede Landstraße unsicher machten, das Pfaffenthum*

noch frecher und mit größerer Gewalt versehen als jetzt einherschritt, die Inqui-
sition wüthete, Folterkammern jeden braven Mann bedrohten, sonst allerlei Un-
fug getrieben wurde und Fürsten despotisch regierten und ihre Unterthanen wie
Knechte behandeln durften, davon reden wir natürlich nicht, oder denken auch
nicht daran. („In Mexiko", Band 1, S. 266f.)

Das kurzlebige, rasch vorübereilende Glück wird in den untersuchten
Romanen einige wenige Male thematisiert. Allem Optimismus – besonders auf individueller Ebene – zum Trotz wird auch auf die Vergäng-
lichkeit des Glücks als ständiger, nicht wegzudenkender Begleiter der
menschlichen Existenz verwiesen. Glück ist kein Zustand, sondern
lediglich ein flüchtiger, zarter Hauch.

Im Roman „Tahiti" bietet das individuelle Glück zweier Protagonisten Anlass zu tiefergehenden Betrachtungen des Erzählers. Durch den
Tempuswechsel vom Präteritum zum Präsens wird das Terrain der individuellen Glückseligkeit verlassen, und das Aussagesubjekt erhebt sich
in seiner Analyse über den Horizont der beiden Charaktere. Diese würden unter dem starken Eindruck ihrer persönlichen Freude zu diesem
Zeitpunkt wohl kaum solche Überlegungen anstellen. Mit dem Übergang von der Figuren- auf die Erzählerebene geht eine Relativierung des
persönlichen Glücks der beiden Figuren einher.
[philosophische Gedankengänge in *Kursivschrift*]

Aber Sadie und René w a r e n glücklich – über ihnen wölbten, wie auf Atiu,
wehende Cocospalmen ihre Häupter und schüttelten den Thau nieder auf die
duftenden Blüthen der Orangen, die ihren Fuß umwuchsen; vor ihnen breiteten
sich die mit Korallen durchzogenen Binnenwasser der Riffe aus, klar und silber-
rein wie an der Schwesterinsel, und Abends ruderte der junge Mann das Canoe
hinaus, und vor ihm saß dann die glückliche Mutter mit dem Kind am Herzen,
dem Liebesblick seines Auges in unendlicher Seligkeit begegnend; – *es waren*
das so frohe, so glückliche Stunden. Oh, daß sie schwinden müssen, daß Alles
nur auf Erden eine Spanne Zeit umfaßt, und während uns die Sonne fröhlich
scheint, daß da schon düstere Wolkenschleier unterm Horizonte lagern müssen,
die langsam, aber sicher höher steigen. Es giebt kein ungetrübtes Glück auf die-
ser Welt, es kann's nicht geben, denn das Bewußtsein schon, wie nahe der
Wechsel unserem Leben liegt, wie oft an einer Faser nur das Alles hängt, was
uns in diesem Augenblick entzückt, wirft einen trüben Schein selbst auf die
froheste Stunde. („Tahiti", S. 194)

3.6 Realitätskompatibilität

Dass der *Autor* Gerstäcker aber primär *kein* grüblerischer, philosophisch ausgerichteter Menschentypus ist, spiegelt sich in den Problemstellungen seiner Fiktion (und Nichtfiktion), wo wirklichkeitsentrückte weltanschauliche Fragen (z.B. mit dem Ziel tieferer Selbsterfahrung und Selbstauslotung) gesamthaft betrachtet wenig Raum einnehmen. Wie oben bereits ausgeführt, wirkt sich die praxiszentrierte Weltsicht dieses Mannes auch nachhaltig auf sein fiktionales Schaffen aus – viele seiner Texte bestechen durch ihre *Bodenständigkeit* und *Realitätstreue*: Sowohl Romane als auch Erzählungen sind meistens in *reale zeitliche* und *räumliche „Settings"* eingelassen; nur in verhältnismässig wenigen Fällen sollen Phantasie- und Traumlandschaften dem Geschriebenen einen besonderen Reiz verleihen.

So ist es u.a. für viele Werke typisch, dass die *geographisch ausgerichtete Einführung* im *Präsens* erfolgt. Darin wird eine ausführliche und allgemeingültige Aussage über ein bestimmtes Gebiet mit seinen Merkmalen und Eigenheiten gemacht; endet der Vorspann, setzt – im Präteritum – die eigentliche Geschichte ein, die mit der angesprochenen Landschaft eng verflochten ist.

[realitätskompatibles Setting in *Kursivschrift*]

Um die Vorgänge dieses nächsten Capitels richtig verstehen zu können, möchten wir uns lieber erst mit dem Terrain etwas näher bekannt machen, auf dem Lively's und Colk's Farmen lagen. Das ganze Mississippi-Thal, und besonders das westliche Ufer dieses ungeheuern Stromes, *bietet* eine nur selten von niederen Hügeln unterbrochene Sumpfstrecke dar, die gar oft in unzugängliche Moräste und Seen *ausartet.* Fast durchgängig *besteht* es aus zwar sehr fruchtbarem, aber so niedrig gelegenem Lande, daß es sowohl durch die Ueberschwemmungen des Mississippi wie der übrigen es durchkreuzenden Ströme, als auch durch Regen, deren Wasser keinen Abfluß *finden,* im Winter überschwemmt *wird* und nur erst durch die heißen Strahlen der August- und Septembersonne wieder ausgetrocknet werden *kann.* (...) Daher kommt es auch, daß die Nachbarschaft Helenas, sonst so abgelegen wie alle übrigen Plätze des Mississippi-Thales, am stärksten bevölkert und angebaut war, denn bis hierher erstreckte sich, von Nordwest herunter kommend, fast die einzige Reihe niederer Hügel zwischen St. Louis und dem dreizehnhundert Meilen entfernten Golf, bis an das Ufer des Mississippi. (...) *Am nördlichen Fuße dieser Hügelkette lag Lively's Farm.* Südöstlich vom Felde *standen* die Gebäude, während sie an der Ostseite ein ziemlich geräumiger und selbst holzfreier Raum von dem Urwald *trennte.* („Die Flußpiraten des Mississippi", S. 152f.)

Exkurs: Im *Vorwort* des Romans „Die Regulatoren in Arkansas" zeigt sich, wie eng Gerstäckers fiktionales Schreiben und *Zeitgeschichte* verschränkt sind. Dort äussert der *Autor* (*nicht* der Erzähler) dies: [Realitätskompatibilität in *Kursivschrift*]

> Meine Erzählung fällt nun in jene Zeit, wo das Unwesen seinen höchsten Grad erreicht hatte, und Selbstschutz den Farmern und Jägern zur Nothwendigkeit wurde. *Der größte Theil der Ereignisse ist auch keineswegs erdichtet, sondern hat sich, wenn auch auf verschiedenen Plätzen und in ausgedehnterem Zeitraume, wirklich zugetragen, besonders ist der Methodist eine geschichtliche Figur. Ich selbst war Zeuge mehrerer Scenen, und schrieb einst an Ort und Stelle sechsundzwanzig Namen solcher Ehrenmänner nieder, die durch die Regulatoren und mit Hülfe des schwarzen „Hickorys" einem der aufgegriffenen Verdächtigen entlockt wurden.* („Die Regulatoren in Arkansas", *Vorwort*, S. 7)

Der nächste Textauszug demonstriert ebenfalls, wie bewusst der Schriftsteller seine Fiktion in die Realität des eigenen Erfahrungs- und Wissenshorizonts einbettet und wie sehr er sie auch mit der eigenen Biographie verbindet und vergleicht. Der Autor (wiederum *nicht* der Erzähler) lässt sich – wiederum im *Vorwort* – über das Setting der Romanhandlung aus: [Realitätskompatibilität in *Kursivschrift*]

> Den Schauplatz habe ich nach Helena und in dessen nächste Umgebung verlegt, *die wirkliche Insel befand sich aber etwas weiter unten als Einundsechzig.* („Die Flußpiraten des Mississippi", *Vorwort*, S. 6)

Der Schriftsteller packt jede sich bietende Gelegenheit beim Schopf, seine fiktionalen Texte möglichst realitätsverwoben erscheinen zu lassen und sie in der Zeitgeschichte festzumachen. Seine Fiktion *schmiegt sich* der Realität gewissermassen *an*. Zur Umsetzung dieser inhaltlichen Vorgabe gelangen bestimmte (in Kapitel 2 bereits vorgestellte) formale Instrumente zum Einsatz. Einige davon erwähnt Bernd Steinbrink in einem vorzüglichen Aufsatz über Gerstäcker:

> Wie Sealsfield, so benutzt auch Gerstäcker die Detailbeschreibung, die Fußnote und die belehrende Digression als Stilmittel, um seinen „Jägergeschichten" Glaubwürdigkeit zu geben, ihnen einen „realistischen" Anschein zu verleihen: so wenn er Gesetzestexte wörtlich in einer Fußnote zitiert, historische Daten in

den Verlauf der Erzählung einbezieht, oder im Stil des *docere* über die Ernährungsmöglichkeiten der australischen Ureinwohner spricht.[35]

Die Aussage von Steinbrink wäre insofern zu modifizieren, als sich diese Stilmittel nicht nur in Gerstäckers eigentlichen „Jägergeschichten" finden, sondern in seinen (fiktionalen) Produkten *generell*. Das folgende Zitat beispielsweise ist einem *historisch* ausgerichteten Werk entnommen:

Im ersten Band des Romans „In Mexiko" findet sich ein schönes und seltenes Beispiel einer authentischen Aufnahme eines *realen Briefinhalts* in ein fiktionales Werk. Damit soll die enge Verflechtung des Erzählstoffs mit dem Leben noch stärker herausgestrichen und zementiert werden. [Realitätskompatibilität in *Kursivschrift*]

> Mehrere Tage vergingen in Mexiko, ohne daß beide Parteien, die Klerikalen wie die Antiklerikalen, sich – wenigstens offen – gerührt hätten. – Es war, als ob Jeder wisse, daß etwas Entscheidendes in der Luft läge, und nun seine Zeit abwarte, um dem zu begegnen. Allerdings hatte es sich schon in der Stadt ausgesprochen, daß der Kaiser den strengen und ungerechten Forderungen des Papstes nicht nachgeben würde und einen Schritt dahin vorbereite, – von der andern Seite aber war auch wieder das Gerücht verbreitet, die mexikanische Regierung wolle selber Gesandte an den Papst schicken, um die Befehle in Sachen der Kirche direct von seinen eigenen Lippen zu holen, wo dann natürlich an eine Widersetzlichkeit nicht gedacht werden konnte. Da, mitten in den Neujahrsfestlichkeiten, und mit Siegesberichten aus dem Norden, wo wieder verschiedene Juaristische Banden zersprengt worden und andere sich freiwillig dem Kaiserreich angeschlossen hatten, *erschien plötzlich im „Diario del Imperio" der Brief des Kaisers an den Justizminister Escudero, datiert vom 27. December 1864*, und zerhieb mit e i n e m Schlag den Knoten, der bis jetzt noch als fast unentwirrbare Fessel das Gedeihen und die Entwicklung des mexikanischen Staates in Banden gehalten hatte. *)
>
> --------------------
> *) *Dieser Brief*, neben dem späteren verhängnißvollen Erlass vom 3. October, *ist eins der wichtigsten, wenigstens folgenschwersten Documente des Kaiserreichs, und verdient deshalb hier wörtlich wiedergegeben zu werden*. [Es folgt der eine Seite lange, kleingedruckte Wortlaut dieses Briefes. A.Z.]
> („In Mexiko", Band 1, S. 177)

---

[35] Steinbrink, S. 134

Die angesprochene *räumliche* und *zeitliche* Verankerung der Realität
(und wenn möglich auch von Teilen der Autobiographie) in Gerstäckers
Fiktion geht ebenfalls aus einem Brief des Schriftstellers an den Verleger hervor. Darin heisst es u.a.:
[Realitätskompatibilität in *Kursivschrift*]

Gotha 2/6 64

Mein lieber Herr Costenoble

Mit meinem nach Jena kommen wird es vor der Hand Nichts werden, denn ich
muß entsetzlich fleißig sein wenn ich meinen neuen Roman bis Ende Juni been-
den will und für den July hatte ich mir dann bestimmt die Pfalzreise vorgenommen – ich brauch auch dann eine Erholung. (...) *Der Peruanische Roman,*
Señor Aguila spielt in der Zeit in der ich mich selber dort befand, nur habe ich
noch die allerdings von etwas neuerem Datum geschehenen Kuli Räubereien in
der Südsee und die Verwendung der Südsee Insulaner zu Sclaven mit hinein-
gelegt. – Es kommen auch eine Anzahl geschichtliche Personen handelnd darin
vor, besonders der Praesident Castilla und der von Ecuador verjagte General
Franco, der in meinem neuen Roman in Ecuador die Hauptrolle spielt.

Mit den herzlichsten Grüßen indessen

Ihr

alter getreuer

Fr Gerstäcker[36]

Eine weitere Illustration zu Gerstäckers *Streben nach Realitätstreue*
sollen die beiden folgenden (fiktionalen) Zitate liefern: In ihnen kommt
eine Facette dieses Prinzips zum Vorschein, die sich mit dem Begriff
„Persönlichkeitsschutz" umschreiben liesse. Um der Leserschaft kund-
zutun, wie sehr Fiktionalität und Faktizität miteinander verquickt sind
und wie „gefährlich" die eine der anderen offenbar werden kann, baut
der Erzähler aus Rücksichtnahme den betroffenen Figuren gegenüber
Abwehrmechanismen ein; dadurch soll gewährleistet werden, dass die
Privatsphäre der Charaktere (Gerstäcker selbst nennt sie wie soeben
gesehen *„geschichtliche Personen"*) erhalten bleibt und sie vor allfälligen Belästigungen einer aufdringlichen und sensationshungrigen Öffentlichkeit geschützt sind.

---

[36] McClain/Kurth-Voigt, Sp. 1123f.

Aus diesem Grund ist das Kapitel „Fluchtversuche" des Romans „In Mexiko" (Band 2) mit einem Verweis in *Sternchenform* versehen, der am Ende der Seite vom Aussagesubjekt so aufgelöst wird:

> *) Wenn ich hierbei manche Namen verändert habe, so geschah es nur, um noch in Mexiko Lebenden keine Unannehmlichkeiten zu bereiten.
> („In Mexiko", Band 2, S. 328)

Im nächsten Beispiel sollen die in den Text eingefügten *Aussparungssignale* sowohl eine mögliche Identifizierung eines bestimmten Orts als auch einer bestimmten Person (eines Gesandten) durch unerwünschtes Publikum verhindern. Auch durch diese „Verbergungstechnik" wird offenkundig, dass die Figuren ihren Schutz einem klugen und rücksichtsvollen Aussagesubjekt verdanken, das lästigen Rummel von ihnen fernhält.

> Louise v. Mechern, aus einem altadeligen Geschlecht stammend, war durch die Empfehlung des ***schen Gesandten nach *** und in das Ralphen'sche Haus gekommen, wo sie die Stelle einer Gouvernante bei Rosalien und ihrer jüngsten, erst siebenjährigen Schwester ausfüllte und zugleich mit musterhafter Ordnung die Wirthschaft der nichts weniger als wirthschaftlichen Excellenz führte. Louise v. Mechern war ein liebes, bescheidenes und dabei höchst geistreiches, gebildetes Wesen, das j e d e Stellung im Leben vollkommen ausgefüllt haben würde. („Der Kunstreiter", S. 77)

Da der Autor häufig darauf abzielt, seine fiktionalen Texte möglichst „wenig fiktiv" erscheinen zu lassen, liegt es auf der Hand, dass sie sich *strukturell* in den meisten Belangen kaum von seiner Nichtfiktion unterscheiden lassen.

Eine ganz markante *Differenz* lässt sich aber dennoch ausmachen: die *quantitative Verwendung des Dialogs*. Bereits ein überschlagsmässiger Vergleich von Dialogeinsätzen in fiktionalen mit solchen in nichtfiktionalen Texten verdeutlicht, dass der Dialog in der Nichtfiktion nur einen *kleinen Bruchteil* dessen ausmacht, was im fiktionalen Kontext an der Tagesordnung ist. Dies wird auch von der erzählpraktischen Seite herausgestrichen:

(...) fällt auf, daß die nicht-fiktionalen Texte außerordentlich zurückhaltend sind in der Verwendung der direkten Rede – meist nur Zitate einzelner Sätze – und mehr noch im Gebrauch des Dialogs.[37]

In nicht-fiktionalen Texten mit Relations- oder Subjekt-Objekt-Struktur, in der vergangenes Geschehen als Vergangenes berichtet wird, da das Präteritum als Erzähltempus eines Aussagesubjekts Vergangenheitsaussage ist, wird durch das Dialogsystem die Subjekt-Objekt-Struktur aufgehoben. Das im Dialog Dargestellte erscheint als Hier und Jetzt. Seit langem gilt deshalb der Dialog als eines der bedeutendsten und wichtigsten Mittel zur Schaffung von Nichtwirklichkeit (Fiktion) und Unmittelbarkeit.[38]

Die Tatsache, dass der Dialog in der *Nichtfiktion* viel spärlicher eingesetzt wird, entspringt keinem Zufall, sondern dem Grundsatz:

Die im Dialog unmittelbar, d.h. unter Verzicht auf eine Vermittlungsinstanz (Aussagesubjekt), dargestellte Handlung wird in echter Wirklichkeitsaussage als Verwandtschaft zum Roman empfunden.[39]

3.7 Vermittlung von Bildung und Allgemeinwissen

Es ist ein Hauptmerkmal von Gerstäckers Prosa (fiktiver *und* nicht-fiktiver Art), dass darin nicht nur nackte Handlungen bzw. Geschichten durchgespielt werden – beinahe so wesentlich wie das „reine" Geschehen ist die riesige Menge an *Zusatzinformation*, welche die Texte immer und überall komplettiert. Solche ergänzenden Anmerkungen machen stets deutlich, mit welch beachtlichem Allgemeinwissen und mit welcher Bildung die auktorialen Erzählerfiguren ausgestattet sind und wie gut sie sich selbst in scheinbar unwesentlichen Dingen auskennen. Eine wirklich kompetente Erzählinstanz verfügt eben auch über das notwendige „Detailwissen" und zeichnet sich auch durch sorgfältige Pflege des vermeintlich Unwesentlichen und wenig Spektakulären aus. Die Textproben sollen einen Einblick in diejenigen Lebensbereiche und

---

[37] Tarot, 1993: 31

[38] Tarot, 1993: 31

[39] Tarot, 1993: 32

Wissensgebiete geben, die bei den Aussagesubjekten einen hohen Stellenwert einnehmen und deshalb mit besonderer Aufmerksamkeit bedacht werden.

Ein gebildetes Aussagesubjekt z.b. weiss über die *Flora* und *Fauna* der Gegenden, in denen das Geschehen spielt, genau Bescheid – die Kenntnis der *lateinischen Namen* inbegriffen!

Und die Palmen im Thal unten schüttelten den Thau aus ihren wehenden Kronen, und rauschten und flüsterten dem Morgenwind ihren Gruß entgegen; aus dem Schatten eines mächtigen Wibaums **) flötete der Omaomao ***), die tahitische Drossel, und der gellende Schrei der Möve, die über dem spiegelglatten, krystallhellen Binnenwasser der Riffe nach Beute strich, mischte sich darein.

**) Der Wibaum oder die Brasilianische Pflaume (spondias dulcis) hat mit den stärksten Stamm auf den Inseln – oft bis vier und fünf Fuß im Durchmesser. Die Rinde ist grau und glatt, und er trägt eine Masse großer pflaumenartiger, saftiger Früchte von angenehmem Geschmack.

***) Der Omaomao, die tahitische Drossel, ist der einzige wirkliche Singvogel, wenigstens der bedeutendste, der Insel. Er ist gelb und braun gefleckt, und von der Größe einer Drossel, mit der sein Gesang auch etwas Aehnliches hat. Von Gestalt ist er etwas schlanker. („Tahiti", S. 140)

Erst unfern dem Haus lief ein kleiner Steppenstrom dem Wabasch zu, an dessen Ufern dichte Büsche von Weiden, Eichen, Erlen und einzelne Hickorybäume wuchsen, und dem Platz etwas unendlich freundlich Heimliches gaben. Prairiehühner *) gab es dort ebenfalls in Menge, auch Kaninchen und die kleinen Rebhühner Nordamerikas – ein Mittelding zwischen Rebhuhn und Wachtel.

----

*) Das Prairiehuhn ist ein Mittelding zwischen dem wilden Truthahn und Rebhuhn; es erreicht die Größe eines gewöhnlichen Haushuhns, hat aber einen ziemlich langen Hals und befiederte Stender, den kurzen, niedergekehrten Schwanz aber vom Rebhuhn. Das Fleisch ist nicht besonders, ziemlich dunkel und leicht zäh; nur die Brust ist gut, doch trocken zu essen. Sie finden sich in ungeheuren Mengen über die ganzen Prairien von Illinois, und schaaren sich im Winter besonders zu Völkern von vielen Hunderten zusammen. Aufgescheucht gehen sie aber ziemlich weit, ehe sie wieder einfallen, und verlangen einen tüchtigen Schuß und schweres Schrot, um erlegt zu werden. („Nach Amerika!", Band 2, S. 435f.)

Der Erzähler erweist sich nicht bloss als ausgewiesener Kenner der Tier- und Pflanzenwelt; die Leserschaft wird überdies mit lokalen *geographischen Gegebenheiten* – hier auf Tahiti – vertraut gemacht.

*) In keinem Lande, auf keiner Insel der Welt ist es so augenscheinlich wie hier, daß furchtbare Erderschütterungen die Berge in früheren Zeiten auseinander gerissen und dadurch jene tiefen, schroffen Thäler gebildet haben, die sich, Abgründen gleich, Meilen weit ausdehnen, und deren Hänge in den meisten Ländern durch Zeit und Stürme abgerundet und zu selbstständigen, verschiedenen Theilen wurden. Hier aber liegt noch die Kluft, wie sie jene geheimnißvolle Kraft der Tiefe mit furchtbarer Gewalt auseinander gesprengt, und wenn auch der üppig vorquellende Pflanzenwuchs solch' fruchtbar vulkanischen Boden nicht mochte lange unbenutzt liegen lassen und die schroffen Hänge und Felsen selbst, bis in die höchsten und ungangbarsten Wände hinein, mit Busch- und Schlinggewächs, mit Farrenkraut und Waldung selbst überzog, hat die Natur doch noch nicht Zeit genug bekommen, jene scharf abgerissenen, durch den gewaltsamen Auswurf erzeugten Contouren wieder auszugleichen, und die Umrisse der Wände, trotz der tiefen, eingebrochenen Schlucht dazwischen, zeigen deutlich und unverkennbar, wie sie früher e i n Ganzes gebildet, in Bruch und Einschnitt die Riesenkraft verrathend, die hier thätig gewesen. („Tahiti", S. 576)

Auch *fachtechnisches Wissen* soll der Leserschaft nicht vorenthalten bleiben: Im ersten Band des Romans „Nach Amerika!" werden einige nautische Begriffe erklärt – beispielsweise „Luv- und Leeseite" (S. 294), „Medicinkiste" (S. 302), „Wanten" (S. 316) oder auch „Raaen" (S. 317). Und was der „Südwester" ist, sei stellvertretend für die durchwegs gut verständlichen Erläuterungen aufgeführt:

*) Südwester heißen die aus Leinwand gemachten und steif getheerten Seemannskappen, deren breites und langes Schild im Nacken sitzt, um diesen gegen den Regen zu schützen. („Nach Amerika!", Band 1, S. 318)

Neben Begriffen aus der Seefahrt gehören auch architektonische Beobachtungen in den Wissenshorizont der Erzählerfigur. Auch auf diesem Sachgebiet zeigt sich das Bestreben, präzise und einprägsam zu informieren und zu beschreiben:

Die Privatwohnungen der gebildeten Klassen in Quito sind ganz nach dem altspanischen Styl, aber so reizend als eigenthümlich gebaut, und bilden eigentlich – jede für sich – eine kleine isolirte Festung, die hermetisch gegen den Schmutz und das profane Treiben der Außenwelt abgeschlossen ist. Die Front nach der Straße zu zeigt allerdings Fenster, aber wenn diese zu bewohnten Zimmern gehören, so sind sie jedenfalls verschlossen und dicht verhangen, und nur bei besonderen Gelegenheiten zeigen sich die Bewohner daran oder auf dem Balkon. Das Haus selber besteht dabei fast immer aus einer Frontbreite und zwei Seitenflügeln, die unmittelbar hinter der Hauptflucht einen kleinen Hof und dahinter einen mit allen möglichen Blumen und Fruchtbäumen geschmückten Garten einschließen, der wiederum durch eine hohe Mauer von den dahinter liegenden Gebäuden abgeschieden ist. Die Häuser sind nur einstöckig, da Erdbeben doch nicht selten vorfallen – und so gebaut, daß die Tragbalken, welche die Decke des untern und die Diele des obern Stockes bilden, durch starke Bastseile fest mit einander verbunden werden, um ein geschlossenes Ganzes herzustellen, aus dem die Einzelheiten nicht so leicht herausbrechen. Ja einzelne Wohnungen hat man sogar nach Art der guajaquilenischen Häuser aufgerichtet, wo die Balken gegenseitig fest in einander greifen, so daß ein solches Gebäude wohl total und im Ganzen umfallen, aber nie von einander gerissen werden und zusammenbrechen könnte. („General Franco", S. 70f.)

Ein breites Allgemeinwissen schliesst gelegentlich auch die Aufzeichnung *aussergewöhnlicher Begebenheiten* mit ein. Im nachfolgenden Textausschnitt geht es wenig zimperlich und wirklich wie im „Wilden Westen" zu. In einen Wortwechsel zwischen zwei Romancharakteren schaltet sich die Erzählerinstanz erläuternd ein und lässt dabei den Ausdruck „Gouchkampf" einfliessen; es versteht sich (fast) von selbst, dass ein so ungewohnter Begriff einer entsprechenden Erklärung bedarf.

„Waterford!" rief er ernst – „bleibt hier! – ich will jetzt nicht untersuchen, weshalb Ihr Euern Posten verlassen habt – ich bedarf Eurer – später werdet Ihr vielleicht darüber Rechenschaft zu geben wissen. Ist Toby eingetroffen?" „Nein, Capitain Kelly!" lautete die demüthig gegebene Antwort des sonst wild und trotzig genug aussehenden Burschen, der mit dem einen funkelnden Auge – das andere hatte er in einem Gouchkampf *) verloren – scheu unter den grauen buschigen Augenbrauen hervorblinzelte.

----

*) Das *gouching* ist eine, den sonst so kräftigen und offenen Charakter der Amerikaner wahrhaft schändende Sitte, und wird überhaupt nur in einem sehr kleinen Theil der Union, vorzüglich aber in Kentucky ausgeübt. Hat nämlich beim Boxen oder Ringen der eine Kämpfer den andern niedergeworfen, und will dieser sich durch Treten oder Beißen befreien – denn bis der Besiegte nicht sein „enough" – genug – ruft, wird der Kampf nicht für beendet angesehen – so sucht der Obenliegende den schon so weit Ueberwundenen zu gautschen – das heißt, er drängt ihm einen oder auch beide Daumen in die Augenhöhlen hinein, aus denen er, wenn nicht daran verhindert, die Augäpfel herauspreßt. Nicht selten wickelt er dabei mit raschem geschickten Griff die an den Schläfen wachsenden Haare des Opfers um seine Zeigefinger, um dadurch in seinem fürchterlichen Geschäft nicht allein mehr Sicherheit zu gewinnen, sondern auch den Niedergeworfenen zu verhindern, sich die ihm Blindheit drohenden Daumen in den eigenen Mund zu ziehen und mit verzweifelter Wuth abzubeißen. Hunderte können bei solchem Kampfe gegenwärtig sein, Keinem wird es einfallen, das gräßliche Resultat zu verhindern, ausgenommen der Eine gesteht mit dem Ruf „genug" seinem Gegner den Sieg zu. Dann müssen augenblicklich alle Feindseligkeiten eingestellt werden. Das Gouchen bedingt übrigens nicht jedesmalige Blindheit, zu Zeiten können die Augen wieder in ihre Höhlen, ohne ihre Sehkraft zu verlieren, zurückgeschoben werden; nur zu oft zieht es jedoch seine entsetzlichen Folgen nach sich, und Hunderte sind, die so, theils halb, theils

ganz erblindet, die Wirkung eines unnatürlichen Kampfes durch's ganze Leben schleppen. Der Verlust eines Auges gilt auch dabei als vollkommen hinreichende Entschuldigung, einen angebotenen Kampf auszuschlagen, ohne dabei in den Verdacht der Feigheit zu gerathen, da man es erklärlich findet, der also Verkrüppelte wolle nicht gern auch sein zweites Auge gleicher Gefahr aussetzen. („Die Flußpiraten des Mississippi", S. 307f.)

Zum Abschluss soll noch ein emotional gefärbter Kontrapunkt zum brutalen Gouching gesetzt werden. Es folgen zwei Ausschnitte, in denen die (Herzens-)Bildung der Vermittlungsinstanz zur feinfühligen Einsicht in die Bedeutung von heimatlicher *Musik* für Auswanderer führt.

Mit den ersten Accorden kam ein anderes Leben in die Gesellschaft. Es ist etwas ganz Eigenes um Musik, und selbst im alten Vaterlande, wo wir fortwährend Gelegenheit haben, g u t e Musik zu hören, dringt sie mit ihren schmeichelnden Tönen an unser Herz und glättet wie linderndes Oel die Oberfläche der noch so stürmisch bewegten Seele. Wie viel mehr ist dies aber in den Colonien der Fall, wo gute Musik immer noch zu den Seltenheiten gehört und die Leute das ganze Jahr über in ihrem ewigen Drängen nach Geld und Gewinnst, in einem unaufhörlichen Geschäftstreiben hin und her geworfen und durch die lieben Klänge oftmals erst wieder wie aus einem wüsten Traum zu sich selber gebracht werden. Nicht mehr allein die Melodie ist da, nicht mehr nur die kosenden bekannten Weisen sind es, die an unser Herz mit freundlichem Finger pochen und das Ohr den lieben Klängen unwillkürlich und gewaltsam lauschen machen, nein, auch die E r i n n e r u n g an frühere, schönere Zeit taucht plötzlich mit und in den Tönen auf. Die weichen Töne tragen uns mit Gedankenschnelle zur Heimath zurück, und so süß das Gefühl ist, das uns die Brust hebt und bewegt, so wehmütig ist es auch gewöhnlich - so ernst stimmt es uns und drängt uns oft, wir mögen uns dagegen sträuben, wie wir wollen, die verrätherische Thräne in's Auge. („Die beiden Sträflinge", S. 406)

Merkwürdig ist es mit der Musik, daß sie der Laie eigentlich nicht e n t - b e h r t, sich wenigstens in der Fremde, wenn ihm der Genuß versagt ist, selten des Gedankens klar bewußt wird, selten den Wunsch in sich ausgesprochen fühlt: Du möchtest jetzt Musik hören. Wird sie uns aber plötzlich geboten - dringt sie mit ihren sanften Klängen an unser Ohr, dann plötzlich ist es uns, als ob in unserem Innern eine Stimme riefe: Endlich, endlich wieder einmal die lieben Töne! - und wir verstehen jetzt erst, was in der ganzen langen Zeit eine solche Leere in uns gelassen - was uns gefehlt hat die vielen Monde lang. („Die beiden Sträflinge", S. 408)

Ein Blick auf die bisherigen Ausführungen des dritten Kapitels zeigt, dass in den Abschnitten *3.4* („Vermittlung realistisch-kritischer Weltsicht"), *3.7* („Vermittlung von Bildung und Allgemeinwissen"), aber auch in *Teilen* von *3.1* („Lesergerechtigkeit/Leserorientierung" - vgl.

dort insbesondere *3.1.6*: „Originalzitate aus der (Reise-)Literatur" bzw. *3.1.7*: „Anmerkungen") eine stark *pragmatische Stossrichtung* auszumachen ist. M.a.W.: Neben dem Anspruch einer guten *Unterhaltungsqualität (Delectare)* steht in einer grossen Zahl von Texten bzw. Textabschnitten ebensosehr die Idee der *konkreten Brauchbarkeit* und *Umsetzbarkeit* des Geschriebenen (das *Prodesse*) im Mittelpunkt (vgl. dazu auch das Kapitel *3.11 „Generelle Beobachtungen zu Stil und Sprache"*).

3.8 Spannung

In den Kapiteln 2 und 3 (vgl. *2.1.9 „Zukunftsverweise"*, *2.1.10 „Simultaneität"* sowie *3.1.5 „Unterbrechung von Dialogen durch Erzähler"*) wurde im Zusammenhang mit bestimmten Gestaltungsmitteln bereits einige Male das Thema „Spannung" angesprochen. Spannung kann durch die *Diskrepanz* zwischen *Innen* und *Aussen* geschaffen werden. Die wirkungsvolle und stimmungsintensive Aufdeckung und Entschleierung des Unterschieds zwischen Schein und Sein vermag einer Geschichte besonderen Reiz zu verleihen.

Friedrich Gerstäcker entwickelt seine Stoffe nicht so, nützt den angesprochenen „Reibungskoeffizienten" nicht zum Aufbau von Spannung und „Vorwärtsdrall" aus. Die starke *Extravertiertheit der Charaktere* und die damit verbundene Zurückhaltung und Einschränkung in der Präsentation innerer Vorgänge sind triftige Gründe dafür, dass diese Darstellungsweise nur sehr beschränkt Blüten treiben kann.

Trotz dieses nicht aktivierten Potentials ist in Gerstäckers Romanen und Erzählungen das Bestreben des Autors spürbar, einiges an „äusserer Action" zu bieten (z.B. in Form von halsbrecherischen Verfolgungsjagden oder atemberaubenden Ermittlungssequenzen) und den Leser durch abrupte und originelle *Abfolgen* bzw. *Unterbrechungen* von Handlungssträngen zu fesseln (vgl. *2.1.8 – „Rückwendungen"* und *2.1.10 – „Simultaneität"*). Solche Eingriffe sollen die Texte spannungsmässig aufladen und ihnen die nötige Bewegungsenergie und „Fahrt" verleihen. Die eben genannten „Unterbrechungstechniken" sind bei Friedrich Gerstäcker *weitverbreitet* und sorgen beim Publikum in schöner Regelmässigkeit für Anregung und Prickeln.

Ihnen stehen jedoch eine Reihe relativierender Faktoren entgegen; sie sollen im folgenden kurz erörtert werden.

Es sind nicht bloss die im *Kapitel 2.1.9* (*„Zukunftsverweise"*) ange-sprochenen *vorgreifenden Bemerkungen* bzw. *Anspielungen*, welche die Spannung beeinträchtigen. Auch die Formulierung einzelner *Kapiteltitel* hat spannungshemmende Auswirkungen – der Titel des 21. Kapitels in „Sennor Aguila" beispielsweise lautet „Der Überfall" und der des 25. Kapitels „Der Handstreich". Derartige der Handlung vorauseilenden Überschriften vermindern und beeinträchtigen die Dynamik, welche im Verlaufe des Kapitels aufgebaut wird, wirken also *kontraproduktiv*.

Der Handlungsverlauf von Gerstäckers Romanen und Erzählungen erweist sich durchwegs als einfaches, leicht durchschaubares Auf-lösungsmuster. Vertreter aus der Welt der Charaktere oder meistens der *auktoriale Erzähler* selber liefern möglichst früh – gewissermassen im „Keimlingsstadium" – die (Voraus-)Deutung bestimmter *Sachverhalte*. Schandtaten klären sich schnell auf, die richtige Fährte wird mit grosser Zielsicherheit angepeilt und gefunden, *„Verwirrspiele" finden kaum statt – dadurch sind jedoch der Entwicklung von Spannung recht enge Grenzen gesetzt.*

Die folgende Textstelle – es handelt sich um einen Mordfall – ist bewusst *ungekürzt* zitiert und deshalb verhältnismässig umfangreich; sie soll stellvertretend für viele andere (ähnlich gelagerte) Fälle zeigen, wie *traumwandlerisch sicher* und vor allem wie *prompt* die Fahnder in ihren Aufklärungsbemühungen auf verheissungsvolle Fährten stossen. Ein Scheitern der Bestrebungen erscheint zum vornherein unwahrscheinlich und wird allenfalls in einer zweifelnden Äusserung einer Figur ange-deutet. Effektiv stellt sich jedoch nicht die Frage, ob überhaupt, sondern *wann* erste Erfolgsmeldungen registriert werden können. Fast will es im unten aufgeführten Beispiel scheinen, der Indianer Assowaum sei mit einem siebten Sinn ausgestattet. Es ist offensichtlich, dass eine solche Konzeption der Aufdeckung von Untaten *spannungsvermindernd* wirkt. [der Spannung hinderliche Stellen in *Kursivschrift*]

Die Männer starrten schweigend und schaudernd auf diese schrecklichen Zeichen des Mordes; denn M o r d war es, ein Kampf hatte nicht statt-gefunden, höchstens eine verzweifelte Vertheidigung. Der Todte war von seinem Pferde herabgeschossen oder gezerrt, und erschlagen. „Kommt!" sagte Assowaum, und folgte jetzt der Spur bis zum Ufer des Flusses, vorsichtig dabei im Gehen jede Fußspur untersuchend. „Zwei haben ihn getragen." „Das fanden wir gestern schon – die Zeichen gehen bis an die Uferbank." „Hier hat er gele-gen, und zwei haben hier gestanden – was ist das? Da ist ein Messer – blutig." „Ein Federmesser, beim ewigen Gott – mit dem können sie den Menschen doch nicht umgebracht haben?" „Zeigt mir einmal das Messer," sagte Roberts, die Hand danach ausstreckend – „vielleicht erkenn' ich es – " Harper bog sich vor, und Beide beschauten es genau, endlich sprach der Erstere kopfschüttelnd:

„Habe das Ding nie gesehen – ist auch noch neu." Harper erkannte es ebenfalls nicht, auch den übrigen Männern war es fremd. „Ich will es zu mir nehmen," sagte Roberts endlich – „vielleicht kommen wir dadurch auf eine Spur; doch das Blut wasch' ich ab. Es sieht gar zu schrecklich aus – " „A-tia," rief Assowaum jetzt, und zeigte auf eine frisch ausgegrabene Stelle im Busch, nicht weit von dort entfernt, wo die Leiche gelegen – „was ist das da?" „Dort haben sie den Körper begraben," rief der Krämer. „Nein, bewahre," sagte Curtis, der hinzugetreten war, „das Loch ist ja kaum groß genug, ein Oppossum darin zu verscharren, viel weniger einen Menschen. – Aber gegraben ist hier, und zwar mit einem breiten Messer – doch ist die Erde, die hier herausgenommen wurde, nicht mehr da; wozu können sie nur die Erde gebraucht haben?" *Assowaum betrachtete genau die Stelle zwischen dem Orte, wo die Leiche gelegen hatte, und der kleinen Grube, dann sagte er, sich aufrichtend: „Wenn sich die Luft in den Kleidern fängt, schwimmt ein Körper manchmal und bleibt an irgend einem vorragenden Busch oder Baum hängen – ist der Körper mit Erde gefüllt, so sinkt er unter!"* „Schrecklich! schrecklich!" rief Roberts – „dazu also das kleine Messer – die Leiche aufzuschlitzen. Gentlemen, das ist eine fürchterliche That. – Wer mag nur der Unglückliche sein?" „Die Fluth verbirgt das," erwiderte Harper dumpf – „wer weiß, ob es je zu Tage kommt, aber – was macht der Indianer? was willst Du thun, Assowaum?" „Ein Seil machen und tauchen," sagte dieser, indem er von einem nicht sehr entfernt stehenden kleinen Papaobaum die Rinde abschälte und zusammenknüpfte. *„Tauchen? nach der Leiche?" frug Roberts entsetzt. „Jau e-mau," flüsterte der Indianer, mit der Hand auf das Wasser zeigend – „er ist da!"* und dabei warf er Jagdhemd, Leggins und Moccasins ab, und wollte eben hinunter in das Wasser springen. „Halt!" sagte der Krämer, der indessen diese Vorrichtungen mit großer Aufmerksamkeit beobachtet hatte, und jetzt einsah, was er beabsichtigte – „wenn Ihr das Seil um die Leiche binden wollt, so dauert es zu lange – hier ist ein Fischhaken." Dabei nahm er ein kleines Paket aus der Tasche, das alle möglichen Arten von Angelhaken enthielt, woraus er einen der größten dem Indianer reichte. „Das ist gut," rief dieser freudig, befestigte den Haken schnell an der zähen Papaorinde, schaute noch einmal auf den Ort zurück, wo der Leichnam den Fluthen übergeben war, und verschwand im nächsten Augenblick an der Schreckensstelle. – Todtenstille herrschte mehrere Secunden lang – Keiner wagte zu athmen. Die Fluth hatte sich schon wieder gänzlich über der darin versunkenen Gestalt des rothen Jägers beruhigt, denn der Fluß war hier ziemlich tief, und nur schnell nach einander aufsteigende Luftblasen verriethen die Stelle, wo er sich befand. Da tauchte des schwarze glänzende Haar empor, und gleich darauf hob sich das Haupt des Kriegers über der Fläche. – Einmal holte er tief Athem, und dann strich er aus, dem Ufer zu, wo die Männer standen. Er kletterte die steile Bank hinauf, hielt den Haken aber noch immer in der Hand. *„Und die Leiche?" frug Roberts. „Ich habe sie gefühlt," war die Antwort Assowaum's – meine Hand hat sie berührt, als ich danach umhertappte. Das Wasser hob mich aber zu schnell wieder – sie ist unten!"* („Die Regulatoren in Arkansas", S. 119ff.)

Beim Lesen von Gerstäckers Fiktion sieht sich das Publikum von der Aufgabe entlastet, durch akribisches Analysieren oder intensives Nachdenken herauszufinden, *welcher Charakter nun gut oder schlecht ist*; diese – der Spannung abträgliche – *„Beobachtungs- und Aufklärungsarbeit"* nimmt ihm der *Erzähler ab*.

Besteht dennoch einmal ein Widerspruch zwischen innen und aussen, wird er rasch beseitigt – dadurch ist die *Transparenz* für das Publikum (wieder) sichergestellt. Um dieses Ziel zu erreichen, tut sich das Aussagesubjekt keinerlei Zwang an, was die Markierung der betreffenden „Bösen" anbetrifft. Dies ist auch in den „Regulatoren in Arkansas" der Fall, wo der Erzähler keine Gelegenheit ungenutzt lässt, die Leserschaft über den wahren Sachverhalt (u.a. die Schuld des heuchlerischen Methodistenpredigers Rowson) aufzuklären. Die Funktion der Erzählinstanz besteht darin, den Lesern bei der *Enttarnung der* „Bösen" und „Verruchten" tatkräftig beizustehen. Eine der wesentlichen Botschaften des Werks – der Sieg der Ehrlichen über die Betrüger – ist somit in keiner Weise an einen atemberaubenden Handlungsablauf gebunden, wird nicht mit dem Köder *„Spannung"* schmackhaft gemacht. So passt es durchaus ins Bild, dass der Erzähler mit *Bemerkungen* auf sich anbahnende *Verstrickungen* der Bösewichte noch speziell hinweist – hier auf die bei Übeltätern typische Zunahme der Nervosität in heiklen Situationen:

[spannungsvermindernde Stelle in *Kursivschrift*]

> „Nun gut," fuhr Roberts fort, „ich habe schon heut Abend Brown darum gebeten, uns anzumelden; der kommt morgen früh dort vorbei, um der Regulatorenversammlung beizuwohnen, die bei Bowitts gehalten werden soll." „Mir wurde gesagt, die Regulatoren hätten sich aufgelöst," *sagte Rowson etwas eifriger, als sich sonst mit seinem ruhigen, gesetzten Benehmen vertrug.* „Auf meiner Reise hört' ich das als ganz bestimmt."
> („Die Regulatoren in Arkansas", S. 268)

Neben den erwähnten Punkten haben noch weitere Faktoren Einfluss: Die in *Kapitel 3.1.3* beschriebene *„Sympathiesteuerung hinsichtlich Figuren"* bzw. die unter *3.1.5* aufgeführte *„Unterbrechung von Dialogen durch Erzähler"* haben beide *spannungshemmende* Auswirkungen auf das Leseerlebnis.

Ein weiteres retardierendes Moment sind sowohl die riesige Anzahl wie auch der im Durchschnitt beträchtliche Umfang der *Anmerkungen, welche die eigentliche Handlung immer wieder unterbrechen und ergänzen* (v.a. in den narrativen Textteilen). So nützlich und aufschlussreich sie für den Leser in mancherlei Hinsicht sind, so sehr können sie andererseits ablenken und das Tempo verschleppen.

Im zweiten Kapitel dieser Arbeit wurde nachgewiesen, dass der *Dialoganteil* in Gerstäckers Romanen 46% beträgt. Angesichts dieser Tatsache ist es nicht verwunderlich, wenn Gesprächspartien oftmals allzu sehr in die Länge gezogen sind. Derartige „Streckprozesse" verhindern einen zügigen Fortgang der Handlung; eine gewisse Monotonie hält dadurch Einzug – mit Sicherheit ein weiteres *spannungsdämpfendes* Element!

Eine Differenzierung für fiktive wie nicht fiktive Erzeugnisse dieses Autors ist aber noch angezeigt: Je länger ein Text ist, desto detailverhafteter und exkursreicher ist er gestaltet. In kürzeren Schriftstücken (z.B. Erzählungen in der Grössenordnung von ein paar Dutzend Seiten) liegt das Schwergewicht viel stärker auf der eigentlichen „Geschichte", während in umfangreicheren Arbeiten die Vorliebe zu ergänzenden Einlagen stärker dominiert.

Befund: Gerstäcker hat ein *gespaltenes* Verhältnis zur Erzeugung von Spannung. Einerseits verwendet er Erzähltechniken, die spannungsträchtig sind und Nervenkitzel hervorrufen, andererseits aber setzt er permanent Akzente, die diesem Vorhaben zuwiderlaufen.

Die aufgeführten Beispiele legen den Schluss nahe, dass die *Spannungsvermittlung nicht vordringliches Ziel* von Gerstäckers Schreiben sein kann. Tatsache ist, dass Transparenz und Verständlichkeit sowie didaktische Anliegen – quasi als Gegengewichte – einen *mindestens* so hohen Stellenwert einnehmen.

Ganz zum Schluss dieser Überlegungen soll nicht ausser Acht gelassen werden, dass sich neben den objektiv feststellbaren „Spannungsbremsen" die *subjektive Einstellung* des Lesers zu Spannungsaufbau und -vermittlung im Laufe der Zeit (stark) wandelt. Nur so ist es zu erklären, dass sowohl der Autor selbst als auch Stimmen auf der Rezipientenseite (noch zu Beginn des 20. Jahrhunderts) Texte *mit Überzeugung* als spannend beurteilten, die heutzutage von der Leserschaft zweifelsohne völlig anders eingeschätzt würden.

Die Überzeugung von einer spannenden Gestaltung seiner Werke drückt Gerstäcker u.a. in einem Brief an den Verleger Costenoble aus; darin äussert er zu seinem „Ecuadorianischen Roman" die bemerkenswerten Sätze:

Der Roman wird jedenfalls so stark wie der Kunstreiter, aber wahrscheinlich wie die Colonie – ich kann das noch nicht genau bestimmen da ich den Stoff nie dehne, sondern nur solange verwende als er interessant & spannend bleibt.[40]

Auch Seyfarth bringt noch 1930 das Prinzip der Handlungsgestaltung von Friedrich Gerstäcker auf die Kurzformel: *„Gerstäckers Grundsatz, Spannung um jeden Preis".*[41]

3.9 Erscheinungsbild der Figuren

In den Schriften Friedrich Gerstäckers werden *Männergestalten* i.d.R. ausführlicher, häufiger und präziser beschrieben als ihre weiblichen Gegenüber. Männer werden zudem als härter, lebenstüchtiger und unternehmungslustiger, aber auch als brutaler und rücksichtsloser dargestellt als Frauen.

Im Gegensatz zu den hartgesottenen Herren der Schöpfung erscheinen *Frauenfiguren* auffallend häufig als naiv-schüchterne, anschmiegsame, engelgleiche Wesen mit hauchzarter Stimme und verklärtem Lächeln, die bei Begegnungen mit dem anderen Geschlecht schamhaft erröten (vgl. Kapitel „Stumme Sprache"). Es entsteht ein in vielem glorifizierendes Frauenbild. Das Motiv der „weiblichen Idylle" durchzieht Gerstäckers Werk wie ein roter Faden.
[Erscheinungsbild von Frauen in *Kursivschrift*]

Ricarda war schon lange von ihrem Stuhl aufgestanden und langsam, während er sprach und wie von einer innern Gewalt getrieben, um den Tisch herumgeschritten. Jetzt stand sie neben ihm – vor ihm, *den Blick aber zu Boden gesenkt, und während ihre Farbe rasch wechselte, jetzt schwand, jetzt wiederkam, sagte sie leise, mit kaum hörbarer Stimme:* „Und Sie wollten fort von hier, Señor – fort, ohne mir auch nur die Hand zum A b s c h i e d zu reichen?" („In Mexiko", Band 2, S. 386f.)

Als sie aber ihren Schützling erblickte, färbte wieder jenes dunkle Roth, das ihrem Antlitz einen so unendlichen Zauber verlieh, die lieblichen Züge der Maid. Rasch auf ihn zutretend, reichte sie ihm freundlich und zutraulich die

---

[40] McClain/Kurth-Voigt, Sp. 1115

[41] Seyfarth, Erich: Friedrich Gerstäcker. Ein Beitrag zur Geschichte des exotischen Romans in Deutschland. Diss. Freiburg i. Br. 1930, S. 56.

Hand, die er fest in der seinen hielt, während seine Blicke mit inniger Lust an den ihrigen hingen. (...) Das lange Gewand von gestern hatte sie abgeworfen, und das Schultertuch verrieth mehr von den *üppigen Formen des wunderschönen Mädchens*, als es verdeckte. („Tahiti", S. 54)

„Willst Du mir etwas versprechen, René?" „Alles, Sadie, was in meinen Kräften steht," rief René, die Hand nicht lassend, die er noch in der seinen hielt. „Dann versprich mir," flüsterte *das schöne, jetzt tief erröthende Mädchen*, „daß Du davon nicht wieder mit mir reden willst, bis mein Vater, der Missionär, zurückgekehrt ist, und –" ihre Stimme war so leise geworden, daß er die Worte kaum verstehen konnte – „und mich auch bis dahin nicht wieder küssen willst." „Sadie!" „Versprich mir das – nicht wahr, Du sagst es mir zu?" bat sie dann, und *schaute ihm dabei so lieb und unschuldsvoll in die Augen, daß er ein Heiligenbild zu erblicken glaubte*. „Wie könnte ich Dir die erste Bitte abschlagen, Sadie," sagte er mit tiefem Gefühl. Da schwand der fast traurige Ernst von den Zügen des Mädchens. Wie die Sonne aus trüben Wolken plötzlich über grüne wogende Saatfelder bricht, so *überflog ein frohes Lächeln die engelschönen Züge*. („Tahiti", S. 61)

Dieser engelgleichen Züge können sich freilich nicht alle weiblichen Wesen erfreuen. Neben den überhöhten Frauengestalten existiert auch das pure Gegenteil – verschiedentlich sind dies dann farbige Frauen, die wie *Antipoden* ihrer schönen, reinen Gegenüber wirken. Die Achse „weiss – schön – erfolgreich" kontrastiert dabei oft mit „farbig – unvorteilhaft aussehend – unterlegen bzw. minderprivilegiert".
[Erscheinungsbild von Frauen in *Kursivschrift*]

Auf der rechten Seite hatte sich jetzt *eine alte Negerin* durchgearbeitet, die, *ziemlich wohlbeleibt*, früher, und während der Sclaverei, eine gewisse Geltung in der Stadt gehabt. Sie gehörte nämlich dem Obersheriff, und man traute ihr, Gott weiß aus welchem Grunde, einen gewissen Einfluß zu, den sie auf diesen wichtigen Mann ausüben könne. („In Amerika", Teil 1, S. 193)

Mr. Wrongly versprach *der alten Negerin* dorthin zu schreiben und dann weitere Nachforschungen anzustellen, und die arme Frau verließ das Zimmer mit leuchtenden Blicken, – sie trug ja jetzt Hoffnung im Herzen. *Eine ächte Vollblut-Negerin, ein wahres Scheusal von Häßlichkeit*, mit einem kleinen Kind auf dem Arm, drängte herzu und schien die Zeit nicht erwarten zu können, wo sie an die Reihe kam. („In Amerika", Teil 1, S. 196)

„Polly," sagte ein kleiner buckliger Neger, der daneben stand und sich über den beginnenden Streit anscheinend gefreut hatte. „Polly, wirklich?" wiederholte Gentleman Ben, „das ist ja merkwürdig, aber zeigt uns auch wieder, was für ein einfacher Mann General Washington war – also Polly, liebes Herz," wandte er

sich dann zu *seiner Frau, einer dicken, feisten Mulattin,* die einen großen, ganz
rothen Vogel oben auf dem Hut trug. („In Amerika", Teil 1, S. 204)

Die beiden dicken Negerinnen selbst waren wie vom Schlage gerührt,
versuchten jedoch natürlich keinen Fuß vor das Haus zu setzen, da ihrerseits
eine Flucht unmöglich war. („Die Regulatoren in Arkansas", S. 352)

Nicht nur Frauenbeschreibungen sind auffallend oft niedlich und verklä-
rend – ebensosehr werden Darstellungen von *Kindern* putzig und herzig
gehalten; feste Signale sind dabei *Diminutivformen* – wie in der *Erzählung* „Der Wahnsinnige".
[Erscheinungsbild von Kindern in *Kursivschrift*]

„(...) – Aber hier, Bill" – wandte sie sich dann plötzlich zu dem kleinen Burschen, der schüchtern hinter ihr stand und an ihrem Kleide zupfte – „hier, Bill,
das ist der Gentleman, der Bill damals gerettet hat, als little boy so sehr unartig
war und auf die Straße hinaus lief, daß grandmama krank wurde und nicht mehr
gehen konnte – weißt Du das noch – und giebst Du ihm kein *Händchen*?" Bill,
die kleinen Finger seiner linken Hand, die ihm Jenny drei- oder viermal
herunterbog, immer unverdrossen wieder in das rosige *Mündchen* schiebend,
kam langsam, das *Köpfchen* niedergedrückt und nur schüchtern zu dem Fremden hinaufschielend, näher und reichte ihm verschämt das rechte *Händchen* hin.
Wunderbar war der Eindruck, den Jenny's Anblick auf den jungen Spanier
machte, und Leifeldt lächelte sogar mit einer Art freudigem Stolz, als er sah,
wie sich der Freund dem *holden lieblichen Kinde* gegenüber förmlich befangen
fühlte.
(„Kleine Erzählungen und nachgelassene Schriften", Band 2, S. 666)

Es wurde schon weiter oben darauf hingewiesen, dass bei Gerstäcker
ganz allgemein das *Erscheinungsbild der Figuren* verlässlicher Indikator
ihrer inneren Befindlichkeit ist. Für eine fiktionale Darstellungsweise,
in welcher die Aussenwelt dominiert und in der ein gewichtiger,
„extern" ausgerichteter auktorialer Erzähler zu den Eckpfeilern gehört,
ist es kein Zufall, dass sich auch der Hauptakzent der Figuren-
beschreibungen auf äusserliche Aspekte und auf von aussen beschreib-
bare und beobachtbare Kategorien richtet.
Das *Gesicht* (mit den *Augen*!) beispielsweise erweist sich als genauso
vielsagend wie *Kleidung, Gepflegtheit* oder *Benehmen* der Charaktere –
auch es spiegelt *ungebrochenen* und *direkt* wesentliche Charaktereigen-
schaften und Lebenshaltungen. Eine charakterlich integre Figur ist
(bedeutend) besser gekleidet als ihr moralisches „Gegenschwer". Gute
und Böse können auf den ersten Blick auseinandergehalten werden; die

„Oberfläche" lässt gültige Rückschlüsse auf die Tiefenstruktur der Figuren zu. Das Erscheinungsbild hat bei Friedrich Gerstäcker *keine verbergende*, sondern in hohem Masse *erhellende* Funktion; es ist ein aussagekräftiger „Schlüssel" zum richtigen Verstehen und Einordnen der Charaktere. Die nächste Textstelle soll dies veranschaulichen:

Beide Reiter – ihre aufgeräumte, frohe Stimmung passt gut zu ihrem vorteilhaften Auftreten – sehen nicht nur gesund, gewinnend und sympathisch aus, sondern sie tragen obendrein noch *saubere, reinliche Kleidung*. Bezeichnend für ihren einwandfreien Charakter ist die Tatsache, dass sie – obwohl im „Wilden Westen" lebend – nicht bewaffnet sind. [Erscheinungsbild integrer Figuren in *Kursivschrift*]

Auf der County-Straße zogen an demselben Morgen, und kaum fünfhundert Schritt von dem im vorigen Capitel beschriebenen Dickicht, *zwei Reiter* hin, *die augenscheinlich der besseren Farmerklasse des Landes angehörten.* So sehr sie übrigens in ihrem ganzen Wesen und Aussehen von einander selbst abstachen, so sehr schienen sie dagegen im Uebrigen zu harmoniren, denn *sie unterhielten sich auf das Beste mitsammen. Der junge schlanke Mann,* auf einem braunen feurigen Pony, das sich nur mit augenscheinlichem Unwillen und oft versuchter Widersetzlichkeit dem langsamen Schritt fügte, in den es sein Herr zurückzügelte, *lachte wenigstens oft und laut über die Späße und Bemerkungen, die ihm sein kleiner wohlbeleibter Gefährte zum Besten gab. Dieser war ein Mann etwa in den Vierzigen, mit sehr vollem und sehr rothem Gesicht und dem freundlichsten, gemüthlichsten Ausdruck in den Zügen, der sich nur möglicher Weise in eines Menschen Gesicht hineindenken läßt. Seine runde, stattliche Gestalt entsprach dabei seiner Physiognomie auf eine höchst liebenswürdige Weise, und die kleinen lebhaften grauen Augen blitzten so fröhlich und gut gelaunt in die Welt hinein, als hätten sie in einem fort sagen wollen: „Ich bin ungemein fidel, und wenn ich noch fideler wäre, wär's gar nicht zum Aushalten."* Er war von Kopf bis zu Füßen, *die schwarzen und spiegelblank gewichsten Schuhe* ausgenommen, in schneeweißes Baumwollenzeug gekleidet. Die kleine baumwollene Jacke aber, die er trug, hätte er um alle Schätze der Welt nicht mehr vorn zuknöpfen können, so war sie entweder in der Wäsche eingelaufen oder, was wahrscheinlicher, so hatte sich sein runder Leichnam ausgebreitet und „verburgemeistert", wie er es selbst gern nannte. Ein hellgelber Strohhut beschattete sein Gesicht, und ein hellgelbes dünnes Halstuch hielt seinen offenen Hemdkragen vorn zusammen, zwischen dem ein Theil der breiten, sonnverbrannten Brust sichtbar wurde. Nicht ohne etwas Stolz oder wenigstens Eitelkeit zu verrathen, lugte dabei der Zipfel eines brennend rothen Taschentuches aus der rechten Beinkleidertasche, die wohl geräumig genug gewesen wäre, ein halbes Dutzend derselben zu bewahren und zu verbergen. *Sein Begleiter war ein junger, stattlicher Mann mit freiem, offenem Blick und dunkeln, feurigen Augen.* Seine Tracht ähnelte der der übrigen Farmer im Westen Amerikas und bestand aus einem blauwollenen Frack, eben solchen Beinkleidern und einer schwarzgestreiften, aus demselben Stoff verfertigten Weste. Den Kopf bedeckte ein schwarzer, ziemlich abgetragener Filzhut, und in der Hand hielt er eine schwere lederne Reitpeitsche. Schuhe trug er jedoch nicht,

sondern *nach der indianischen Sitte sauber, aber einfach gearbeitete Moccasins*, und dies sowohl wie der nicht unruhige, aber fortwährend umherschweifende und auf Alles achtende Blick verrieth den Jäger. *Uebrigens führte er keine Büchse bei sich, so wenig wie sein Begleiter.*
(„Die Regulatoren in Arkansas", S. 30f.)

Sollte eine direkte Einschätzung von aussen für einmal nicht möglich sein, ist der auktoriale Erzähler mit eindeutigen Bemerkungen und Hinweisen dafür besorgt, dass allfällige Irritationsfaktoren bzw. Verstehenshindernisse so schnell wie möglich aus dem Wege geräumt werden und dass bezüglich gesinnungsmässiger Beurteilung der Figuren gar nicht erst Missverständnisse aufkommen:

Die *Funktion* dieser äusseren Erkennungszeichen und Merkmale liegt – wie schon früher gezeigt – auf der Hand: Allesamt sind sie *publikumsorientierte „Einlagen"* mit dem Anspruch, eine leicht zu bewältigende, von möglichst wenig „Ablenkungsmanövern" bzw. „Störfaktoren" behelligte Lektüre zu ermöglichen.

Nicht ausnahmslos hat das Erscheinungsbild die Aufgabe, Aufschlüsse zur Innenwelt der Charaktere zu geben: Da bei Gerstäcker viele Figuren wesensmässig nur schwach oder überhaupt nicht ausgeformt sind, werden z.B. die Kleider der Aufgabe überhoben, als Spiegel einer allfälligen Innenwelt zu fungieren – dann werden sie zu einer Darstellungsmöglichkeit per se und sind Ausdruck einer *einfallsreichen* und *unterhaltsamen Personenbeschreibung.*
Die herausragende Stellung dieser äusseren Wahrnehmungskategorien lässt sich anhand des unten aufgeführten Auszugs exemplarisch zeigen; darin stellt das Aussagesubjekt dem Publikum einen recht sonderbaren „Literaten" vor (auf den *einleitenden Satz*, der die Beobachtungsoptik explizit auf das „Äussere" konzentriert, sei mit Nachdruck hingewiesen):

Um aber auch unseren jungen Schriftsteller mit wenigen Worten bei dem Leser einzuführen, wird es vielleicht gut sein, ihn kurz und oberflächlich, das heißt sein eigenes liebenswürdiges Aeußeres, zu schildern und abzuconterfeien. Feodor Strohwisch war ein Mann nahe an sechs Fuß hoch, mit starkem grobknochigen Gestell, sehr hervorstehenden Backenknochen und etwas stumpfer Nase, die Stirne dabei niedrig und eher eingedrückt als vorstehend, die Lippen aufgeworfen, der Teint braun, das Haar struppig braun und ganz kurz, à la malcontent, abgeschnitten, die Augen groß und stier, auch die Gehörsorgane sehr „ausgearbeitet", einen schmalen dunklen Schnurrbart von der Mitte des Nasenknorpels hoch an der Oberlippe bis zu den Mundwinkeln niederlaufend, kurz ein Gesicht, wie es Jedermann, wenn es ihm in New-Orleans oder Rio de

Janeiro begegnete, für einem Mulatten gehörig, oder doch von Negerrace abstammend, halten würde. Dennoch wäre diese merkwürdige Menschengestalt in der gewöhnlich schlichten Modetracht vielleicht unbemerkt vorübergegangen; aber nein, daran lag dem Eigenthümer des Angesichts nichts; er wollte gesehen, und mit dem Sehen auch – bewundert sein. Ein fast weißer, roth gefütterter Burnus floß, afrikanisch gearbeitet, um seine Glieder, großcarrirte Unflüsterbare deckten die langen Unflüsterbaren, an den Stiefeln klirrten ein paar mächtige Sporen, und die Hand trug malerisch eine fischbeinerne Reitgerte mit elfenbeinernem Griff, der einen Fuß und ein zartgebogenes Mädchenknie bildete, was er auf der Straße stets sinnend und schwärmerisch an die dicken Lippen drückte. Papageigrüne Glacéhandschuh vollendeten die Toilette des „Gelehrten". Feodor Strohwisch war auch musikalisch, spielte gar nicht übel Pianoforte, und schwärmte oft bis tief in die Nacht hinein, wenn – ihn Anna Schütte nicht daran verhinderte – doch davon später.
(„Pfarre und Schule", Band 1, S. 64ff.)

3.10 Sprache der Figuren

Grundsätzlich variiert das *sprachliche Niveau* der Figuren in Gerstäckers Fiktion nicht sehr stark. Es verhält sich nicht so, dass die Figurensprache ihren jeweiligen Trägern in sozialer oder regionaler Hinsicht *präzise* angepasst wäre; im grossen und ganzen ist es für Sprache und Ausdrucksweise einer Figur unwesentlich, welchem sozialen Milieu sie entspringt oder welche Bildung sie hat – von Belang ist vielmehr, ob es sich um eine *gute* oder eine *böse Figur* handelt. (Ein guter Bauer gebraucht demnach eine ähnliche Sprache wie ein guter Obermedizinalrat!) In anderen Worten: Das stärkere „Gut-Böse-Prinzip" überlagert das „Milieuprinzip". Die Guten reden generell eine sanftere, gesittetere, gepflegtere Sprache als die Bösen, und sie sind auch wesentlich geduldiger. Die Bösen auf der anderen Seite sprechen burschikoser, frecher, und sie sind ungeduldiger, leichter reizbar als ihre moralischen Gegenspieler. Eines gilt es aber an dieser Stelle festzuhalten: Wenngleich auch die Bösen (ausdrucksmässig) ungünstiger abschneiden als die Guten – *nie* würde sich einer von ihnen einer Sprache bedienen, die *wirklich* brutal oder gar unter der Gürtellinie wäre. Auch die Sprache der Schurken ist – vor allem im Empfinden des heutigen Lesers – praktisch durchgehend *druckreif*.

Genügt sie dennoch einmal den Regeln des guten Geschmacks nicht vollumfänglich, wird sie vom *Erzähler* konsequent gefiltert und zensiert und so wieder in den Rahmen des Anständigen eingefügt:
[„gereinigte" Sprache der Figuren in *Kursivschrift*; das erste Zitat enthält als Variante „gereinigte" *Gedanken*]

(...) und Joseph Bollmeier verließ in einem noch viel größeren Grimm, als er es betreten hatte, das Haus. Sonderbarer Weise war aber sein Zorn gerade jetzt weit mehr gegen die Regierung daheim, als die von Venezuela gekehrt, und *er dachte in dem Augenblick ganz undruckbare Dinge.* („Die Blauen und Gelben", S. 40)

„Zu viel Glück in der Liebe!" lachte Bux, und *Justus murmelte einen gottes-lästerlichen Fluch vor sich in den Bart,* während der mit der Tresse weiter dampfte. Beide blieben auch jetzt eine Weile mit ihren eigenen Gedanken beschäftigt. („Die Colonie", S. 191)

„Aber ich k a n n ja nicht mehr, Bux," sagte die Unglückliche – „laß mich nur eine kleine halbe Stunde hier ausruhen, nachher wird's schon wieder gehen." „Aber das Haus muß dicht vor uns sein," *rief der Mann mit einem abscheu-lichen Fluch –* „wir haben die Hähne von da oben ganz deutlich krähen hören – es k a n n nicht mehr weit sein." („Die Colonie", S. 445f.)

An demselben Morgen, an welchem die schwarze Polizei plötzlich und unerwar-tet die Station am Murray besuchte, saß Toby, der neue Hüttenwächter der „trockenen Sumpf-Station", vor seiner Hütte und kaute, in Ermangelung von Tabak, mürrisch an einem Zweige, den er sich in der Nachbarschaft abgebro-chen hatte. Der Schäfer war eben mit seiner Heerde fortgetrieben und der Platz der Wachsamkeit des verdrießlichen Gesellen überlassen worden. „Hm," *brummte dieser endlich mit einem derben Fluch als Bekräftigung vor sich hin –* „da sitz' ich nun in dem verwünschten Neste hier und blase Trübsal. („Die beiden Sträflinge", S. 184)

Selbst dann, wenn Situationen berechtigterweise markige sprachliche Äusserungen nahelegen könnten, dominiert vornehme *Mässigung* – „kontrolliertes Fluchen" wäre eine mögliche Beschreibungskategorie. Im Roman „Die Flußpiraten des Mississippi" (S.115) wird z.B. von einem „Bösen" der (Kraft?)Ausdruck *„potz Seelöwen und Eisbären"* gebraucht!

Dieser Befund mag den erstaunen, der sich vergegenwärtigt, mit wel-cher Akribie Gerstäcker der Genauigkeit in anderen Bereichen (z.B. in Raum- und Zeitgestaltung) frönt. So sehr er dort eine möglichst grosse Präzision anstrebt, so locker übergeht er in der Figurensprache sein sonst hochgehaltenes Prinzip der grösstmöglichen Realitätstreue. Die Figuren sprechen eine vornehmlich vom Prinzip der charakterlichen Integrität bestimmte Sprache. Passagen wie die folgenden, in denen die sprachlichen Eigenheiten bestimmter Charaktere „originalgetreu" abge-bildet werden sollen, bilden da die *Ausnahme*: [Sprache der Figuren in *Kursivschrift*]

„Als ich aach nicht hierbleiben mag, werd' ich aach auswandern," erwiderte aber der Israelit, die Schultern in die Höhe ziehend. „Was? – auch auswandern?" riefen viele der Umstehenden wie aus einem Munde. „Na?" sagte aber der Jude, sich erstaunt im Kreise umsehend – *„ist's etwa wohl zu hibsch hier für uns Jüden, heh? mer sollen uns wohl glicklich schätze, daß mer derfe unsere Steuern zahle, und nachher getreten werden wie Hunde?"*
(„Nach Amerika!", Band 1, S. 210)

„So, da rückt einmal zu, Ihr da; Drei und Drei gehören immer in eine Koje; und dann habt Ihr noch übrig Platz." „Wenn der nirgendwo anders unterkommen kann, *nachens is es noch immer Zeit,"* erwiderte aber der eine Bauer trotzig. „Wollt Ihr in Frieden Platz machen?" frug der Steuermann vollkommen freundlich. *„Smiet mi mal den Döskopp da ruth,"* lautete da der eben so ruhig gegebene Befehl an die beiden Matrosen, die zuerst vorsichtig ihre Laternen bei Seite setzten, und dann so plötzlich und mit so eisernem Griff den Widerspenstigen packten, daß dieser auch im Nu aus seiner Koje und auf die Erde flog. Hier sprang er aber eben so rasch in die Höhe, und schien nicht übel Lust zu haben, sich auf den Steuermann zu werfen; oben durch die Luke schauten aber noch drei oder vier stämmige Burschen von Matrosen, die nur eines Winkes bedurft hätten, mit einem Satz unten bei ihren Kameraden zu sein, und der Steuermann sagte freundlich: *„Wullt Du noch wat?"* Widerstand unter solchen Umständen war hoffnungslos, und der Bauernbursche brummte nur eine halbtrotzige Drohung in den Bart, daß er sich über solche Behandlung bei dem Capitain beschweren würde. *„Dat stat Di Frie, myn Junge!"* sagte aber der Steuermann, der stets platt sprach, wenn er grob wurde, gleichgültig, und wies jetzt Wald an, seinen Platz einzunehmen, wie seine Sachen, die er unterwegs bei sich zu behalten wünsche, vor die Koje zu stellen.
(„Nach Amerika!", Band 1, S. 248f.)

Zurückhaltung wird nicht nur in Sachen „Fluchen" geübt, sondern auch wenn es um *erotisch-sinnliche Belange* geht: Sowohl Figuren- als auch Erzählersprache fallen nie aus dem Rahmen, sind nie zweideutig oder gar schlüpfrig-anstössig. Gerstäckers Bestreben, in dieser offenbar heiklen Thematik unter gar keinen Umständen etwas „anbrennen" zu lassen, lässt den Eindruck von grosser Vorsicht und Behutsamkeit, von *euphemistischer Präsentationsweise* entstehen. In den Texten des Autors ist stets Schüchternheit in der Beschreibung von intimeren Szenen spürbar; der Grundton bleibt anständig und gesittet. In keinem Augenblick ist der Schriftsteller „Sex und Crime-Autor" – für ihn reicht „Crime" allein vollkommen.

Auch in der folgenden emotional stark aufgeladenen Liebesszene zwischen zwei Hauptfiguren in den „Regulatoren" besticht die gehobene, sauber ausformulierte Sprache, die der Verehrer einer jungen Frau gebraucht. Keinerlei Unterbrechungen hemmen den Redefluss des Verliebten; die Gefühle sind zwar stark, aber nicht in einem Masse, das den Fluss und die sichere Beherrschung der Sprache beeinträchtigen könnte. An keiner Stelle der Avance des Verehrers läuft seine Rede Gefahr, unkontrolliert zu werden oder sich gar in sprachliche Bruchstücke aufzulösen.

> „Marion – Sie tödten sich und mich!" rief, von wildestem Seelenschmerz erfüllt, der junge Mann; „oh, daß die glücklichste Stunde meines Lebens auch die sein muß, die mich mein ganzes Elend mit einem Blick überschauen läßt! Ja, Marion, ich liebe Dich, liebe Dich mit all'der Gluth eines Herzens, das auf Erden weiter kein Glück kennt, als Dich zu besitzen, das nur in Dir den Stern sieht, der seine künftige Lebensbahn erleuchten könnte, und nun verzweifelnd dem letzten hellen Schein nachblickt, als er auf ewig am Horizonte seines Glückshimmels verschwindet, um i h m nie wieder zu erstehen."
> („Die Regulatoren in Arkansas", S. 76)

3.11 Generelle Beobachtungen zu Stil und Sprache

Mit Nachdruck sei darauf verwiesen, dass die Zielsetzung dieser Arbeit eine systematische und abgerundete Sprach- und Stilanalyse von Gerstäckers Werken ausschliesst. Trotzdem hat die Untersuchung der Texte in diesem Bereich ein paar *Eigenheiten* zu Tage gefördert, die es wert sind, im Sinne von *ergänzenden* Beobachtungen vorgestellt zu werden.

Dazu gehört einmal der Befund, dass Gerstäcker *kein Freund von langen und komplizierten Satzstrukturen* ist, in denen mehrstufige, verschachtelte Satzgefüge dominieren; bevorzugt sind „flache", nicht verschlungene und gut überschaubare Konstruktionen.

Ebenfalls erwähnenswert ist die Feststellung, dass die Sprache dieses Schriftstellers mit *wenig Symbolen, Bildern* und *Vergleichen* auskommt; sie ist unverschlüsselt, direkt, nüchtern-unpoetisch. Der inhaltlichen Durchschaubarkeit und Klarheit entspricht somit auch eine hohe sprachlich-stilistische Transparenz und Einfachheit. Dadurch fällt dem erfinderisch-experimentierenden Umgang mit der Sprache, dem Ausloten und Erproben neuer Kombinationen nur ein marginaler Stellenwert zu. Der Autor spielt nicht eigentlich mit der Gattung „Epik", bewegt sich nur verhalten in der Grauzone des Sprachschöpferischen.

Wer Gerstäcker liest, stösst unweigerlich auf die häufigen, sehr oft überflüssigen *Wortwiederholungen*, die sich mehr oder weniger homogen aufs Gesamtwerk verteilen.

Aus Gründen der Ausgewogenheit soll der (kleinen) Beispielsammlung jedoch ein Textausschnitt vorangestellt werden, aus dem hervorgeht, dass nicht allen Wiederholungen unausweichlich der Makel des stilistisch Unausgegorenen anhaften muss, sondern dass sie auch bewusst und gezielt als aussagekräftige Stilmittel eingesetzt werden. [Wortwiederholungen in *Kursivschrift*]

> Es waren sechzehn Männer, aber Keiner von ihnen sprach ein Wort, *lautlos* trugen sie Holz zusammen und fachten eine helle Flamme an, *lautlos* banden sie mit dünnen Streifen Hickoryrinde ihre langgespaltenen Kienspäne zusammen – *lautlos* entzündeten sie dieselben an der Gluth, und von Roberts und Wilson geführt, betraten sie klopfenden Herzens den Schreckensort.
> („Die Regulatoren in Arkansas", S. 224)

Wie bereits angekündigt, findet sich in den nun folgenden (repräsentativen!) Zitaten vieles an unnötiger und störender *stilistischer Redundanz*; einige der Wiederholungen wirken recht hilflos, uninspiriert und nicht zuletzt schnell hingeworfen. Um zu zeigen, dass in dieser Thematik keinerlei Unterschied zwischen Fiktion bzw. Nichtfiktion besteht, sind die *zwei ersten* Textauszüge autobiographischer Natur. Ohne jede Frage: Mit mehr *Zeit* und damit verbunden mit grösserer Sorgfalt in diesem Bereich hätten zahlreiche überflüssige Repetitionen vermieden werden können – aber dazu weiter unten mehr.
[Wortwiederholungen in *Kursivschrift*]

> Es ist in der That ein eigenes Leben, das *man* in diesem kleinen Orte [Corny an der Mosel, A.Z.] führt, wild und romantisch allerdings, aber dann auch billig wie in keinem andern Orte der Welt. Für Geld ist, wie in Courcelles, mit Ausnahme jener sehr vereinzelten Restaurants und einiger Marketender, wo *man* aber nur schlechte Getränke bekommt, gar nichts zu erhalten, und ich selber habe hier in den letzten acht Tagen, mit Ausnahme meines Fahrgeldes auf der Eisenbahn, noch nicht zwei Thaler baar Geld ausgeben können. Freilich muß *man* dabei etwas Glück haben, sonst kann *man* auch eben so gut verderben und muß, selbst wenn *man* die Taschen voll Geld hat, suchen, so rasch als möglich wieder in den Bereich von Hotels zu kommen, wo *man* es dann um so rascher los wird.
> („Kriegsbilder eines Nachzüglers aus dem deutsch-französischen Kriege", S. 356f.)

> Die Fahrt von Corny, oder vielmehr von dessen anderem Ufer, auf dem Novéant liegt, dauert mit dem Schnellzug – wie *man* hier jeden Zug nennt, der Personen befördert – nicht mehr als zwei oder zwei und eine viertel Stunde, und führt durch ein immer gleich schönes und freundliches Terrain, ja jemehr *man* sich Nancy (oder Nanzig) nähert, bemerkt *man*, wie die Cultur zunimmt, und

bald kann es uns nicht mehr entgehen, daß *man* in den Bereich einer großen Stadt kommt. Schon in den Feldern vor Nancy bemerkt *man* häufiger arbeitende Menschen, die *man* bis dahin nur sehr spärlich und als Seltenheit zu sehen bekam.
(„Kriegsbilder eines Nachzüglers aus dem deutsch-französischen Kriege", S. 375)

Um schnelle und kurz aufeinanderfolgende Szenen- und Stimmungswechsel auf einer Mississippi-Schiffahrt plastisch darzustellen, wählt der Autor in kurzen Abständen die folgende (ebenfalls repetitive) stilistische Variante: [Wortwiederholungen in *Kursivschrift*]

Weiter – weiter! Der Dampfer hält mehr in die Mitte des Flusses hinaus, um einer Sandbank zu entgehen, die sich an dieser Stelle hin gebildet hat und dem tief gehenden Boot gefährlich werden könnte.
(„Nach Amerika!", Band 1, S. 474)

Weiter – weiter! Was das für wunderliche Boote oder Fahrzeuge sind – denn Boote kann man sie nicht nennen –, die, mit vier oder fünf schläfrigen Gesellen an Bord, ohne Räder, ohne Segel langsam den Strom niedertreiben!
(„Nach Amerika!", Band 1, S. 475)

Weiter – weiter! Der Abend naht – über den Strom streichen lange Züge von Wildenten und Gänsen; dort drüben an der kleinen Insel, die mitten im Fluß liegt – der Mississippi zählt deren achtzig – hat sich ein großes Volk Pelikane auf der Sandbank zur Ruhe gesetzt – (...) („Nach Amerika!", Band 1, S. 476)

Weiter – weiter! Dort drüben leuchtet ein Feuer am Ufer, von einem Neger geschürt, der hier den Mosquitos zum Trotz die Wache hat.
(„Nach Amerika!", Band 1, S. 479)

Die nachstehenden Textstellen, von denen die zweite der *Erzählung* „Der Doppelgänger" entnommen ist, sind ebenfalls stark repetitiv; beide sind ohne Aussparungen aufgeführt.
[Wortwiederholungen in *Kursivschrift*]

Die Indianer waren *indessen* an Bord des Wracks geklettert, und Ramara Toa hätte laut aufjubeln mögen, als er nicht allein in der Kajüte eine Reihe von Musketen mit eben so vielen Schiffslanzen und Beilen vorfand, nein, sogar unter Deck eine festgeschnürte und auf Rädern ruhende kleine Kanone entdeckte, die noch kurz vor dem Sturm dort in Sicherheit gebracht worden. Andere Canoes waren *indessen* ebenfalls vom Land abgekommen, und Ramara Toa gab gleich die nöthigen Befehle, um an Land eine Anzahl von Doppelcanoes herzustellen, auf denen die noch brauchbaren Güter an's Ufer gebracht und geborgen werden konnten. Die Gewehre und sonstigen Waffen nahm er aber in sein eigenes Fahrzeug und schickte sie, um sie ganz bestimmt in Sicherheit zu bringen, in seine eigene Wohnung, während er *indessen* nach Munition und sonstigen brauchbaren Gegenständen suchte. („Die Missionäre", S. 277)

Von Köllern, Bollenheck und Steinert arbeiteten in dem kleinen Bergstrom, kaum drei- oder vierhundert Schritt von ihrem Zelt entfernt, zusammen, und zwar, wie das *gewöhnlich* der Fall war, abwechselnd Einer an der Maschine, Einer in dem gegrabenen Loch und Einer die Erde aus diesem zu der Maschine tragend. Herr Steinert sass an der letzteren, Bollenheck schlug mit der Spitzhacke den goldhaltigen Boden los, und von Köllern schleppte dieselbe dem Weinreisenden zu, bis das Gewonnene, *gewöhnlich* nach 24 - 30 Eimern voll Erde, mit dem schwarzen, eisenhaltigen Sand in die Blechpfanne gelassen und besonders ausgewaschen wurde. Hierzu versammelten sich dann *gewöhnlich* alle Drei, das erhaltene Resultat zu sehen und nachher eine neue Maschine zu beginnen. Der Ertrag war nach den ersten dreissig Eimern ziemlich reichlich gewesen, und als von Köllern die Blechpfanne selber am Bach ausgewaschen hatte, glänzten ihm wohl zwei Unzen der vollen gelben Körner, mit einigen grösseren Stücken dazwischen, entgegen. Steinert stand daneben und hielt eine lange Rede über die Glückseligkeit des Minerlebens, und Bollenheck hatte die Pfanne auf den Schoss genommen, die einzelnen Stücke aufmerksam zu betrachten. Sie wechselten danach ab, und der Mittag versammelte Alle wieder bei den Zelten. Bollenheck war aber ausserordentlich still, sprach kein Wort und ging zuerst wieder zu ihrem Arbeitsplatz hinunter. Köllern folgte ihm bald, und Steinert kam wie *gewöhnlich* zuletzt.
(„Heimliche und Unheimliche Geschichten", S. 354)

Übrigens: Das Musterbeispiel von Gerstäckers übermässig repetitivem Stil ist die Partikel *„übrigens"*. Wer sich die Mühe nimmt, das (Gesamt-)Werk auf Wiederholungen hin durchzusehen, wird feststellen, dass es kaum eine Seite gibt (!), auf der dieses Wort nicht erscheint. Im Übermass verwendet, stört es und erweckt den Eindruck, in einem bestimmten Handlungsverlauf seien zunächst Fakten vernachlässigt und erst nachträglich noch „aufgepfropft" worden.

Sämtliche der unten aufgeführten vier Beispiele stehen auf ein und derselben Seite und sind auch in dieser Anhäufung *keine* Ausnahmen. [Wortwiederholungen in *Kursivschrift*]

Rafael Aguila konnte nichts unternehmen, bis jener Herr von Valparaiso zurückgekehrt war, der die von seinem Onkel hinterlassenen Gegenstände in Verwahrung hatte, und erst als das geschehen war und er von Callao Nachricht erhielt, fuhr er hinunter und ließ sich dieselben aushändigen. Wie er es *übrigens* vorher vermuthet, so war dem Monsieur Oudinet, wie der jetzige Besitzer hieß, keine Anweisung auf irgend eine Summe Geldes für ihn geworden, und zwischen den Papieren seines Onkels, die er nur flüchtig durchsah, fand er eben so wenig eine Andeutung. In einem der alten Rechnungsbücher lag sogar noch ein angefangener Brief für ihn, den der alte Herr kurz vor seinem Tode begonnen haben mußte, der aber nicht beendet worden, *übrigens* auch keine Andeutung von einer Krankheit oder selbst nur einem Unwohlsein gab. (…) Die Sachen nahm Rafael mit nach Lima und schickte sie von dort durch Maulthiere nach Bertrand hinaus, um dann später mit ihm zusammen nähere Revision zu halten. Seine eigene Gegenwart wurde aber noch länger in Callao verlangt, da sein Schiff von Guajaquil einlief und der Verkauf der Fracht, welcher sich *übrigens* als ein sehr günstiger herausstellte, einige Zeit in Anspruch nahm. Er mußte sogar einige Tage ganz in Callao bleiben. Nur an den Abenden, an welchen Lydia spielte, fuhr er nach Lima hinüber. Sie übte einen eigenthümlichen Zauber auf ihn aus, und doch hatte er sie seit jenem Tage, an welchem er Desterres dort getroffen, nicht wieder besucht. Lydia wohnte *übrigens* nicht mehr im Hotel. („Sennor Aguila", S.139)

Auch in der stilistischen Bewältigung der sog. *„Inquitformeln"* zeigt sich ein Trend zur Wiederholung. Dabei ist es auf der einen Seite die *mangelnde Variationsbreite* dieser Redeeinleitungen, die Anstoss erregen kann. Im zweiten Teil des 11. Kapitels in „Nach Amerika!" (Band 2) z.B. lauten von insgesamt 63 Inquitformeln nicht weniger als 36 „sagte", deren 10 „rief", und lediglich 17 sind andersgeartet.

(„Nach Amerika!", Band 2, S. 254 - S. 271) INQUITFORMELN TOTAL:	*sagte*	*rief*	*andere*
63	36	10	17
	ca. 57%	ca. 16%	ca. 27%

Auf der anderen Seite fällt die ungleichmässige Anordnung und Dichte dieser Formeln auf: So ist es keine Seltenheit, dass sich das gleiche Verb des Sagens x-mal hintereinander folgt, um danach wieder für mehrere Seiten völlig von der Bildfläche zu verschwinden. Im Romanwerk „Tahiti" finden sich im 29. Kapitel die unten tabellarisch aufgeführten Redeformeln:

("Tahiti", S. 509 - S. 533) INQUITFORMELN TOTAL:	sagte	rief	frug	nurrte	lachte	schrie	andere
106	28	26	10	9	6	5	22
	26%	25%	9%	8%	6%	5%	21%

An der Variationsbreite dieser Formeln an sich gibt es nichts auszu-
setzen; die *Verteilung* jedoch ist alles andere als durchdacht. Die
folgende Passage soll diese unausgewogene Durchmischung der verschiedenen Verben des Sagens stellvertretend für das ganze Kapitel, in
dem sie stehen, verdeutlichen. Wie sich leicht ersehen lässt, sind sämtliche dieser „rief"-Formen auf *einer* Buchseite zu finden.
[Wortwiederholungen in *Kursivschrift*]

> „Da ist er", *rief* aber auch in diesem Augenblick Jim, die aufgestochene Erde
> rasch und freudig auswerfend – „ich hab' ihn schon mit dem Messer gefühlt; so
> jetzt wird unsere Reisekasse gleich in Ordnung sein." „Mach' schnell, Jim, ich
> kann die Alte wahrhaftig nicht länger halten," *rief* aber auch Jack, „ich muß ihr
> sonst die Kehle allen Ernstes zuschnüren – was auch eben kein großer Verlust
> wäre." „Nein!" *rief* aber Jim, ohne jedoch seine Arbeit zu unterbrechen – „thu'
> ihr nichts zu Leide. Mütterchen Tot und ich sind viel zu gute Bekannte, als daß
> ich die Ursache ihres Todes sein möchte – kannst Du ihr nicht die Arme und
> Füße binden?" „Ich habe alle beide Hände voll zu thun, ihr nur eben den Mund
> zuzuhalten," knurrte Jack. „Hier ist der Beutel!" *rief* Jim, und das Klirren des
> Geldes, das auch wahrscheinlich an das Ohr der Eigenthümerin drang, trieb
> diese zu neuen rasenden, aber doch vergebenen Anstrengungen. „So komm
> wenigstens her, daß Du mir sie binden hilfst," *rief* Jack jetzt zwischen den fest
> aufeinander gebissenen Zähnen durch – „allein bring' ich's nicht zu Stande."
> (...) „So, nun aber fort," *rief* Jim, „denn Murphy kann jeden Augenblick
> wieder zurück kommen und besser ist besser (...)" („Tahiti", S. 526)

Die Auswahlbreite und Plazierung der Inquitformeln *allein* kann natürlich bloss ein unzureichendes Beurteilungskriterium für die stilistische
Güte eines Textes sein; sie kann aber trotzdem ein Qualitätsbarometer
für stilistische Sorgfalt darstellen. Wenn Inquitformeln serienweise
gleich lauten, kann kaum von einem ernsthaften Bestreben nach Abwechslung und besonderer Stilpflege gesprochen werden. (Wohlgemerkt: Der eben angeführte Abschnitt ist nicht böswillig so ausge-
wählt, dass zwangsweise ein negativer Eindruck entsteht *muss* – viel-

mehr kann mit Fug und Recht behauptet werden, dass er typisch ist für zahlreiche Texte Gerstäckers.)

Exkurs: Alle bisherigen Zitate stammen aus fiktionalen Werken. Die Tendenz zur stilistisch fragwürdigen Repetition hat in Gerstäckers *nichtfiktionalen Erzeugnissen* ihre Entsprechung. Der folgende Beleg für diesen Befund möge genügen. [Wortwiederholungen in *Kursivschrift*]

> In der Kajüte sah es *indessen* wild genug aus, denn in dem Kampf waren Flaschen und Gläser natürlich von dem am Boden festgeschraubten Tisch hinuntergeworfen, und die Stühle lagen zerstreut umher. Es war auch *indessen* schon fast dunkel geworden, und nur noch ein schwaches Dämmerlicht fiel, als die Sonne hinter dem Horizont versunken war, durch das Skylight. Die *indessen* aufgefundenen Schiffslaternen wurden aber jetzt angezündet, und während der Steuermann Einen der Leute als Wache bei dem Gebundenen ließ, ging er jetzt selber daran, die Capitainskajüte zu revidieren, um in den möglicher Weise dort vorgefundenen Büchern, wenn nicht Auskunft über den jetzigen Zustand des Schiffes, doch jedenfalls Genaueres über dasselbe zu erfahren.
> („Wilde Welt", S. 214)

Das *historische Präsens* als Gestaltungsmittel ist bei Friedrich Gerstäcker an sich bereits äusserst rar (weshalb seine Aufnahme in den formalen Teil der Arbeit auch nicht angezeigt war); noch seltener ist jedoch die *absichtliche* und *inhaltlich veranlasste* Verwendung dieses verlebendigenden Stilmittels. Die nachstehend zitierte Textstelle ist eine der wenigen Ausnahmen:

Zwar springt das „neue" Erzähltempus schon nach wenigen Zeilen wieder ins zuvor verwendete Präteritum zurück, aber sein Gebrauch scheint hier vom Inhalt her gestützt zu sein: Durch das Präsens historicum soll der Kontrast zwischen den anmutig daherschreitenden exotischen Schönheiten und den ihnen vom missionierenden Christentum aufoktroyierten Kleidervorschriften noch schärfer gezeichnet werden. [Übergang zum „historischen Präsens" in *Kursivschrift*]

> Eine bunte Mädchenschar drängte sich am Ufer hin und an der Kirche vorüber, deren Glocke in einem oben ausgeschnittenen stämmigen Orangenbusch hing. (...) Es war die f r o m m e Schar der Tahitierinnen, die sich zur protestantischen Kirche bekannten, und mit den alten Vorurtheilen auch ihr Lockenhaar wegwerfen mußten, als falsch und sündig. Und weshalb? – es hatte einst im heidnischen Tanz Blumen getragen, und die freundlichen Kinder jenes herrlichen Himmelsstriches schmückten es selbst jetzt noch gern mit den knospenden Blüthen. Aber fort mit dem irdischen Tand! wer G o t t dienen wollte, durfte sein Herz nicht an die Erde und ihren Schmuck hängen – fort mit dem Haar, das sündige Eitelkeit erweckte und nur der Verführung den Weg

zum wankenden Herzen bahnte – fort mit dem duftigen Kranz darin und den wehenden Silberfasern der Arrowroot – einen anständigen c h r i s t l i c h e n Hut mit christlicher Form auf dem Kopf, und diesen geschoren darunter, und das sündige Herz mußte dann schon selber dem Schopfe folgen. Wie sie so ehrbar *dahinschreiten*, die sonst so wilden Mädchen, das Auge züchtig gesenkt, die schwere Bibel im Arm und gegen die volle Brust gepreßt, in der das Herz so ängstlich klopfend *schlägt*. – Der Hut *verbirgt* die Züge, und das lange, faltige Gewand *umhüllt* fast vollkommen die zarten Gestalten, nur den Fuß – nicht das Schönste an ihnen – frei zur Schau tragend. „Waihine! naha, naha Maïre!" rief da eine neckische Stimme dicht neben dem Zug, und ein reizendes Mädchengesicht, aber ohne den entstellenden Hut, und die vollen blumendurchflochtenen Locken wild um die freie Stirn flatternd, bog sich halb über, dem nächsten Mädchen unter den schrecklichen Hut zu sehen, und die Züge zu erkennen – „naha Maïre." („Tahiti", S. 157f.)

Wie schon früher erwähnt, wirken auch *(all)zu häufige Einsätze des Aussagesubjekts* stilistisch zweifelhaft. Wird nämlich in unkontrolliertem Mass Information in der Form von auktorialen Einsprengseln dargeboten, so kann leicht der Eindruck entstehen (wie bei der Partikel „übrigens"), es sei etwas vergessen gegangen oder nur unzureichend abgehandelt worden. Zu häufiges „nachlieferndes" Eingreifen der Erzählerinstanz hemmt ein zügiges Lesen, wirkt tempoverschleppend, unruhig und schwerfällig. Besonders stark trifft diese Feststellung auf Erzählermeldungen in Form von Anmerkungen in Parenthesen innerhalb des fortlaufenden Texts zu. In manchen Abschnitten ist diese Art der auktorialen Einflussnahme derart verbreitet, dass recht eigentlich von „verklammertem Stil" gesprochen werden kann. M.a.W.: Übermässige Einmischungen der auktorialen Erzählerfigur sind nicht dazu angetan, Texte lebendiger und flüssiger erscheinen zu lassen, denn es gilt:

(...) jede Erzählereinmischung bedeutet eine Unterbrechung und damit Retardation des eigentlichen Handlungsgeschehens.[42]

Im allgemeinen ist Gerstäckers Sprache aber einfach und gut verständlich – eben leserfreundlich. Dazu gehört auch, dass *Fremdwörter* nach Möglichkeit vermieden und ausserhalb des Englischen nur sehr sporadisch eingesetzt werden. Da sie so selten sind, fallen sie aber umsomehr ins Auge.

---

[42] Tarot, 1993: 79

Noch eine Beobachtung am Rande: Die nun folgenden Zitate belegen, dass es selbst in Gerstäckers intensiver Publikumsausrichtung noch einige „assistenzarme" Stellen gibt: Bei Fremdwörtern nicht-englischer Provenienz ist die Betreuung lange nicht so lückenlos wie bei englischen; jene werden offenbar vorausgesetzt und deshalb *nicht* übertragen und erläutert. (Das Englische hingegen wird als neue, vielen noch unbekannte Fremdsprache bewertet und braucht das zusätzliche Engagement übersetzender und erläuternder Instanzen)

[nicht erläuterte Fremdwörter – ausserhalb des Englischen – in *Kursivschrift*]

Herr und Frau Dollinger waren nämlich mit ihren beiden Töchtern im vorigen Herbst auf einer Rheinreise bei Rüdesheim aus-, und zu dem kleinen Waldtempel oben über Asmannshausen hinaufgestiegen, um sich von dort nach dem Rheinstein übersetzen zu lassen; die Mutter hatte aber durch das nicht gewohnte Bergsteigen heftige Kopfschmerzen bekommen oder, was wahrscheinlicher ist, *ennuyirte sich* am Land und wünschte an Bord des Dampfers zurückzukehren (...) („Nach Amerika!", Band 1, S. 13)

Es giebt allerdings Menschen, die sich zufriedener fühlen, wenn sie Alles allein genießen können, aber denen geh aus dem Weg; es sind *Hypochonder* oder Schlimmere, und der einzige Dank, den Du ihnen schuldig bist, ist dafür, daß sie sich eben auch von Dir zurückziehen. („Nach Amerika!", Band 1, S. 65)

Sein Haus bekam Hypothek auf Hypothek, und mit einer höchst ungünstigen politischen Periode, in der ihm eine große Anzahl Abonnenten absprang, trafen ihn auch so bedeutende *pecuniäre* Verluste, daß er sich endlich genöthigt sah, sein Blatt vollständig aufzugeben. („Nach Amerika!", Band 1, S. 127)

Es hat das etwas für sich; die Bewegung des Schiffes ist dort [in der Mitte, A.Z.] allerdings am geringsten, aber trotzdem noch stark genug, Dem, der nur irgend zu diesem Leiden *inclinirt*, nicht den geringsten Schutz zu gewähren, und der davon verschont bleibt, wird sie auch an den entfernteren Enden nicht bekommen. Jedenfalls haben die Plätze unter den Luken die meiste frische Luft, und wer je zur See war, wird die zu schätzen wissen.
(„Nach Amerika!", Band 1, S. 237)

„Scheint heute nicht besonderer Laune, das schöne Geschlecht." „Hausdrache", meinte Justus *lakonisch*, „aber – was ich Dich fragen wollte, kennst Du den Lump, der da vorüberging?" („Die Colonie", S. 190)

Der Herr selber sah außerordentlich *echauffirt* und nichts weniger als erfreut aus, die beiden Männer in der Thür zu finden. („Die Colonie", S. 389)

„Ausgezeichnet," bemerkte Herr Walther, und blies den Rauch mit Kenner-
miene durch die Nase. Sein *vis-à-vis* stieg augenscheinlich in seiner Achtung;
Strohwisch rauchte nichtswürdige Cigarren. („Eine Mutter", S. 417)

Wer dem Autor jedoch Gerechtigkeit widerfahren lassen möchte, sollte
nicht bloss Anstoss an einigen Unzulänglichkeiten in der Versprachlichung nehmen; in einer umfassenderen und tiefergehenden Würdigung
muss herausgestellt werden, unter welch hinderlichen *zeitlichen* und
örtlichen Rahmenbedingungen dieser Schriftsteller viele seiner Werke
zu schreiben gezwungen war.

Werden solche Aspekte mitberücksichtigt, wird schnell ersichtlich,
dass Friedrich Gerstäcker infolge akuter Zeitnot der Pflege des Stils
nicht mehr in ausreichendem Masse verpflichtet sein *konnte*. Aus seinen
Briefen und Tagebuchaufzeichnungen geht hervor, wie wenig Musse er
infolge Produktionszwangs hatte, seine Texte sauber auszufeilen, gewissenhaft durchzusehen und zu korrigieren. Einige Zahlen zur Dauer der
Niederschrift von jeweils *mehreren hundert Seiten starken Romanen*
bzw. *Erzählungen* belegen dies:

Der in der vorliegenden Ausgabe 508 Seiten umfassende Roman
„Die Colonie" nahm rund elf Wochen in Anspruch, „Im Busch" (322
Seiten) wurde in 65 Tagen geschrieben. „Sennor Aguila" (514 Seiten),
„General Franco" (424 Seiten) und „Eine Mutter" (508 Seiten) wurden
in 58, 51 bzw. 61 Tagen zu Papier gebracht, und für die Abfassung der
Prosawerke „Der Erbe" (558 Seiten), „Die Missionäre" (548 Seiten)
sowie „Im Eckfenster" (594 Seiten) benötigte der Schriftsteller 43, 55
bzw. 56 Tage! Das sind Ziffern, die für sich sprechen. Dass durch
dieses horrende Tempo Stil und Versprachlichung fast gezwungener-
massen in Mitleidenschaft gezogen wurden, darf nicht erstaunen.

Auch die örtlichen Gegebenheiten trugen wesentlich dazu bei, dass
an ein störungsfreies und gewissenhaftes Ausfertigen der Manuskripte
nicht im entferntesten zu denken war. Im Kapitel „Neun Tage im Wald
von Ecuador" des autobiographischen Werks „Achtzehn Monate in Südamerika" heisst es: [Schreibbedingungen in *Kursivschrift*]

Es wird mir wahrhaftig Niemand vorwerfen können, daß ich eine Antipathie
gegen den Wald habe, denn wenn irgend Jemand darin gelebt und sich glücklich
gefühlt hat, so glaub' ich, daß ich es bin. Die Wälder Nordamerikas waren
Jahre lang meine Heimath, und selbst dem australischen Urwald wußte ich – so
künstlich ich das auch oft anfangen mußte – seine lichten Seiten abzulauschen,
und doch hatte ich ihn damals gleich nach den wundervollen Südsee-Inseln
betreten. „Im Wald wohnt die Freiheit", sagt ein altes schönes Wort, und wenn
ich jetzt an den wundervollen Thüringer Wald denke, mit seinen prachtvollen

Bäumen, seinem weichen, thaublitzenden Moosboden, seinem Vogelzwitschern – *Ich muß einen Augenblick aufhören, um mich erst über einen nichtswürdigen bleichsüchtigen Frosch zu ärgern, der dicht über mir in dem Blattdach sitzt und sein ewig pochendes op-op-op-op abklopft. Der Seewind zerrt mir dabei an den Blättern meines manyfold writers, das Licht flackert in der alten Stalllaterne und der verwünschte Frosch giebt keine Ruhe. Es ist eine große, engbrüstige, windhundartige Race von Fröschen, von schmutzig weißer, ungesunder Farbe, die sich vorzugsweise auf den Dächern der Häuser aufhalten und – was ich bis jetzt von ihnen sehen und erfahren konnte – keinen andern nur irgend möglichen Lebenszweck haben, als die Bewohner derselben zu ärgern.*
(„Achtzehn Monate in Südamerika und dessen deutschen Colonien", Band 1, S. 63f.)

Die schwierigen Umstände sollen nicht als Entschuldigung für sprachliche Unebenheiten gewertet werden – eine (valable!) *Erklärung* sind sie aber allemal.

Noch auf einen weiteren Punkt sei in diesem Zusammenhang hingewiesen: Viele Leser des ausgehenden 20. Jahrhunderts, die in der Hektik des Alltags mit seinen Sachzwängen und Stressfaktoren bedeutend weniger Zeit und Ruhe zur Lektüre finden können als Menschen des letzten Jahrhunderts, werden dem ausgreifenden und geduldig daherschreitenden Erzählen Gerstäckers mit einigem Befremden begegnen; für sie müssen diese Texte mit all ihren minutiösen Erläuterungen, Erhellungen und Interpretationshilfen einerseits zu lang, zu umständlich und zu stark führend, andererseits aber auch zu wenig geheimnisvoll und schöpferisch erscheinen.

Leseverhalten bzw. *Leserreaktion* sind Faktoren, die sich im Laufe der Zeit (beträchtlich) verändern. Gerstäckers Schriften werden heute ganz anders aufgenommen – v.a. mit weniger Langmut – als vor mehr als hundert Jahren, als sie in ihrer rezeptionellen Blütezeit standen. Beobachtungen aus der narrativen Praxis stützen diese Feststellung:

Es scheint, als habe sich die Geduld der Leser im Laufe der Entwicklungsgeschichte des Erzählens seit dem 18. Jahrhundert merklich verringert. Erfahrungen mit Studierenden heute zeigen, daß beispielsweise Wielands Vorgehen im *Agathon* nicht mehr spontan als angemessen empfunden wird.[43]

Alle kritischen Belege und Einwände zu Stil und Sprache dürfen nicht zum Urteil führen, der Autor habe sein Metier nur unzureichend be-

---

[43] Tarot, 1993: 79

herrscht. Eine auf einer Amerikareise entstandene Naturbeschreibung mit eindrücklichen, sprechenden Bildern soll zum Abschluss dieses Kapitels vor Augen führen, dass sich in Gerstäckers Schriften immer wieder Passagen finden, die durch ihre Klarheit sowie einen leicht dahinfliessenden, schönen Stil bestechen.

Jetzt zeigte sich zwischen den beiden höchsten Bergen eine blaugraue, durchsichtige Dunstschicht, die bald den blauen Himmel, bald ein schneeweißes Nebelmeer durch ihren Duft erkennen ließ, und wo die Sonne hier und da einen der Punkte erreichte, warf sie bald einen Gold-, bald einen Silberschein über einzelne Streifen. – Mehr und mehr zeichneten sich dabei die Schatten der verschiedenen steilen, aber dicht bewaldeten Berghänge an dem immer dunkler werdenden Hintergrunde ab – schon ließen sich da und dort einzelne Feuer in den Schluchten erkennen – Laguayra selber schimmerte mit seinen bunten Häusern und braunen Hügelhängen in den letzten Strahlen der Sonne, und nun, als das Tagesgestirn sank, wechselten urplötzlich die verschiedenen Tinten und gossen eine röthlich-unsichere Färbung über die ganze Landschaft aus. Die jetzt vollkommen weißen Nebel drückten sich in festen Massen in die Thäler hinein, die wahrhaft pittoresken Contouren der Berge zeichneten sich scharf und klar gegen den Himmel ab. Nur über dem ganzen westlichen Horizont lag es wie eine breite Schicht glühenden Goldes und warf seinen funkelnden Schimmer über die ruhig wogende See. Einen Moment noch, und A l l e s war verschwunden – bleigrau lag der Himmel, lagen die Berge, zwischen denen riesige Nebelgespenster ihren Lagerplatz gesucht und sich darin, in ihre langen, weißen Mäntel gehüllt, weit ausgestreckt. Die Sterne funkelten, die Berghänge waren schwarz geworden, und die Nacht hatte ihr Reich begonnen.
(„Neue Reisen durch die Vereinigten Staaten, Mexiko, Ecuador, Westindien und Venezuela, S. 443f.)

Der Autor hat in einer Vielzahl seiner Werke – der paradoxe Begriff sei in *diesem* Kontext erlaubt – eine Art von „fiktionalisierter Gebrauchsliteratur" (für Abwanderungswillige) verfasst. Man muss sich darüber im klaren sein, dass auch in zahlreichen Texten mit fingierter Wirklichkeitsaussage die Nähe zur Realität und somit das Kriterium der *Tauglichkeit* und *Brauchbarkeit im Alltag* eine entscheidende Rolle spielt. Es hiesse Gerstäcker Unrecht tun, würde man ihn nur ausschliesslich an seiner *Schreib*qualität messen – diese ist nur *ein* Teil der Medaille – dem Autor geht es auch in seiner Fiktion nicht bloss um (stilistisch) genüssliche Unterhaltung der Leserschaft, sondern fast immer auch um die Möglichkeit der *praktischen Verwendbarkeit* seiner Texte. M.a.W.: Die Leserschaft kommt in den Genuss von Unterhaltung und Belehrung *zugleich*. Es gehört zum Wesen von Gerstäckers Schreiben, diese zwei Faktoren im Wechselspiel zu präsentieren und *zusammen* wirken zu lassen. Ungezählte auswanderungswillige Deutsche des 19. Jahrhunderts haben die Bücher dieses Schriftstellers gelesen – nicht zuletzt aus dem existentiell bedingten Antrieb heraus, in der Neuen Welt noch schlimmerem wirtschaftlichem und sozialem Ungemach zu entgehen.

So angreifbar und leicht kritisierbar Gerstäckers Art der Versprachlichung mitunter auch sein mag, so minutiös und gewissenhaft gestaltet zeigt sich der Aspekt der „Verwertbarkeit" bzw. des „Lebensbezugs": Mit Akribie und mit bewundernswertem Streben nach Wahrheit und enzyklopädischer Vollständigkeit verfasst der Autor seine Texte – egal, ob fiktionaler oder nichtfiktionaler Natur. Dabei informiert er seine Leserschaft nicht nur über allfällige neue Siedlungszonen, sondern er hält auch für andere Interessenlagen eine breite Palette von weiteren Informationen bereit. Das Bestreben, den Lesern nebst ansprechender literarischer Unterhaltung auch etwas über die Verhältnisse und Gepflogenheiten in den noch unberührten Gebieten mitzugeben und ihnen auch anderweitig mit wertvollen *Fingerzeigen* helfend zur Seite zu stehen, ist immer und überall spürbar. Ein angemessenes und faires Urteil über Friedrich Gerstäckers Schreiben sollte demnach zwei einander *gleichwertige* Kriterien berücksichtigen – das „Delectare" *und* das „Prodesse". Dies bestätigt auch Bernhard Jacobstroer aufgrund von Beobachtungen in den „Regulatoren" :

> Der Verfasser will zugleich seinen Roman als einen historischen empfehlen, nicht also nur ergötzen, sondern belehren oder doch Interesse für die Zustände „in the far West" erwecken. Zu ähnlichem Zwecke schickt auch Heinse, um nur ein Beispiel zu nennen, seinen Romanen ein Vorwort voraus, (...).[44]

Etwaige stilistische Unzulänglichkeiten besagen noch nicht, dass auch im Bereich des Recherchierens und Nachforschens gleiche Eile geherrscht hat wie in der Versprachlichung – ganz im Gegenteil! Gerstäcker ist über die lokalen und regionalen Verhältnisse seiner jeweiligen Aufenthaltsorte bestens informiert und weiss durchweg mit zahlreichen wissenswerten und praktisch verwertbaren Informationen aufzuwarten. Nicht umsonst geniesst er bei Historikern und Ethnologen hohes Ansehen.

---

[44] Jacobstroer, S. 4

Folgerung: Eine Lesart von Gerstäckers Werken, die sich nur einseitig auf Sprache und Stil kapriziert, blendet ein zentrales Qualitätskriterium – das Prodesse – ungerechtfertigterweise aus.

Wer sich mit der Frage beschäftigt, warum Gerstäckers einstmals so beliebte Werke heutzutage weitgehend von der Bildfläche verschwunden sind – die Ausnahmen wurden im ersten Kapitel angesprochen –, kommt nicht umhin, die Ursache in ihrer starken *Abhängigkeit von der Zeitgeschichte* zu orten. Durch diesen intensiven Bezug fällt der historischen Situation die wichtige Aufgabe eines Bedeutungsträgers, einer ständigen Referenzgrösse zu. Wenn nun aber die Magie der Neuen Welt verblasst, wenn der zeitgeschichtliche Hintergrund seine Trägerfunktion verliert und der durch die historischen Rahmenbedingungen gegebene Anlass zur Auswanderung nicht mehr existiert, schwinden gleichzeitig auch Popularität und Anziehungskraft der Texte – dadurch wird aber einer der zwei zentralen Pfeiler von Gerstäckers Schreiben, das „Prodesse", grösstenteils seiner Funktion enthoben.

Bleibt noch die andere, die „delektierende Stütze" – sie tritt praktisch das „Alleinerbe" der nachhaltig relativierten „Nützlichkeitsdimension" an. Die zuvor von zwei Hauptparametern gesteuerte Qualitätsbeurteilung verlagert sich nun einseitig auf sprachlich-ästhetische Kategorien. Da aber die Texte Gerstäckers – bei allem gebührenden Respekt vor seiner schriftstellerischen Leistung – nicht in erster Linie von ihrer sprachlich-stilistischen Ausgeformtheit und Brillanz „leben", führt dieser *Paradigmenwechsel* zu einer Entwertung v.a. der pragmatisch ausgerichteten Texte – und das sind bekanntlich die meisten!

3.12 Humor

Gerstäckers fiktionale und nichtfiktionale Schriften sind – grösstenteils auch rein thematisch begründet – ernst und sachlich im Ton. Trotzdem scheint hie und da eine wohltuende Prise Humor und Situationskomik durch. Im Roman „Die Colonie" findet sich ein amüsanter Abschnitt über eine musikalische Einlage von deutschen Siedlern in der Wildnis Brasiliens.

> „So, jetzt kann's losgehen – jetzt sollen Sie einmal sehen, daß wir hier im brasilianischen Walde nicht blos lauter Bauern und Holzhacker sind, sondern daß wir auch in der Kunst etwas leisten. Bist du fertig, Junge?" „Ja, Vater," sagte der Sohn, stand auf, wischte sich den Mund, nahm einen kleinen Zusammenlegekamm aus der Tasche, um seine Frisur oberflächlich in Ordnung

zu bringen, und griff dann ohne Weiteres nach der über dem Klavier hängenden Violine, die er zu stimmen und herauf und herunter zu schrauben begann. Es dauerte eine geraume Zeit, bis er damit fertig wurde; der alte Zuhbel hatte indessen das Clavier geöffnet und sich daran gesetzt. „Spielen Sie?" fragte er Könnern. Dieser verneinte. „Das müssen Sie noch lernen," fuhr Zuhbel fort, indem er einen falschen Accord griff; „es ist etwas gar Schönes für einen Colonisten, wenn er sich Abends nach der Arbeit die Zeit ein wenig mit Musik vertreiben kann – na, hast Du's bald?" wandte er sich an seinen Sohn. „Jetzt kommt's," sagte dieser, indem er einen Ton auf dem Clavier anschlug und seine Stimmung damit verglich. Es stimmt so ziemlich – höchstens um einen halben Ton Unterschied, was zu unbedeutend war, deshalb noch einmal alle Saiten abzuschrauben. Ein Strich über die Violine war das Zeichen, und ohne weitere Verabredung, als ob gar keine andere Melodie möglich sei, fielen Beide in die Fra Diavolo'sche Romanze: „Erblickt auf Felsenhöhen" ein und kratzten und hämmerten dieselbe richtig durch, der Vater natürlich nur den Baß schlagend, wobei es nicht darauf ankam, ob er manchmal um zwei oder drei Zoll daneben griff. Dann kam ein schwermüthiges Lied: „Von der Alpe tönt das Horn", dann „Die Fahrt in's Heu" mit allen Versen. Den Schluß bildete aber das Schrecklichste von Allem, ein Choral; denn während es bei den früheren Liedern über die Mißtöne rasch hinwegging, wurden sie hier lang und feierlich ausgehalten, und Könnern als Schlachtopfer saß in der einen Ecke und rauchte eine schlechte Cigarre, die wie der Wein eigenes Fabrikat des Tausendkünstlers war. Aber auch das ging vorüber; das Concert war beendet, die Violine hing wieder an der Wand und das Clavier wurde geschlossen – der erste angenehme Ton, den es heute von sich gab. („Die Colonie", S. 103f.)

Auch in *nichtfiktionalen* Texten lässt sich gelegentlich eine humoristisch-komische Note ausmachen – ein Beleg dafür findet sich u.a. in der autobiographischen Schrift „Streif- und Jagdzüge durch die Vereinigten Staaten Nordamerikas"; darin beschreibt Gerstäcker, wie er einen Gottesdienst einer methodistischen Gemeinschaft erlebt hat:

Die Luft war indessen kühl und feucht geworden, und wir gingen in das Haus, das indessen durch lange Bänke wie eine Schulstube hergerichtet war. Die Sache erklärte sich mir nun: ich war in eine Betversammlung der Methodisten gerathen und mußte jetzt aushalten. Der dürre Mann mit der schrecklichen Stimme holte auch ohne Weiteres sein kleines Buch wieder vor (das ich erst lieb gewonnen, als er's in die Tasche steckte) und las zwei Zeilen aus einem geistlichen Liede laut vor, worauf Alle aufstanden, ihm den Rücken zukehrten und dieselben s a n g e n. Da dies Alle thaten, war kein Grund für mich vorhanden, ihm mein Rücktheil vorzuenthalten, zum Singen aber konnte mich Keiner bringen, die Töne blieben mir in der Kehle stecken. Dem Gesange schien wieder das Ende zu fehlen, doch fand es sich endlich, nachdem man ungefähr anderthalb Stunden danach geschrieen hatte. Dadurch war ich aber um nichts gebessert, denn jetzt kam erst das Tollste. Alle fielen auf die Kniee und legten die Nase auf dieselbe Stelle, auf der sie vor wenigen Momenten noch gesessen hatten. Weder meine Kniee noch meine Nase waren nun allerdings gewohnt, sich als Unterlage gebrauchen zu lassen, doch fand ich mich hier einmal unter den Wölfen, und hatte ich vorhin geschwiegen, so heulte ich jetzt wenigstens mit. Ein langes Gebet, in dem der liebe Gott auf eine fürchterliche Weise gequält wurde, der andächtigen Gemeinde, mich mitgerechnet, Gutes zu thun, folgte nun, und er wurde noch außerdem ersucht, ihre s c h w a c h e n Bemühungen, ihm zu gefallen, (das nannten diese Leute s c h w a c h e Bemühungen) wohlwollend aufzunehmen. Dabei schilderten sie sich selbst als solche Sünder und nichtswürdige Menschen, daß sie (wenigstens der bescheidenen Rede nach) Alle wenigstens das Hängen verdient hätten. Hierauf sangen oder heulten wir wieder, und ich diesmal so kläglich, daß mich mein Nachbar mehrere Male besorgt ansah. Es geschah dies jedoch nicht aus Andacht, sondern aus Verzweiflung, und zur Belohnung dafür durfte ich auch nachher noch einmal anderthalb Stunden lang knieen. Alles war jetzt beendet, und der Prediger ging im Kreise herum, jedem Bruder und jeder Schwester (so nennen sie sich) die Hand reichend. Er kam auch zu mir, und ich drückte sie ihm wirklich dankbar, daß er endlich aufgehört hatte.

(„Streif- und Jagdzüge durch die Vereinigten Staaten Nordamerikas", S.199ff.)

4. *Exkurs*: Schriftsteller über Schriftsteller

Robert Walser (1878-1956) schreibt über Friedrich Gerstäcker die folgenden bemerkenswerten Zeilen:
[Anknüpfungspunkte für die Diskussion in *Kursivschrift*]

> Sie sollten ihn unbedingt lesen! Er besitzt Schliff. Ich erinnere mich, daß mich seine Trappereleganz sehr erquickte. Wie so viele seiner Landsleute, die das Lorgnontragen der Baroninnen der fünfziger Jahre des vorigen Jahrhunderts nicht mehr aushielten, wanderte er nach Amerika. (...) Indem er Erlebnisse zu haben anfing, kam er auf den Gedanken, sie zu verewigen. Infolgedessen griff er jeweilen abends im Blockhaus zur Feder, *wobei er entdeckte, er habe Talent.* [1] Mit seiner Büchse am Rücken, die er meisterhaft handhabe, durchquerte die stämmige Erscheinung, die er war, die Mississippigegenden. Auch in Arkansas tauchte er von Zeit zu Zeit zu seinem eigenen wie zum Vorteil anderer auf. Indianerlist hat er sich zu Nutzen zu machen verstanden. (...) Und dann gab es damals ja noch Sklaven. Gerstäcker beschreibt uns in einem seiner Bücher aufs anschaulichste, wie die kindlichkeitsumfangenen Neger ahnungslos hinvegetierten. Sie erhielten ab und zu von einem Mulatten, der die Aufseherstellung versah, ein paar gutgemeinte Hiebe über *die schwarze Haut, die man nur anzuschauen brauchte, um sie sogleich gering zu schätzen.* [2] Gerstäcker scheint diesbezüglich, wo sich ihm Gelegenheit darbot, helfend, ausgleichend eingegriffen zu haben. So rettete er einst ein schokoladenbraunes Kinderfräulein aus ihrer unerbittlichen Gebieterin Händen. Welche preiswürdige Tat! Ich schätze diesen gleichsam aufrechten deutschen Schriftsteller sehr. *Er gewährt uns Einblicke in Flußfahrten usw.* [3] *Schon nur diese Vegetation, die er sah. Diese von Spanierinnen besetzten Balkone. Dieses Leben in den Plantagen!* [4] Einst sah er in New Orleans eine Kiste, die vielleicht Zucker enthielt, von zwei herkulisch gebauten Negern forttransportieren. Sie tanzten, indem sie die Last wälzten, und indem sie den Zuschauern ihre prächtigen Zähne vorwiesen, schnitten sie die glücklichsten Gesichter. *Solches und ähnliches erfährt der, der Gerstäcker liest.* [5][45]

Auf ein paar Kritikpunkte Walsers soll nun näher eingegangen werden. Die Formulierung [1] *„wobei er entdeckte, er habe Talent"* ist zu relativieren. Sie suggeriert einen Anspruch, den Friedrich Gerstäcker nicht erhoben hat. Nie hat er ein Hehl daraus gemacht, dass er sein schriftstellerisches Können mit der nötigen Distanz betrachtete; er war in

---

[45] Walser, Robert: Wenn Schwache sich für stark halten. Zürich und Frankfurt a. M. 1986, S. 176ff.

seiner Selbsteinschätzung durchwegs bescheiden und realistisch, und es lassen sich keine Hinweise finden, die das Gegenteil bewiesen.

Der Schriftsteller spricht im *Vorwort* seiner „Streif- und Jagdzüge" ungeschminkt und selbstkritisch davon, dass er Waffen besser handhaben könne als die Feder – wer solches sagt, dem kann gewiss nicht vorgeworfen werden, er stufe sich als (besonders) talentiert ein. [Akzentuierungen in *Kursivschrift*]

> Es sind nun fast zwölf Jahre verflossen, daß ich, aus den Vereinigten Staaten zurückgekehrt, meine dortigen Erlebnisse niederschrieb. Damals, frisch aus dem Wald heraus, war es die erste literarische Arbeit, die ich je unternahm, und *ich bat deshalb auch schon damals den Leser, Rücksicht auf den etwas rohen Styl, auf die ungebundene, regellose Art der Rede zu nehmen. Ich wußte weit besser mit der Büchse als mit der Feder umzugehen – weiß es vielleicht jetzt noch.*
>
> („Streif- und Jagdzüge durch die Vereinigten Staaten Nordamerikas", *Vorwort* zur zweiten Auflage, S. 5)

In den nächsten beiden Textauszügen ringt der Autor mit den Worten, die ihm beim überwältigenden Anblick der Kordilleren bzw. der Niagarafälle nur schwer aus der Feder fliessen wollen. Freimütig bekennt Gerstäcker, wie viel Mühe es ihm bereitet, seine Empfindungen und Eindrücke zu versprachlichen. [Akzentuierungen in *Kursivschrift*]

> *Wie aber sollte ich das mit Worten beschreiben können, wo mir im ersten Augenblick das Auge fast den Dienst versagte, es zu fassen? – Ich versuche das Unmögliche, und doch will ich's versuchen.* (...) Worte hatte ich nicht, und keine Seele war bei mir, der ich das, was ich fühlte, hätte mittheilen können; aber eine Thräne trat mir in's Auge – das Herz war zu übervoll, es mußte einen Ausfluß haben.
>
> („Reisen", Band 1: Südamerika, Californien, Die Südsee-Inseln, S. 111)

> Dem Rath folgte ich und erreichte auch schon Nachmittags um zwei Uhr dieses kolossalste Wasserwunder der Erde. *Ich erlasse mir aber jede Schilderung; kalte Zeichnungen und Tausende von guten und schlechten Beschreibungen dieses göttlichen Schauspiels sind schon in alle Weltgegenden ausgegangen – ich will ihre Zahl nicht vermehren. Aber einen gewaltigen Eindruck machte es auf mich – ich konnte nur staunen und beten – es war zu gewaltig groß.*
>
> („Streif- und Jagdzüge durch die Vereinigten Staaten Nordamerikas", S. 67)

Auch die nächsten Zitate belegen, dass der Autor Schwachstellen seines Schreibens (zu grosse Ausführlichkeit, Langfädigkeit) ortet und die literarische Qualität dementsprechend beurteilt. Es kann auch nicht von falscher Bescheidenheit gesprochen werden, wenn dieser (heikle) Punkt in den autobiographischen Schriften „Reisen" (Band 1 und Band 2) gleich *mehrere Male* Erwähnung findet. [Akzentuierungen in *Kursivschrift*]

> Von hier aus hatte ich übrigens, wie mir die Schäfer versicherten, von meinen bisherigen Verfolgern nichts mehr zu fürchten, da ich jetzt das Territorium eines andern Stammes betrat, wohin sie mir nicht folgen durften. *Andere Schwarze fand ich jedoch genug, doch ich darf den Leser nicht weiter damit ermüden*, habe auch wahrlich keinen Raum mehr, ihm zu erzählen, wie ich gleich den nächsten Abend einen Stamm bei seinem Korroborri oder Tanz anlief und ihm in einem seiner eigenen Rindencanoes aus dem Weg ging, da mir die nach Opossums jagenden Hunde den Weg durch die Büsche versperrten, oder wie ich später und weiter unten eine fröhliche Gesellschaft weißer Arbeiter traf, die sich in den Höhlen der Kalksteinbank, auf der sie ein Haus errichten sollten, förmliche Nester gemacht, um darin zu schlafen. – *Schon zu viel Seiten habe ich auf Blacks und Schäfer und „Hutkeeper" verwandt, und muß meinen Weg etwas rascher fortsetzen.*
> („Reisen", Band 2: Die Südsee-Inseln (Schluß), Australien, Java, S. 159f.)

> Am 14. Morgens ritt ich mit Herrn Blumberger, der in Geschäften nach Batavia gekommen war, gen Tjipamingis; *aber ich muß Dir die Beschreibung unserer allerdings interessanten Fahrt, mit Pfauen- und Saujagd und was wir Alles da oben erlebten, hier vorenthalten, lieber Leser, denn zuviel des mir zugemessenen Raumes habe ich schon auf solche Skizzen gewandt.*
> („Reisen", Band 2: Die Südsee-Inseln (Schluß), Australien, Java, S. 550)

Walsers Konstruktion [2] *„die schwarze Haut, die man nur anzuschauen brauchte, um sie sogleich gering zu schätzen"* insinuiert Gerstäcker eine Diskriminierung anderer Hautfarben und Mentalitäten. Dies ist aber lediglich die halbe Wahrheit! Es trifft zwar zu (die weiter unten angeführten Zitate im Anschluss an die Würdigung der chilenischen Mentalität werden es zeigen), dass sich der *Autor* in dieser neuralgischen Zone einige grobe und fragwürdige Aussagen leistet. Es hiesse jedoch die Menschenliebe und das feine Urteilsvermögen des Schriftstellers verkennen, blieben daneben all die zahlreichen ausgewogenen und wohlwollenden Urteile Andersartigen, Andersfarbigen bzw. Minderprivilegierten gegenüber unerwähnt. Stellvertretend für die fairen und gut reflektierten Aussagen stehen die folgenden Zitate. [Akzentuierungen in *Kursivschrift*]

> Und ist es wirklich ein so furchtbar rohes, unmoralisches und wildes Volk? Ich erinnere mich, daß mir solche Gedanken aufstiegen, als ich eines Tages am Nordplatte zwischen der Stadt der Weißen und dem indianischen Lager stand.

In dem Lager der Sioux herrschte stille Ruhe, die Männer waren auf der Jagd oder rauchten ihre Pfeifen, die Frauen saßen bei ihrer Arbeit – gerbten Felle oder stickten Moccasins – Alles war still und friedlich, und die Kinder und jungen Mädchen spielten und lachten zwischen den Büffelzelten – *und in der Stadt der civilisirten Weißen, die so tief und verächtlich auf den Indianer hinabsahen – wie sah es dort aus? Dort stand, Haus an Haus, ein Schenklocal oder Whiskyshop, eine Spielhölle oder ein Bordell. – Es ist sonderbar, aber ich wußte zuletzt gar nicht, ob ich die Wilden zu meiner Linken oder Rechten hatte.*
(„Neue Reisen durch die Vereinigten Staaten, Mexiko, Ecuador, Westindien und Venezuela", S. 104)

Noch täglich werden neue indianische Kriege in Californien geführt, sie a l l e aber sind durch die Amerikaner selber hervorgerufen – nicht durch die Regierung natürlich, sondern durch einzelne schlechte Subjecte. – Das Resultat derselben kann auch keinen Augenblick zweifelhaft sein; die Indianer m ü s s e n unterliegen, unterliegen auch selbst in allen Scharmützeln, und der Vernichtungskrieg gegen diese armen Wesen hat nun im Osten und Westen zu gleicher Zeit begonnen. Noch ein halbes Jahrhundert, und wie wenig werden übrig geblieben sein, das Schicksal ihrer Väter zu erzählen.
(„Reisen", Band 1, S. 352)

Einen unangenehmen Eindruck aber macht hier die Sclaverei auf den nicht daran Gewöhnten; denn obgleich ich mich schon lange in Sclavenstaaten aufgehalten und die gedrückte Lage, wie die Behandlung der *armen Schwarzen*, mit angesehen hatte, war mir das Schreckliche derselben doch nie so vor Augen getreten, als bei der ersten Auction, der ich beiwohnte, und auf der Sclaven wie irgend ein Stück Vieh an den Meistbietenden verkauft wurden. Mit Zittern und Zagen standen die armen Geschöpfe da und folgten mit ängstlichem Blick dem Bietenden, wohl im Voraus zu erkennen, ob sie einen guten oder strengen Herrn an ihm haben würden.
(„Streif- und Jagdzüge durch die Vereinigten Staaten Nordamerikas", S. 489f.)

Die folgende Passage beklagt das Fehlen jeglicher schulischer Ausbildungsmöglichkeiten der schwarzen Bevölkerung in Amerika; sie wirft auch ein kennzeichnendes Schlaglicht auf das Auseinanderklaffen zwischen hehren Absichtserklärungen und dem, was die reale Lebenspraxis daraus (nicht) macht. [Akzentuierungen in *Kursivschrift*]

Schrecklich ist es, daß den armen Schwarzen alle Erziehung versagt wird, da sie, wenn sie schreiben und lesen könnten, sich auch selbst ihre Pässe schreiben würden, und dann vielleicht mit Hülfe dieser entfliehen könnten. *Wie die Hausthiere werden sie zur Benutzung und Vermehrung aufgezogen, und doch haben eben diese Vereinigten Staaten den schönen Satz in ihrer Unabhängigkeits-Erklärung, „daß a l l e Menschen f r e i und g l e i c h seien".*
(„Streif- und Jagdzüge durch die Vereinigten Staaten Nordamerikas", S. 491)

Nicht nur anderer Hautfarbe gegenüber zeigt sich Gerstäcker (im allgemeinen) tolerant, auch Bewohner bestimmter „exotischer" Weltgegenden geniessen seine uneingeschränkte Gunst – u.a. die Chilenen. [Akzentuierungen in *Kursivschrift*]

> *Der Chilene ist überhaupt fröhlich und gesellig, und möchte ich mir je ein fremdes Land zu einer neuen Heimath wählen, so wäre es (…) Chile.* Die Amerikaner wie Engländer – so gastlich und gutmüthig in sich selber sie auch sein mögen, sind kalt und abgeschlossen, der F r e m d e muß ihnen vor allen Dingen erst v o r g e s t e l l t sein, und nachher hält es noch unendlich schwer, ja scheint in manchen Fällen sogar gänzlich unmöglich, daß er sich freundlich an ihn anschließe. – Er bleibt auf seine eigene Familie beschränkt, und was wir daheim unter Geselligkeit verstehen, ist ihm – er mag so viele B e s u c h e bei den Nachbarn machen wie er will – fremd. *Der Chilene dagegen kommt gerade dem Fremden stets zuerst freundlich entgegen, und unter sich selber giebt es wohl kaum, wenigstens was ich davon gesehen habe, ein gemüthlicheres und fröhlicheres Völkchen.* („Reisen", Band 1, S. 191)

Abschliessend seien Belege angeführt, die Walser (zurecht) Unbehagen bereiten – es ist wahr, dass Gerstäcker einige Male bei ethnischpolitischen Fragen pauschal und wenig differenziert urteilt – in solchen Momenten weicht die unvoreingenommene, verständnisvolle Betrachtungsweise einem nicht mehr fundierten, holzschnittartigen und z.T. entwürdigenden Zerrbild. [Akzentuierungen in *Kursivschrift*]

> Wir hatten bis dahin einige Passagiere im dritten Platz gehabt, die allem Anschein nach Geld besaßen, denn sie gingen sehr anständig, fast vornehm gekleidet. Uebrigens waren es unverkennbare Mulatten, diese wären aber, selbst wenn sie das Doppelte hätten bezahlen wollen, nicht in die Kajüte aufgenommen worden. Nun finde ich das, vom m o r a l i s c h e n Standpunkt aus betrachtet, abscheulich, denn unsere „schwarzen Brüder" müssen für ihr gutes Geld die nämlichen Rechte haben wie wir selber – vom m e n s c h- l i c h e n aus war es mir aber jedenfalls recht, denn *ich muß zu meiner Schande gestehen, daß ich mich in der Gesellschaft von Negern oder ihren Abkömmlingen nicht behaglich fühle. Ich gönne ihnen alle errungenen Vortheile, und wünsche, daß sie dieselben gut benutzen mögen, aber – ich selber mag nichts mit ihnen zu thun, wenigstens keinen gesellschaftlichen Verkehr mit ihnen haben, und aufrichtig gesagt, war es mir recht, daß ich nicht bei Tisch an ihrer Seite, oder vielmehr in ihrem Dunstkreis sitzen mußte.*
> („Neue Reisen durch die Vereinigten Staaten, Mexiko, Ecuador, Westindien und Venezuela", S. 418f.)

> *Nirgends in all' diesen heißen, von der romanischen Race bewohnten Ländern – nur vielleicht die Hochebenen wie Quito ausgenommen, die ein vollkommen europäisches Klima haben, finden wir, daß das Volk aus sich heraus etwas*

schaffe und leiste, und die Einzigen, die irgend eine Thätigkeit unter sie bringen und in einzelnen Fällen zum Nacheifern anreizen, sind immer nur Fremde aus einem kalten Land – Nordamerikaner, Engländer, Franzosen oder Deutsche. Ein ächter Südamerikaner, der sich von der Geburt an für einen S e ñ o r hält, würde es mit seiner Ehre nicht verträglich halten, irgend eine Handarbeit zu thun; aber auf einem Ladentisch den ganzen Tag die Arme abzureiben und seine Cigarette zu rauchen, oder Monat nach Monat allen möglichen Leuten das Haus einzulaufen, um eine Anstellung bei der Regierung – und dabei die Erlaubniss zu ungestraftem Betrug zu erhalten – hält er für keine Schande.
(„General Franco", *Nachwort*, S. 418)

Man hat Versuche mit deutscher Einwanderung gemacht, und sie sind zum Theil gelungen, aber zu den Erdarbeiten auf dem tropischen Boden konnte man die an ein kaltes Klima gewöhnten Deutschen doch nicht verwenden, wenigstens dort nicht halten. *Ein weiterer Versuch wurde mit Chinesen gemacht. Diese sind aber ein allerdings sehr fleißiges und thätiges, aber sonst auch ein vollkommen nichtsnutziges Volk, das eben noch gefehlt hatte, den so schon darum gar nicht verlegenen Südamerikanern neue Schlechtigkeiten zu bringen, und sobald sie ihre Arbeitszeit abgedient, überschwemmten sie das Land mit ihren Lastern.*
(„General Franco", *Nachwort*, S. 423)

Dem Alligator geht es nun wohl in einer Hinsicht wie Maria Stuart – er ist besser als sein Ruf –, denn die schrecklichen Geschichten, die man sich von seiner Mordgier und seinem unverwüstlichen Haß gegen das menschliche Geschlecht erzählt, sind jedoch meistens übertrieben. – Ein Weißer hat, wenn er ihn nicht selber angreift und verwundet (und auch dann nur selten), sehr wenig von ihm zu fürchten, *den Negern freilich stellen sie nach; der pikante, dieser Race eigene Geruch, der, aufrichtig gesagt, besonders an heißen Sommertagen gerade nicht zu den angenehmsten gehört – lockt sie an – sie lieben diesen Geruch einmal, und wer kann sie deshalb tadeln, – kauen doch manche* Menschen asa foetida, um ihren Athem zu reinigen; *also sie lieben die Neger – wenigstens dann und wann einen Arm oder ein Bein von ihnen, und die schwarzen Söhne Aethiopiens hüten sich wohl, tief in eine dieser Sumpflagunen hinein zu waten.* Dabei hegen sie auch noch eine zärtliche Leidenschaft für Ferkel und Hunde, welche erstere sie gewöhnlich ganz, letztere nur theilweise verzehren, da der Hund, von dem Alligator erfaßt, kaum einen Schmerzensschrei ausstößt, als auch schon die anderen, dadurch angelockt, von allen Seiten herbeiströmen und die Beute theilen; den weißen Mann aber scheuen sie, verlassen bei seiner Ankunft das Ufer, an dem sie sich gesonnt, und tauchen unter.
(„Streif- und Jagdzüge durch die Vereinigten Staaten Nordamerikas", S. 495f.)

In vereinzelten Fällen sind auch in der *Fiktion* grobe und wenig durchdachte Urteile des auktorialen Erzählers zu beobachten. Im Roman „Die Missionäre" wird das Verhalten der Einheimischen im Kampf als besonders rücksichtslos und brutal beschrieben – als ob dies eine typische Eigenheit von exotischen Völkern wäre.

> Besonders in der Schlacht bricht die Wildheit und der Blutdurst solcher Völker gewöhnlich aus, und sie verüben Thaten, an die sie, in ruhigen und geregelten Verhältnissen, im Leben nicht gedacht hätten. („Die Missionäre", S. 431)

Selbstredend gibt es im Leben Wissenswerteres als [3] *„Einblicke in die Flussfahrten"* und Faszinierenderes als seitenfüllende Anmerkungen zur [4] *„Vegetation"* einer bestimmten Gegend oder Landschaft. Und natürlich gibt es Interessanteres als Abhandlungen über *„von Spanierinnen besetzte Balkone"* bzw. über das *„Leben in den Plantagen"*.

Derart einfältig, töricht und monoton, wie Walser dies unterstellt, sind aber Gerstäckers Beschreibungen und Skizzen nicht. Der Leserschaft bot sich nämlich gerade durch solche (insbesondere heutzutage) banal erscheinenden Schilderungen die Möglichkeit, ihren Erfahrungshorizont hinsichtlich des *Alltagslebens* in der Ferne beträchtlich zu erweitern. Wer war zu jener Zeit schon mit einem Dampfboot auf dem Mississippi unterwegs gewesen? Wer schon hatte Kenntnisse von abgelegenen exotischen Ländern und ihrem Pflanzen- und Tierreichtum? Und wer wusste Genaueres über den faszinierenden „Wilden Westen" mit all seinen unbegrenzten Möglichkeiten? Gerstäckers Themen (in Fiktion wie Nichtfiktion) vermochten *zu seiner Zeit* ein breites Publikum anzusprechen, weil sie durch ihre überwiegende Ausrichtung auf ferne exotische Welten prädestiniert waren, *Neugierde* für Unbekanntes und Fremdes bei der Leserschaft zu wecken. Der Satz *„Solches und ähnliches erfährt der, der Gerstäcker liest."* [5] rückt nicht nur den Autor, sondern die Leser insgesamt in ein unvorteilhaftes Licht: Um „solches und ähnliches" – *wertloses Zeug* ist man versucht zu ergänzen – kommen alle die beschränkten Geister nicht herum, die nichts Gescheiteres zu tun wissen, als in die Niederungen der Gerstäcker-Literatur hinabzusteigen. Wahrlich ein wenig schmeichelhaftes Urteil über eine breite Lesergemeinde.

War es z.B. wirklich derart bieder und belanglos, dass der aufmerksame Gerstäcker bereits zu einer Zeit weitreichende, beinahe hellseherische Überlegungen zu Entwicklung und Folgen des Reisens – hier noch mit der Eisenbahn – anstellte, als dieses noch kaum entdeckt war und als die negativen Konsequenzen (Bedrohung von Gemütlichkeit und Beschaulichkeit; Unterbindung, Zerstörung oder Akzeleration naturgegebener Entwicklungen; Gefahr einer identitätsgefährdenden

Gleichmacherei) für die meisten Zeitgenossen noch nicht ansatzweise absehbar waren?

Wie ganz anders reisen wir jetzt, als früher; was für ein Drängen und Treiben ist das, in dieser vollkommen neuen Welt des Dampfes und der Elektrographen. Wie schnell fliegen w i r, wie schnell fliegt die Zeit – und wie langsam gehen doch noch so viele Menschen in ihrem alten, ausgetretenen Gleis n e b e n der Eisenbahn her, ja hielten uns wohl gern noch auf, um mit ihnen in Einem Tempo zu bleiben, denn jeder rasche Fortschritt ist ihnen zuwider. Aber eben so machtlos griffen sie in die Speichen der Zeit, wie in die Dampfräder des Fortschritts, und wir fliegen keck und freudig an ihnen vorbei, und lassen sie nachkeuchen. Die Fahrt mit dem Dampfwagen ist freilich nicht mehr so gemüthlich, wie die frühere alte Postfahrt. In unserer praktischen Zeit hat die Gemüthlichkeit überhaupt erstaunlich abgenommen. Jetzt regiert der Eigennutz in der Welt, und wer einen Eckplatz im Coupé bekommen kann, lehnt sich behaglich hinein, streckt die Beine vor sich hin, und kümmert sich nicht um den Nachbar. („Unter Palmen und Buchen", Band 3, S. 320f.)

In fünfzig Jahren von jetzt ab wird es aber wahrlich nicht mehr der Mühe werth sein, auf Reisen zu gehen, denn der Reisende kann dann wenig oder gar nichts Anderes mehr zu sehen bekommen, als was er daheim in seiner allernächsten und civilisirtesten Umgebung ebenfalls findet. Die Eisenbahnen nivelliren Alles, und machen am Ende, mit all' dem was um sie herumhängt, ein Land dem andern so ähnlich, daß man sie nicht mehr von einander unterscheiden kann. Französische Barbiere, Friseure und Putzmacherinnen sind ja jetzt schon in die Pampas und den Urwald vorgedrungen, Omnibusse kreuzen die Fährten des Strauß und Puma, Locomotiven schrecken den wilden Hengst der Steppen, und der Indianer steht mit offenem Munde neben einem an seine äußersten Grenzen hintransportirten Pianino und lauscht den wunderlichen Lauten. Früher blieb sich die Welt Jahrhunderte lang gleich, oder machte doch nur so langsame Fortschritte, daß man ihr Wachsen kaum oder gar nicht bemerken konnte. Jetzt sind wir dagegen schon zu einem Stadium gelangt, wo ein einziges Jahrzehnt Verbesserungen und Neuerungen wie Pilze über Nacht aus der Erde treibt, und mit einer Erfindung der andern unter die Arme greifend, m u ß das in Zukunft nur noch immer rascher vorwärts gehen.
(„Achtzehn Monate in Südamerika und dessen deutschen Colonien", Band 2, S. 29f.)

Zugegeben: Wer sich für die grossen geschichtlichen, sozialen und ökonomischen Zusammenhänge und Entwicklungen jener Zeit interessiert(e), war (und ist) bei Gerstäcker sicherlich nur ansatzweise aufgehoben. Aber wohlgemerkt: Diesem Anspruch zu genügen hat sich der Autor nie zum Ziel gesetzt, und folglich ist Walser mit seiner Kritik an der falschen Adresse. Gerstäcker ist immer mit der Vorgabe angetreten, die Interessen des *Normalbürgers* abzudecken; und dies hat er – trotz unbestrittener Qualitätsmängel in Gehalt und Stil – vorbildlich getan. Wäre dem nicht so gewesen, hätte sich mit Sicherheit kein derart riesiger Leserkreis auf seine Bücher gestürzt.

Man sollte einen Schriftsteller in erster Linie daran messen, was er angestrebt und gemacht hat, und nicht daran, was er nicht getan hat und auch nicht tun wollte oder konnte!

Die Vermutung liegt nahe, dass aus Robert Walsers harscher Kritik mehr als nur ein Quentchen Eifersucht spricht – aus seiner Sicht verständliche Eifersucht deswegen, weil der vermeintlich „Schwache" ihm hinsichtlich Publikumswirksamkeit einiges voraus hatte – trotz dessen (angeblicher) Banalität.

In diesem Zusammenhang ist es nützlich, sich zu vergegenwärtigen, dass zu jener Zeit die meisten Errungenschaften des 20. Jahrhunderts im Bereich Kommunikation und Druckwesen noch Utopie waren (z.B. Radio, Fernsehen, Film oder auch Reise- und Kulturmagazine) – heute allesamt Medien, die sich sehr gut dazu eignen, einer immensen Zahl von Menschen fremde Länder und Kulturen näherzubringen.

Auch die Mobilität und der damit verbundene Massentourismus, zwei Hauptmerkmale des ausgehenden 20. Jahrhunderts, standen noch in den Sternen geschrieben. Die Möglichkeit, Reiseerfahrungen *persönlich* zu sammeln, war damals nur sehr begrenzt gegeben. Entsprechend gewichtig war der Stellenwert von Abenteuer- und Reiseliteratur, bot sie doch den Lesern die Möglichkeit, ihren Erfahrungshorizont zumindest aus zweiter Hand zu erweitern und sich mit geringem Aufwand neue, unbekannte Welten mit all ihren Unabwägbarkeiten zu erschliessen. Diese Umstände begünstigten natürlich den Bekanntheitsgrad von Gerstäcker, und es kann nicht erstaunen, dass *dieser Autor einer der meistgelesenen seiner Zeit* im deutschen Sprachraum war. In ihrer Schrift über den Briefwechsel Gerstäckers mit seinem Verleger Hermann Costenoble bestätigen McClain und Kurth-Voigt, dass der Autor in der Gunst seines Publikums ganz oben stand:

(...) Zeugnisse, die damals veröffentlicht wurden, beweisen deutlich, daß Gerstäcker von seinen Zeitgenossen als Mensch geachtet und geschätzt wurde und als Schriftsteller in weiten Kreisen und vielen Ländern bekannt und beliebt war.[46]

---

[46] McClain/Kurth-Voigt, Sp. 1086

Der Autor selbst bestätigt seinen Bekanntheitsgrad, wenn er anlässlich seiner journalistischen Tätigkeit im deutsch-französischen Krieg festhält:

> Der Tisch neben mir war mit activen Officieren besetzt, und da sie mich unter lauter Fremden allein auf meinem Stuhle sahen, luden sie mich in freundlichster Weise zu sich ein. Dank der Gartenlaube, die mir durch das neulich in ihren Spalten gebrachte Bild einen weitverbreiteten Steckbrief ausgestellt hat, wurde ich hier, wie auch an den meisten Orten, die ich auf dem Kriegsschauplatze besuchte, sofort erkannt und war dann eben kein Fremder mehr.
> („Kriegsbilder eines Nachzüglers aus dem deutsch-französischen Kriege", S. 413)

Zum Abschluss dieser Gedanken sei nicht verschwiegen, dass sich auch Gerstäcker gelegentlich alles andere als respektvoll über seine schreibenden Berufskollegen äusserte – ein Zitat aus dem Text „Um Paris herum" (enthalten im Band „Kleine Erzählungen und nachgelassene Schriften") sowie der Nachsatz eines *Briefs* an seinen Verleger Hermann Costenoble belegen dies:
[Akzentuierungen in *Kursivschrift*]

> Ich suchte das Freie, d.h. das Ufer der Seine zu gewinnen, und dort fesselte zuerst der fast wunderbar schöne Anblick von Paris meinen Blick. Da lag die ihrem Geschick verfallene stolze Stadt. Die goldene Kuppel des Invalidendoms funkelte im Licht der heute zum ersten Mal wieder hervorbrechenden Sonne – da lag Notre Dame – da lagen all' die mächtigen Kuppeln und Kirchen, umgeben von dem endlosen Häusermeer, und nicht satt konnte ich mich sehen an dem wahrhaft prachtvollen Schauspiel. Paris – unwillkürlich fiel mir *der Phrasenmacher Victor Hugo* ein *mit seiner bodenlos dummen Proclamation an die Deutschen* – da lag seine „Hauptstadt der Welt" – das „heilige" oder besser gesagt heillose Paris, beherrscht von u n s e r e n Forts, auf denen ringsum die Bundesflagge wehte, ausgehungert, beschossen, gedemüthigt, und trotzdem noch voll Phrasen und Größenwahnsinn (...)
> („Kleine Erzählungen und nachgelassene Schriften", Band 2, S. 184f.)

> Apropos die Möllhausischen Bücher, über die Sie von mir ein Urtheil wollten. Mein guter Herr Costenoble, ich gebe Ihnen das nicht gern, da Hr. M. gleichen Stoff mit mir behandelt, wenigstens ein gleiches Terrain hat. So viel kann und muß ich Ihnen aber sagen *daß es meiner Meinung nach der reine Schund ist, & ich meinen Namen nicht um vieles Geld unter einem dieser Bücher haben möchte. Ich will mich verbündlich machen einen solchen Roman einer Anzahl Stenographen in drei Tagen zu dicktiren.* Das aber natürlich nur unter uns. Die

Leihbibliotheken werden sie kaufen, denn es ist deren Futter: Spieß & Cramer ins Amerikanische übersetzt, mit lauter unmöglichen Charakteren.[47]

Mit diesen beiden schroffen Bemerkungen soll es sein Bewenden haben. Es bleibe dahingestellt, wie der Leser derartige Aussagen quittiert – etwas machen sie in jedem Falle deutlich: Gerstäckers Texte sind lohnend und lesenswert; nicht zuletzt deshalb, weil sie direkt und kantig sind!

Um nun den Kreis der Betrachtungen zu schliessen, sei ein Zitat wieder aufgenommen, das ganz zu Beginn der Arbeit steht. Darin sagt Postma zunächst sinngemäss, *dass die Schriften Friedrich Gerstäckers langsam aus dem literarischen Bewusstsein verschwänden*; bei dieser Feststellung allein lässt er es aber nicht bewenden – er fügt noch an: [Akzentuierungen in *Kursivschrift*]

> *Und das ist schade.* Denn dieser ewig umgetriebene, weltsüchtige und zugleich heimwehkranke, fabulierfreudige, aber dabei stets teilnehmend-registrierende Reiseschriftsteller verdiente mehr als seinen bescheidenen Platz in den Literaturgeschichten: *Er verdiente Leser.*[48]

Wer sich eingehender auseinandersetzt mit dem vielschichtigen, anregenden und in jeder Hinsicht lehrreichen Werk Friedrich Gerstäckers, dieses aussergewöhnlichen und imponierenden Mannes, wird Postma *mit Überzeugung* zustimmen.

---

[47] McClain/Kurth-Voigt, Sp. 1110

[48] Postma, S. 85f.

5. Bibliographie

Die Grundlage für die vorliegende Arbeit ist folgende, rund *24000 Seiten* umfassende Ausgabe:

Gerstäcker, Friedrich: Gesammelte Schriften. Volks- und Familien-Ausgabe. 43 Bände. 2. bis 7. Auflage. Verlagsbuchhandlung Hermann Costenoble. Jena. 1872 - 1879.

Steinbrink vermerkt zu solchen Gesamtausgaben von Gerstäckers Texten:

> Die Werkausgaben, die bei Costenoble und später bei Neufeld & Henius seit den 70er Jahren des 19. Jahrhunderts bis in die ersten Jahre des 20. Jahrhunderts hinein erschienen, sind, obwohl kleine Abweichungen gegenüber der Erstausgabe feststellbar sind, für wissenschaftliche Zwecke brauchbar; (...)[49]

Neben der eben erwähnten 43bändigen Werkausgabe ist noch eine in 44 Bänden erschienen. Den Unterschied zwischen den beiden Ausgaben erklärt der ausgewiesene Gerstäcker-Kenner Ostwald so:

> Die unterschiedlichen Angaben über die Bandzahl der „Gesammelten Schriften" (43 bzw. 44 Bände) dürften daher kommen, daß der Verlag Costenoble zwei verschiedene Ausgaben der Ergänzungsbände „Kl. Erz. u. nachgelass. Schriften" herausgegeben hat. Einmal in zwei Bänden, das andere Mal in drei Bänden. Kurioserweise sind die Ausgaben nicht textgleich. Die Unterschiede: In Band 3 der dreibändigen Ausgabe wurde die Erzählung „Ein Pampero in La Plata" aufgenommen; diese Geschichte ist nicht in der zweibändigen Ausgabe enthalten. In Band 3 der dreibändigen Ausgabe fehlen die Erzählungen: „Das sonderbare Duell", „Irrfahrten", „Der Flatbootmann", „Ein Plagiar", „Der Wahnsinnige". Diese Geschichten sind jedoch in der zweibändigen Ausgabe enthalten.[50]

Wichtiger Hinweis: Mit Ausnahme der Textbelege aus dem Roman „Pfarre und Schule" sind *sämtliche (Primär-)Zitate* der vorliegenden Arbeit der Costenoble-Edition in *43 Bänden* entnommen. Unmittelbar

---

[49] Steinbrink, S. 131

[50] Ostwald, S. 189f.

nach den Buchtiteln steht jeweils das Erscheinungsjahr der Erstausgabe eines bestimmten Werks. Die umfangreich(er)en Texte mit *fingierter Wirklichkeitsaussage* sind zudem *kursiv* gekennzeichnet.

Primärliteratur

Gerstäcker, Friedrich: Gesammelte Schriften. Volks- und Familien-Ausgabe. 43 Bände. 2. bis 7. Auflage. Verlagsbuchhandlung Hermann Costenoble. Jena. 1872 - 1879.

1. Serie in 22 Bänden

I. I. „Gold!". 1858. *(Roman)*

I. II. „Blau Wasser". – „Aus dem Matrosenleben". – „Aus der See". 1858.

I. III. „Unter dem Aequator". 1859. *(Roman)*

I. IV. „Hell und Dunkel". 1859. – „Eine Gemsjagd in Tyrol". 1857.

I. V. „Reisen". Band 1. Südamerika. Californien. Die Südsee-Inseln. 1853.

I. VI. „Reisen". Band 2. Die Südsee-Inseln (Schluß). Australien. Java. 1854.

I. VII. „Die Regulatoren in Arkansas". 1846. *(Roman)*

I. VIII. „Die Flußpiraten des Mississippi". 1847. *(Roman)*

I. IX. „Die beiden Sträflinge". 1856. *(Roman)*

I. X. „Mississippi-Bilder". 1847.

I. XI. „Nach Amerika!". Band 1. 1854. *(Roman)*

I. XII. „Nach Amerika!". Band 2. 1854. *(Roman)*

I. XIII. „Aus zwei Welttheilen". 1853. – „Aus Nord- und Südamerika". 1855.

I. XIV. „Achtzehn Monate in Südamerika und dessen deutschen Colonien". Band 1. 1862.

I. XV. „Achtzehn Monate in Südamerika und dessen deutschen Colonien". Band 2. 1862. – „Aus meinem Tagebuch". 1863.

I. XVI. „Skizzen aus Californien und Südamerika". 1846. – „Der deutschen Auswanderer Fahrten und Schicksale. 1846.

I. XVII. „Der Kunstreiter". 1859. *(Roman/Erzählung)*

I. XVIII. „Streif- und Jagdzüge durch die Vereinigten Staaten Nord-amerikas". 1844.

I. XIX. „Tahiti". 1853. *(Roman)*

I. XX. „Das alte Haus". *(Roman/Erzählung)* 1855. – „Heimliche und unheimliche Geschichten". 1862.

I. XXI. „Inselwelt". 1860.

I. XXII. „Die Colonie". 1862. *(Roman)*

2. Serie in 21 Bänden

II. I. „Eine Mutter". 1866. *(Roman)*

II. II. „General Franco". 1864. *(Roman)*

II. III. „Sennor Aguila". 1863. *(Roman)*

II. IV. „Wilde Welt". 1865.

II. V. „Die Missionäre". 1868. *(Roman)*

II. VI. „Unter den Pehuenchen". 1865. *(Roman)*

II. VII. „Der Erbe". 1866. *(Roman)*

II. VIII. „Die Blauen und Gelben". 1869. *(Roman)*

II. IX. „In Mexico". Band 1. 1869. *(Roman)*

II. X. „In Mexico". Band 2. 1869. *(Roman)*

II. XI. „Im Busch". 1863. *(Roman/Erzählung)* – „Kriegsbilder aus dem deutsch-französischen Kriege". 1871.

II. XII. „Einheimisches und Fremdes". 1870-72.

II. XIII. „Neue Reisen durch die Vereinigten Staaten, Mexico, Ecuador, Westindien und Venezuela. 1868.

II. XIV. „Hüben und Drüben". 1868.

II. XV. „Kreuz und Quer". 1869.

II. XVI. „Buntes Treiben". 1870.

II. XVII. „Im Eckfenster". 1870. *(Roman)*

II. XVIII. „Unter Palmen und Buchen". 1865.

II. XIX. „In Amerika". 1871. *(Roman)*

II. XX. „Kleine Erzählungen und nachgelassene Schriften". Band 1. 1879.

II. XXI. „Kleine Erzählungen und nachgelassene Schriften". Band 2. 1879.

Wie schon erwähnt, ist der *Roman* „Pfarre und Schule" *nicht* enthalten in den vom Costenoble-Verlag herausgegebenen „Gesammelten Schriften" in 43 bzw. 44 Bänden. Die zitierten Stellen beziehen sich auf die unten aufgeführte Ausgabe in drei Bänden:

Gerstäcker, Friedrich: „Pfarre und Schule". Eine Dorfgeschichte. Band 1. Georg Wigands Verlag. Leipzig 1849.

Gerstäcker, Friedrich: „Pfarre und Schule". Eine Dorfgeschichte. Band 2. Georg Wigands Verlag. Leipzig 1849.

Gerstäcker, Friedrich: „Pfarre und Schule". Eine Dorfgeschichte. Band 3. Georg Wigands Verlag. Leipzig 1849.

Sekundärliteratur

Bittner, W.: Friedrich Gerstäcker, spannend, widerborstig und widersprüchlich. In: Magazin für Abenteuer-, Reise- und Unterhaltungsliteratur. 13 (1986) Heft 50, S. 45-48.

Carl, A.: Friedrich Gerstäcker. Der Weitgereiste. Ein Lebensbild. Gera 1873.

Danieli, A. M.: L'Opera di Friedrich Gerstäcker. Diss. Trieste 1974/75 (in italienischer Sprache).

Durzak, M.: Nach Amerika. Gerstäckers Widerlegung der Lenau-Legende. In: Bauschinger, S., Denkler, H., Malsch, W. [Hrsg.], Amerika in der deutschen Literatur. Stuttgart 1975, S. 135-153.

ders.: Das Amerika-Bild in der deutschen Gegenwartsliteratur. Historische Voraussetzungen und aktuelle Beispiele. Stuttgart 1979.

Evans, C.: Friedrich Gerstäcker, Social Chronicler of the Arkansas Frontier. In: Arkansas Historical Quarterly. VI (1948), S. 440-449.

ders.: A Cultural Link between Nineteenth Century German Literature and the Arkansas Ozarks. In: Modern Language Journal. XXXV (1951), S. 523-530.

ders.: Gerstäcker and the Konwells of White River Valley. In: Arkansas Historical Quarterly. X, 1951.

Gottschall, R.: Die deutsche Nationalliteratur in der ersten Hälfte des 19. Jahrhunderts. Literaturhistorisch und kritisch dargestellt. Breslau 1855, Bd. 2, S. 624-626.

ders.: 2., vermehrte und verbesserte Auflage, Breslau, 1860, Bd. 3, S.668-670.

Hofacker, E.: Über die Entstehung von Gerstäckers Germelshausen. In: The Germanic Review 3. New York 1927.

Hohermuth, F., Runge, M.: USA – Nationalparks. Basel 1987.

Holm, K.: Einleitung zu Friedrich Gerstäcker, Ausgewählte Erzählungen und Humoresken, 1903.

Jacobstroer, B.: Die Romantechnik bei Friedrich Gerstäcker. Diss. Greifswald 1914.

Koser, M.: Nachwort zu Gerstäcker, Friedrich: Die Regulatoren in Arkansas. „Das Schmöker-Kabinett", Fischer Taschenbuch-Verlag, Frankfurt a.M., Nr. 1625, 1975.

Kolb, A.: F. Gerstäcker and the American frontier. Syracuse University. Diss. 1966.

Krumpelmann, J.T.: Gerstäcker's Germelshausen and Lerner's Brigadoon. In: Monatshefte 40. 1948.

Kugler, H.: Rohe Wilde. Zur literarischen Topik des Barbarenbildes in Gerstäckers Roman „Unter den Pehuenchen". In: [142] 1990. S. 149 -163.

Landa, B. E.: The American Scene in Friedrich Gerstäcker's Work. University of Minnesota. Diss. 1952.

Luyster, N. van de: Gerstäcker's Novels about Emigrants to America. In: American German Review 20. 1954, S. 22f. u. 36.

Maler, A.: Friedrich Gerstäcker und die Südseelegende seiner Zeit. In: Ausbruch und Abenteuer. Hrsg. von K. Carpenter und B. Steinbrink. Oldenburg 1984. S. 83-88.

Mahrer, A.: Friedrich Gerstäcker und das Auslandsdeutschtum seiner Zeit. Diss. Wien 1940.

Mattle, A.: Friedrich Gerstäcker: Die Struktur der späten Erzählungen. Lizentiatsarbeit. Zürich 1986.

McClain, W. H.: Die Gerstäcker-Briefe in der Kurrelmeyer-Sammlung. In: Modern Language Notes. 82. 1967, S. 428-434.

McClain, W. H., Kurth-Voigt, L. E.: Friedrich Gerstäckers Briefe an Hermann Costenoble (mit deutscher, englischer, russischer Zusammenfassung). In: Archiv für Geschichte des Buchwesens. Bd. 14. Frankfurt a.M. 1974, Sp. 1053-1210.

Meyne, R.: Gerstäcker, Frigyes. Elète ès müvei. Diss. Sopron 1904 (in ungarischer Sprache, besprochen in Euphorion. Bd. XVI. 1909, S. 824ff.).

O'Donnel, G. H. R.: Gerstäcker in America, 1837-1843. In: Publications of the Modern Language Association of America. 42. New York 1927, S. 1036-1043.

Ostwald, T.: Friedrich Gerstäcker – Leben und Werk. Bibliographischer Anhang von Armin Stöckhert. 2., korrigierte und ergänzte Auflage, Braunschweig 1977.

ders.: Zwanglose Betrachtung des Gesamtwerks Friedrich Gerstäckers. Vorgetragen während der Jahresmitgliederversammlung 1985. In: Friedrich Gerstäcker und seine Zeit (1985) Heft 16, S. 19-23.

Plischke, H.: Der Südseewalfang und Friedrich Gerstäcker. In: Friedrich Gerstäcker, In der Südsee. Düsseldorf 1950.

ders.: Von Cooper bis Karl May. Eine Geschichte des völkerkundlichen Reise- und Abenteuerromans. Düsseldorf 1951.

Postma, H.: Freiheit fand er nur in der Fremde. Der Schriftsteller Friedrich Gerstäcker gerät zu Unrecht immer mehr in Vergessenheit. In: die horen, 31. Jahrgang, Band 2/1986, Ausgabe 142, S. 85-90.

ders.: Hagenmarkt und Mississippi. Der Erzähler Friedrich Gerstäcker. In: Literatur in Braunschweig zwischen Vormärz und Gründerzeit; Beiträge zum Kolloquium der Literarischen Vereinigung Braunschweig vom 22. bis 24. Mai 1992, S. 215-230, Braunschweig 1993.

Prahl, A. J.: Gerstäcker und die Probleme seiner Zeit. Diss. John Hopkins University, Baltimore (Maryland) 1933.

ders.: America in the works of Gerstäcker. In: Modern Language Notes. 49. 1934, S. 213-224.

ders.: Seitenlichter auf den Charakter Gerstäckers. In: Modern Language Notes. 49. 1934.

Quantz, L.: Zur Geschichte des völkerkundlichen Romans: Friedrich Gerstäcker. In: Göttinger völkerkundliche Studien. Hrsg. v. H. Plischke. Leipzig 1939, S.45ff.

Ratzel, F.: Gerstäcker, Friedrich. In: Allgemeine deutsche Biographie. Bd. 9. Leipzig 1879.

Schollenberger, H.: Friedrich Gerstäcker. Unter den Pehuenchen. Berlin o.J.

ders.: Friedrich Gerstäcker. In: Neue Zürcher Zeitung Nr. 743, Erstes Morgenblatt. Zürich, 10. Mai 1916.

Schulz, H.: Friedrich Gerstäcker's image of the German immigrant in America. In: German-American Studies 5. 1972, S. 98-116.

Seyfarth, E.: Friedrich Gerstäcker. Ein Beitrag zur Geschichte des exotischen Romans in Deutschland. Diss. Freiburg i. Br. 1930.

ders.: Hunger nach Wirklichkeit. Ueber Friedrich Gerstäcker. In: Kölnische Zeitung. 403. Köln 1941.

Steinbrink, B.: Abenteuerliteratur des 19. Jahrhunderts in Deutschland – Studien zu einer vernachlässigten Gattung. Tübingen 1983.

ders.: Friedrich Gerstäcker. In: Deutsche Dichter. Band 6. Realismus, Naturalismus und Jugendstil. Stuttgart 1989, S. 45-50.

Stöckhert, A.: Bibliographie der wichtigsten Werke von Friedrich Gerstäcker. In: Magazin für Abenteuer-, Reise- u. Unterhaltungsliteratur. (1980) Heft 26, S. 40-45.

Tarot, R.: Narratio Viva – Untersuchungen zur Entwicklungsgeschichte der Erzählkunst vom Ausgang des 17. Jahrhunderts bis zum Beginn des 20. Jahrhunderts. Band 1 (Theoretische Grundlagen). Bern, Berlin, Frankfurt a. M., New York, Paris, Wien 1993.

Tempeltey, E. [Hrsg.]: Gustav Freytag und Herzog Ernst von Coburg im Briefwechsel. Leipzig 1904.

Waldmüller, R.: Gerstäcker in Frankreich. In: Die Gartenlaube. Nr. 12. Jg. 1875, S. 416-418.

Walser, R.: „Wenn Schwache sich für stark halten", Zürich und Frankfurt a. M. 1986.

Walter, J.: Hermann Melville's Influence upon Gerstäcker's Southsea Novels. Diss. Freiburg i. Üe. (Schweiz) 1952.

Wohlbold, H.: Friedrich Gerstäcker. In: Hamburger Nachrichten, Morgenausgabe. Hamburg, 9. Mai 1916.

Woodson, L .H.: American Negro Slavery in the works of Frédéric Armand Strubberg, Friedrich Gerstäcker and Otto Ruppius. In: The Catholic University of American Studies in Germany. Diss. Washington 1949.

Wössner, I.: Die volkspolitische Bedeutung der Schriften Friedrich Gerstäckers. Diss. Heidelberg 1942.

Vowles, G.R.: Gerstäckers Germelshausen und Lies Finneblod. In: Monatshefte für den deutschen Unterricht. 41. 1949.

Periodikum

Mitteilungen der Friedrich-Gerstäcker-Gesellschaft Braunschweig. Hrsg. v. Thomas Ostwald, Braunschweig 1979ff.

6. Anhangverzeichnis

6.1 Anhang 1: Ergänzende Ausführungen zur Biographie

Obschon Gerstäcker sein Vaterland mit sehr kritischen Augen betrachtet und obgleich er so oft und so lange fern von seiner Heimat weilt, hält er in Nichtfiktion *und* Fiktion stets das deutsche Banner hoch. Wo immer sich ihm dazu Gelegenheit bietet, rühmt er die Tugenden (z.B. Fleiss und Sauberkeit) sowie die *Mentalität seiner Landsleute.* Wohl räumt er ein, dass die Neue Welt mit all ihren Verheissungen und schier unbeschränkten Entfaltungsmöglichkeiten für auswanderungswillige Menschen verschiedenster Provenienz wie geschaffen ist; auf der anderen Seite sind es seiner Ansicht nach jedoch allen voran *deutsche Einwanderer*, die mit ihrer Anpassungsfähigkeit und ihren speziellen Eigenschaften die grössten Chancen besitzen, sich ganz im Gegensatz etwa zur *„weit trägere[n] spanische[n] Race"* in einer beliebigen Wahlheimat zurechtzufinden und zu akklimatisieren. (Das neue Zuhause ist in den zwei folgenden fiktionalen Belegen Chile.)
[Akzentuierungen in *Kursivschrift*]

Die chilenische Regierung that keinen Fehlgriff, als sie sich gerade Deutsche dazu aussuchte, um den fruchtbaren und bisher fast unbenutzten Süden ihres schönen Reiches zu colonisieren, *denn keine andere Nation als die deutsche gewinnt eine solche Anhänglichkeit für den Boden, den sie bebaut, keine ist so fleißig und unermüdet in ihren Arbeiten, und keine besonders liefert so gute, ruhige und mit Allem zufriedene „Unterthanen".*
(„Unter den Pehuenchen", S. 108)

Die Deutschen befanden sich aber auch wirklich wohl in Valdivia, denn die chilenische Regierung ist noch unstreitig die b e s t e   v o n   a l l e n   s ü d - a m e r i k a n i s c h e n   R e p u b l i k e n und that wenigstens, was in ihren Kräften stand, um ihre wackeren Einwanderer zu schützen und zu fördern – hatte sie doch selber auch den Hauptnutzen davon, *und die Deutschen zeigten auch bald, daß sie diesen Schutz verdienten. Ueberall, wo sie das Land in Angriff nahmen, wuchsen unter ihren Händen fruchtbare Aecker und freundliche Chagras (kleine Güter) empor; der Wald lichtete sich, Sümpfe wurden ausgetrocknet, Wege gebaut, und ein Gewerbfleiß entstand, den die weit trägere spanische Race nie hervorgerufen hätte.* („Unter den Pehuenchen", S. 109f.)

Wie eben erwähnt, sind solche und ähnliche Aussagen in diversen Schriften zu finden, u.a. auch im Romanwerk „Die beiden Sträflinge": [Akzentuierung in *Kursivschrift*]

> In Adelaide, unmittelbar an dem kleinen Flüßchen Torrens, und nur von diesem durch den breiten Fahrweg und einen schmalen Streifen Wiesenland getrennt, auf dem noch ein paar vereinzelte Gumbäume standen, lag die kleine freundliche Wohnung des Tischlers Christian Helling – unseres alten Bekannten. Das Häuschen war nur klein, aber praktisch angelegt, und ein sehr gut und mit besonderem Fleiß gehaltener Garten – etwas ziemlich Seltenes in der Stadt selber – gab ihm einen gar wohnlichen, gemüthlichen Anstrich, und zeichnete es durch seine von Passion- und Weinranken überzogenen grünen Wände sehr zum Vortheil gegen die weiß angestrichenen kahlen Nachbarhäuser aus. *Der Eigenthümer desselben, Christian Helling, war eins jener Beispiele deutschen Fleißes und deutscher Ausdauer und Genügsamkeit, welche die Vereinigten Staaten großentheils mit zu Dem gemacht haben, was sie wirklich sind, die in sämmtlichen australischen Colonien fast den ganzen Ackerbau in Händen haben,* und selbst in ihrem eigenen Vaterlande, trotz enormer Taxen und Steuern, trotz des Druckes, in dem sie unter einem Beamten- und Priesterheere stehen, doch eben mit diesem Fleiß, mit dieser Mäßigkeit allen Schwierigkeiten entgegenarbeiten und sich – wenn sie auch nicht im Stande sind, gegen die starke Strömung Fortgang zu machen – doch wenigstens hartnäckig auf ihrer Stelle halten. („Die beiden Sträflinge", S. 347)

Es liegt auf der Hand, dass solche für Deutsche in hohem Masse ermutigenden, ja schmeichelhaften Aussagen ihre Wirkung nicht verfehlen und die Anziehungskraft der Neuen Welt für potentielle Zuwanderer noch erhöhen.

Obwohl das Bereisen fremder Länder für Gerstäcker Zeit seines Lebens *die* grosse Leidenschaft ist, ergreift ihn öfter, als ihm lieb sein kann, starkes *Heimweh*. („„Heimweh und Auswanderung" lautet bezeichnenderweise der Titel einer Skizze im Erzählband „Aus zwei Welttheilen"!) Wer weiss, wie oft und wie lange der Autor unter widrigsten Umständen von der Familie und von zu Hause weg ist, wird die heimwehgeprägten Einfärbungen bestimmter Textstellen ebenso gut verstehen und deuten können wie die optimistischen Abschlüsse vieler Geschichten. Auf diese Weise kann sich der Schriftsteller einerseits in *selbsttherapeutischer Absicht* die eigene Sehnsucht nach heimatlicher Geborgenheit vom Leibe schreiben; zudem ist es ihm möglich, wenigstens in seiner eigenen Literatur – und dort in den positiven Schicksalswendungen der selbstgeschaffenen Figuren – das Gefühl jenes heissersehnten *Aufgehobenseins* zu schaffen, das ihm in seinem realen Abenteurerdasein mit seinen lang andauernden Trennungsphasen von daheim

versag geblieben ist. Im Roman „Die beiden Sträflinge" lässt Gerstäcker den Erzähler über Briefe aus der Heimat nachdenken:

> Briefe aus der Heimath! – Wer jemals draußen in der Fremde Monate, Jahre
> lang ohne Nachricht von seinen Lieben daheim gewesen, nur der kann sich in
> das selige, wunderbare Gefühl hineinversetzen, das uns beim Eröffnen der so
> lange, so heiß ersehnten Nachrichten erfaßt, und uns im Anfang die lieben, so
> lange vermißten Schriftzüge toll und bunt vor den Augen herumtanzen läßt.
> Briefe aus der Heimath! – Der heimathliche Poststempel ist schon eine
> Erinnerung aus der Jugendzeit, die Adresse, das Siegel – der N a m e unserer
> Vaterstadt neben dem freilich schon gar alten Datum. Und nun die Kunde selber
> – die herzlichen Worte, die uns das Schreiben bringt, die uns innig bewegende
> Nachricht, daß Alle, die uns theuer, noch wohl und munter sind, und unserer
> mit der alten Liebe gedenken. – Solch ein Tag ist ein Fest in dem sonst so
> stillen, monotonen Leben des Ansiedlers, und die Briefe werden wieder und
> wieder gelesen, erst still und allein, dann laut im versammelten Familienkreise,
> und man wird nicht müde, die lieben, theuren Züge zu betrachten.
> („Die beiden Sträflinge", S. 6)

Die Thematik des Heimwehs bzw. des Heimatverlusts kommt auch in
der autobiographischen Schrift „Streif- und Jagdzüge durch die Vereinigten Staaten Nordamerikas" zur Sprache. Gefühle des Verloren-
seins und der Depression machen sich wiederholt bemerkbar. In einer
solchen Stimmung stellt sich der Schriftsteller die Frage:

> Heim? wo hatte ich denn meine Heimath? Dort, wo ich mich den Augenblick
> befand, wo ich mein Rindendach errichtet, meine Decke ausgespannt, oder nur
> mein Feuer angezündet, war meine Heimath; dort, wo mich das gastliche Haus
> eines Farmers oder Jägers aufnahm, mein Vaterland und Vaterhaus; weiter hatte
> ich keins, und schon der nächste Morgen fand mich vielleicht wieder, mit all'
> meinen Habseligkeiten auf dem Rücken (ich hatte wenigstens nicht schwer zu
> tragen), einen neuen Jagdgrund und mit ihm eine neue Heimath aufzusuchen.
> („Streif- und Jagdzüge durch die Vereinigten Staaten Nordamerikas", S. 355f.)

Derartige Ausführungen eines scheinbar so hartgesottenen Mannes
erregen Mitleid und Erstaunen zugleich. Frei und ungeschminkt bekennt
der Autor auch, wie einsam und in welch' pitoyabler Verfassung er sich
an einem Weihnachts- bzw. Sylvesterabend im Ozarkgebirge befindet.

> Es fing jetzt an zu dunkeln; – es war Weihnachtsabend, und mir ward es wieder
> für eine kurze Zeit gar weh um's Herz. Alle die alten fröhlichen Bilder der
> lieben Weihnachtszeit tauchten auf in meiner Seele, und zeigten mir um so

greller die leere Einsamkeit, in der ich mich befand. Daß Erinnerung so süß, und doch dabei so bitter sein kann!
(„Streif- und Jagdzüge durch die Vereinigten Staaten Nordamerikas", S. 388)

Es war Sylvesterabend. In der Heimath flogen jetzt bei rauschender Musik fröhliche Paare Arm in Arm durch die erleuchteten Säle und vergaßen im Taumel der Freude vergangenes Leid, vergangenen Schmerz; wie anders war es mir. Neben dem knisternden Feuer hingestreckt, nach dem blauen Sternen-himmel hinaufschauend, links neben mir den treuen Hund, rechts die Büchse, am Schlusse eines wieder traurig dahingeschwundenen Jahres, war es mir nicht wie tanzen und springen. Seit sieben Monaten hatte ich keine Nachricht aus der Heimath und kam mir, hineingeklemmt zwischen die steilen, wilden Berge wie ich war, vor wie einer, hinter dem die Welt abgeschlossen sei und der nur vor-wärts, nie mehr zurück könne. Auch die Zukunft zeigte mir keine lockenden Bilder. Von Allem, was mir lieb und theuer war, entfernt, allein – allein in der endlosen Wildniß, sah ich mich schon mit weißen Haaren, auf meine Büchse gelehnt, in den Bergen stehen, ein einsamer, freundloser Jäger.
(„Streif- und Jagdzüge durch die Vereinigten Staaten Nordamerikas", S. 393f.)

Wer auf monatelangen Reisen unter teilweise schwierigsten Bedin-gungen durchkommen will, muss ein gerüttelt Mass an *Selbstvertrauen* und *Durchsetzungsvermögen* haben. Dass Gerstäcker beides hat, de-monstriert eine amüsante Episode aus Südamerika. Der Reisende trifft sehr spät in einer Siedlung ein und zieht die Aufmerksamkeit der (schlafenden) Bewohner unüberhörbar und ohne die geringste Zurück-haltung auf sich:

Ich befand mich unmittelbar an Watschong und hatte wenige Minuten später ein ordentliches Haus erreicht, in dem ich zu übernachten beschloß. Allerdings schlief Alles, und die Leute im Innern schienen auf mein Anklopfen wenig zu achten; dagegen gab es aber ein Mittel. Dicht vor dem einen Fenster feuerte ich meinen andern Lauf ab, und bearbeitete dann die Thür dermaßen mit meinem Kolben, daß ich in kurzer Zeit die ganzen Einwohner entsetzt und im tiefsten Negligé um mich versammelt sah. Ich war auch nicht blöde genug, diesen Moment unbenutzt vorüber zu lassen. Einen der Leute schickte ich augenblick-lich ab, um den Alcalden aus dem Bette zu holen, ein Anderer mußte mein Maulthier übernehmen, um es in einen Portrero zu bringen, und einen Dritten hielt ich fest, mir einen Platz zu zeigen, wo ich etwas zu essen kaufen könne, denn ich war nicht allein fast erstarrt von Nässe und Kälte, sondern auch fast verhungert. Der Bursche, den ich mir ausgesucht, wollte allerdings Schwierig-keiten machen und meinte, es sei schon fast Mitternacht, und da wäre nichts mehr in Waschtong zu kaufen – aber vergebens, ich wußte das besser, und eine Viertelstunde später hatte ich richtig wenigstens ein Flasche agua ardiente und eine Quantität hartes Brod erbeutet, mit dem ich mich diese Nacht begnügen mußte.
(„Achtzehn Monate in Südamerika und dessen deutschen Colonien", Band 1, 332f.)

Friedrich Gerstäcker ist ungemein willensstark, diszipliniert und ausdauernd. Keine Mühsal ist ihm zu gross, kein Leiden zu schwer, keine Reise zu ermüdend und zu weit. Eine Beschreibung seiner *Leidensfähigkeit* und der Härte gegenüber sich selbst liefern die folgenden Zitate:

> Wer übrigens weiß, was es sagen will, ermüdet einen steilen Berg hinabzusteigen, der kann sich ungefähr denken, wie mir zu Muthe sein mochte, als ich, die Cordilleren kaum mit Mühe und Noth erklommen, wieder hinunter mußte. Meinen Körper hatte ich dabei wohl auch in der letzten Zeit etwas zu sehr angestrengt, denn wir waren kaum eine Stunde, aber fortwährend so steil, daß Gefahr im Ausgleiten schien, hinabgestiegen, als mir die Glieder den Dienst versagten und ich mich mehrmals auf den Schnee niederwerfen mußte, um nur in etwas wieder Kräfte zu sammeln. Mir wurde dabei schwindlig und übel, und ich fürchtete wirklich schon krank zu werden. Das Wörtchen m u ß ist aber ein vortreffliches Heilmittel; die Peons kehrten sich den Henker um mich, ob ich im Schnee da liegen blieb oder nachkam, und wollt' ich dort nicht allein übernachten und – die nothwendige Folge – jedenfalls erfrieren, so mußte ich mich schon zusammenraffen und meine letzten Kräfte brauchen.
> („Reisen", Band 1, S. 157f.)

> Es war ein grimmigkalter Morgen, und da ich nichts an den Füßen hatte als ein Paar Moccasins von dünnem Hirschleder, selbst nicht einmal Strümpfe oder Socken, so gedachte ich eines Mittels, das ich einmal von einem alten Jäger gehört hatte. Ich badete nämlich meine Füße in dem eiskalten Wasser des vorbeiströmenden Baches, trocknete sie gut ab und zog die Moccasins darüber. Solche Wirkung aber hatte dies Verfahren, daß sie mir gleich nach dem Bade ordentlich glühten und auch den ganzen Morgen warm blieben.
> („Streif- und Jagdzüge durch die Vereinigten Staaten Nordamerikas", S. 352)

> Es war ein kühler, heiterer Wintertag in der letzten Hälfte des Monats December, an dem der alte Slowtrap und ich mit unseren drei fröhlich nebenher springenden Hunden ausrückten. Der Alte saß auf seinem Klepper, auf dem er einen Sack mit Provisionen, unsere Decken und meine Felle aufgeladen hatte, während ich ohne Ladung, mit Moccassins, Leggins und Jagdhemd bekleidet, ein ungegerbtes Waschbärenfell als Mütze auf dem Kopf, rüstig voranschritt. Mein Alter, wie er so auf dem Pferde kauerte, sah übrigens aus, als ob er wenigstens 300 Pfund wiegen müßte, so hatte ihn seine Frau mit Ober- und Unterkleidern herausstaffirt, während ich nichts als Sommerzeug trug (beiläufig gesagt, hatte ich keine Winterkleider). Doch fühlte ich beim Marschieren die Kälte nicht, und lustig wanderten wir, einen schmalen Fahrweg entlang, durch den dichten Wald.
> („Streif- und Jagdzüge durch die Vereinigten Staaten Nordamerikas", S. 377)

Zu denken geben muss in diesem Zusammenhang auch, welchen *Raubbau* der Schriftsteller mit seiner *Gesundheit* treibt. Nicht selten reist er in besorgniserregendem Zustand herum und versucht dann mit sonderbarsten Mitteln und Methoden, einer Krankheit Herr zu werden. Gerstäcker überspannt in diesem Bereich den Bogen zum Teil massiv, und dies trägt ohne Frage dazu bei, dass ihm trotz seines robusten Naturells nur ein kurzes Leben vergönnt ist – ganze 56 Jahre wird er alt! Eines vermag er auf jeden Fall Zeit seines Lebens nicht: geduldig auf eine gesundheitliche Besserung zu warten – die beiden Textstellen beweisen es.

Am andern Morgen erwachte ich mit stechendem Kopfschmerz und Frösteln in allen Gliedern und fühlte meinen alten Feind nahen, doch half hier kein Zögern; mit vor Kälte zitternden Händen schnallte ich meinen Sattelgurt fest und ging in's Haus, um Abschied zu nehmen. Die guten Leute hatten schon ein paar Tassen heißen Kaffee für mich fertig, doch konnte dieser das Fieber wohl etwas aufhalten, aber nicht vertreiben. Ich mußte noch in die 3 Meilen entfernte Schmiede, um dort etwas auszurichten, und drehte dann den Kopf meines Pferdes nach dem Hause des alten Dun. Wie ich dorthin gekommen bin, weiß ich nicht, ich erinnere mich nur noch dunkel eines stechenden Kopfschmerzes und einer fürchterlichen Mattigkeit, und daß ich oft auf dem Halse des Pferdes lag, so daß das geduldige Thier stehen blieb und erst weiter schritt, wenn ich mich wieder aufrichtete. Dun's Haus war ungefähr 3 Meilen von der Schmiede entfernt, und zum Tode erschöpft, rutschte ich dort mehr vom Pferde herunter, als daß ich abstieg. Der alte Mann sah bald, was mir fehlte; er brachte mir ein Glas und eine mit einer grünen Flüssigkeit gefüllte Flasche, aus der ich einen recht herzhaften Schluck that; die Bitterkeit der Mischung schnitt mir aber so durch die Eingeweide, daß ich entsetzt fragte, was denn zum Teufel das für Zeug sei. Lächelnd sah er meinem Gesichterschneiden zu und antwortete, daß dies etwas ganz Neues, von ihm selbst Erfundenes sei. Es war B ä r e n - g a l l e mit Whisky, und er nicht wenig stolz auf seine Arznei. Ich schlief diese Nacht ziemlich gut und kam am nächsten Tage zu Sts. zurück.
(„Streif- und Jagdzüge durch die Vereinigten Staaten Nordamerikas", S. 230)

Das zweite Zitat zu dieser Thematik ist einem *Brief* des Autors an seinen Verleger Hermann Costenoble entnommen, und es mutet nicht minder haarsträubend an:

Gotha 19/1 62

Mein lieber Herr Costenoble

(...)

Lassen Sie mich also Ihre Meinung hören; ich schreibe Ihnen auch wahrscheinlich morgen schon ein kurzes Programm. Ich weiß nämlich nicht ob ich heute noch im Stande bin es zu schreiben, denn mir ist hundeelend zu Muth. Schon seit fünf oder sechs Tagen habe ich ein catharralisches Fieber, mit dem ich nichtsdestoweniger vier Tage hintereinander in bitterer Kälte auf der Jagd war, um es abzuschütteln. Die letzte Nacht nun war es ärger als je, und ich habe heute eine Hungerkur gebraucht, die mir vielleicht besser hilft. Ich fürchte es steckt am Ende gar eine Krankheit in mir, der ich vielleicht entgehen kann, wenn ich mich auf den Füßen halte, die mich aber jedenfalls packt, sobald ich mich zu Bett lege. Für jetzt nehmen Sie mit diesen Zeilen vorlieb, und sein Sie versichert daß ich wie immer bleibe

Ihr

treu ergebener

Friedr. Gerstäcker[51]

Wer die nächste Textstelle liest, wird die Vermutung verstehen, dass auch eine mangelhafte und ungesunde *Ernährung* ihren Teil dazu beigetragen hat, dass dem Abenteurer keine 60 Jahre beschieden sind. Selbst wenn die Beschreibung leicht übertrieben sein sollte (was bei Gerstäcker nie gänzlich ausgeschlossen werden kann!), muss einem nur schon beim Lesen der Appetit vergehen. Es zeugt zudem von der grossen Anspruchslosigkeit des Betroffenen, wenn er selbst unter derartigen Umständen noch immer davon spricht, dass man sich habe „vollkommen wohl dabei befinden" können.
[Akzentuierungen in *Kursivschrift*]

Mein Schilfschneiden selber will ich hier nicht beschreiben, es ist das schon in meinen „Streif- und Jagdzügen", wenn auch nur flüchtig, geschehen. Nur einen k l e i n e n Begriff möchte ich dem Leser von s o l c h e r Arbeit auf s o l c h e m Terrain geben, damit er sieht, wie ein Mensch leben und sich doch vollkommen wohl dabei befinden kann. Morgens, gleich nach dem Frühstück (mein Mittagessen, ein Stück Maisbrod und Speck, in ein Tuch eingeschlagen) brach ich auf, setzte mich in eins von den Canoes und ruderte in den Wald hinein bis zu einer etwa sechs- bis achthundert Schritt entfernten Stelle, wo ein junger Aufwuchs von Rohr stand, gerade wie ich ihn brauchte. Ich konnte dort mit Leichtigkeit tausend und mehr in einem Tage schneiden. *Aber*

---

[51] McClain/Kurth-Voigt, Sp. 1102f.

die Mosquitos. Etwas Aehnliches hatte ich nie vorher gesehen und habe es auch nie wieder im Leben angetroffen, nicht in den Sümpfen der Panama-Landenge, noch in den Mangrove swamps fast aller Tropen. Ich versuchte mein Möglichstes, um mich dagegen zu schützen, aber umsonst, und mußte die kleinen blutdürstigen Bestien endlich gewähren lassen. – Und diese war noch nicht einmal die schlimmste Plage, denn noch widerlicher, wenn auch nicht so schmerzhaft, schienen mir die Schmeißfliegen, die mit ihren ekelhaften, goldglänzenden Körpern zu Millionen angeflogen kamen. Mein Mittagessen hatte ich erst in Blätter dicht eingeschlagen und dann mit einem Tuch so fest und sicher umwunden, daß keine einzige von ihnen zukonnte, sie mochten bohren wie sie wollten. Aber durch den Geruch der Lebensmittel angezogen, selbst wenn ich trocknes Brod im Tuche hatte, fielen sie in Schwärmen darauf nieder, und kaum eine Stunde später war es a u s w e n d i g mit einer dicken gelben Kruste von daraufgelegten Eiern und Maden überzogen.
(„Wilde Welt", S. 119f.)

Noch in anderer Hinsicht korrumpiert Friedrich Gerstäcker seine Gesundheit: Er ist ein *Arbeitstier*, und Masshalten ist ihm Zeit seines Lebens ein Fremdwort. Aus einigen *Briefen* an den Verleger Hermann Costenoble wird ersichtlich, wie gehetzt er sich fühlt und welch immensem Stress er sich ausgesetzt sieht.

Mein lieber Herr Costenoble

Sein Sie mir nicht böse wenn ich jetzt schreibfaul bin, ich stecke zu schwer in der Arbeit und über Tag kann ich kaum schreiben (...) Mein neuer Roman heißt Im Eckfenster. Ich habe jetzt seit 5 Monaten fast keine Feder angerührt. Ich hatte im vorigen Jahr zu viel gearbeitet

Mit freundlichsten Grüßen indessen von Haus zu Haus wie immer

Ihr

alter

Fr Gerstäcker

Braunschweig 7/4 70[52]

---

[52] McClain/Kurth-Voigt, Sp. 1185f.

Mein lieber Herr Costenoble

Heute geht der Rest des Manuscripts an Pätz ab – war in dem Wirrwarr hier
nicht eher möglich Erster Band ist gedruckt In größter Eile zwischen Kisten &
Kasten, wo ich Correckturen lesen muß

Ihr

Fr Gerstäcker

Braunschweig 25/9 69[53]

Mein lieber Herr Costenoble.

Augenblicklich bin ich wieder mit einer großen Arbeit derart beschäftigt, daß
ich unmöglich etwas Anderes darin vornehmen kann, aber ich werde noch
jedenfalls in diesem Monat damit fertig möchte Sie aber auch nicht gern so
lange auf Antwort warten lassen & bitte Sie jetzt nur mit diesen flüchtigen Zeilen vorlieb zu nehmen. (...) Was die ganze Auflage betrifft, so ist mir von vielen Leuten zugeredet worden die gesammelten Reisen *apart* herauszugeben,
unter eigenem Titel. Ich glaube daß das auch vorteilhaft ist. Doch darüber
sprechen wir später Heute nur in größter Eile, denn ich arbeite jeden Tag meine
14-16 Stunden –

Ihr alter

treu ergebener

Fr Gerstäcker

Dresden 3/2 69.[54]

Dsden 5/7 69

Mein lieber Herr Costenoble.

(...)

Mit dem Durchsehn der gesammelten Schriften bin ich so ziemlich fertig

Mit herzlichsten Grüßen

Ihr alter Gerstäcker

Ich arbeite jetzt täglich zwischen 14 und 16 Stunden[55]

---

[53] McClain/Kurth-Voigt, Sp. 1180

[54] McClain/Kurth-Voigt, Sp. 1172f.

[55] McClain/Kurth-Voigt, Sp. 1177

Ein weiteres wichtiges Merkmal dieses bemerkenswerten Menschen ist der unbändige *Drang nach Freiheit*, die immerwährende Suche nach Unverhofftem, nach neuen Herausforderungen und Härteprüfungen. Als der Autor auf einer seiner Amerikareisen so richtig gewahr wird, dass er sich endlich vollkommen frei fühlen kann, löst dies in ihm ein besonderes Glücksgefühl aus. Seinem Befinden gibt er diesen Wortlaut:

> Frei war ich, frei. Hoch und froh hob sich mir zum ersten Mal wieder die Brust in dem wundervollen Gefühl gänzlicher Unabhängigkeit. Nicht mehr beneidete ich die Wandervögel, deren Zuge gen Süden ich noch vor kurzer Zeit so wehmütig nachgeblickt hatte. Auch ich war frei, wie sie, und nicht weniger willig, meine gelösten Schwingen zu gebrauchen.
>
> („Streif- und Jagdzüge durch die Vereinigten Staaten Nordamerikas", S. 58)

Eng verflochten mit dem Streben nach Unabhängigkeit ist Gerstäckers *Abkehr vom straff geregelten bürgerlichen Leben.* Nur dann fühlt er sich wohl, wenn er dem Trott und der Routine entweichen kann, wenn er sich nicht in einen gleichmässig verlaufenden Alltag eingezwängt sieht. *Er* will dem Leben *seinen* Stempel aufdrücken und nicht selbst zum Spielball und Sklaven von Sachzwängen degradiert werden. Ein Philisterleben wäre diesem Mann schlecht bekommen, wie er u.a. in seiner Selbstbiographie in der enorm populären illustrierten Familienzeitschrift „Gartenlaube" (März 1870) bekennt:

> So alt bin ich freilich geworden, daß ich das Leben, was ich geführt, nicht noch einmal von Anfang an durchkosten möchte, aber ich würde es auch gegen k e i n anderes der ganzen Welt eintauschen, denn bunt und mannigfaltig war es zur Genüge – ich habe Jahre lang in großen Städten, von Comfort umgeben, und ebenso im wilden Urwalde von Wildfleisch und zu Zeiten sogar von Sassafras-Blättern oder einem alten Kakadu gelebt – ich bin Gast von gekrönten Häuptern und Feuermann auf einem Mississippi-Dampfer wie Tagelöhner gewesen, aber ich war s t e t s frei und unabhängig wie der Vogel in der Luft, und mit Lust und Liebe zu meinem Berufe, den ich mir nicht gewählt, sondern in den ich eigentlich hineingewachsen bin, mit einer Fülle von Erinnerungen und noch genug Schaffenskraft, mich ihrer zu erfreuen, ja auch mit dem Bewußtsein, manches Gute gethan und manchem Menschen genügt zu haben, fühle ich mich hier an meinem Schreibtische genau so wohl, als ob ich da draußen auf flüchtigem Renner durch die Pampas hetzte oder unter einem Fruchtbaum am Meeresstrande der donnernden Brandung gegen die Korallenriffe lauschte.
>
> („Kleine Erzählungen und nachgelassene Schriften", Band 1, S. 7)

Als Kuriosität bliebe noch anzufügen, dass Friedrich Gerstäcker neben all seinen kunterbunt gemischten Betätigungen auch ein *Lehrerdiplom* erworben hat – selbstverständlich nicht im für ihn biederen herkömmlichen Rahmen, sondern fernab von heimatlichen Gefilden – im Herzen der Neuen Welt. Obwohl diese kurze Episode im Leben Gerstäckers keine besondere Bedeutung hat, ist sie in hohem Masse repräsentativ für die Lebensauffassung dieses Menschen: Sie drückt aus, dass keine auf Dauer ausgelegten, von Routine bedrohten Aktivitäten auf seiner Wunschliste stehen, sondern kurze, intensive und spannungsträchtige Herausforderungen. Im vorliegenden Beispiel zieht *nicht* die eigentliche spätere *Tätigkeit* als Lehrer den Neugierigen in ihren Bann, sondern die nackte *Herausforderung*, die Frage, ob er den Anforderungen genügen kann oder nicht. Von seinem ausgefallenen Examen findet sich in den autobiographischen „Streif- und Jagdzügen" diese Aufzeichnung: [Akzentuierungen in *Kursivschrift*]

Die Demokraten und Whigs lagen sich um diese Zeit sehr in den Haaren und schimpften und fluchten auf einander in öffentlichen Blättern, und schimpften und schlugen auf einander in öffentlichen Häusern, daß es eine Lust war. Die Demokraten in Cincinnati aber, und vorzüglich die deutschen, denn fast alle Deutsche dort sind Demokraten, hatten es bei der Regierung des Ohiostaates durchgesetzt, Freischulen zu bekommen, in denen englisch und deutsch gelehrt werden sollte. Die deutschen Schullehrer aber, die dort lebten, hielten zurück und fürchteten sich vor dem Examen, das ihrer harrte. Da redeten mir mehrere meiner guten Freunde zu, doch das Examen zu machen und Schullehrer zu werden, wo ich gleich im Anfang 25-30 Dollars Gehalt bekommen könnte. *Die Sache leuchtete mir ein, d.h. nicht Schulmeister zu werden, sondern das Examen zu machen, denn es war etwas Neues und ich versprach mir vielen Spaß davon. Nothwendig war es aber jetzt, daß ich zu diesem Zwecke eine Zeit lang ordentlich studiren mußte,* denn mit meiner englischen Grammatik sah es noch trübselig aus, mit der Geographie auch nicht besonders (die Vereinigten Staaten ausgenommen, wo ich ziemlich zu Hause war); das Rechnen setzte aber Allem die Krone auf, denn das Wenige, das ich einmal früher gewußt, hatte ich fast alles wieder verlernt. *Mit ungeheuerm Fleiße fing ich daher an zu arbeiten, lernte die Grammatik fast auswendig, prägte mir ordentlich die Geographie der Vereinigten Staaten ein, und warf mich mit wahrer Wuth über die verschiedenen Rechenbücher her.* Der verhängnisvolle Tag erschien. Außer mir waren noch zwei Deutsche, die sich examiniren ließen, nebst drei Amerikanern, und fünf oder sechs junge Damen für den weiblichen Theil der Schule. Irgend eine Form wurde dabei nicht verlangt. Man mußte sich nur melden und von irgend einem Bürger der Stadt ein Zeugniß über guten moralischen Charakter beibringen. Das hatte mir mein früherer Lehrherr oder Arbeitgeber des edlen Silberschmiedehandwerks auf sehr glänzende Weise gegeben, und da nicht einmal ein schwarzer Frack verlangt wurde – denn ich ging in meinem Staubhemd zum Examen, fand ich mich zur rechten Zeit ein und betrat mit leichtem Herzen den Saal, wo schon fünf sehr ehrwürdig aussehende Herren sassen. (...) Eine kurze Zeit

examinierte er noch in der Geographie weiter, dann ging er zur Grammatik über, die sehr genau durchgenommen wurde, und wo H. förmlich stecken blieb. Nach diesem wurde buchstabirt, d.h. die Abtheilung der Wörter, die im Englischen ziemlich schwierig ist, vorgenommen. Nach diesem kam das Rechnen, und hier rettete mich nur die etwas kurze Zeit, die uns übrig geblieben war, da man sich zu sehr bei den früheren Sachen aufgehalten, vor einem schrecklichen Durchfallen. Zu guterletzt mußten wir noch, als Schreibübung, Jeder seinen eigenen Namen auf ein Stück Papier, mit einer ganz neuen Feder, zierlich hinmalen. Wir wurden jetzt entlassen und bedeutet, am nächsten Mittwoch wieder anzufragen, unsere Entscheidung zu vernehmen. Der nächste Mittwoch kam, aber keine Entscheidung, wohl aber eine neue Prüfung, die noch viel langweiliger als die erste war. Wieder wurden wir dann auf den 5. August hinbeschieden. Wir drei Deutschen gingen zusammen, und siehe da, Hr. Pöppelmann und ich erhielten unsere Atteste, der arme H. aber war durchgefallen. (...) *Ich hatte mich aber mit dem Spaß länger aufgehalten, als es eigentlich meine Absicht gewesen war, denn im Traum wär' es mir nicht eingefallen, trotz dem Zureden meiner Freunde, wirklich Schullehrer zu werden. Das wär' ein Leben für mich gewesen. Da gefiel mir das Schilfschneiden besser, und ich machte mich jetzt schnell fertig, um eine dritte Schilfreise zu unternehmen.*
("Streif- und Jagdzüge durch die Vereinigten Staaten Nordamerikas", S. 288ff.)

Wie sehen „Lehranstalten" aus, für die solche und ähnliche Qualifikationskriterien erforderlich sind? Gerstäcker beantwortet die Frage selber – in seinen „Streif- und Jagdzügen" macht er die Leserschaft auf eindrückliche Weise mit einer amerikanischen Backwoods-Schule bekannt.

Unser Weg führte an einer Schule vorbei, doch darf man sich darunter ja keine Schule denken, die mit denen unseres lieben Vaterlandes die geringste Aehnlichkeit hätte. Wie sehr verschieden sind von denen die Schulen der back woods. In der ungefähren Mitte der Ansiedlung, und so gelegen, daß die in die Schule zu schickenden Kinder höchstens 3-4 Meilen zu machen haben, wird aus rohen Stämmen ein Blockhaus aufgeschlagen, bedeckt, ein Kamin von Lehm aufgeführt und die Oeffnungen oder Spalten zwischen den Stämmen, eine einzige ausgenommen, die sich ungefähr 4 Fuß über der Erde an einer Seite hinzieht, verstopft. Die letztere aber bleibt offen, weil ein langes Brett schräg davor befestigt wird, um von den Kindern als Schreibtisch benutzt zu werden, und die lange Spalte ihnen später dazu dienen soll, hinlängliches Licht zu erhalten. Sonst ist, wie in allen anderen Blockhütten, kein Fenster in dem Schulhause und selten ein Bretterboden gelegt, so daß die Thür Winter und Sommer aufstehen muß. Ist es recht kalt draußen, so erlaubt der Lehrer den Kindern dann und wann ein wenig aufzustehen, um sich am lodernden Kaminfeuer, an dem er sich selbst auf dem einzigen Stuhle so breitbeinig niedergelassen hat, zu erwärmen. Die entfernter Wohnenden kommen stets zu Pferde und binden die Thiere während der Schulzeit an die umherstehenden Bäume. Ihr Mittagessen bringen sie sich natürlich mit, und treten erst wieder gegen Abend den Heimweg an. Die gewöhnlichen Waldschulen beschäftigen sich fast ausschließlich mit Buchstabiren, Lesen, Schreiben und Rechnen; selten versteigen sie sich zur Geographie und Geschichte, die sich dann auch nur auf die Vereinigten Staaten beschränkt. Höchst selten ist es, daß die Lehrer selbst mehr als lesen und schreiben können, wobei ihnen dann natürlich nicht viel daran liegt, ihre Schüler gescheidter zu machen, als sie selbst sind. Ich sah sogar einen jungen Mann in den Sümpfen Unterricht im Schreiben geben, dessen Schüler (und es hatte deren bis zu einem Alter von achtzehn und zwanzig Jahren) nicht einmal das lesen konnten, was sie schrieben, sondern nur die Buchstaben ungefähr mit demselben Vortheil für ihre Ausbildung nachmalten, mit dem wir Hieroglyphen zeichnen würden.

(„Streif- und Jagdzüge durch die Vereinigten Staaten Nordamerikas", S. 332f.)

In einem Portrait von Gerstäcker darf auch ein Hinweis auf die starke *Gefühlsbetontheit* nicht fehlen. Sein Naturell sträubt sich entschieden gegen trockene Wissenschaftsorientiertheit und blutarme Intellektualität. Emotionen haben bei ihm – seiner harten Schale zum Trotz – ihren festen Platz. Den „Männern der Wissenschaft" tritt er reserviert gegenüber, und ihr Drang, u.a. die Flora systematisch zu erfassen, stösst auf wenig Verständnis; *er* will die Pflanzenwelt nicht nur oberflächlich einordnen und benennen, sondern sie auch in ihrem Wesen begreifen.

Oh Ihr Männer der Wissenschaft, mit Euern grünlackirten Büchsen, kleinen Spazierspätchen und Packen Löschpapier, wie muß Euch zu Muthe gewesen sein, als Ihr zum ersten Mal in diesen Reichthum von Orchideen tratet, wie Ihr zum ersten Mal einen Schatz vor Euch ausgebreitet saht, von dessen Mannigfaltigkeit Ihr sicher keine Ahnung gehabt. – Und diese Blumen und Farbenpracht in den Schmarotzerpflanzen; hier die tiefrothen lilienartigen Blüthenkelche, die wie Trauben in gewaltigen Büscheln von ihrer Höhe niederhingen – dort die kleinen zartweißen, wachsartigen Blumenbeeren mit ihren fein gelbgeäderten Rändern, über mir die gelben, im scharfen Luftzug wehenden Glocken, und da drüben die zierlichen lichtblauen Sterne mit den goldgelben fühlhörnerartigen Staubfäden. Ich setzte mich allerdings nicht hin und zählte diese Staubfäden und classificirte sie, aber ich blieb stehen und trank in vollen durstigen Zügen den ganzen wundervollen Anblick und prägte mir ihn tief, tief in die Seele, und darin halte ich all' jenen Blumenschatz weit fester und sicherer als selbst in Löschpapier und Blechbüchse, denn die Farben behalten ihren Schmelz, die Blumen ihre Frische, ja selbst die Kelche ihren Duft, – kann das der Botaniker von seinen mühsamen Sammlungen sagen?

(„Reisen", Band 2, S. 470)

Welches sind die *Gründe*, die zu solch antibürgerlichen Reflexen und Verhaltensmustern geführt haben? Da die Eltern als Künstler andauernd unterwegs sind, muss der junge Friedrich ohne festes Zuhause und ohne ein stabiles soziales Umfeld aufwachsen; kommt noch hinzu, dass er häufig von seinen Eltern getrennt leben muss – für jedes Kind ein Greuel! Früh schon wird er deshalb zum Einzelgänger und Sonderling, und was bleibt dem abgekapselten und vernachlässigten Jungen als Kompensation anderes übrig, als eigene Fantasie- und (Tag-)Traumwelten zu entdecken und aufzubauen? Angeregt von Daniel Defoes Robinson Crusoe – einem Helden genau nach seinem Gusto! – lässt der Knabe seine Gedanken mit Vorliebe in exotische Gegenden schweifen. Diese fernen, geheimnisumrankten Landstriche müssen dem einsamen Jungen wie das verheissene Land erscheinen. Als sich Gerstäcker endlich den langgehegten Wunsch erfüllen kann, seinen Fuss auf die Südseeinsel Maiao zu setzen, geht für ihn sein sehnlichster Kindheitstraum in Erfüllung; in diesem Augenblick werden für ihn romantisches Verlangen und Realität eins. Welche überwältigende Bedeutung das Eintauchen in diese fremde Welt für den Schriftsteller hat, hält er in seinen „Reisen" fest:

> Und so war denn mein Wunsch, mein heißer, lang ersehnter Wunsch erfüllt: über mir wölbten sich die wundervollen, fruchtgefüllten Kronen der Cocospalmen, unter mir brannte der heiße Korallensand, um mich her standen die bronzefarbenen neugierigen Insulaner, und plapperten wild und fröhlich in ihrer wunderlichen Sprache, und ich hatte endlich wirklich das Land betreten, das, seit ich als Kind den Robinson Crusoe – nicht gelesen, nein, förmlich verschlungen, einen so unendlichen Zauber für mich gehabt, daß ich die Sehnsucht hierher wohl für Zeiten unterdrücken, nie aber ganz und gar bezwingen konnte. („Reisen", Band 1, S. 478)

Nicht nur geheimnisvolle und sonnenverwöhnte Südseeinseln, sondern auch die rauhe Wildnis sieht Gerstäcker immer als Möglichkeit und Ort der Weltflucht, als „hortus conclusus", in den hinein er seine Träume und Wunschvorstellungen von einer frohen, sorgenfreien und problementhobenen Welt proijzieren kann. So ist es kaum verwunderlich, dass nicht nur der Autor selbst, sondern auch seine Erzählerfiguren gelegentlich dazu neigen, das Leben in der Abgeschiedenheit der Wildnis romantisch zu verbrämen und zu verklären:

> Harper's Trauer schwand jedoch in dem Augenblick, wo sein Pferd den dunklen Schatten der Bäume betrat; er war nur noch Jäger, und ein Jäger in Arkansas hat nicht Zeit für Sorge, Noth und Kummer. Wenn ihn die grüne Waldesheimath umfängt; wenn das Roß selbst, das ihn trägt, wiehernd wie in toller, freudiger Lust freiwillig über Bäche und umliegende Stämme hinwegsetzt; wenn die Hunde in wilder Hast nach der warmen Fährte des Bären oder Panther zu suchen anfangen, spielend manchmal hinter einem aufgescheuchten flatternden Volk Truthühner hersetzen, oder heulend mit sträubendem Haar neben den Spu-

ren des Wolfes stehen bleiben; wenn der Thau von den duftenden Büschen die heiße Wange netzt; wenn endlich die Meute mit wildem Gebell dem aufgescheuchten Wilde folgt und, ihr nach, die Jagd in wildem Toben rast: wer denkt da noch an Schmerz oder Gram, wen drücken da noch quälende Sorgen? „Vorwärts!" heißt sein einziges Gefühl – „vorwärts!" ist der alleinige Gedanke, dessen er sich bewußt ist. – Ach, es ist ein wonniges Leben im freien, grünen Walde! („Die Regulatoren in Arkansas", S. 85f.)

Nun verhält es sich allerdings nicht so, dass der Schriftsteller in diesen exotisch-wilden Wunschwelten und Landstrichen auch wunschlos glücklich sein kann – zu sehr weichen seine Traumbilder von den tatsächlichen Gegebenheiten dort ab. Steinbrink formuliert es in seinem scharfsinnigen Aufsatz über Gerstäcker so:

Es ist wenig verwunderlich, daß dem Träumer und Schwärmer Gerstäcker die tatsächliche Welt jenseits des Ozeans nicht sonderlich gefiel, hatte ihm doch seine Phantasie „recht deutlich" eine bessere gezeigt. (...) Gerstäcker träumte von einem autarken „Robinson-Leben", nur die Notwendigkeit sollte ihn zwingen, Kontakte zum Leben der Gesellschaft aufzunehmen, seine Freiheit wollte er in der Einsamkeit eines Jägers in der Art Lederstrumpfs finden. So zog es ihn in die Wildnis, nur von Zeit zu Zeit nahm er, um sich mit dem Nötigsten zu versorgen, verschiedene Arbeiten an – sobald das getan war, kehrte er in die Wildnis zurück. „Wohin? Man hatte mir gesagt, daß Arkansas das Paradies der Jäger sei." Das Leben, das sich Gerstäcker im Walde gestaltete, entsprach noch am ehesten seinen Wunschvorstellungen, einfach deshalb, weil er hier seine Tagträume an die Realität heranbringen konnte und, wenn auch dauernd gestört durch die lästige Erfahrung von Widrigkeiten, als Cooperscher Don Quichotte leben konnte.[56]

Tatsächlich waren die Erfahrungen, die Gerstäcker in der Realität der fernen Länder sammelte, nun gar nicht seinen Tagträumen vergleichbar.[57]

Trotz Gerstäckers starker Neigung zum Bau von „Luftschlössern" in entrückten Gegenden wäre es aber verfehlt, ihn bloss als hoffnungslosen Schwärmer und „Möchtegern-Einsiedler" abzutun. Wie auch aus seinen Werken immer wieder hervorgeht, hat er sich dem Romantisieren nie *ganz* verschrieben, und er spürt sehr wohl, dass die Abgeschiedenheit

---

[56] Steinbrink, S. 136

[57] Steinbrink, S. 137

fremder und wilder Welten seinem Leben keine dauerhafte Sinngebung verleihen kann. Letzten Endes ist er doch zu wenig enthoben und mit seinem angestammten Leben zu fest verbunden, als dass sich sein Blick für eine „zivilisierte" Realität je vollends getrübt hätte. Das hat er – freilich mit einem Hauch von Melancholie – in einer autobiographischen Schrift über Südamerika herausgestrichen. [Akzentuierungen in *Kursivschrift*]

Ja, diese Wildniß hat einen stillen und hohen Reiz, aber – man muß eben kein anderes Leben kennen, oder nur einmal auf kurze Zeit von der Civilisation, die den Menschen angreift, ausruhen wollen. Für immer hielten wir es hier nicht aus, oder – schafften eben um uns her eine von dieser verschiedenen Welt, die der verlassenen soviel als möglich gliche. So träume denn fort, Du stiller, feuchter Wald mit Deinem ewigen Schattendunkel, mit Deinen Leuchtkäfern und rauschenden Palmen – träume fort, Du Mangrovesumpf mit Deinen schnalzenden Krabben, Du stille Bai, Du friedlicher kleiner Ort mit Deinen schreienden Kindern und bellenden Hunden – träumet fort – möge Dir Gott Deinen – blauen Himmel kann man nicht gut sagen, denn der existirt hier nicht, – Deinen Regen, Deine Platanen und Deine Fische lassen, und Du selber Dich wie immer Deines Lebens freuen! Ich selber bin aber nicht für dieses Leben geschaffen – oder w e n n ich es war, dessen entwöhnt. Mich zieht es zurück zu einem engeren, geistigeren Treiben. Wo ich aber auch immer sei, die Erinnerung an Dich wird mir bleiben, und die E r i n n e r u n g an diese Wildniß ist einer der besten Schätze, die ich mit mir nach Hause nehmen darf.
(„Achtzehn Monate in Südamerika und dessen deutschen Colonien", Band 1, S. 62f.)

Jedes Gerstäcker-Portrait, das seiner *Risikofreudigkeit* keine Rechnung trüge, würde diesem Draufgänger und Abenteurer nicht gerecht. Er liebt Gefahr und Nervenkitzel leidenschaftlich – sie sind für ihn ein Lebenselixir. Im zweiten Buch der eben zitierten Südamerika-Schrift gesteht er:

M e i n e Ansprüche an eine Reise sind bescheidener Art – ich verlange nur eine schöne fremde Gegend und fremde Menschen, oder – wenn die fehlt – etwas Gefahr, um den langweiligen Weg zu würzen. Es braucht gerade nicht v i e l zu sein, aber es muß den Reisenden doch immer in einer gewissen angenehmen Aufregung halten, das macht dann selbst die ödeste, langweiligste Gegend interessant.
(„Achtzehn Monate in Südamerika und dessen deutschen Colonien", Band 2, S. 497)

Ueberhaupt gehört, meiner Meinung nach, etwas Gefahr mit zu den und zwar nothwendigen Annehmlichkeiten einer Reise, die Scenerie müßte denn so wundervoll sein, daß sie für alles Andere, also auch für diesen Mangel, genügende Entschädigung böte. („Reisen", Band 2, S. 309)

Einige Tagebucheinträge belegen, dass das, was Friedrich Gerstäcker auf seinen Reisen noch als „angenehme Aufregung" willkommen ist, für die meisten Menschen wahrscheinlich ein Alptraum wäre: Alligatoren beispielsweise schätzt der Wagemutige in den „Streif- und Jagdzüge[n] durch die Vereinigten Staaten Nordamerikas" so ein: „Ich habe sie stets als liebe, harmlose Thiere gefunden und ihre Jagd mit grossem Eifer getrieben."! (S. 494)

Damit aber noch nicht genug. Der Schriftsteller lässt sich gar von einem anderen Verwegenen dazu verleiten, in unmittelbarer Nähe von Alligatoren ein Bad zu nehmen...

Ueber Mittag, als wir uns mitten im Clear Lake befanden und ich eben meine Beobachtung über verschiedene Alligatorenköpfe machte, die rings um uns her aus dem Wasser schauten und genau wie schwimmende Stücke schwarzgebrannten Holzes aussahen, warf der Eine der Leute plötzlich ganz ruhig und unbekümmert seine Kleider ab und machte Anstalt sich zu b a d e n. Ich glaubte erst, er hätte die Alligatoren nicht gesehen, und sprang rasch auf ihn zu, ihn zu verhindern; aber er lachte und meinte, das wären ganz gute und vernünftige Burschen, die keinem w e i ß e n Mann etwas zu Leide thäten – er sei oft zwischen ihnen umhergeschwommen. (...) Dadurch wurde ich aber auch kühn gemacht; das Wasser sah überhaupt verlockend genug aus, und wenn auch die Uebrigen unserem Beispiel nicht folgen mochten, schwamm ich doch bald an James' Seite und hatte dadurch seine volle Hochachtung gewonnen.
(„Streif- und Jagdzüge durch die Vereinigten Staaten Nordamerikas", S. 156f.)

Die Sehnsucht nach Gefahr und Risiko ist im übrigen keine Eigenheit Gerstäckers – vielmehr wird sie als Ausdruck des damaligen Zeitgeists ein Markenzeichen der Abenteuerliteratur jener Jahre. Steinbrink fasst es so:

„Denn glaubt es mir! – das Geheimniß, um die größte Fruchtbarkeit und den größten Genuß vom Dasein einzuernten, heißt: *gefährlich leben!* Baut eure Städte an den Vesuv! Schickt eure Schiffe in unerforschte Meere!" Nietzsche verkündet hier die Flucht aus der sicher erscheinenden Welt in eine Gegenwelt: Gefährlich leben! Eine Idee, die in der Gründerzeit Epoche machte. Die

Abenteuerliteratur jener Zeit, aber auch schon die der Zeit der 50er und 60er Jahre, ist geprägt durch diese Thematik.[58]

Menschen, welche die Gefahr nicht scheuen, müssen sich gewöhnlich auch für physische Auseinandersetzungen nicht speziell motivieren; man nimmt es in solchen Situationen eben so, wie es gerade kommt, selbst wenn eine Kraftprobe nicht *direkt* gesucht wird. Das ist auch bei Friedrich Gerstäcker nicht anders, als er in einem Lokal in Constitution zwei Frauen vor dem Zugriff zweier angetrunkener chilenischer Matrosen schützen will und deswegen in eine handfeste Keilerei verwickelt wird.

Die beiden Tollköpfe wollten jedoch davon nichts hören, und erbittert vielleicht darüber, daß ich den Einen von ihnen so unsanft vor die Thür gesetzt, fielen sie plötzlich alle Beide auf einmal über mich her. Nun bin ich allerdings nicht mehr recht ordentlich auf einen Faustkampf eingerichtet, denn die linke Hand kann ich, eines zerschossenen Fingers wegen, nicht ordentlich schließen, und mein früher einmal aus der Kugel gefallener rechter Arm macht mir auch noch manchmal zu schaffen. Ich wäre jedenfalls der Letzte, der etwas Derartiges gesucht hätte, meiner Haut mußte ich mich aber wehren, und ein paar glücklich geführte Stöße sandten den einen der Burschen rechts und den andern links in die Straße nieder. Der Eine fiel wie todt zurück und lag mit ausgestreckten Armen im Mondschein, und ich hätte jetzt ganz ruhig meiner Wege gehen können. Anstatt aber das zu thun, trat ich thörichter Weise wieder in die Thür der Wohnung, vielleicht in einem unbestimmten Gefühl, die Frauen zu beschützen. Der stärkste der Matrosen, denn daß es ein solcher war, bewiesen die schauerlichen, halb englischen, halb spanischen Flüche, die er ausstieß, hatte sich jetzt wieder vollkommen aufgerafft, und forderte mich mit solchen nichtswürdigen Worten zu einem neuen Kampfe heraus, daß ich Vernunft und Alles bei Seite setzte und die Herausforderung annahm. Mein Blut war aber auch indessen warm geworden, und nach dem zweiten 'round lag er wieder auf der Erde. Indessen hatten sich doch einige Menschen aus den umliegenden Häusern versammelt, außerdem stand der Vollmond hoch und tagesklar am Himmel, und ich drehte mich jetzt ab, um meiner Wege zu gehen. Die Umstehenden konnten das Haus genug beschützen; der Matrose war aber schon wieder auf den Füßen und kam hinter mir drein, und um mich wirklich nur noch meiner Haut zu wehren, gab ich ihm einen Schlag, der ihn bewußtlos gegen die Mauer schleuderte. – Merkwürdiger Weise war indessen sein Kamerad, den ich noch vor wenigen Minuten auf der Erde gesehen hatte, spurlos verschwunden. („Achtzehn Monate in Südamerika und dessen deutschen Colonien", Band 1, S. 526)

---

[58] Steinbrink, S. 56

Ein weiteres bestimmendes Element im Leben dieses Mannes ist wie bereits angesprochen sein natürliches, unverkrampftes Verhältnis zur *Religion*. Das Vertrauen in die Transzendenz, das aus vielen fiktionalen Texten spricht, scheint auch in der Nichtfiktion immer wieder auf: Der Autor baut auf einen letzten Sinngrund, auf ein Gehaltensein im Schöpfer und in der Schöpfung. In den Tagebuchaufzeichnungen über Südamerika gibt ihm der Anblick einer einmaligen, zauberhaften Gegend Anlass, Gott als deren Urheber zu preisen.

Wundervoll ist die landschaftliche Schönheit Santa-Catharinas, und ich weiß mir die Zeit nicht zu erinnern, wo ich einen größeren Genuß gehabt hätte, als dort bei einem Sonnenuntergang mit dem stillen Meeresarm im Vordergrund, den wirklich malerischen Hügeln der Insel selber, mit der allerliebsten Stadt um mich her und der großartigen Formation der Gebirge auf dem gegenüberliegenden Continent mit fünf scharf abgeschiedenen Schichten in ihren verschiedenfarbigen Tinten. Oh, die Welt ist so schön! So wunderbar reich hat Gottes Güte seine herrliche Erde ausgestattet, und nur des Menschen Leidenschaften stören – nicht die Harmonie des Ganzen, aber doch sein eigenes Glück, das er so leicht und mit so wenig Mitteln finden könnte.
(„Achtzehn Monate in Südamerika und dessen deutschen Colonien", Band 2, S. 154)

An anderer Stelle im gleichen Band wird das eben Zitierte untermauert; aus den wenigen Zeilen spricht eine tiefe *Dankbarkeit* – für Gerstäcker eine selbstverständliche Haltung.

Ueberhaupt gehöre ich zu jenen glücklichen Menschen, denen Gott seine wunderbare schöne Welt nach allen Richtungen hin ausgebreitet und gezeigt hat.
(„Achtzehn Monate in Südamerika und dessen deutschen Colonien", Band 2, S. 336)

Dass aber auch jemand, der seine Weltanschauung auf Gott ausrichtet, nicht in jedem Fall schonend mit der Schöpfung umgeht, sollen die nachfolgenden Zitate belegen.

Der Ausgewogenheit halber muss an dieser Stelle festgehalten werden, dass aus ihnen nicht nur Gerstäckers persönliche Haltung spricht, sondern ebensosehr der damalige Zeitgeist, der die Existenzberechtigung selbst höherer Lebewesen lange nicht in dem Masse respektierte, wie dies heutzutage in unseren Breitengraden gemeinhin der Fall ist. Es gilt als erwiesen, dass in der zweiten Hälfte des 19. Jahrhunderts allein in Nordamerika um die 60 Millionen Bisons und dazu noch *millionen-*

weise andere Tiere sinnlos abgeschlachtet und an den Rand der Ausrottung getrieben wurden; bei den Bisons z.b. betrug die Zahl der Überlebenden um die Jahrhundertwende weniger als 1000! [Angaben nach Fritz Hohermuth und Marianne Runge: USA – Nationalparks; Acadia Verlag; 3., veränderte Auflage, S. 32; Basel 1987]

Über seinen Jagdtrieb als Jugendlicher hält der Autor rückblickend fest:

> Ich war damals achtzehn Jahre alt und hatte erst wenige Monate früher die erste Flinte in die Hand bekommen, mit der ich leichtsinnige Spatzen und vertrauensvolle Lerchen erschreckte, ohne gerade weiteren Schaden anzurichten. Der Jagdteufel stak aber in mir, wenn er auch lange Jahre geschlafen hatte und durch keine Gelegenheit, ihm Beschäftigung zu geben, geweckt war. Ich fühlte das Bedürfniß in mir, zu s c h i e ß e n – auf was, blieb sich vor der Hand gleich – und keine Ratte im Hof, kein Spatz, kein Finke selbst war mehr sicher, eine Ladung Hagel, wo sie sich blicken ließen, an sich vorüber sausen zu hören. (...) Mein erster glücklicher Schuß war, daß ich eine Goldammer flügellahm schoß, und beinahe den Hals, eine Mauer hinab, brach, sie mir nicht entgehen zu lassen – die Goldammer kostete mich etwa vier Pfund Schrot. Dann streute ich den Spatzen im Winter Futter, legte mich heimtückischer Weise dazu in den Hinterhalt, und richtete, jetzt schon gewitzigt, wie zu zielen, Verwüstung unter ihnen an.
> („Achtzehn Monate in Südamerika und dessen deutschen Colonien", Band 2, S. 310f.)

Auf der Südseeinsel Maiao (westlich von Tahiti) demonstriert Gerstäcker eine Variante seiner Jagdlust, indem er zur Freude einiger Einheimischer fliegende Vögel zur Strecke bringt.

> Den Tag über, da das Verhör des Schotten erst gegen Abend stattfinden sollte, besuchte ich meine Freunde am Strand und wurde von ihnen wieder auf das Herzlichste aufgenommen. Ihnen einen Spaß zu machen, schoß ich einige der Strandvögel im Flug, und ihr Erstaunen war in der That unbegrenzt, als ich mit drei Schüssen drei Vögel aus der Luft, aus übrigens kaum dreißig Schritt Entfernung, herunterbrachte. So etwas hatten sie in ihrem ganzen Leben noch nicht gesehen! („Reisen", Band 1, S. 499)

Das Interesse des enthusiastischen Jägers gilt auch Alligatoren. Allerdings auferlegt er sich in der unten geschilderten Situation bei der Jagd auf diese Riesenechsen einige Zurückhaltung und bringt lediglich deren zwei zur Strecke...

> Ich hatte bis jetzt immer geglaubt, daß die Mississippisümpfe, was die Zahl der Alligatoren anlangt, von keinem Land der Welt übertroffen werden könnten, ich

hatte aber den Guajaquilstrom noch nicht gesehen. Wohin man blickte, schwammen ein paar dieser schmutzig grauen, ekelhaften Burschen in dem stillen, trüben Wasser herum, und zur Zeit der Ebbe lagen sie an den Schlammbänken wie eine Heerde Schafe zusammen. Ich habe an einer kleinen Schlammbank einmal einundfünfzig gezählt, an anderen vierzig und mehr, und wenn ich gewollt, so hätte ich an dem Morgen mit Leichtigkeit ein paar hundert Alligatoren erlegen können. So aber begnügte ich mich damit, meine Doppelbüchse nach ihnen abzubrennen, und schoß zwei, die ich das Vergnügen hatte, sich überschlagen zu sehen. („Achtzehn Monate in Südamerika und dessen deutschen Colonien", Band 1, S. 152)

Das nächste Zitat soll die Jagdthematik beschliessen. Es zeigt schön, wie sich Friedrich Gerstäcker selbst als Jäger sieht und welch' durchaus ambivalentes Verhältnis zur Kreatur er hat.

> Jäger sind eigentlich recht grausame Geschöpfe. Obgleich mir die arme Bestie in ihrem ganzen Leben noch nichts zu Leide gethan, ja trotzdem daß ich nicht einmal den geringsten Nutzen aus ihr ziehen konnte, wenn ich sie wirklich erlegte, war doch mein erster Gedanke M o r d, und ich erwartete mit wahrhafter Schadenfreude den Augenblick, wo der Fuchs in Schußnähe kommen würde. („Reisen", Band 1, S. 152f.)

Hier sei etwas *Bemerkenswertes* angefügt: Die meisten in diesem Kapitel präsentierten Zitate sind autobiographischer Natur – trotzdem sollten sie aber *nicht bedingungslos* als echte Wirklichkeitsaussagen (EWA) interpretiert werden! Selbstredend soll das nicht heissen, dass der Wahrheitsgehalt dieser Textstellen *grundsätzlich* anzuzweifeln wäre. Es ist aber möglich, dass die eine oder andere Begebenheit ausgeschmückt und überzeichnet ist. Wie Gerstäcker selbst eingesteht, findet er nichts Stossendes oder gar Verbotenes an dieser eigenwilligen Ausgestaltung seiner Biographie. Bewusst und ohne Hemmung *fabuliert* er in echten Wirklichkeitsaussagen, ja sieht es, wie das folgende Zitat von ihm belegt, geradezu als seine Pflicht und Schuldigkeit an („...wird sogar theilweise *verlangt*..."), Texte aufzupolieren und dadurch schmackhafter und attraktiver zu machen:

> Er selbst [Friedrich Gerstäcker, A.Z.] stellt klar: „Sie wissen gewiß recht gut, daß das, was man *Jägergeschichten* nennt, nicht unter die Rubrik von Lügen gesetzt werden darf. Ein Jäger hat das Privilegium, Poet zu sein, und wie der Novellist nicht in seiner Erzählung die trockenen Thatsachen rein und ungeschmückt hinstellen darf, so ist es jenem ebenfalls nicht allein erlaubt, sondern wird sogar theilweise verlangt, daß er seine Jagdabenteuer in einem bunten

Kleide bringt – und wenn er keine zu bringen hat – aus einfachen Jagden interessante Jagdabenteuer *macht.*"[59]

Diese Auffassung führt unweigerlich zu Schwierigkeiten bezüglich Unterscheidung zwischen Fiktion bzw. Nichtfiktion. Mit absoluter Sicherheit kann letztlich nie gesagt werden, ob jede echte Wirklichkeitsaussage *vollumfänglich* der Wahrheit entspricht! Dieser Befund ist bedauerlich; er verunsichert und irritiert. Die mit der EWA untrennbar verknüpfte Identität von Aussage und Sachverhalt ist nicht mehr verlässlich gegeben, wenngleich (wie schon angesprochen) davon ausgegangen werden kann, dass die meisten Ereignisse auch tatsächlich geschehen sind. Im Prinzip aber hat sich der Schriftsteller mit derartigen „Einlagen" aufs Glatteis begeben, und man müsste ihn (trotz seiner sicherlich ehrbaren Absicht, sein Schreiben bunter und einfallsreicher gestalten zu wollen) konsequenterweise der *Unwahrheit* bezichtigen – Rolf Tarot bringt es auf den Punkt:

> Die Verfälschung von Sachverhalten ist Lüge. „Erfindungen", die sich der Autobiograph einfallen lassen könnte, fiktionalisieren seinen autobiographischen Text nicht, machen ihn nicht zum Roman, sondern sind – als Abweichung von der Wahrheit –: Lügen. Autobiographen können lügen, Autoren fiktionaler Texte können es nicht.[60]

Der Autor bestückt also nicht bloss seine Fiktion mit authentischen Elementen aus der nichtfiktionalen Lebenswelt (und fiktionalisiert diese der Realität entlehnten Elemente echter Wirklichkeitsaussage dadurch!), sondern er baut auf der andern Seite auch „fiktive" Elemente in seine autobiographischen Texte ein. Daraus resultiert eine enge und nicht immer entwirrbare Wechselbeziehung zwischen Fiktion und Nichtfiktion.

Friedrich Gerstäckers Schaffen (fiktionaler *und* nichtfiktionaler Natur) lässt sich somit auf folgenden widersprüchlichen Nenner bringen: Einer spürbaren Vorliebe zum *Fabulieren* steht ein profundes Streben nach *Authentizität* diametral entgegen. Sein Schreiben bewegt sich in einem

---

[59] Steinbrink, S. 134

[60] Tarot, 1993: 26

Spannungsfeld zwischen genüsslicher *Lust am Hinzudichten und Ausschmücken* einerseits und grösstmöglicher *Realitätstreue* andererseits! Schon zu Lebzeiten des Schriftstellers hat die hier thematisierte „Unschärferelation" die Kritiker beschäftigt, unter anderen den bekannten Dresdner Maler und Zeichner Herbert König. Er allerdings begegnet dem gewagten Spiel mit der Faktizität sehr verständnisvoll und fordert, man möge diese Realitätsverzerrung mit der nötigen Grosszügigkeit aufnehmen.

Solchen unsanften Bemerkungen möchte ich dadurch entgegen treten oder sie berichtigen: daß Gerstäcker es liebte, hie und da zu fabulieren, ohne jedoch im geringsten dabei die Absicht zu haben, dem Leser Münchhauseniaden oder dergleichen aufzutischen. Er hoffte, man würde die Sache nehmen wie sie ist, und nicht aus einer Mücke einen Elephanten machen. Denn nie habe ich einen wahrheitsliebenderen Mann gekannt, als es Gerstäcker im Privatleben, im Kreise seiner Freunde und Bekannten war. Er hat deren viele, und ich weiß, sie werden mir beistimmen.[61]

---

[61] McClain/Kurth-Voigt, Sp. 1082

Abschliessend soll noch auf Gerstäckers delikates, *schwieriges Verhältnis* zu seinem überempfindlichen *Verleger Hermann Costenoble* eingegangen werden. Einige Briefausschnitte geben Aufschluss darüber, wie ermüdend und nervenaufreibend sich die Beziehung zu diesem schlauen Geschäftsmann gestaltet. Immer wieder muss der Autor auf seine *prekäre finanzielle Situation* aufmerksam machen, immer wieder sieht er sich gezwungen, hart zu feilschen und gegen die Verzögerungs- und Hinhaltetaktik Costenobles anzukämpfen, um zu einer Abgeltung zu kommen.

Gotha 23/1 62

Mein lieber Herr Costenoble.

(...)

Was die Honorarzahlung betrifft, mein guter Herr Costenoble, so scheinen Sie über meine Vermögensverhältnisse einen außerordentlich günstigen Glauben zu besitzen. Wissen Sie daß mich die Reise etwa 4500 rth gekostet hat, und daß kaum der dritte Theil meiner Berichte abgedruckt werden konnte? – Mit dem Honorar für die Berichte habe ich keinenfalls ein Dritttheil meiner Kosten gedeckt, und wovon soll ich denn eigentlich bis zur Ostermesse leben, denn *was* ich von jetzt ab für Zeitungen arbeite erhalte ich erst *Ende Juli* bezahlt. Ich kann Ihnen da nicht helfen, Sie müssen schon herausrücken, oder ich selber muß Geld borgen, und das ist wahrhaftig nicht angenehm.

(...)

Für jetzt grüßt Sie herzlich

Ihr

Fr Gerstäcker[62]

---

[62] McClain/Kurth-Voigt, Sp. 1103ff.

Braunschweig 3/Nov. 70.

Mein lieber Herr Costenoble

Ihrem Wunsche gemäß wurde die erste Honorarzahlung für „In Mexiko" und zwar noch in Friedenszeit, bis zum August hinausgeschoben, die 2te sollte im Septbr folgen. Sie wünschten den Ocktober und ich war auch damit zufrieden Wir haben heute den 3tn November und ich warte noch vergeblich. Meine Tochter wird in dieser Woche getraut und ich habe die Ausstattung zu beschaffen. Außerdem ist mir Nichts peinlicher als um Honorar zu schreiben.

(...)

Ihr

Fr Gerstäcker[63]

---

[63] McClain/Kurth-Voigt, Sp. 1191f.

Ausserordentlich zähflüssig entwickeln sich die Verhandlungen zwischen den beiden, als der Schriftsteller an die Herausgabe seiner gesammelten Werke zu denken beginnt. Das entwürdigende Hin und Her wegen der Gesamtausgabe erstreckt sich über satte sechs Jahre und lässt Gerstäcker buchstäblich verzweifeln. Gereizt und resigniert zugleich schreibt er seinem Verleger in den Jahren 1869 bzw. 1870 (in chronologischer Reihenfolge):

Mein lieber Herr Costenoble.

(...)

Ich habe jetzt meine Reisen beendet und werde nie populärer werden, als ich gegenwärtig bin. Deshalb aber auch *fest* entschlossen in dieser Buchhändler Messe oder vorher, hoffentlich mit Ihnen *jedenfalls* aber einen Contrackt über meine gesammelten Werke abzuschließen Dabei sage ich Ihnen gleich *daß ich mich auf keine Clauseln wegen Contracktlösung etc – einlasse.* Also überlegen Sie sich die Sache ordentlich, ich lasse mich nun unter keiner Bedingung mehr länger hinausschieben.

(...)

Mit den freundlichsten Grüßen indessen, wie immer

Ihr alter

treu ergebener

Fr Gerstäcker

Dresden 12/1 69.[64]

---

[64] McClain/Kurth-Voigt, Sp. 1171f.

Mein lieber Herr Costenoble.

(...)

Den Contrackt Entwurf habe ich erhalten und durchgelesen, ich kann mir aber nicht denken daß Sie im Ernst geglaubt haben ich würde einen *solchen* Contrackt unterzeichnen. Nein mein lieber Herr Costenoble, dabei ist der Vortheil ganz allein auf *Ihrer* Seite – *nur* Gewinn ohne das geringste Risico, und das wäre zu ungleich vertheilt. So wie ich mit meiner Arbeit fertig bin, werde ich Ihnen *meine* Ansichten in Contracktform senden und wir wollen dann sehn wie wir Alles einrichten Entweder Sie übernehmen die gesammelten Werke oder Sie übernehmen Sie nicht aber in keinem Fall werde ich mit irgend einem Buchhändler einen Contract abschließen, nachdem er mitten drin sagen kann: Nein, ich thue nicht mehr mit

(...)

Ihr alter

treu ergebener

Fr Gerstäcker

Dresden 3/2 69.[65]

Mein lieber Herr Costenoble

Mit den gesammelten Werken machen Sie es wie Sie wollen. Es ist so entsetzlich viel darüber debattiert, daß ich selber endlich Lust & Vertrauen dazu verloren habe. Haben *Sie* Vertrauen so gehn Sie vorwärts, wo nicht warten wir noch –

Mit herzlichen Grüßen auch für v. Gulich

Ihr

alter

Fr Gerstäcker

Dresden 24/6 69 (...)[66]

---

[65] McClain/Kurth-Voigt, Sp. 1172f.

[66] McClain/Kurth-Voigt, Sp. 1176

Das nächste Schriftstück – es ist in vollem Wortlaut abgedruckt – ruft noch einmal in Erinnerung, wie entmutigt und entnervt Gerstäcker am Ende dieses Verhandlungsmarathons ist und wie stark ihm die ganze Prozedur zugesetzt hat.

Mein lieber Herr Costenoble

Ihre freundlichen Zeilen habe ich erhalten, aber nicht die geringste Lust auf den Vorschlag einzugehn, denn *ich* komme bei derlei Dingen immer zu kurz. Drei ein halber Thaler ist das nämliche als ob das Buch 4½ kostet. Sie drucken 1000 Exemplare mehr und ich habe Nichts davon. „Nach Amerika!" haben Sie auch 2000 gedruckt und einen solchen Preis gestellt, daß die Auflage noch nicht verkauft ist. Bei der zweiten Auflage der beiden Sträflinge schrieben Sie mir – „In Betracht daß die gesammelten Werke nächstens erscheinen werden etc. (das war vor *6* Jahren) nehmen Sie mit einem geringern Honorar vorlieb". Ich bekam die paar hundert Thaler für die zweite Auflage und die gesammelten Werke schlafen noch. Ich gehe auf derartige Geschäfte nicht mehr ein.

Mit freundlichsten Grüßen indessen

Ihr alter

Fr Gerstäcker

Braunschweig 19/6 70 [67]

Es kommt, wie es kommen muss: Costenobles Verschleppungstaktik zieht sich derart lange hin, dass Gerstäcker die so heiss ersehnte Veröffentlichung seiner Werke nicht mehr erleben darf. Die eigentliche Krönung seines Wirkens als Schriftsteller ist ihm versagt geblieben!

---

[67] McClain/Kurth-Voigt, Sp. 1188f.

6.2 Anhang 2: Zahlenmaterial zu den Graphiken

Daten zu Graphik 1: Erzählerpräsenz in Anfangs- und Schlusskapitel sowie im Textinnern

Text	erstes Kapitel	letztes Kapitel	restliche Kapitel	Anzahl Kapitel
Die Regulatoren	23.03%	35.71%	39.30%	39
Die Flußpiraten	42.06%	38.00%	50.87%	37
Pfarre und Schule	100.00%	100.00%	51.36%	36
Tahiti	63.59%	59.24%	59.97%	35
Nach Amerika! I	71.64%	48.89%	64.39%	28
Nach Amerika! II	72.26%	40.18%	52.13%	26
Das alte Haus	68.29%	96.14%	56.60%	15
Die beiden Sträflinge	53.56%	56.78%	47.94%	33
Gold!	53.00%	60.40%	55.55%	30
Unter dem Aequator	47.66%	48.44%	49.09%	52
Der Kunstreiter	62.74%	31.80%	31.80%	31
Die Colonie	49.67%	25.57%	49.29%	34
Im Busch	77.99%	48.67%	65.13%	24
Sennor Aguila	95.63%	71.81%	53.64%	38
General Franco	54.66%	46.34%	67.82%	32
Unter den Pehuenchen	72.94%	60.65%	71.61%	39
Der Erbe	30.42%	96.61%	46.45%	38
Eine Mutter	47.30%	59.91%	46.95%	34
Die Missionäre	93.62%	63.51%	68.35%	39
In Mexiko I	84.15%	66.20%	52.95%	22
In Mexiko II	26.48%	62.65%	56.81%	25
Die Blauen und Gelben	29.01%	74.36%	56.48%	34
Im Eckfenster	33.66%	59.89%	38.48%	36
In Amerika	67.96%	58.33%	55.44%	34
Durchschnitt	**59.22%**	**58.75%**	**53.68%**	**33**

Daten zu Graphik 2: Erzählerpräsenz in Anfangs- und Schlusskapiteln sowie im Textinnern

Text	1. und 2. Kapitel	letzte beiden Kapitel	restliche Kapitel	Anzahl Kapitel
Die Regulatoren	36.22%	58.46%	37.82%	39
Die Flußpiraten	48.04%	56.90%	50.02%	37
Pfarre und Schule	82.81%	82.20%	54.31%	36
Tahiti	71.22%	49.08%	60.04%	35
Nach Amerika! I	57.53%	61.51%	64.85%	28
Nach Amerika! II	62.46%	51.03%	51.66%	26
Das alte Haus	69.09%	90.26%	52.87%	15
Die beiden Sträflinge	35.34%	55.30%	48.80%	33
Gold!	65.83%	52.94%	55.05%	30
Unter dem Aequator	28.13%	51.40%	49.83%	52
Der Kunstreiter	65.43%	25.83%	45.59%	31
Die Colonie	38.88%	42.15%	49.68%	34
Im Busch	75.49%	50.16%	65.42%	24
Sennor Aguila	86.84%	69.28%	52.54%	38
General Franco	60.48%	73.17%	68.61%	32
Unter den Pehuenchen	86.47%	66.31%	70.78%	39
Der Erbe	56.79%	59.46%	46.08%	38
Eine Mutter	48.91%	48.03%	47.20%	34
Die Missionäre	68.73%	71.10%	68.76%	39
In Mexiko I	72.74%	57.43%	52.73%	22
In Mexiko II	40.77%	51.03%	57.72%	25
Die Blauen und Gelben	35.54%	65.46%	57.14%	34
Im Eckfenster	37.07%	54.71%	38.07%	36
In Amerika	63.27%	62.01%	54.99%	34
Durchschnitt	58.09%	58.55%	54.19%	33

Graphiken 3 bis 26: Daten zu den Dialogprofilen der Romane bzw. Erzählungen

Daten zu Graphik 3: „Die Regulatoren in Arkansas"

Kapitel	Dialoge	narrative Passagen	Gesamtzeilen	Dialoganteil
Kapitel 1	595	178	773	76.97%
Kapitel 2	215	210	425	50.59%
Kapitel 3	329	262	591	55.67%
Kapitel 4	224	172	396	56.57%
Kapitel 5	413	148	561	73.62%
Kapitel 6	300	337	637	47.10%
Kapitel 7	384	158	542	70.85%
Kapitel 8	208	202	410	50.73%
Kapitel 9	244	75	319	76.49%
Kapitel 10	685	151	836	81.94%
Kapitel 11	273	119	392	69.64%
Kapitel 12	292	62	354	82.49%
Kapitel 13	260	123	383	67.89%
Kapitel 14	318	418	736	43.21%
Kapitel 15	400	167	567	70.55%
Kapitel 16	129	263	392	32.91%
Kapitel 17	136	186	322	42.24%
Kapitel 18	66	236	302	21.85%
Kapitel 19	390	60	450	86.67%
Kapitel 20	227	139	366	62.02%
Kapitel 21	292	127	419	69.69%
Kapitel 22	330	311	641	51.48%
Kapitel 23	582	135	717	81.17%
Kapitel 24	285	156	441	64.63%
Kapitel 25	140	180	320	43.75%
Kapitel 26	361	298	659	54.78%
Kapitel 27	240	127	367	65.40%
Kapitel 28	330	277	607	54.37%
Kapitel 29	295	124	419	70.41%
Kapitel 30	299	70	369	81.03%
Kapitel 31	423	232	655	64.58%
Kapitel 32	169	44	213	79.34%
Kapitel 33	118	127	245	48.16%
Kapitel 34	478	161	639	74.80%
Kapitel 35	471	224	695	67.77%
Kapitel 36	264	331	595	44.37%
Kapitel 37	142	66	208	68.27%
Kapitel 38	28	121	149	18.79%
Kapitel 39	144	80	224	64.29%
Total	11'479	6'857	18'336	62.60%

Daten zu Graphik 4: „Die Flußpiraten des Mississippi"

Kapitel	Dialoge	narrative Passagen	Gesamtzeilen	Dialoganteil
Kapitel 1	365	265	630	57.94%
Kapitel 2	223	262	485	45.98%
Kapitel 3	316	98	414	76.33%
Kapitel 4	524	312	836	62.68%
Kapitel 5	141	363	504	27.98%
Kapitel 6	341	96	437	78.03%
Kapitel 7	409	135	544	75.18%
Kapitel 8	190	119	309	61.49%
Kapitel 9	445	182	627	70.97%
Kapitel 10	266	304	570	46.67%
Kapitel 11	198	145	343	57.73%
Kapitel 12	316	317	633	49.92%
Kapitel 13	162	432	594	27.27%
Kapitel 14	193	407	600	32.17%
Kapitel 15	256	423	679	37.70%
Kapitel 16	112	344	456	24.56%
Kapitel 17	317	249	566	56.01%
Kapitel 18	242	255	497	48.69%
Kapitel 19	194	308	502	38.65%
Kapitel 20	244	57	301	81.06%
Kapitel 21	235	229	464	50.65%
Kapitel 22	152	177	329	46.20%
Kapitel 23	168	190	358	46.93%
Kapitel 24	437	245	682	64.08%
Kapitel 25	183	294	477	38.36%
Kapitel 26	97	213	310	31.29%
Kapitel 27	351	349	700	50.14%
Kapitel 28	146	486	632	23.10%
Kapitel 29	37	264	301	12.29%
Kapitel 30	404	372	776	52.06%
Kapitel 31	203	141	344	59.01%
Kapitel 32	475	230	705	67.38%
Kapitel 33	272	226	498	54.62%
Kapitel 34	167	271	438	38.13%
Kapitel 35	252	154	406	62.07%
Kapitel 36	113	354	467	24.20%
Kapitel 37	261	160	421	62.00%
Total	9'407	9'428	18'835	49.94%

Daten zu Graphik 5: „Pfarre und Schule"

Kapitel	Dialoge	narrative Passagen	Gesamtzeilen	Dialoganteil
Kapitel 1	0	241	241	0.00%
Kapitel 2	218	416	634	34.38%
Kapitel 3	263	156	419	62.77%
Kapitel 4	86	321	407	21.13%
Kapitel 5	387	210	597	64.82%
Kapitel 6	372	264	636	58.49%
Kapitel 7	259	492	751	34.49%
Kapitel 8	301	219	520	57.88%
Kapitel 9	357	396	753	47.41%
Kapitel 10	534	196	730	73.15%
Kapitel 11	385	205	590	65.25%
Kapitel 12	248	109	357	69.47%
Kapitel 13	620	464	1084	57.20%
Kapitel 14	79	243	322	24.53%
Kapitel 15	237	173	410	57.80%
Kapitel 16	146	237	383	38.12%
Kapitel 17	260	182	442	58.82%
Kapitel 18	154	275	429	35.90%
Kapitel 19	70	389	459	15.25%
Kapitel 20	162	197	359	45.13%
Kapitel 21	420	435	855	49.12%
Kapitel 22	220	101	321	68.54%
Kapitel 23	492	204	696	70.69%
Kapitel 24	154	122	276	55.80%
Kapitel 25	261	463	724	36.05%
Kapitel 26	292	139	431	67.75%
Kapitel 27	0	167	167	0.00%
Kapitel 28	331	146	477	69.39%
Kapitel 29	172	65	237	72.57%
Kapitel 30	34	508	542	6.27%
Kapitel 31	330	245	575	57.39%
Kapitel 32	146	285	431	33.87%
Kapitel 33	54	453	507	10.65%
Kapitel 34	338	254	592	57.09%
Kapitel 35	157	284	441	35.60%
Kapitel 36	0	203	203	0.00%
Total	8'539	9'459	17'998	47.44%

Daten zu Graphik 6: „Tahiti"

Kapitel	Dialoge	narrative Passagen	Gesamtzeilen	Dialoganteil
Kapitel 1	138	241	379	36.41%
Kapitel 2	115	429	544	21.14%
Kapitel 3	132	308	440	30.00%
Kapitel 4	354	758	1112	31.83%
Kapitel 5	326	332	658	49.54%
Kapitel 6	260	248	508	51.18%
Kapitel 7	322	657	979	32.89%
Kapitel 8	0	364	364	0.00%
Kapitel 9	193	193	386	50.00%
Kapitel 10	466	456	922	50.54%
Kapitel 11	321	267	588	54.59%
Kapitel 12	170	372	542	31.37%
Kapitel 13	291	192	483	60.25%
Kapitel 14	191	333	524	36.45%
Kapitel 15	418	446	864	48.38%
Kapitel 16	647	677	1324	48.87%
Kapitel 17	77	313	390	19.74%
Kapitel 18	364	576	940	38.72%
Kapitel 19	515	490	1005	51.24%
Kapitel 20	275	251	526	52.28%
Kapitel 21	301	494	795	37.86%
Kapitel 22	269	270	539	49.91%
Kapitel 23	394	500	894	44.07%
Kapitel 24	111	350	461	24.08%
Kapitel 25	324	242	566	57.24%
Kapitel 26	49	321	370	13.24%
Kapitel 27	225	373	598	37.63%
Kapitel 28	271	709	980	27.65%
Kapitel 29	533	379	912	58.44%
Kapitel 30	320	378	698	45.85%
Kapitel 31	196	274	470	41.70%
Kapitel 32	273	578	851	32.08%
Kapitel 33	150	332	482	31.12%
Kapitel 34	678	432	1110	61.08%
Kapitel 35	353	513	866	40.76%
Total	10'022	14'048	24'070	41.64%

Daten zu Graphik 7: „Nach Amerika! – Band 1"

Kapitel	Dialoge	narrative Passagen	Gesamtzeilen	Dialoganteil
Kapitel 1	114	288	402	28.36%
Kapitel 2	439	337	776	56.57%
Kapitel 3	530	245	775	68.39%
Kapitel 4	227	324	551	41.20%
Kapitel 5	678	364	1042	65.07%
Kapitel 6	396	252	648	61.11%
Kapitel 7	131	318	449	29.18%
Kapitel 8	603	298	901	66.93%
Kapitel 9	217	413	630	34.44%
Kapitel 10	233	406	639	36.46%
Kapitel 11	253	373	626	40.42%
Kapitel 12	161	743	904	17.81%
Kapitel 13	211	890	1101	19.16%
Kapitel 14	106	431	537	19.74%
Kapitel 15	382	528	910	41.98%
Kapitel 16	285	916	1201	23.73%
Kapitel 17	69	353	422	16.35%
Kapitel 18	225	375	600	37.50%
Kapitel 19	151	240	391	38.62%
Kapitel 20	402	544	946	42.49%
Kapitel 21	140	600	740	18.92%
Kapitel 22	189	534	723	26.14%
Kapitel 23	478	314	792	60.35%
Kapitel 24	40	607	647	6.18%
Kapitel 25	176	631	807	21.81%
Kapitel 26	68	645	713	9.54%
Kapitel 27	334	957	1291	25.87%
Kapitel 28	551	527	1078	51.11%
Total	7'789	13'453	21'242	36.67%

Daten zu Graphik 8: „Nach Amerika! – Band 2"

Kapitel	Dialoge	narrative Passagen	Gesamtzeilen	Dialoganteil
Kapitel 1	357	930	1287	27.74%
Kapitel 2	455	506	961	47.35%
Kapitel 3	579	243	822	70.44%
Kapitel 4	415	304	719	57.72%
Kapitel 5	531	192	723	73.44%
Kapitel 6	304	395	699	43.49%
Kapitel 7	521	421	942	55.31%
Kapitel 8	12	342	354	3.39%
Kapitel 9	311	914	1225	25.39%
Kapitel 10	685	413	1098	62.39%
Kapitel 11	412	663	1075	38.33%
Kapitel 12	517	326	843	61.33%
Kapitel 13	136	232	368	36.96%
Kapitel 14	118	459	577	20.45%
Kapitel 15	811	359	1170	69.32%
Kapitel 16	745	597	1342	55.51%
Kapitel 17	367	423	790	46.46%
Kapitel 18	202	616	818	24.69%
Kapitel 19	438	292	730	60.00%
Kapitel 20	246	297	543	45.30%
Kapitel 21	334	287	621	53.78%
Kapitel 22	599	274	873	68.61%
Kapitel 23	399	391	790	50.51%
Kapitel 24	286	419	705	40.57%
Kapitel 25	122	198	320	38.13%
Kapitel 26	204	137	341	59.82%
Total	10'106	10'630	20'736	48.74%

Daten zu Graphik 9: „Das alte Haus"

Kapitel	Dialoge	narrative Passagen	Gesamtzeilen	Dialoganteil
Kapitel 1	130	280	410	31.71%
Kapitel 2	156	362	518	30.12%
Kapitel 3	93	398	491	18.94%
Kapitel 4	503	216	719	69.96%
Kapitel 5	363	127	490	74.08%
Kapitel 6	138	552	690	20.00%
Kapitel 7	349	277	626	55.75%
Kapitel 8	156	336	492	31.71%
Kapitel 9	322	364	686	46.94%
Kapitel 10	348	254	602	57.81%
Kapitel 11	70	136	206	33.98%
Kapitel 12	276	213	489	56.44%
Kapitel 13	273	244	517	52.80%
Kapitel 14	47	254	301	15.61%
Kapitel 15	9	224	233	3.86%
Total	3'233	4'237	7'470	43.28%

Daten zu Graphik 10: „Die beiden Sträflinge"

Kapitel	Dialoge	narrative Passagen	Gesamtzeilen	Dialoganteil
Kapitel 1	228	263	491	46.44%
Kapitel 2	460	95	555	82.88%
Kapitel 3	142	408	550	25.82%
Kapitel 4	315	400	715	44.06%
Kapitel 5	151	270	421	35.87%
Kapitel 6	297	474	771	38.52%
Kapitel 7	241	263	504	47.82%
Kapitel 8	206	315	521	39.54%
Kapitel 9	334	238	572	58.39%
Kapitel 10	334	263	597	55.95%
Kapitel 11	412	180	592	69.59%
Kapitel 12	216	79	295	73.22%
Kapitel 13	171	267	438	39.04%
Kapitel 14	256	332	588	43.54%
Kapitel 15	137	377	514	26.65%
Kapitel 16	473	396	869	54.43%
Kapitel 17	329	255	584	56.34%
Kapitel 18	399	234	633	63.03%
Kapitel 19	492	164	656	75.00%
Kapitel 20	404	396	800	50.50%
Kapitel 21	378	214	592	63.85%
Kapitel 22	136	252	388	35.05%
Kapitel 23	186	334	520	35.77%
Kapitel 24	515	181	696	73.99%
Kapitel 25	485	248	733	66.17%
Kapitel 26	139	501	640	21.72%
Kapitel 27	348	234	582	59.79%
Kapitel 28	308	245	553	55.70%
Kapitel 29	410	196	606	67.66%
Kapitel 30	331	457	788	42.01%
Kapitel 31	240	125	365	65.75%
Kapitel 32	327	381	708	46.19%
Kapitel 33	118	155	273	43.22%
Total	9'918	9'192	19'110	51.90%

Daten zu Graphik 11: „Gold!"

Kapitel	Dialoge	narrative Passagen	Gesamtzeilen	Dialoganteil
Kapitel 1	415	468	883	47.00%
Kapitel 2	86	317	403	21.34%
Kapitel 3	389	342	731	53.21%
Kapitel 4	111	349	460	24.13%
Kapitel 5	477	467	944	50.53%
Kapitel 6	135	520	655	20.61%
Kapitel 7	608	560	1168	52.05%
Kapitel 8	23	459	482	4.77%
Kapitel 9	70	442	512	13.67%
Kapitel 10	343	495	838	40.93%
Kapitel 11	513	562	1075	47.72%
Kapitel 12	293	336	629	46.58%
Kapitel 13	209	438	647	32.30%
Kapitel 14	356	356	712	50.00%
Kapitel 15	321	267	588	54.59%
Kapitel 16	151	458	609	24.79%
Kapitel 17	434	301	735	59.05%
Kapitel 18	276	310	586	47.10%
Kapitel 19	322	308	630	51.11%
Kapitel 20	535	284	819	65.32%
Kapitel 21	499	337	836	59.69%
Kapitel 22	231	331	562	41.10%
Kapitel 23	344	349	693	49.64%
Kapitel 24	370	476	846	43.74%
Kapitel 25	406	193	599	67.78%
Kapitel 26	468	164	632	74.05%
Kapitel 27	529	370	899	58.84%
Kapitel 28	267	489	756	35.32%
Kapitel 29	301	251	552	54.53%
Kapitel 30	373	569	942	39.60%
Total	9'855	11'568	21'423	46.00%

Daten zu Graphik 12: „Unter dem Aequator"

Kapitel	Dialoge	narrative Passagen	Gesamtzeilen	Dialoganteil
Kapitel 1	336	306	642	52.34%
Kapitel 2	478	45	523	91.40%
Kapitel 3	185	113	298	62.08%
Kapitel 4	387	77	464	83.41%
Kapitel 5	106	174	280	37.86%
Kapitel 6	192	124	316	60.76%
Kapitel 7	108	223	331	32.63%
Kapitel 8	112	200	312	35.90%
Kapitel 9	162	251	413	39.23%
Kapitel 10	319	55	374	85.29%
Kapitel 11	157	281	438	35.84%
Kapitel 12	160	310	470	34.04%
Kapitel 13	256	324	580	44.14%
Kapitel 14	179	177	356	50.28%
Kapitel 15	111	243	354	31.36%
Kapitel 16	150	261	411	36.50%
Kapitel 17	20	195	215	9.30%
Kapitel 18	200	153	353	56.66%
Kapitel 19	213	87	300	71.00%
Kapitel 20	194	246	440	44.09%
Kapitel 21	262	124	386	67.88%
Kapitel 22	299	231	530	56.42%
Kapitel 23	294	282	576	51.04%
Kapitel 24	209	221	430	48.60%
Kapitel 25	142	86	228	62.28%
Kapitel 26	181	222	403	44.91%
Kapitel 27	147	155	302	48.68%
Kapitel 28	136	186	322	42.24%
Kapitel 29	150	155	305	49.18%
Kapitel 30	180	218	398	45.23%
Kapitel 31	142	247	389	36.50%
Kapitel 32	242	257	499	48.50%
Kapitel 33	410	128	538	76.21%
Kapitel 34	383	270	653	58.65%
Kapitel 35	128	190	318	40.25%
Kapitel 36	186	315	501	37.13%
Kapitel 37	196	211	407	48.16%
Kapitel 38	196	181	377	51.99%
Kapitel 39	264	223	487	54.21%

Kapitel 40	223	182	405	55.06%
Kapitel 41	200	173	373	53.62%
Kapitel 42	319	217	536	59.51%
Kapitel 43	326	101	427	76.35%
Kapitel 44	345	125	470	73.40%
Kapitel 45	22	305	327	6.73%
Kapitel 46	132	336	468	28.21%
Kapitel 47	252	239	491	51.32%
Kapitel 48	348	221	569	61.16%
Kapitel 49	424	164	588	72.11%
Kapitel 50	209	189	398	52.51%
Kapitel 51	136	162	298	45.64%
Kapitel 52	198	186	384	51.56%
Total	11'306	10'347	21'653	52.21%

Daten zu Graphik 13: „Der Kunstreiter"

Kapitel	Dialoge	narrative Passagen	Gesamtzeilen	Dialoganteil
Kapitel 1	98	165	263	37.26%
Kapitel 2	145	310	455	31.87%
Kapitel 3	341	180	521	65.45%
Kapitel 4	213	251	464	45.91%
Kapitel 5	428	56	484	88.43%
Kapitel 6	250	102	352	71.02%
Kapitel 7	256	242	498	51.41%
Kapitel 8	209	126	335	62.39%
Kapitel 9	96	81	177	54.24%
Kapitel 10	178	251	429	41.49%
Kapitel 11	230	83	313	73.48%
Kapitel 12	115	251	366	31.42%
Kapitel 13	200	186	386	51.81%
Kapitel 14	79	230	309	25.57%
Kapitel 15	423	146	569	74.34%
Kapitel 16	183	261	444	41.22%
Kapitel 17	216	121	337	64.09%
Kapitel 18	262	248	510	51.37%
Kapitel 19	181	242	423	42.79%
Kapitel 20	293	218	511	57.34%
Kapitel 21	392	93	485	80.82%
Kapitel 22	200	111	311	64.31%
Kapitel 23	170	228	398	42.71%
Kapitel 24	284	84	368	77.17%
Kapitel 25	275	231	506	54.35%
Kapitel 26	276	349	625	44.16%
Kapitel 27	340	467	807	42.13%
Kapitel 28	45	374	419	10.74%
Kapitel 29	373	259	632	59.02%
Kapitel 30	238	59	297	80.13%
Kapitel 31	148	69	217	68.20%
Total	7'137	6'074	13'211	54.02%

Daten zu Graphik 14: „Die Colonie"

Kapitel	Dialoge	narrative Passagen	Gesamtzeilen	Dialoganteil
Kapitel 1	226	223	449	50.33%
Kapitel 2	599	234	833	71.91%
Kapitel 3	353	363	716	49.30%
Kapitel 4	255	402	657	38.81%
Kapitel 5	367	294	661	55.52%
Kapitel 6	136	444	580	23.45%
Kapitel 7	291	343	634	45.90%
Kapitel 8	333	334	667	49.93%
Kapitel 9	248	397	645	38.45%
Kapitel 10	338	74	412	82.04%
Kapitel 11	339	405	744	45.56%
Kapitel 12	157	211	368	42.66%
Kapitel 13	370	302	672	55.06%
Kapitel 14	358	320	678	52.80%
Kapitel 15	204	288	492	41.46%
Kapitel 16	9	400	409	2.20%
Kapitel 17	431	228	659	65.40%
Kapitel 18	296	235	531	55.74%
Kapitel 19	281	68	349	80.52%
Kapitel 20	324	365	689	47.02%
Kapitel 21	249	187	436	57.11%
Kapitel 22	294	139	433	67.90%
Kapitel 23	299	260	559	53.49%
Kapitel 24	229	266	495	46.26%
Kapitel 25	386	239	625	61.76%
Kapitel 26	230	384	614	37.46%
Kapitel 27	267	269	536	49.81%
Kapitel 28	233	202	435	53.56%
Kapitel 29	344	316	660	52.12%
Kapitel 30	237	168	405	58.52%
Kapitel 31	223	226	449	49.67%
Kapitel 32	166	165	331	50.15%
Kapitel 33	194	276	470	41.28%
Kapitel 34	262	90	352	74.43%
Total	9'528	9'117	18'645	51.10%

Daten zu Graphik 15: „Im Busch"

Kapitel	Dialoge	narrative Passagen	Gesamtzeilen	Dialoganteil
Kapitel 1	79	280	359	22.01%
Kapitel 2	67	181	248	27.02%
Kapitel 3	0	343	343	0.00%
Kapitel 4	288	179	467	61.67%
Kapitel 5	155	277	432	35.88%
Kapitel 6	172	307	479	35.91%
Kapitel 7	224	158	382	58.64%
Kapitel 8	38	433	471	8.07%
Kapitel 9	175	415	590	29.66%
Kapitel 10	158	465	623	25.36%
Kapitel 11	199	423	622	31.99%
Kapitel 12	153	281	434	35.25%
Kapitel 13	219	227	446	49.10%
Kapitel 14	93	421	514	18.09%
Kapitel 15	177	648	825	21.45%
Kapitel 16	214	258	472	45.34%
Kapitel 17	294	478	772	38.08%
Kapitel 18	239	119	358	66.76%
Kapitel 19	63	233	296	21.28%
Kapitel 20	195	516	711	27.43%
Kapitel 21	219	383	602	36.38%
Kapitel 22	160	193	353	45.33%
Kapitel 23	292	312	604	48.34%
Kapitel 24	250	237	487	51.33%
Total	4'123	7'767	11'890	34.68%

Daten zu Graphik 16: „Sennor Aguila"

Kapitel	Dialoge	narrative Passagen	Gesamtzeilen	Dialoganteil
Kapitel 1	19	416	435	4.37%
Kapitel 2	119	423	542	21.96%
Kapitel 3	227	288	515	44.08%
Kapitel 4	297	275	572	51.92%
Kapitel 5	108	246	354	30.51%
Kapitel 6	460	215	675	68.15%
Kapitel 7	327	225	552	59.24%
Kapitel 8	272	262	534	50.94%
Kapitel 9	168	196	364	46.15%
Kapitel 10	149	401	550	27.09%
Kapitel 11	295	255	550	53.64%
Kapitel 12	304	214	518	58.69%
Kapitel 13	416	266	682	61.00%
Kapitel 14	251	274	525	47.81%
Kapitel 15	317	263	580	54.66%
Kapitel 16	324	201	525	61.71%
Kapitel 17	275	230	505	54.46%
Kapitel 18	174	157	331	52.57%
Kapitel 19	295	108	403	73.20%
Kapitel 20	271	422	693	39.11%
Kapitel 21	51	530	581	8.78%
Kapitel 22	362	298	660	54.85%
Kapitel 23	152	181	333	45.65%
Kapitel 24	302	132	434	69.59%
Kapitel 25	190	410	600	31.67%
Kapitel 26	85	274	359	23.68%
Kapitel 27	178	351	529	33.65%
Kapitel 28	113	236	349	32.38%
Kapitel 29	124	429	553	22.42%
Kapitel 30	139	197	336	41.37%
Kapitel 31	82	332	414	19.81%
Kapitel 32	242	150	392	61.73%
Kapitel 33	367	268	635	57.80%
Kapitel 34	252	92	344	73.26%
Kapitel 35	306	252	558	54.84%
Kapitel 36	304	338	642	47.35%
Kapitel 37	126	253	379	33.25%
Kapitel 38	126	321	447	28.19%
Total	8'569	10'381	18'950	45.22%

Daten zu Graphik 17: „General Franco"

Kapitel	Dialoge	narrative Passagen	Gesamtzeilen	Dialoganteil
Kapitel 1	175	211	386	45.34%
Kapitel 2	184	362	546	33.70%
Kapitel 3	64	280	344	18.60%
Kapitel 4	224	105	329	68.09%
Kapitel 5	198	474	672	29.46%
Kapitel 6	20	414	434	4.61%
Kapitel 7	98	182	280	35.00%
Kapitel 8	224	277	501	44.71%
Kapitel 9	117	238	355	32.96%
Kapitel 10	192	329	521	36.85%
Kapitel 11	104	404	508	20.47%
Kapitel 12	57	173	230	24.78%
Kapitel 13	281	421	702	40.03%
Kapitel 14	65	382	447	14.54%
Kapitel 15	270	249	519	52.02%
Kapitel 16	34	390	424	8.02%
Kapitel 17	278	368	646	43.03%
Kapitel 18	2	410	412	0.49%
Kapitel 19	187	346	533	35.08%
Kapitel 20	148	367	515	28.74%
Kapitel 21	6	477	483	1.24%
Kapitel 22	50	493	543	9.21%
Kapitel 23	129	255	384	33.59%
Kapitel 24	229	291	520	44.04%
Kapitel 25	300	341	641	46.80%
Kapitel 26	108	371	479	22.55%
Kapitel 27	107	374	481	22.25%
Kapitel 28	251	231	482	52.07%
Kapitel 29	152	208	360	42.22%
Kapitel 30	219	290	509	43.03%
Kapitel 31	357	283	640	55.78%
Kapitel 32	205	177	382	53.66%
Total	5'035	10'173	15'208	33.11%

Daten zu Graphik 18: „Unter den Pehuenchen"

Kapitel	Dialoge	narrative Passagen	Gesamtzeilen	Dialoganteil
Kapitel 1	69	186	255	27.06%
Kapitel 2	0	346	346	0.00%
Kapitel 3	201	270	471	42.68%
Kapitel 4	96	300	396	24.24%
Kapitel 5	96	405	501	19.16%
Kapitel 6	70	350	420	16.67%
Kapitel 7	32	290	322	9.94%
Kapitel 8	40	438	478	8.37%
Kapitel 9	10	327	337	2.97%
Kapitel 10	6	375	381	1.57%
Kapitel 11	14	406	420	3.33%
Kapitel 12	33	398	431	7.66%
Kapitel 13	225	396	621	36.23%
Kapitel 14	189	312	501	37.72%
Kapitel 15	224	397	621	36.07%
Kapitel 16	162	288	450	36.00%
Kapitel 17	86	468	554	15.52%
Kapitel 18	110	436	546	20.15%
Kapitel 19	222	507	729	30.45%
Kapitel 20	273	376	649	42.06%
Kapitel 21	353	386	739	47.77%
Kapitel 22	155	404	559	27.73%
Kapitel 23	134	435	569	23.55%
Kapitel 24	194	286	480	40.42%
Kapitel 25	203	480	683	29.72%
Kapitel 26	243	188	431	56.38%
Kapitel 27	167	269	436	38.30%
Kapitel 28	190	307	497	38.23%
Kapitel 29	304	160	464	65.52%
Kapitel 30	273	283	556	49.10%
Kapitel 31	201	339	540	37.22%
Kapitel 32	147	569	716	20.53%
Kapitel 33	126	276	402	31.34%
Kapitel 34	42	346	388	10.82%
Kapitel 35	206	313	519	39.69%
Kapitel 36	164	180	344	47.67%
Kapitel 37	133	346	479	27.77%
Kapitel 38	127	326	453	28.04%
Kapitel 39	133	205	338	39.35%
Total	5'653	13'369	19'022	29.72%

Daten zu Graphik 19: „Der Erbe"

Kapitel	Dialoge	narrative Passagen	Gesamtzeilen	Dialoganteil
Kapitel 1	318	139	457	69.58%
Kapitel 2	86	425	511	16.83%
Kapitel 3	272	187	459	59.26%
Kapitel 4	475	219	694	68.44%
Kapitel 5	280	142	422	66.35%
Kapitel 6	258	269	527	48.96%
Kapitel 7	250	207	457	54.70%
Kapitel 8	120	483	603	19.90%
Kapitel 9	251	237	488	51.43%
Kapitel 10	305	272	577	52.86%
Kapitel 11	289	129	418	69.14%
Kapitel 12	458	246	704	65.06%
Kapitel 13	258	262	520	49.62%
Kapitel 14	189	140	329	57.45%
Kapitel 15	250	362	612	40.85%
Kapitel 16	331	315	646	51.24%
Kapitel 17	396	142	538	73.61%
Kapitel 18	303	187	490	61.84%
Kapitel 19	412	163	575	71.65%
Kapitel 20	272	157	429	63.40%
Kapitel 21	367	406	773	47.48%
Kapitel 22	320	211	531	60.26%
Kapitel 23	304	239	543	55.99%
Kapitel 24	88	323	411	21.41%
Kapitel 25	246	302	548	44.89%
Kapitel 26	522	169	691	75.54%
Kapitel 27	345	200	545	63.30%
Kapitel 28	390	392	782	49.87%
Kapitel 29	207	329	536	38.62%
Kapitel 30	284	281	565	50.27%
Kapitel 31	441	272	713	61.85%
Kapitel 32	299	270	569	52.55%
Kapitel 33	360	230	590	61.02%
Kapitel 34	90	559	649	13.87%
Kapitel 35	205	340	545	37.61%
Kapitel 36	419	154	573	73.12%
Kapitel 37	296	85	381	77.69%
Kapitel 38	10	285	295	3.39%
Total	10'966	9'730	20'696	52.99%

Daten zu Graphik 20: „Eine Mutter"

Kapitel	Dialoge	narrative Passagen	Gesamtzeilen	Dialoganteil
Kapitel 1	322	289	611	52.70%
Kapitel 2	242	247	489	49.49%
Kapitel 3	175	256	431	40.60%
Kapitel 4	289	254	543	53.22%
Kapitel 5	204	202	406	50.25%
Kapitel 6	336	149	485	69.28%
Kapitel 7	275	263	538	51.12%
Kapitel 8	315	289	604	52.15%
Kapitel 9	334	174	508	65.75%
Kapitel 10	334	94	428	78.04%
Kapitel 11	222	539	761	29.17%
Kapitel 12	350	191	541	64.70%
Kapitel 13	343	114	457	75.05%
Kapitel 14	478	220	698	68.48%
Kapitel 15	299	256	555	53.87%
Kapitel 16	223	198	421	52.97%
Kapitel 17	222	409	631	35.18%
Kapitel 18	330	242	572	57.69%
Kapitel 19	362	474	836	43.30%
Kapitel 20	277	293	570	48.60%
Kapitel 21	129	332	461	27.98%
Kapitel 22	276	447	723	38.17%
Kapitel 23	310	132	442	70.14%
Kapitel 24	347	217	564	61.52%
Kapitel 25	422	122	544	77.57%
Kapitel 26	251	323	574	43.73%
Kapitel 27	538	234	772	69.69%
Kapitel 28	224	453	677	33.09%
Kapitel 29	313	282	595	52.61%
Kapitel 30	268	185	453	59.16%
Kapitel 31	204	364	568	35.92%
Kapitel 32	131	390	521	25.14%
Kapitel 33	279	158	437	63.84%
Kapitel 34	170	254	424	40.09%
Total	9'794	9'046	18'840	51.99%

Daten zu Graphik 21: „Die Missionäre"

Kapitel	Dialoge	narrative Passagen	Gesamtzeilen	Dialoganteil
Kapitel 1	24	352	376	6.38%
Kapitel 2	356	278	634	56.15%
Kapitel 3	313	220	533	58.72%
Kapitel 4	372	220	592	62.84%
Kapitel 5	111	278	389	28.53%
Kapitel 6	88	535	623	14.13%
Kapitel 7	70	316	386	18.13%
Kapitel 8	54	519	573	9.42%
Kapitel 9	188	250	438	42.92%
Kapitel 10	128	353	481	26.61%
Kapitel 11	239	449	688	34.74%
Kapitel 12	78	433	511	15.26%
Kapitel 13	328	208	536	61.19%
Kapitel 14	114	433	547	20.84%
Kapitel 15	136	368	504	26.98%
Kapitel 16	111	229	340	32.65%
Kapitel 17	357	329	686	52.04%
Kapitel 18	294	338	632	46.52%
Kapitel 19	166	285	451	36.81%
Kapitel 20	86	401	487	17.66%
Kapitel 21	102	298	400	25.50%
Kapitel 22	230	301	531	43.31%
Kapitel 23	200	432	632	31.65%
Kapitel 24	187	313	500	37.40%
Kapitel 25	208	325	533	39.02%
Kapitel 26	283	241	524	54.01%
Kapitel 27	212	385	597	35.51%
Kapitel 28	165	377	542	30.44%
Kapitel 29	89	464	553	16.09%
Kapitel 30	145	441	586	24.74%
Kapitel 31	23	470	493	4.67%
Kapitel 32	15	500	515	2.91%
Kapitel 33	178	566	744	23.92%
Kapitel 34	150	285	435	34.48%
Kapitel 35	275	249	524	52.48%
Kapitel 36	12	411	423	2.84%
Kapitel 37	146	367	513	28.46%
Kapitel 38	85	314	399	21.30%
Kapitel 39	127	221	348	36.49%
Total	6'445	13'754	20'199	31.91%

Daten zu Graphik 22: „In Mexiko – Band 1"

Kapitel	Dialoge	narrative Passagen	Gesamtzeilen	Dialoganteil
Kapitel 1	116	616	732	15.85%
Kapitel 2	314	498	812	38.67%
Kapitel 3	143	455	598	23.91%
Kapitel 4	482	442	924	52.16%
Kapitel 5	353	421	774	45.61%
Kapitel 6	218	364	582	37.46%
Kapitel 7	462	371	833	55.46%
Kapitel 8	272	439	711	38.26%
Kapitel 9	446	102	548	81.39%
Kapitel 10	339	287	626	54.15%
Kapitel 11	451	173	624	72.28%
Kapitel 12	197	512	709	27.79%
Kapitel 13	8	536	544	1.47%
Kapitel 14	227	564	791	28.70%
Kapitel 15	40	538	578	6.92%
Kapitel 16	647	162	809	79.98%
Kapitel 17	458	319	777	58.94%
Kapitel 18	395	124	519	76.11%
Kapitel 19	331	278	609	54.35%
Kapitel 20	380	299	679	55.96%
Kapitel 21	402	381	783	51.34%
Kapitel 22	218	427	645	33.80%
Total	6'899	8'308	15'207	45.37%

Daten zu Graphik 23: „In Mexiko – Band 2"

Kapitel	Dialoge	narrative Passagen	Gesamtzeilen	Dialoganteil
Kapitel 1	497	179	676	73.52%
Kapitel 2	297	364	661	44.93%
Kapitel 3	332	206	538	61.71%
Kapitel 4	115	649	764	15.05%
Kapitel 5	399	215	614	64.98%
Kapitel 6	459	428	887	51.75%
Kapitel 7	204	490	694	29.39%
Kapitel 8	145	403	548	26.46%
Kapitel 9	510	122	632	80.70%
Kapitel 10	323	252	575	56.17%
Kapitel 11	138	366	504	27.38%
Kapitel 12	125	329	454	27.53%
Kapitel 13	408	183	591	69.04%
Kapitel 14	164	423	587	27.94%
Kapitel 15	288	276	564	51.06%
Kapitel 16	130	339	469	27.72%
Kapitel 17	303	233	536	56.53%
Kapitel 18	245	437	682	35.92%
Kapitel 19	241	303	544	44.30%
Kapitel 20	237	349	586	40.44%
Kapitel 21	196	339	535	36.64%
Kapitel 22	227	318	545	41.65%
Kapitel 23	45	247	292	15.41%
Kapitel 24	521	339	860	60.58%
Kapitel 25	279	468	747	37.35%
Total	6'828	8'257	15'085	45.26%

Daten zu Graphik 24: „Die Blauen und Gelben"

Kapitel	Dialoge	narrative Passagen	Gesamtzeilen	Dialoganteil
Kapitel 1	377	154	531	71.00%
Kapitel 2	450	301	751	59.92%
Kapitel 3	135	587	722	18.70%
Kapitel 4	120	376	496	24.19%
Kapitel 5	228	342	570	40.00%
Kapitel 6	196	381	577	33.97%
Kapitel 7	480	297	777	61.78%
Kapitel 8	462	188	650	71.08%
Kapitel 9	369	330	699	52.79%
Kapitel 10	467	190	657	71.08%
Kapitel 11	389	338	727	53.51%
Kapitel 12	573	230	803	71.36%
Kapitel 13	50	309	359	13.93%
Kapitel 14	560	316	876	63.93%
Kapitel 15	180	343	523	34.42%
Kapitel 16	117	361	478	24.48%
Kapitel 17	474	342	816	58.09%
Kapitel 18	201	429	630	31.90%
Kapitel 19	330	313	643	51.32%
Kapitel 20	108	398	506	21.34%
Kapitel 21	238	439	677	35.16%
Kapitel 22	178	546	724	24.59%
Kapitel 23	354	233	587	60.31%
Kapitel 24	345	330	675	51.11%
Kapitel 25	261	439	700	37.29%
Kapitel 26	67	431	498	13.45%
Kapitel 27	261	241	502	51.99%
Kapitel 28	328	212	540	60.74%
Kapitel 29	143	508	651	21.97%
Kapitel 30	162	470	632	25.63%
Kapitel 31	68	411	479	14.20%
Kapitel 32	182	370	552	32.97%
Kapitel 33	215	280	495	43.43%
Kapitel 34	120	348	468	25.64%
Total	9'188	11'783	20'971	43.81%

Daten zu Graphik 25: „Im Eckfenster"

Kapitel	Dialoge	narrative Passagen	Gesamtzeilen	Dialoganteil
Kapitel 1	540	274	814	66.34%
Kapitel 2	300	204	504	59.52%
Kapitel 3	482	201	683	70.57%
Kapitel 4	266	217	483	55.07%
Kapitel 5	305	241	546	55.86%
Kapitel 6	266	164	430	61.86%
Kapitel 7	212	243	455	46.59%
Kapitel 8	451	226	677	66.62%
Kapitel 9	486	261	747	65.06%
Kapitel 10	456	183	639	71.36%
Kapitel 11	235	350	585	40.17%
Kapitel 12	151	292	443	34.09%
Kapitel 13	347	198	545	63.67%
Kapitel 14	332	343	675	49.19%
Kapitel 15	482	102	584	82.53%
Kapitel 16	460	385	845	54.44%
Kapitel 17	452	208	660	68.48%
Kapitel 18	516	212	728	70.88%
Kapitel 19	329	202	531	61.96%
Kapitel 20	566	187	753	75.17%
Kapitel 21	423	216	639	66.20%
Kapitel 22	337	337	674	50.00%
Kapitel 23	332	227	559	59.39%
Kapitel 24	450	203	653	68.91%
Kapitel 25	165	323	488	33.81%
Kapitel 26	336	197	533	63.04%
Kapitel 27	423	196	619	68.34%
Kapitel 28	542	78	620	87.42%
Kapitel 29	467	302	769	60.73%
Kapitel 30	330	169	499	66.13%
Kapitel 31	468	207	675	69.33%
Kapitel 32	460	326	786	58.52%
Kapitel 33	251	174	425	59.06%
Kapitel 34	499	146	645	77.36%
Kapitel 35	317	311	628	50.48%
Kapitel 36	225	336	561	40.11%
Total	13'659	8'441	22'100	61.81%

Daten zu Graphik 26: „In Amerika"

Kapitel	Dialoge	narrative Passagen	Gesamtzeilen	Dialoganteil
Kapitel 1	140	297	437	32.04%
Kapitel 2	290	410	700	41.43%
Kapitel 3	209	449	658	31.76%
Kapitel 4	122	496	618	19.74%
Kapitel 5	237	455	692	34.25%
Kapitel 6	463	254	717	64.57%
Kapitel 7	355	303	658	53.95%
Kapitel 8	223	326	549	40.62%
Kapitel 9	394	401	795	49.56%
Kapitel 10	517	253	770	67.14%
Kapitel 11	230	465	695	33.09%
Kapitel 12	326	280	606	53.80%
Kapitel 13	458	285	743	61.64%
Kapitel 14	330	281	611	54.01%
Kapitel 15	446	306	752	59.31%
Kapitel 16	170	373	543	31.31%
Kapitel 17	320	280	600	53.33%
Kapitel 18	48	455	503	9.54%
Kapitel 19	216	521	737	29.31%
Kapitel 20	529	368	897	58.97%
Kapitel 21	269	489	758	35.49%
Kapitel 22	260	434	694	37.46%
Kapitel 23	237	342	579	40.93%
Kapitel 24	384	210	594	64.65%
Kapitel 25	262	330	592	44.26%
Kapitel 26	226	473	699	32.33%
Kapitel 27	237	293	530	44.72%
Kapitel 28	179	318	497	36.02%
Kapitel 29	260	377	637	40.82%
Kapitel 30	384	320	704	54.55%
Kapitel 31	427	238	665	64.21%
Kapitel 32	378	395	773	48.90%
Kapitel 33	234	448	682	34.31%
Kapitel 34	175	245	420	41.67%
Total	9'935	12'170	22'105	44.94%